ECOTOURISM 生态旅游 MARKETING 市场营销

乌 兰 编著

经济管理出版社
ECONOMY & MANAGEMENT PUBLISHING HOUSE

前　言

　　世界旅游组织曾指出，"生态旅游是旅游可持续发展的关键。开展生态旅游必须能够促进地方社会、经济与环境的协调发展，生态旅游是人类旅游活动的理想模式之一"。自20世纪80年代开始，生态旅游市场逐步成为世界旅游市场中增长最快的市场。进入21世纪以来，旅游市场营销呈现出一些新的特点与发展趋势，一方面，旅游市场需求日趋个性化和多样化。在网络信息环境的影响下，旅游者的消费观念、消费倾向乃至具体消费行为都表现出不同的特点。另一方面，旅游市场营销环境日益复杂化。伴随着全球人口激增和旅游业的快速发展，旅游资源破坏和生态污染等一系列环境问题日益突出。这些环境因素的变化促使旅游经营者要以现代市场营销理念取代传统经营理念，加强市场营销环境的综合分析，强调旅游市场营销战略和整体营销组合策略的制定与实施；同时，还要重视整合营销、关系营销、体验营销、网络营销和绿色营销等新型营销方式的创新应用。

　　从我国目前生态旅游发展的总体情况看，生态旅游已不是只有少数旅游者才能参与的精英式旅游活动，而是已发展为能被各年龄段、各收入阶层、各种文化程度的旅游者都普遍接受和乐于参与的旅游活动，日益呈现出大众化的发展特点。与此同时，我们也应该看到，生态旅游在我国的发展仅有20多年的时间，旅游经济发展与人口、资源和环境的矛盾始终存在；加之一些旅游经营主体［旅游目的地、旅游企业（包括景区、景点）等］缺乏对生态旅游产品内涵及其营销实质的正确认识和把握，不能将资源环境优势转化为真正的市场优势。同时，与国外成熟的生态旅游市场相比，我国真正意义上的、有规模效益的生态旅游市场还尚未形成。随着我国生态旅游市场规模的不断扩大，对生态旅游市场营销的相关问题进行深入探讨是很有必要的。

　　目前，在全球大力倡导生态文明理念的背景下，对我国旅游企业的生态化经营发展模式和营销策略选择提出新的更高的要求。旅游企业的市场经营活动要面向国内、国外两个市场，不仅要在旅游产品的深度开发和有效推广方面切实提高管理水平和实践能力，而且要在有效保护旅游资源和环境方面承担起应有的社会责任。这就要求旅游企业在坚持市场营销观念的前提下，兼顾企业利益、旅游者利益和社会利益三者之间的协调发展关系，转变不可持续的旅游开发方式，避免过分利用或浪费资源以及环境破坏和生态恶化等问题，创造和引导理性的生态旅游开发和消费模式。同时，通过开展生态旅游市场营销活动，积极传播正确的生态文明观和环保理念，以实现生态旅游市场营销的综合效益。

由于生态旅游的发展在很大程度上是依赖自然资源和环境而发展起来的，因此，一些地区和企业实际上将生态旅游市场营销等同于一般的市场营销，缺乏较为明确的市场定位和营销导向。从这个角度讲，生态旅游经营者必须坚持将可持续发展理念贯穿于生态旅游市场营销管理过程中，注重资源合理利用和生态环境保护，从市场需求特征出发，深入分析研究制约和影响生态旅游经营发展的各种环境因素及其变化趋势，发现和创造市场机会，制定生态旅游营销战略，建立稳定的市场优势，通过生态旅游产品设计、定价、促销和分销4P策略的有机组合，在满足生态旅游者需求和社会公众利益的前提下，实现生态旅游经营目标。

本书总结前人研究成果，全面、系统地介绍了生态旅游市场营销的理论体系和内容框架，并力求突出生态旅游市场营销的特殊性和创新发展。全书共分十章：第一章为生态旅游市场营销概述，对生态旅游市场营销的概念与内涵进行了阐述，探讨了生态旅游市场营销的现状与发展趋势。第二章对生态旅游者行为特点和主要类型进行了分析，重点分析了生态旅游者的购买决策过程。第三章是生态旅游营销环境分析，包括宏观环境、微观环境的影响作用，以及生态旅游营销环境机会—风险分析等内容。第四章主要对生态旅游市场营销调研和市场预测进行了系统分析。第五章主要从生态旅游市场细分、目标市场选择与市场定位三个方面，系统阐述了生态旅游市场营销战略的相关内容。第六章为生态旅游产品策略，重点探讨了生态旅游产品组合策略、品牌策略、产品生命周期策略和新产品开发策略。第七章是生态旅游产品定价策略，重点分析了生态旅游产品的定价方法、定价策略以及价格调整等内容。第八章分析了生态旅游分销渠道的结构和分销渠道策略，对分销渠道管理进行了重点探讨。第九章是生态旅游促销策略，对生态旅游促销组合策略和旅游广告等具体促销策略进行了分析。第十章是生态旅游市场营销管理，对生态旅游市场营销组织结构、生态旅游市场营销计划和控制等管理内容进行了系统阐述。

本书在尝试探讨生态旅游市场营销理论与实践内容的过程中，参阅和借鉴了相关的一些书籍文献，该领域众多专家学者的研究成果为本书的编著提供了丰厚的基础，在此不一一列举，特此说明并致以谢意。

前 言

　　由于作者的理论与实践水平有限，加之写作时间仓促，书中有些观点和论据还不够成熟，一些生态旅游市场营销问题还有待深入探讨，不妥之处在所难免，祈盼专家和读者不吝赐教。

目 录

第一章 生态旅游市场营销概述 ··· 1
 第一节 旅游市场营销概述 ··· 1
 第二节 生态旅游市场营销 ··· 7
 第三节 我国生态旅游市场营销的现状与发展趋势 ············· 14

第二章 生态旅游者行为分析 ··· 23
 第一节 生态旅游者行为概述 ··· 23
 第二节 影响生态旅游者行为的主要因素 ··························· 32
 第三节 生态旅游者购买决策过程分析 ······························· 44
 第四节 生态旅游者行为规范 ··· 50

第三章 生态旅游营销环境分析 ··· 53
 第一节 生态旅游营销环境概述 ··· 53
 第二节 生态旅游营销宏观环境 ··· 56
 第三节 生态旅游营销微观环境 ··· 73
 第四节 生态旅游营销环境机会—风险分析 ······················· 78

第四章 生态旅游市场营销调研和预测 ······································· 85
 第一节 生态旅游市场营销调研 ··· 85
 第二节 生态旅游市场预测 ··· 93

第五章 生态旅游市场营销战略 ··· 107
 第一节 生态旅游市场营销战略 ······································· 107
 第二节 生态旅游市场细分 ··· 108
 第三节 生态旅游目标市场选择 ······································· 121
 第四节 生态旅游目标市场定位 ······································· 129
 第五节 生态旅游市场营销组合策略 ································ 134

第六章 生态旅游产品策略 ··· 143
 第一节 生态旅游产品概述 ··· 143

第二节　生态旅游产品组合策略 …………………………………… 151
　　第三节　生态旅游品牌策略 ………………………………………… 155
　　第四节　生态旅游产品生命周期策略 ……………………………… 165
　　第五节　生态旅游新产品开发策略 ………………………………… 172

第七章　生态旅游产品定价策略 ………………………………………… 179
　　第一节　生态旅游产品定价目标与定价步骤 ……………………… 179
　　第二节　生态旅游产品定价方法 …………………………………… 189
　　第三节　生态旅游产品定价策略 …………………………………… 194
　　第四节　生态旅游产品价格的调整 ………………………………… 201

第八章　生态旅游分销渠道策略 ………………………………………… 205
　　第一节　生态旅游分销渠道概述 …………………………………… 205
　　第二节　旅游中间商 ………………………………………………… 210
　　第三节　生态旅游分销渠道选择策略 ……………………………… 217
　　第四节　生态旅游分销渠道管理 …………………………………… 222
　　第五节　生态旅游分销渠道的发展趋势 …………………………… 229

第九章　生态旅游促销策略 ……………………………………………… 235
　　第一节　生态旅游促销组合策略 …………………………………… 235
　　第二节　旅游广告 …………………………………………………… 241
　　第三节　旅游营业推广 ……………………………………………… 245
　　第四节　旅游公共关系 ……………………………………………… 249
　　第五节　旅游人员推销 ……………………………………………… 253

第十章　生态旅游市场营销管理 ………………………………………… 259
　　第一节　生态旅游市场营销管理过程 ……………………………… 259
　　第二节　生态旅游营销组织 ………………………………………… 262
　　第三节　生态旅游市场营销计划 …………………………………… 270
　　第四节　生态旅游市场营销控制 …………………………………… 274

参考文献 …………………………………………………………………… 281

第一章 生态旅游市场营销概述

导言：对市场的研究和分析是进行市场营销的前提和基础。认识市场，适应市场，使旅游经济活动适应市场需求的变化，这是旅游市场营销活动的核心和关键。生态旅游市场是旅游市场的子市场，也是世界旅游市场中增长最快的市场。随着生态旅游市场的形成及其规模的不断扩大，有必要对生态旅游市场营销的概念、内涵、发展现状和趋势等问题进行讨论。

本章学习内容：旅游市场营销概述；生态旅游市场营销的概念与内涵；我国生态旅游市场营销的现状与发展趋势等。

第一节 旅游市场营销概述

一、旅游市场的概念

（一）市场

市场是一个具有多重含义的概念。最初的市场被定义为商品交换的场所。在经济学中，市场是指某一产品的所有现实买主和潜在买主的总和，包括供给和需求两个相互联系、相互制约的方面，是一个统一体。在管理学中，市场的定义是买主和卖主力量的结合，是商品供需双方在共同认可的条件下所进行的商品交易活动。从总体上说，宏观层面的市场指的是商品的交换关系的总和，是社会资源配置和经济活动的杠杆，这是一个大市场的概念。

市场营销学的领军人物菲利普·科特勒对市场的定义是"一个市场是由那些具有特定的需要或欲望，愿意并能够通过交换来满足这种需要或欲望的全部潜在顾客所构成"。因此，从市场营销学的角度来看，"市场"是指某一产品的所有现实和潜在顾客的总和。只有对某一产品的市场需求进行深入细致的分析，才有可能把握这一市场的特点，并开展有针对性的市场营销活动。

（二）旅游市场

旅游市场一般指的是旅游产品交换过程中各种经济现象和经济关系的总和，反映的是旅游经济活动的发展规律和变化趋势。具体来讲，旅游市场存在着既相互对立又相互依存的双方，即旅游产品的需求者与供给者，旅游市场体现的就是旅游产品供给者与需求者之间的交易关系。另外，在旅游市场上还能反映出旅游经营者与供应商、中间商、竞争者等之间的各种关系。从旅游市场营销的角度来看，旅游市场主要指的是在一定时间、一定地点和一定条件下，具有一定购买力和购买欲望的现实购买者和潜在购买者的集合。从这个意义上说，旅游市场就是旅游需求市场，生态旅游市场是旅游市场的子市场，此外，旅游市场上还存在乡村旅游市场、文化旅游市场、休闲旅游市场、体育旅游市场等多个子市场。

二、旅游市场营销的内涵与特点

（一）旅游市场营销的含义

菲利普·科特勒教授关于市场营销的定义是："个人和群体通过创造提供出售，并同他人自由交换产品和价值，以满足需求和欲望的一种社会和管理过程。"美国市场营销协会（AMA）定义委员会2004年对市场营销的定义为："市场营销既是一种组织职能，也是为了组织自身及利益相关者的利益而创造、沟通、传递客户价值，管理客户关系的一系列过程。"

一般地，市场营销是在变化的市场环境中，旨在满足消费需求、实现企业目标的经营活动过程，包括市场调研、选择目标市场、产品开发、产品定价、渠道选择、产品促销、产品储存和运输、产品销售、提供服务等一系列与市场有关的企业业务经营活动。根据现代市场营销学理论，开展有效的市场营销活动需要企业做好市场环境分析，了解市场竞争状况，制定有针对性的市场营销战略，并根据消费者的需求特征来设计和生产适销对路的产品，同时注意定价策略、渠道策略、促销策略、公共策略和服务策略的有机配合和组合运用，这样才能取得市场营销的成功。

旅游市场营销（Tourism Marketing）是市场营销理论在旅游业中的具体运用。赵西萍等（2002）提出，"旅游市场营销是指旅游经济主体（个人或组织）对思想、产品和服务的构思、定价、促销和分销的计划和执行过程，以实现达到经济主体（个人或组织）目标的交换"。旅游市场营销是一个动态的过程，包括分析、计划、执行、反馈和控制等各种管理职能，它体现了旅游经济主体对各种旅游营销资源（营销中的人、财、物、时间、空间和信息等）的管理。

因此，旅游市场营销可定义为："旅游经营者（旅游地、旅游企业和其他个人与组织）以满足旅游者需求为导向，针对特定的目标市场，将各种营销策略加以有机的组合，在兼顾社会利益的前提下，满足旅游者的消费需求，并实现旅游经济效益的一系列社会管理过程。"与一般意义上的市场营销活动所不同的是，旅游市场营销活动具有一定的时空性，如旅游产品既不可以储存，留待以后出售，也不可以转移、搬运到其他地方。因此，旅游地和旅游企业应加强市场营销管理，力求提供有竞争力的旅游产品和服务来占领目标市场，实现旅游综合效益。

（二）旅游市场营销的特点

旅游业是一个特殊的服务性行业，旅游市场营销区别于一般有形产品的市场营销，表现出以下特点：

1. 旅游市场营销提供的是附加了服务的整体产品

旅游者购买的旅游产品是一种特殊的产品，它是旅游企业为顾客提供的某种利益或过程的总和，不仅包括有形的产品项目、环境、设施等，还附加了相应的无形服务，使得旅游产品体现出综合性的整体产品结构，即包含核心产品、形式产品和延伸产品三个层次。

2. 强调在服务营销理念指导下进行有效的市场营销活动

旅游企业要改变传统营销理念，树立服务营销理念，为旅游者提供高质量、高水平的服务，在满足旅游者需求的基础上实现旅游营销目标。在旅游市场营销过程中，旅游企业不仅要加强对各种营销策略的有机组合，而且要把握无形服务产品的特点，切实提高企业员工的服务素质和服务水平。只有这样，旅游企业的市场地位和信誉才能真正建立起来。

3. 重视内部营销的作用

做到以高质量的旅游服务来提高旅游者的满意度，增加他们可感知的服务的价值，这是旅游企业留住老顾客、吸引新顾客的重要营销手段。但由于旅游服务内容和过程具有易变性和不稳定性的特点，易受到旅游企业内部员工的服务态度、服务素质和服务能力等因素的影响，因此，为了激励旅游企业内部员工热情地为旅游者服务，旅游市场营销要重视内部营销的作用，加强服务质量管理，形成企业内部营销和外部营销的整体配合。

4. 强调不同区域、相关企业的整体营销和联合营销

在旅游营销实践中，旅游目的地整体营销、品牌营销等战略性营销问题日益突出，地区间联合营销有利于开拓国内外旅游市场，也有利于增强旅游市场的竞争力和市场经营的活力。这一特点决定了旅游地和旅游企业要重视战略营销的作用，优化配置和合理利用营销资源，加强旅游公共关系营销，加大区域性促销整合力度，以提高区域整体旅游营销实力。

5 具有时效性

由于旅游产品本身具有不可储存性和季节性的特点，因此，旅游市场营销具有时效性的特点，这就要求旅游企业重视对时间因素的把握，重视市场调研和预测，关注各种环境因素的变化及其信息的收集、分析、把握和利用，强调营销组合策略的协同和高效实施，提高营销效率。

6. 需要多种渠道类型进行产品分销

由于旅游市场具有全球性、多样性、波动性和季节性等特点，因此，旅游营销面对的是非常广阔和复杂的旅游市场。这就决定了旅游产品与一般产品的分销渠道有所不同，必须借助多个独立的批发商和零售商将产品分销出去；同时，旅游产品的分销也更多地依赖旅游电子商务和各种信息载体来发挥作用。旅游企业不仅要设法自建直

销网络系统，还要充分利用各种中间旅游网站开拓市场，并大量借助分销渠道系统中的各级、各类旅游中间商，才能将旅游产品顺利销售出去。

三、旅游市场营销的形成与发展

（一）旅游市场经营观念的发展

旅游市场经营观念是旅游企业一切经营活动的出发点，也是旅游企业制定营销战略和策略的基本指导思想。随着旅游业的发展，旅游企业的经营观念与其他企业一样，也大致经历了六个阶段。

1. 生产观念

生产观念是早期的一种传统经营观念，其表现就是"我们生产什么，消费者就买什么"，落后的生产力发展水平以及产品供不应求的市场状况是产生这种观念的主要原因。在生产观念下，旅游企业的注意力主要放在产品项目上，集中力量扩大生产规模或改进劳动组织，设法提高劳动生产率，以降低成本，"以量取胜"、"以廉取胜"是这一观念下旅游企业的主要做法，这种观念的最大问题和弊端在于生产者不关心市场上消费者的需求变化。

2. 产品观念

产品观念也是典型的"以产定销"观念，与生产观念几乎同时流行。这种观念的基本假设就是消费者会欢迎质量最优、性能最好和功能最多的产品，因此企业的任务就是集中力量生产优质产品，并不断加以改进。在市场需求旺盛，许多产品供不应求的"卖方市场"形势下，产品观念颇受企业界欢迎，许多企业经营者认为不需要大力推销，只要做到产品有特色，消费者就会自己找上门来，即所谓"酒香不怕巷子深"。产品观念的最大弊端是导致了"营销近视症"的产生，即企业将主要精力用于产品项目品种的增加和功能的改进上，而看不到或不关注市场需求的个性化和多样化。

在一个较长的时期内，很多旅游企业是以产品观念为指导进行市场经营的，即便在市场经济已高度发展的形势下，有众多的旅游企业还依然坚持这种观念。例如，在酒店宾馆业，众多企业倾向于追求设施设备的高档次和高标准化；而在旅行社业，则是提供成本尽量划算的同一线路，或是对产品项目的过度华丽包装，产品的个性化和差异化程度较低，导致同类企业陷入无休止的低价竞争当中。当今市场需求日益变化，而旅游网络中间商也在迅速抢占市场。在这样的市场背景下，旅行社业如何求生存、求发展，是值得深思的问题。

3. 推销观念

推销观念是一种以推销为主的经营观念，"我们卖什么，消费者就买什么"是这种经营观念的核心。在社会生产力发展，供给明显大于需求的"买方市场"背景下，企业间竞争加剧，即使产品物美价廉或富有特色，也未必一定能卖出。如何有效促进产品销售，就成为企业决策者关注的重点。这时企业经营开始特别重视推销策略，加强各种推销术与广告术的运用，向现实买主和潜在买主大量推销产品，以期压倒竞争者，提高市场占有率，取得较为丰厚的利润。企业内部组织结构也有了相应的变化，为了增加销售职能而设置专门的销售部门，并逐步扩大其职权范围，由销售副总经理直接负责。同时，企业也开始重视市场研究工作，增设市场调研、广告宣传等部门，逐步形成以销售为核心的企业经营管理体制。

4. 市场营销观念

市场营销观念的形成，使企业经营观念实现了质的飞跃，也促使市场营销学发生根本性的变革。市场营销观念是在买方市场已经形成且基本稳定，优质的产品和高超的推销术不起作用的市场背景下形成的，其特点是"顾客需要什么，我们就提供什么"。在市场营销观念的指导下，企业营销活动从"以产定销"转变为"以销定产，适销对路，产销结合"，体现在经营活动中，就是"顾客至上"——首先通过市场调研断定目标市场上消费者的需求；然后根据市场需求确定经营方向，制定生产经营计划；进而采取整体营销策略组合向消费者提供能满足其需求的产品与服务；并且比竞争者更有效地满足目标市场消费者的需求，以实现企业营销目标。因此，市场营销观念的出发点和本质是满足消费者的需求，在此基础上实现企业的经济效益。市场营销观念的四大支柱是目标市场、顾客需要、整合营销和盈利能力。

5. 社会营销观念

形成于20世纪70年代的社会营销观念主要强调的是要将企业利润、消费需求和社会利益三个方面统一起来。这种观念真正应用于旅游业则是在90年代，其形成原因是一些企业在市场经营中忽视了消费者和社会的长期利益，出现了过分利用资源或浪费资源，导致生态环境恶化、鼓励过度消费、进行不恰当营销等问题。因此，社会营销观念倡导企业利益与旅游者需求和社会利益的统一，提出企业发展不仅要实现自身经济效益，而且要符合消费者和社会的长远利益，增进社会福利；同时，这种观念强调企业营销要跟上社会发展步伐，追求现实与长远利益的有机结合。

6. 绿色营销观念

绿色营销观念是20世纪80年代在全球绿色运动和绿色消费驱动下产生的一种新的营销观念，是社会营销观念的一种反映。绿色营销观念强调企业生产经营的各个环节都应该是绿色的。在绿色营销观念指导下，企业应力求满足绿色消费需求，树立绿色形象，采取绿色营销组合策略，提供绿色产品。因此，绿色营销观念既是旅游市场需求发展的必然趋势，也是旅游可持续发展的客观要求。

社会营销观念和绿色营销观念所提倡的提供绿色产品、进行绿色营销、加强环保措施、主动承担社会责任等企业行为，是生态旅游市场营销的经营宗旨，也是生态旅游市场营销过程中应遵循的指导思想。

生产观念、产品观念和推销观念等传统经营观念与市场营销观念、社会营销观念和绿色营销观念等现代营销观念的比较如表1-1所示。

表1-1 传统经营观念与现代营销观念的比较

市场经营观念	出发点	经营核心	手段或方法	经营目的
传统经营观念（生产、产品、推销）	企业	产品	增加生产或加强推销	扩大产销量以获利
现代经营观念（市场营销、社会营销、绿色营销）	市场	顾客需求	整体营销策略组合和整合营销	满足顾客需求以获利

（二）旅游市场营销的产生与发展

旅游市场营销是随着世界旅游业的兴起而逐步发展起来的。在20世纪60年代前，世界旅游市场发展缓慢，旅游业一般依附于服务业和商业，而不是一个独立的行业，因此难以形成自己的经营理论体系。直到第二次世界大战结束以后，世界旅游业才开始迅速发展，特别是60年代后，世界范围内旅游业的发展空前繁荣，旅游市场竞争也日趋激烈，促使旅游业开始像其他行业一样引入市场营销的基本理论和方法，市场营销管理理念和具体的战略、策略在旅游营销实践中得以广泛运用。纵观旅游市场营销的发展过程，大致可以分为三个阶段。

1. 旅游市场营销初创阶段（20世纪60~70年代）

20世纪60~70年代，旅游业开始重视将市场营销的基本理论与旅游市场的实践有机结合起来，并结合其他行业的实践经验，对旅游企业的组织结构进行调整，如多数拥有150间以上客房的大饭店陆续设置了营业部或营销部，组建专门的销售队伍，旅行社也开始设置营销部门。但是，这些部门仍然以销售、推销为主，采用的销售手段主要是广告、宣传、人员推销等促销手段。在这一时期，传统的推销观点仍然在西方旅游企业的指导思想中占据统治地位。在我国，同一时期的旅游企业普遍盛行的经营观念是生产观念或产品观念，如饭店经营的常态是"等客上门"和"来客接待"，尚未形成现代市场营销观念，企业基本没有主动地开展市场营销活动。

2. 旅游市场营销建立与探索阶段（20世纪80~90年代）

从20世纪80年代开始，西方旅游业进入"细分市场时代"，市场营销理论与方法开始受到旅游企业的重视，企业的经营指导思想逐渐发生变化。激烈的旅游市场竞争迫使旅游企业在进入目标市场之前就要进行必要的市场调研，根据旅游者的需求细分旅游市场，选择力所能及的目标市场，并建立起良好的旅游形象，提供适当的旅游产品与服务。同时，市场定位理论得到普遍运用，旅游企业越来越重视市场营销战略在企业经营中的作用。进入90年代，在旅游买方市场形势下，旅游者对旅游产品与服务的选择空间进一步扩大，旅游企业能否以优质、富有特色的产品与服务满足目标市场顾客的需求，是决定旅游企业经营成败的关键。因此，对旅游者动机与行为、旅游服务营销等理论与方法的探讨与实践，成为西方旅游市场营销研究的重要领域。

80年代中期以后，我国旅游业开始引入市场营销基本理论与方法，旅游企业的市场经营意识明显增强。随着对外开放步伐的加大，我国旅游市场进入蓬勃发展阶段，国际入境旅游人数大幅度增加，但旅游企业也开始面临空前激烈的市场竞争局面。在这样的市场背景下，旅游企业不得不面向市场考虑经营发展战略，主动进行市场销售活动，增加销售渠道，把更有竞争力的产品推向市场。同时，旅游企业也着手进行内部组织结构的调整，相继设置专门的销售部或营销部，加强企业市场营销职能，提高市场营销效率。特别是进入90年代以后，一些大型跨国饭店相继进入中国市场，引入了西方先进的经营管理思想和方法，促使现代市场营销观念和方法逐渐为众多旅游企业所认可和接受。

3. 旅游市场营销蓬勃发展阶段（21世纪初至今）

进入21世纪，旅游市场营销呈现出一些新的特点与发展趋势。

一方面，旅游市场需求显现出一些新的特点。旅游需求日趋个性化和多样化，旅游者对旅游产品与服务的选择余地进一步增大。同时，旅游市场上涌现出一批具有鲜明时代特征的年轻消费者，在网络信息环境的影响下，这些消费者的消费观念、消费倾向乃至具体消费行为等都表现出不同的特点，由此，个性化旅游产品和定制旅游等新型旅游方式逐渐兴起。另外，旅游服务质量和旅游者权益和安全保障等问题也成为影响旅游者满意度从而影响旅游企业经营效益的关键因素。

另一方面，旅游市场营销环境日益复杂化。伴随着全球人口激增和旅游业的快速发展，旅游资源破坏、损耗和污染环境等一系列问题日益突出。这些环境因素的变化促使旅游经营者要以现代市场营销理念取代传统经营理念，加强市场营销环境的综合分析，重视市场营销战略和整体营销组合策略的制定和实施，进一步强调整合营销、关系营销、体验营销、网络营销和绿色营销等新型营销方式的创新应用。其中，在全球大力倡导生态文明理念的背景下，绿色营销成为一种重要的可持续营销观念和营销方式。

目前，在绿色营销观念的影响下，"生态旅游"、"低碳旅游"等可持续旅游方式逐渐兴起和发展起来，这也对我国旅游企业的生态化经营发展模式和营销策略选择提出新的更高的要求。旅游企业（包括景区、景点）的市场经营活动要面向国内、国外两个市场，不仅要在旅游产品的深度开发和有效推广方面切实提高管理水平和实践能力，而且要在有效保护旅游资源和环境方面承担起应有的社会责任。

第二节　生态旅游市场营销

一、生态旅游市场概述

（一）生态旅游市场的内涵与特点

自20世纪80年代以来，生态旅游在西方受到高度重视。生态旅游市场成为世界旅游市场中增长最快的市场。生态旅游被看做传统大众旅游的替代品,生态旅游的兴起是人们自然环境保护意识不断增强的结果,代表了21世纪旅游业发展的方向。另外,随着我国由亚洲第一旅游大国向世界旅游强国的发展,生态旅游将逐渐成为地区经济新的增长点和吸引国际投资的重点领域。生态旅游产品作为针对旅游对生态环境产生负面作用而产生和倡导的一种新兴的旅游产品,越来越受到我国旅游地及旅游企业的重视。

随着生态旅游市场的形成及其规模的不断扩大,有必要对生态旅游市场营销的概念和内涵进行界定和讨论。

1. 生态旅游市场的内涵

生态旅游作为一种发展模式,其完整的市场体系也是由生态旅游供给和需求两方面组成,涉及旅游者、旅游经营者、旅游管理部门、旅游地居民等各个方面。第一,从旅游业可持续发展的战略角度来看,生态旅游是一种旅游发展模式和经营理念。如世界旅游组织曾指出,"生态旅游是旅游可持续发展的关键。开展生态旅游必须能够促进地方社会、经济与环境的协调发展,生态旅游是人类旅游活动的理想模式之一。"第二,从市场经营角度来看,生态旅游是一种特殊的旅游活动,这也是本书所选取的研究角度。这一概念内涵倾向于将目标市场的旅游者作为开展生态旅游经营活动的核心,在把生态旅游产品推向目标市场的过程中,不仅向旅游者提供没有或很少受到干扰和破坏的自然环境和文化旅游环境,如自然旅游、文化旅游、科学旅游、探险旅游等环境影响较小的生态旅游产品类型,而且通过生态旅游市场营销活动,也对提高旅游者的环境保护意识起到一定的影响作用。

2. 有关生态旅游市场范畴的讨论

生态旅游市场是旅游市场中的重要组成部分,目前关于生态旅游市场范畴的界定有不同的观点,主要分为广义和狭义两种。

广义的生态旅游市场是指包括所有参加生态旅游活动或参观生态旅游区的人。在国外与生态旅游市场相关的研究中,有相当一部分学者持这一观点。如怀特(C. Wild, 1994)认为,"生态旅游者的范围既包括有特殊兴趣的专家组如鸟类观察家、科学家,又包括对自然区域与不同文化感兴趣的普通人"。澳大利亚大学的林达贝格(Kreg Lindberg)与莱皮斯康波(Nei Lipscomble)博士(1996)认为,"生态旅游者是那些作为娱乐者或旅游者来参观自然保护区的人"。对生态旅游市场的广义界定虽然在市场统计中便于操作,但由于只是对旅游者行为现象的部分概括,并不能真正体现生态旅游和生态旅游者(市场)的内涵和特征,因此,在生态旅游营销实践中经常出现市场泛化的问题。

狭义的生态旅游市场主要是指到生态旅游区旅游,并且在旅游活动中对当地环境保护和社区发展能主动担负一定责任和采取自觉行为的那部分游客。狭义的生态旅游市场虽然不易统计,但其市场特征更符合生态旅游的要求,更能够反映生态旅游的本质内涵,对于开展具体的、有针对性的各种生态旅游营销活动更具有实际意义,因此,本书将生态旅游市场营销的"市场"主要定位于狭义市场的范畴。

事实上,目前国内对生态旅游市场范围的界定还存在着一定的争议,如生态旅市场是否只限于高端市场？生态旅游市场能否大众化？是否存在介于广义和狭义生态旅游市场之间的中间类型？有学者在上述广义和狭义生态旅游市场划分的基础上，提出介于二者之间的"生态旅游家"的概念，并列举了其基本条件，即：热衷于接触大自然的人；对不同的生活方式富有兴趣、充满求知欲和充满活力的人；受到过与生态旅游区自然与人文景观相关知识良好教育的人；有体力和情感准备的人；偏爱身体力行的人；乐于社交和交朋友的人。这些学者还认为这部分人最初一般是科学家，之后扩展到环境学家、环境保护主义者、记者、学生及对自然感兴趣的人群中。

从我国目前生态旅游发展的总体情况看，生态旅游已不是只有少数旅游者才能参与的精英式旅游活动，而是已发展为能被各年龄段、各收入阶层、各种文化程度的旅游者都普遍接受和乐于参与的旅游活动，日益呈现出大众化的发展特点。与此同时我们也应该看到，生态旅游在我国的真正发展也仅仅20多年。在生态旅游发展的过程中，旅游经济发展与人口、资源和环境的矛盾始终存在，与国外成熟的生态旅游市场相比，国内真正意义上的、有规模效益的生态旅游市场还尚未形成。

3. 生态旅游市场的特点

生态旅游市场除了具有全球性、多样性、季节性和波动性等一般旅游市场的特点外，还具有自身的特殊性，主要表现在以下几个方面。

（1）市场规模潜力大。首先，随着经济全球化进程不断加快，世界许多国家和地区都将生态旅游确立为促进本国或地区经济环境可持续发展的重要支柱产业，纷纷创造各种条件积极发展生态旅游，生态旅游市场显示出巨大的潜力，正在成为全球旅游市场中的重要组成部分。其次，由于全球环境问题越来越突出，各国或地区日益重视环境保护问题，以保护环境、开展生态教育为导向的生态旅游，广泛引起旅游者的兴趣，加之旅游者的生态意识明显增强，越来越多的人乐于参与具有生态体验功能的自然旅游活动，旅游者中倾向于生态旅游的人数比例逐年增大。最后，"尊重自然、回归自然"已成为一种社会时尚，参与生态旅游的旅游者已由最初的富裕阶层向各个阶层扩展，越来越多的旅游者参与到生态旅游活动中，生态旅游市场规模日益扩大。

（2）多样性和个性化。生态旅游市场的多样性表现在两个方面：一是从消费需求角度来看，由于生态旅游者的经历不断丰富，对产品的多样性要求越来越高，而生态旅游环境承载力较小的特征也使得旅游者趋向于参与"小众化"旅游。因此，生态旅游者不仅要重视自然景观，也要把人文生态旅游吸引物纳入选择决策中，生态旅游消费呈现多样性和个性化的特点。二是从生态旅游产品开发角度，越来越多的生态旅游目的地注重依托不同的自然景观与人文景观特色，精心设计开发多层次、多种类型的生态旅游产品，进行多样化的产品组合，增加产品与服务的吸引力，以使旅游者获得不同的生态体验和感受。随着生态旅游消费水平的不断提高，生态旅游产品项目内涵不断拓展，生态旅游活动将更加丰富多彩，更具体验性。因此，应大力发展多种介于高端生态旅游产品和大众生态旅游产品之间的生态旅游产品和项目。

（3）要求生态旅游参与者有较高的环保意识。生态旅游是一种具有可持续性特点的旅游活动，它强调旅游者在体验和感受自然与人文生态旅游产品的同时，要对保护生态环境做出一定的贡献。这也成为衡量旅游者是否是真正的生态旅游者的基本标准。

在生态旅游活动中，要求生态旅游者应具有一定的环保意识，并能积极、主动地采取保护生态环境的实际行动。与此同时，在实际消费过程中，旅游者一般对自然资源环境及原生态人文环境有较高的要求，选择性强，而生态旅游产品又极易受到资源破坏、环境污染、生态恶化等因素的影响而降低其生态旅游价值。因此，在生态旅游产品开发和生态旅游活动的组织过程中，旅游目的地和旅游企业（包括旅游景区、景点）的经营管理者本身就应提高环境保护意识，加强旅游环境管理，遵循适度开发的原则，切实落实严格的资源环境保护措施，做到市场经营行为与环境管理行为的有机结合。

（4）生态旅游市场体系逐步完善。生态旅游在发达国家最早是作为专项旅游发展起来的，随着生态旅游概念体系的逐步完善，以及生态旅游实践的发展，生态旅游已不仅是一项专项旅游活动，而且已成为旅游业实现可持续发展的一种重要理念和具体发展模式。生态旅游的不断发展，带动了吃、住、行、游、购、娱相关产业的发展，提高了旅游综合效益，生态旅游市场体系也日益得到完善。今后，将会涌现越来越多的专门经营生态旅游的旅行社，以及具有较高综合素质的专职、兼职生态旅游导游，也将有更多的绿色旅游饭店和环保型旅游交通工具应运而生，使得生态旅游产业链的整体发展成为必然趋势。同时，旅游者选择和购买旅游商品的行为也逐步趋向理性化和环保化。

（二）生态旅游市场的类型

从总体上看，我国已经形成或正在形成的生态旅游市场主要有两种类型。

1. 生态旅游市场的一般类型

（1）国际入境生态旅游市场。国际生态旅游市场的发展已比较成熟。国际入境生态旅游者基本具备了高素质和高消费能力这两个生态旅游市场发展的基本条件，是目前我国生态旅游市场的重要组成部分。我国学者张延毅等（1997）将这部分入境市场具体定位于三种人，即来自发达国家经济收入较高、受教育程度较高且身体健康的老年人；中产阶级中的中年人；一部分年轻人。我国生态旅游产品的开发设计要依据这部分旅游者的需求特征和偏好，开发高档次、高品位的生态旅游产品，以进一步扩大国际入境生态旅游市场。

（2）国内高端生态旅游市场。在国内生态旅游市场上，一个发展潜力巨大的高端生态旅游市场正在形成。这一市场的消费者群体的共同特点是具有较高的学历层次和知识水平，收入水平较高，乐于接受先进的生态文明理念，环境意识较强，在环境保护方面身体力行，也愿意在生态旅游中支付较高的开支。在生态旅游市场营销过程中，要重视这一高端细分市场的需求特征，设计开发真正的生态旅游产品来满足目标市场的高层次需求。

（3）国内大众生态旅游市场。随着各个年龄层次、不同收入水平的旅游者对生态旅游的接受和参与，生态旅游已不再是少数高端旅游者才能参加的精英式旅游活动，国内大众生态旅游市场应运而生。这主要基于三个原因：一是我国严格意义上的国内高端生态旅游市场规模还很小，相当一部分旅游者的需求特征和行为倾向难以达到严格的生态旅游者的标准；二是国内生态旅游市场尚缺乏设计合理、具有吸引力的多样化精品生态旅游产品,限制了高端生态旅游市场的发展;三是大部分生态旅游目的地地处偏远、知名度低、市场影响力和竞争力有限,难以满足日益增长的生态旅游市场需求。由于国内大众生态旅游市场兼具真正的生态旅游市场和大众旅游市场的一些特征,属于一种中间过渡类型,因此,在生态旅游市场营销过程中,要因地而异、因时而异、因市场而异地开展组合营销策略,开拓和占领大众生态旅游市场。

2. 生态旅游市场的具体类型

生态旅游市场具体类型的划分基本上以旅游目的地和旅游区的经营规模、实际接待能力、生态旅游产品的市场知名度和吸引力,以及生态旅游客源市场的特征、规模和消费水平等为标准,大致可分为三类:一是区内客源市场,客源主要以生态旅游区所在区域及其周边市县为主;二是区外客源市场,客源主要来自旅游区所在省区,以及广阔的国内、国际市场;三是专项旅游客源市场,这部分游客主要由具有强烈的自然体验、环保、科研等动机,或生态意识比较强的旅游者构成,虽然目前在生态旅游整体客源市场上的比例还比较低,但他们符合真正生态旅游者的基本特征,未来市场发展潜力较大。

二、生态旅游市场营销

(一) 生态旅游市场营销的概念

生态旅游市场营销是可持续发展观念和绿色营销观念在旅游市场营销中的具体应用,是对传统旅游市场营销的发展。赵西萍等(2002)指出,"生态旅游经济个体应在生产经营的各个阶段减少或避免环境污染和资源破坏,在市场营销过程中注重生态环境保护,建立自己的竞争优势,借助各种营销措施赢得社会的认可,制造和发现市场机会,通过长期满足现有或潜在游客的需求,来实现自己的目标。"

因此,本书认为,所谓生态旅游市场营销,就是生态旅游经营主体[旅游目的地、旅游企业(包括景区、景点)]以生态文明观为指导,在生态旅游产品开发与市场营销过程中,注重资源合理利用和生态环境保护,发现和创造市场机会,建立稳定的市场优势,通过各种营销策略的有机组合,在满足生态旅游者需求和社会公众利益的前提下,实现生态旅游经营目标。生态旅游市场营销的内容具体包括:广泛传播生态旅游的理念,开发生态旅游产品及生态旅游市场,吸引更多的潜在旅游者参与生态旅游活动;建立生态旅游目的地品牌形象,提高生态旅游产品的知名度和吸引力,获取生态旅游市场营销的综合效益。

(二) 生态旅游市场营销的内涵

生态旅游市场营销是一种基于绿色营销理念的先进营销方式,其内涵主要体现在以下三个方面。

1. 明晰的社会营销观念

旅游市场营销摒弃传统经营观念,坚持"以消费者需求为核心"的市场营销观念,这是营销理念的变革和进步。但在市场营销实践中，也出现了企业忽视消费者和社会的长期利益、鼓励过度消费、进行不恰当营销等问题。因此，在生态旅游市场营销中，在坚持市场营销观念的基础上，更突出强调兼顾企业利益与旅游者利益和社会利益相统一的社会营销观念，以转变不可持续的旅游开发方式，避免过分利用或浪费资源、环境破坏和生态恶化等问题，创造和引导理性的生态旅游开发和消费模式。同时，通过在全社会传播正确的生态文明观和环保、绿色的旅游方式，最终实现生态旅游市场营销的综合效益。

2. 市场营销内容逐步扩展

从本质属性理解，生态旅游不仅是一种具体旅游活动，而且是一种旅游可持续发展理念和发展模式。因此，生态旅游市场营销除了对生态旅游产品的营销外，还要重视深入宣传和传播生态旅游理念，使旅游生态化发展观念在全社会得到广泛的认同。生态旅游产品营销虽然是生态旅游市场营销的重点和核心，但并不是全部。也就是说，生态旅游市场营销的内容进一步扩展，不仅要借助各种营销手段实现产品营销，还要使旅游者在享受高质量生态旅游产品的同时，了解环境保护的基本知识，提高环境保护意识和自觉性，并参与到促进旅游环境保护和社区发展的实际行动中。

3. 参与市场营销的主体增加

生态旅游作为一种旅游可持续发展模式，其完整的市场体系由生态旅游供给和需求两方面组成，涉及旅游者、旅游投资开发经营者、旅游管理部门、旅游地居民等各个方面。因此，凡是与生态旅游营销活动有关的主体，都应是生态旅游市场营销的参与主体，包括旅游目的地政府管理部门、景区景点开发经营者、各类旅游企业、当地社区居民，以及相关的非政府团体和组织等。所有与生态旅游营销活动有关的主体都应树立和传播旅游可持续发展理念，用生态文明观指导其市场营销活动，通过各方共同努力，实现旅游业可持续发展的目标。

（三）生态旅游市场营销组合基本要素

旅游企业在制定营销策略的过程中会受到多方面的影响，有来自企业外部的约束，也有来自企业内部的制约。企业要想做出最佳的营销方案，就必须充分考虑企业经营实力、外部宏观和微观环境因素，以及旅游者的需求变化，对企业可以控制的营销策略要素进行优化组合。

旅游企业自身可以控制和组合的市场营销策略很多，但归纳起来有四个基本要素，即产品（Product）、价格（Price）、分销渠道（Place）和促销（Promotion），简称4P策略。企业进行生态旅游市场营销策略组合，就是对这四个基本策略进行动态的、多层次的选择和组合。

1. 生态旅游产品策略

生态旅游产品策略指旅游企业根据目标市场的需要，开发出适销对路的生态旅游产品，包括生态旅游资源开发、生态旅游线路设计、生态旅游基础设施建设、生态旅游服务质量标准及其实施等。产品策略中的核心部分是新产品的开发和创新。旅游企业要以市场需求为导向，有针对性地开发生态旅游新产品。

2. 生态旅游产品价格策略

生态旅游产品价格策略指旅游企业根据目标市场上旅游者和竞争对手的状况，运用各种定价方法和策略制定出具有竞争力的产品价格。旅游企业经常采取的新产品价格策略有三种：①低价策略，也称渗透策略，即旅游企业尽可能给产品定低价，以迅速地占领市场，吸引更多的游客；②高价策略，也称撇脂策略，即旅游企业尽可能地给产品定高价，以图在短期内赚取高额利润，尽快收回投资；③满意策略，是介于高价策略和低价策略之间的中间价格策略。生态旅游价格策略应公平合理，既符合目标市场的消费能力和承受能力，也包含一定的环境保护管理费用。

3. 生态旅游分销渠道策略

生态旅游渠道策略就是通过建立和管理高效的分销系统，将适销产品从生产者手中转移到目标市场旅游者手中，分销渠道包括旅游批发商、旅游零售商、旅游辅助商等中间商和网络销售渠道。对旅游中间商的选择和具体管理是生态旅游分销渠道策略的核心问题。

4. 生态旅游促销策略

生态旅游促销策略是在广告、营业推广、人员推销、公共关系等促销策略组合的基础上，形成推式促销或拉式促销组合策略，达到有效地与目标市场旅游者进行沟通，并扩大销售的目的。生态旅游促销中要注意对人员推销等传统促销方式与网络促销等现代促销手段的有机配合和综合运用。

三、生态旅游市场营销与绿色营销

（一）绿色营销

20世纪80年代以来，环境保护浪潮席卷全球，许多国家都强调经济发展应与环境保护相协调，并将可持续发展战略作为国家发展战略的重点。在这样的背景下，绿色营销应运而生。所谓绿色营销，是指以环境保护为经营指导思想，以生态文明为价值观念，以消费者的绿色消费需求为核心和出发点的营销观念、营销模式和具体营销方式。绿色营销观念是相对于传统旅游营销而言的。在绿色营销观念指导下，企业的整个市场营销过程都应该是绿色的，即生产绿色产品，采用绿色包装，尽量做到节能降耗，节约资源，减少产品生产和营销过程中的污染和废弃物排放，选择具有相同绿色营销理念的中间商和供应商等，从而做到全程绿色管理。

绿色营销强调经济效益、社会效益和环境效益的统一，是实现旅游业可持续发展的有效途径，无疑也成为开拓生态旅游市场和开展生态旅游市场营销活动的必然选择。生态旅游市场营销应强化绿色营销理念，做到产品设计、开发、销售管理全程绿色化。

（二）生态旅游市场营销与绿色营销的关系

生态旅游市场营销和绿色营销都是倡导对环境负责任的可持续营销模式，生态旅游市场营销以绿色营销理论为基础，而生态旅游市场营销本身就是一种绿色营销活动，二者是相辅相成的关系（见图1-1）。目前，我国多数学者对生态旅游市场营销的研究，都是建立在绿色营销理论和方法基础上的。

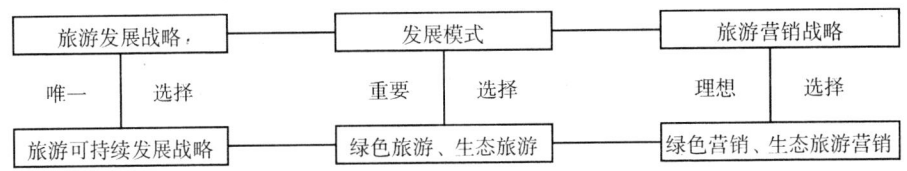

图1-1　生态旅游市场营销与绿色营销的关系

在绿色营销理念的指导下，旅游地和旅游企业的生态旅游市场营销活动要保证做到实现旅游资源的可持续利用，在把握和预测旅游者需求的前提下，变被动为主动，积极引导生态旅游消费新潮流，将旅游消费行为对环境的负面影响降低到最小，以实现旅游业的可持续发展。

第三节　我国生态旅游市场营销的现状与发展趋势

一、我国生态旅游市场营销的现状

（一）我国开展生态旅游市场营销的必要性

生态旅游被认为是实现可持续旅游的最佳发展模式。20世纪90年代以来，以自然旅游为基础的生态旅游在世界范围内发展迅速，生态旅游的市场规模不断扩大。在一些开展生态旅游较早的西方国家，由于经济发达，能为生态旅游的保护和发展提供充足的资金，加之旅游者生态意识较强，所以虽然发展生态旅游的时间较长，但由于更重视对生态旅游资源的保护，因此这些国家对生态旅游市场营销的理论研究和实践活动方面关注较少。而在我国，由于生态旅游资源多集中在山岳、草原、自然保护区等自然区域，或是古城、古村落、历史遗迹、少数民族地区等地处偏远且经济相对落后的地区，因此，很多生态旅游地（包括景区、景点）存在着交通不便、资金不足、管理落后等问题。因此，我国众多的生态旅游地不得不采取"自养"方式，通过积极发展生态旅游，取得相应的营销效益。在这种情况下，生态旅游地（包括景区、景点）在可持续发展和绿色营销观念指导下，适当开展生态旅游市场营销活动是一种现实选择，也是可行的。

近十几年来，虽然我国生态旅游的发展空前高涨，但生态旅游在很大程度上是依赖自然资源和环境而发展起来的，在多数情况下是就资源论开发，缺乏较为明确的市场定位和营销导向。这就意味着在一些地区，生态旅游市场营销实际上等同于一般的市场营销，旅游经营者缺乏对生态旅游产品的内涵及其营销实质的正确认识和把握，无法将资源环境优势转化为真正的市场优势。从这个角度讲，生态旅游经营者必须坚持将可持续发展理念贯穿于生态旅游市场营销管理过程，从市场出发，深入分析研究制约和影响生态旅游经营发展的各种环境因素及其变化趋势，制定生态旅游营销战略，并在生态旅游产品设计、定价、促销和分销策略中具体加以体现。

(二) 我国生态旅游市场营销的发展

据世界旅游组织的统计显示，目前生态旅游已成为国际旅游市场中增长最快的市场，整个生态旅游市场的收入约占世界旅游市场总收入的20%。从发展速度上看，在世界旅游市场以每年4%的速度增长的情况下，生态旅游市场的增长速度则超过30%。我国旅游资源十分丰富，拥有世界上规模最大的国内旅游市场，预计到2020年还将成为世界最大的旅游目的地国，旅游市场的增长空间很大。今后，随着人们对回归大自然的渴望，以及对生态环境保护意识的日益提高，生态旅游市场需求将不断增长，生态旅游市场潜力巨大。

我国开展生态旅游最早从1982年国家批准建立第一批国家级风景名胜区并建立了第一个森林公园——张家界森林公园开始，但生态旅游的产业化规模发展则是从1998年开始的。国家旅游局于1998年底明确提出要建设四川九寨沟、云南迪庆、湖北神农架、丝绸之路、长江三峡、内蒙古呼伦贝尔草原六个高水平、高起点的重点生态旅游开发区，从那时起，国内开始积极进行生态旅游地建设，推广发展多种形式的生态旅游活动。

经过十几年的发展，全国开展的生态旅游已遍及国家级自然保护区、森林公园、风景名胜区、地质公园、湿地公园和水利风景区等各级各类景区，如九寨沟、香格里拉、长白山、张家界等生态旅游区发展已较为成熟，其生态旅游市场营销已积累了一定的经验。全国开发的自然生态旅游产品大致可分为山岳类、湖泊类、森林类、草原类、海洋类、观鸟类、冰雪类、漂流类、徒步探险类九类。目前，我国生态旅游产品的设计开发，已从原生的自然生态景观，发展到自然景观与人文生态景观紧密结合的多种组合形式，基本形成了将生态环境保护与旅游开发有机结合起来的生态旅游产品体系与市场体系。生态旅游项目涵盖游览、观赏、健身、体验、教育、科考、探险、民俗体验和乡村体验等多种形式，呈现出多样化的发展格局。

从国家宏观角度开展的大型生态旅游宣传活动主要有两次，即1999年国家旅游局将旅游主题年定为"生态环境旅游游"，以及2009年又将旅游主题年活动定为"中国生态旅游年"，大力提倡生态旅游，极大地促进了我国生态旅游市场的繁荣和发展。同时，我国还与一些世界组织以及旅游区开展合作，直接促进了生态旅游市场的发展，如九寨沟、神农架等旅游区生态旅游的成功开发，就曾获得世界一些非营利组织（如世界自然基金和全球环保基金）的指导和帮助。各级地方政府也积极鼓励和支持生态旅游的发展，大力创建在国内外享有一定知名度的生态旅游目的地品牌，有效地促进了生态旅游市场的发展。

作为促进生态旅游发展的重要管理手段，生态旅游市场营销同样受到旅游企业经营管理者的重视，对树立生态旅游市场形象、开拓市场发挥了重要的作用。各级自然保护区、森林公园、地质公园等纷纷编制生态旅游规划，一些生态资源丰富的景区也积极创建生态旅游品牌，增强市场竞争力，并将此作为开拓生态旅游潜在市场的主要发展战略，如张家界、千岛湖等都提出打造国际生态旅游目的地的口号，同时极力宣传其生态旅游品牌形象。

(三) 我国生态旅游市场营销中存在的问题

虽然我国生态旅游市场已初具规模，但由于我国生态旅游发展历程较短，市场培育缓慢，至今尚未形成一个与市场需求相符的、具有相当规模的生态旅游市场，需要在营销观念、品牌形象、产品项目设计开发、营销策略组合和市场调研等方面进一步改进和创新。我国生态旅游市场营销中存在的主要问题表现在以下四个方面。

1. 尚未普遍形成正确的生态旅游营销观

目前，整个旅游业普遍存在着营销观念落后、营销实践能力较弱的问题。一些旅游经营管理者还没有形成正确的以消费者需求为核心的市场营销观，甚至一些旅游经营者的经营思想仍然停留在传统的产品观念阶段，忽视消费者的需求和感受，沿用强行推销、强买强卖的做法，导致游客不满意度居高不下。反映在生态旅游产品开发及其市场营销过程中，就是普遍存在着追求短期销售目标，而忽视生态旅游环境效益和可持续发展长远目标的问题。

除此之外，在生态旅游市场营销中，还突出存在着由于缺乏正确的可持续发展理念和绿色营销观念，一些旅游地和旅游企业（包括景区、景点）生态环境保护意识较差，将生态旅游营销等同于传统大众旅游产品营销，较少考虑产品设计的生态化和环保问题，或靠"生态"概念的炒作来带动旅游发展，而对生态旅游产品的深度挖掘、生态旅游中的社区参与，以及生态旅游应有的宣传教育功能等重视不够。这就直接导致许多旅游地和景区仍然把生态旅游当做大众旅游来发展，将大众旅游开拓市场的营销思路和营销模式照抄照搬到生态旅游开发经营中。同时，不少生态旅游景区忽视环境容量的限制，游客超载现象严重，像四川王朗自然保护区那样能开展"小众模式"并真正实现保护性开发的生态旅游景区可谓屈指可数。

2. 品牌形象的建立和传播中没有突出生态化特征

目前，旅游地和旅游企业越来越重视营销战略问题，纷纷创建有别于竞争对手的生态旅游品牌形象，并加以有效推广。与一般旅游市场营销不同，在生态旅游市场营销中，通过挖掘和提炼能够反映地方生态旅游特色的各种自然旅游资源和人文生态旅游资源，是较易建立起区别于竞争对手的、独特的生态旅游目的地和产品品牌形象的。但从近几年国内生态旅游营销的实践看，虽然各地都在大力推广其生态旅游产品，也在努力推广其旅游形象，但由于许多旅游经营者和管理者对生态旅游的本质和特点认识不足，加之缺乏科学的生态旅游规划和设计，使得很多旅游地和旅游企业（包括景区、景点）不能充分挖掘旅游目的地的生态特征，生态旅游品牌内涵和特征明显不足，导致多数生态旅游品牌形象模糊，难以在市场上建立其竞争优势，缺乏吸引力。

品牌形象的建立需要通过有效的促销手段加以传播和推广，才能被市场认可和接受。在生态旅游品牌形象传播的过程中，目前普遍存在着推广方法雷同、缺乏新意等问题，简单重复的宣传形式难以在潜在旅游者心目中留下深刻印象。多数情况是旅游推广花费不少，但市场效果平平，以致许多生态旅游品牌的知名度和市场占有率难以提高。

生态旅游是一种必须在满足保护的前提下才能进行的旅游活动。由于生态旅游的发展依赖于良好的自然环境，而自然旅游资源或人文生态旅游资源都具有脆弱性的特点，因此，生态旅游目的地及产品品牌的创建和传播过程，就不能像建立一般旅游品牌形象一样，而必须以可持续发展理念为指导，深化其"生态化"特征和"保护性开发"的本质要求。

3. 生态旅游产品开发缺乏特色和标准，经营管理滞后

现代旅游市场营销中，旅游产品是一个包含核心产品、形式产品和附加产品三个层次在内的整体产品概念。生态旅游产品不仅要体现一般旅游产品的特色，而且要突出感受、体验、宣传和学习自然的生态旅游内涵。目前，我国一些旅游地出现生态旅游泛化的现象，生态旅游被当做招徕游客的"招牌"，反映在产品开发和设计上，就是生态旅游产品同质化现象严重，尚没有建立起系列化的产品开发体系，也缺乏具有较强参与性、体验性和个性化的生态旅游精品。同时，随着国际旅游市场的逐步开放，对国际化生态旅游精品的市场需求势必增强，缺乏高端生态旅游产品的问题也日益突出。

我国生态旅游起步较晚，在依托自然保护区、森林公园和地质公园等进行各种类型生态旅游产品开发经营的过程中，尚无相关的生态旅游统一标准，也没有制定国家级生态旅游认证制度，这就使得生态旅游产品难以与一般旅游产品区别开来，大众化现象较为突出。

同时，我国旅游业在发展中，普遍存在着"重开发、轻保护"或过度开发的问题，生态旅游规划中商业导向过重，一些旅游地在规划中将良好的生态环境和独特的文化资源作为吸引游客的标签，不少经营管理者生态意识较差，缺乏生态旅游管理经验，导致景区管理、游客管理、环境监测与管理、社区管理等严重滞后，一些地区生态旅游资源破坏严重，生态环境逐步恶化，生态旅游产品质量下降，甚至出现难以为继的现象，生态旅游产品项目名不副实。

4. 营销策略组合的整体性、层次性和科学性挖掘不够

旅游营销策略组合是旅游地和旅游企业（包括景区、景点）在旅游营销战略（STP战略）下，对旅游产品、价格、分销渠道、促销策略和服务等营销策略的有机组合和协调运用，旅游营销策略组合是科学性、技巧性和实践性的综合。具体到生态旅游营销策略组合运用中，普遍存在整体性、层次性和科学性挖掘不够的问题。企业生态旅游营销策略组合中存在的主要问题包括：

（1）生态旅游产品价格体系不合理。许多开展生态旅游的旅游地和景区、景点在选择价格策略时，往往将生态旅游产品价格等同于普通旅游产品价格，所制定的生态旅游产品价格远低于包括环境成本在内的产品成本价格，甚至有的企业只要有利可图就行，从旅游企业角度看，这种做法使企业能顺利销售产品，获取短期经济效益；但

从生态旅游地或景区、景点的长远发展角度看，不计对生态资源环境补偿和保护成本的做法，对生态旅游的可持续发展是非常不利的，有时也会间接损害生态旅游目的地的市场形象。

（2）生态旅游分销渠道单一。多数生态旅游目的地和景区景点过于依赖旅游中间网站和旅行社进行产品分销，尚没有建立起适于生态旅游产品分销的专业的、短宽的分销渠道体系。虽然一些生态旅游区也建立了自己的直销网站，但这类网站大多设计简单，关于生态旅游的信息仅仅停留在最简单的基本介绍上，内容非常有限，这样简陋的网站是无法对潜在的生态旅游者产生吸引力的。此外，一些国际非营利组织（如世界自然基金和全球环保基金等）也为旅游地输送了部分国际生态旅游者，但其市场规模还仅占较小的比例，这类渠道的作用还远远没有发挥出来。

（3）尚未形成适合生态旅游市场特点的推广对策和促销组合策略，甚至于有的旅游企业存在着促销手段不当的问题，如提供虚假的生态旅游信息，或为拉拢游客而迎合旅游者的过度消费需求等。在促销人员素质方面，由于我国开展生态旅游时间较短，不仅缺乏综合性的生态旅游专业销售人员，而且普遍存在着导游服务人员生态意识较差、专业技能不足、难以满足生态旅游者需求的现象。

另外，与国外发达国家相比，我国尚缺乏生态旅游专业人才培训和教育体系，难以开展相关的生态旅游服务项目。

二、生态旅游市场营销的发展趋势

据世界旅游组织的市场调查预测显示，未来全球旅游市场的发展变化呈现四大趋势：一是旅游由贵族化向平民化转变；二是旅游由纯观赏性游览向体验性生态旅游转变，或由单一的娱乐向增长知识、健身、研究自然方向转变；三是目标市场由少数向广阔分散的市场拓展；四是目的地选择由城市园林向自然环境方面转变。

从目前的发展状况看，由于受多种因素制约，我国生态旅游的发展在相当长一段时期内将仍然以大众生态旅游为主，真正意义上的生态旅游市场还需要积极培育和发展。巨大的市场需求是促进生态旅游蓬勃发展的客观基础。今后，生态旅游市场规模将不断扩大，无论是生态旅游者数量，还是生态旅游收入，都具有巨大的增长潜力，可以说我国生态旅游的发展已经进入了营销主导时代。

因此，从今后的发展趋势来看，生态旅游目的地和生态旅游景区景点，包括各类相关的旅游企业，在继续做好大众生态旅游产品市场的同时，要逐步适应未来生态旅游市场发展的趋势，树立绿色营销观念，积极开发和推广符合"生态化"和"保护性开发"本质要求的、能满足市场需求的生态旅游产品与服务，推动生态旅游的可持续发展。

（一）生态旅游市场发展潜力巨大

1. 生态旅游市场发展迅速

从总体上讲，世界生态旅游市场发展迅速。据世界生态旅游大会统计，到20世纪末,生态旅游已成为世界旅游发展的主要潮流,给全球旅游经济的发展创造了超过200亿美元的年产值。从我国生态旅游的发展趋势来看,预计2020年我国将成为世界第一大旅游目的地国,客观上存在着一个潜在的庞大国际生态旅游市场。从我国国内生态旅游市场的发展看,市场规模不断扩大,生态旅游者增长迅速。随着生态旅游地品牌形象的逐步建立和推广,加之全民环保意识日益增强,将会有越来越多的旅游者倾向于生态旅游,生态旅游客源市场会得到进一步的拓宽和发展。

2. 旅游者的环境意识明显增强

21世纪以来,由于世界各国在经济发展中所暴露出来的各种环境问题十分突出,因此,环境保护问题日益受到重视。随着全球生态文明观的逐渐兴起,"回归自然"已成为一种世界潮流。在旅游消费领域,旅游者的环境意识明显增强,追求人与自然和谐的绿色旅游、低碳旅游和生态旅游等环保、健康的旅游方式正在成为旅游市场新的需求特点。人们开始更多地关注自然、热爱自然、走进自然、学习自然和保护自然,选择环境友好型旅游产品成为旅游新时尚。这为生态旅游的发展营造了良好的社会氛围,也为生态旅游的发展提供了广阔的市场空间。

(二) 生态旅游产品体系逐步完善

随着生态旅游者的旅游体验和感受逐渐丰富,他们对生态旅游产品的多样化和个性化提出越来越高的要求。因此,生态旅游产品的开发和设计必须适应旅游者的需求变化,充分利用丰富的自然与人文生态旅游资源,开发专业化生态旅游产品,精心设计主辅产品相结合的产品体系,以提供多种富有体验性、参与性、环保性和小众化的生态旅游产品供游客选择,以丰富游客的生态旅游体验,提高旅游满意度。

从目前世界生态旅游市场的发展状况分析,不难发现,高端生态旅游市场仍然占据着重要的市场份额;同时,由于一般旅游者普遍青睐生态旅游产品和生态旅游活动,大众生态旅游市场规模也在迅速发展和扩大。因此,我国生态旅游产品的设计开发应把握下面两个思路:

(1) 在高端生态旅游市场上,随着生态旅游目的地品牌知名度的提高、高素质生态旅游者数量的增加,以及国际高端生态旅游市场的扩大,旅游目的地和旅游企业可以在细分生态旅游市场的基础上,通过设计开发高端生态旅游产品,向国内外市场推出精品化、特色化生态旅游产品,以有效地促进国内高端生态旅游市场的发育和成长。

(2) 在大众生态旅游市场上,从满足多样化和个性化市场需求角度,旅游目的地和旅游企业可以设计开发以专业生态旅游活动为主,辅以环保教育、生态课堂、自然学习等丰富内容的大众生态旅游产品。同时,观光游和休闲游相结合的大众生态旅游产品仍然是生态旅游产品开发的一个重要方向,因此,也可以通过设计开发大众化生态旅游产品,寓教于游,对国内大众游客进行环境教育,提高他们的生态意识。培育有中国特色的大众生态旅游市场,是我国生态旅游市场的发展趋势之一,也是确保生态旅游地合理的游客规模,实现生态、社会和经济的综合效益的重要途径。

(三) 在整合营销理论指导下全面发展

美国西北大学舒尔兹教授提出整合营销传播理论(Integrated Marketing Communications, IMC),认为整合营销传播是"以消费者为核心重组企业行为和市场行为,综合协调各种沟通方式,以统一的目标和形象,发布统一的产品信息和服务信息,实现与消费者的双向沟通;迅速在客户心目中树立良好的产品品牌形象,在企业和消费者之间建立长期的密切关系,从而更好地实现企业的目标"。营销传播理论的提出,被认为是20世纪90年代市场营销理论的重大发展和突破,并在市场营销实践中得到了广泛的应用和发展。

随着生态旅游的快速发展和市场规模的不断扩大,产品同质化现象和市场竞争日趋激烈,因此,为了树立品牌竞争优势、提高旅游者对品牌的忠诚度,旅游目的地和旅游企业必须以营销传播理论为指导,一方面要以旅游者需求为核心,塑造独特的生态旅游品牌形象;另一方面要选择有效的传播途径,注重协调和整合各种营销传播手段,以旅游者乐于接受的沟通方式,积极传播生态旅游营销理念和品牌价值,做到与潜在旅游者保持一种良好的、积极的双向沟通关系,达到取得旅游者信任,进而提高市场占有率的目的。营销传播理论的有效应用对于仍处于产品生命周期导入期的生态旅游品牌及产品而言,显得尤为重要和迫切。除了广告、营业推广、人员推销和公共关系活动外,举办生态旅游目的地节庆活动、推介活动以及积极开展网络营销等,都是整合营销传播的有力手段。需要注意的是,在采取不同的营销传播手段时,旅游目的地和旅游企业要做到传播理念、传播形式与传播内容的统一、协调与配合,以促使旅游者能更好地了解生态旅游目的地和生态旅游产品,提高对生态旅游品牌的认知度。

在具体营销策略组合上,就是以4C策略组合①取代4P策略组合②,根据现实和潜在旅游者的需求特征和购买决策过程,提供能满足需求的生态旅游产品,并结合旅游者的购买能力和支付意愿,合理地确定生态旅游产品价格,并提供便利的分销渠道以方便旅游者购买,最终满足旅游者需求,实现生态旅游市场营销的综合效益。

(四) 传统营销方式与网络营销紧密结合

根据中国互联网信息中心(CNNIC)发布的数据显示,截至2011年6月,我国网民总数已达4.85亿,互联网普及率达36.2%。此外,《2011中国旅游电子商务研究报告》也显示,2010年中国旅游电子商务产业规模达到390亿元,相比2009年增长42%,这表明网络营销在旅游市场营销中已占据越来越重要的地位。

近些年来,我国旅游网络营销的发展极为迅猛。各级政府旅游局官网、各大景区、旅行社和酒店不仅自建网站,还在各大门户网站或专业旅游网站发布信息,进行广告宣传。除此之外,自互联网2010年开通微博以来,各大旅游局和景区更是纷纷开通了自己的官方微博,直接与网友互动,甚至很小的景区也开通了微博,拥有为数不少的粉丝群。首先是九寨沟管理局官方微博,其粉丝数量已经超过30万;其次是张家界,张家界袁家界景区、张家界武陵源景区两个官方微博,粉丝数量也都超过了20万。不

---

① 4C策略组合,由罗伯特·劳特朋于1990年首先提出,包括满足顾客需求(Consumer needs)、考虑顾客愿意支付的成本(Cost)、为顾客提供方便(Convenience)和与顾客进行有效的沟通(Communication)四方面内容。

② 4P策略组合,由麦卡锡提出,将各种营销因素归纳为产品、价格、渠道和促销四大类。

仅极大地提升了旅游地的知名度，也让更多的人了解了旅游地的旅游特色，有效地向潜在旅游者进行了宣传推广活动。

传统营销方式与网络营销紧密结合，是现代旅游市场营销的重要特点，也是生态旅游市场营销的发展趋势。一般来讲，凡利用互联网开展的营销活动，都可称其为网络营销。网络营销带来的不仅是一种新的营销理念和营销方式，而且传统市场营销的诸多要素，如品牌、产品、渠道、价格、促销等都会在网络营销中得到体现。但与传统营销不同的是，网络营销基于统一平台和统一数据库的区域/集团旅游电商平台，可将区域/集团内外的各旅游景区景点、中间商、各分支机构和子公司的旅游产品统一整合，统一接受预订，并与线下各个旅游景区的门票管理、酒店的客房管理、交通部门的票务管理等系统形成线上线下信息一体化服务，实现产品设计、预订、定价、分销、促销、服务、宣传推广的一体化协同运营。因此，网络营销的发展赋予传统旅游市场营销以新的形式和内容，也给传统市场营销策略的组合运用带来活力，提高了市场营销效率。

从网络 4P 营销策略组合来看，在产品方面，旅游企业在及时了解旅游者个性化需求的基础上，可以为旅游者提供产品咨询、个性化设计、售前售中售后服务等，并能够及时获得市场信息反馈，提高市场应变能力。在价格方面，网络上公开展示的旅游产品价格较易获得旅游者的认可和信任，并且会受到同行业竞争产品价格的制约，减少旅游企业通过定高价来获得高额垄断利润的可能性。在渠道方面，网络营销本身就是一种直接分销渠道，改变了传统分销系统中存在多个批发商和零售商的格局，大大提高了旅游企业的分销效率。在促销方面，网络营销本身就是一种新的营销方式，通过网上聊天、在线答疑和 QQ 群讨论等方式，加强了旅游企业与旅游者的互动交流，使双向信息沟通更加快捷；与此同时，网络营销也为旅游企业提供了适时的产品设计思路与信息支持。网络的覆盖面非常宽广，是旅游者获取各种信息的巨大信息库，为旅游者做出正确的购买决策提供了信息支持。

第二章　生态旅游者行为分析

导言：生态旅游者是生态旅游市场的主体。生态旅游市场营销就是以生态旅游者的需求为导向，在满足生态旅游市场需求的前提下，实现市场营销目标的社会和管理过程。旅游企业要研究生态旅游者的行为特点，把握其变化规律，为制定科学的生态旅游营销战略和策略奠定基础。

本章学习内容：生态旅游者行为的特点和主要类型；影响生态旅游者行为的主要因素；生态旅游者的购买决策过程；生态旅游者行为规范的基本内容与原则。

第一节　生态旅游者行为概述

对于生态旅游市场营销来说，生态旅游者的购买决策和行为过程是旅游企业制定市场营销战略的依据和基本出发点。旅游企业必须了解生态旅游者的行为特点和不同类型，并深入分析和研究影响生态旅游者购买行为的各种因素，这对旅游企业开展有效的生态旅游市场营销活动具有重要意义。研究分析生态旅游者行为的框架体系与主要内容如图2-1所示。

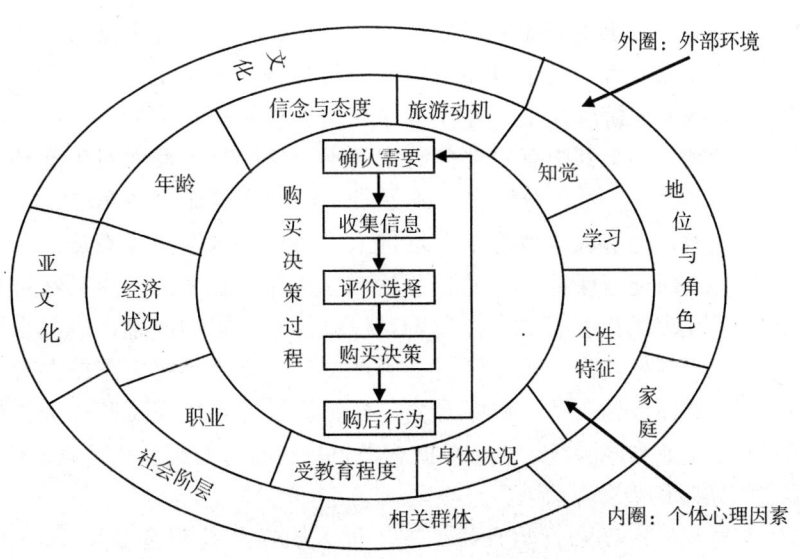

图2-1　生态旅游者行为研究的基本框架

一、生态旅游者行为的含义

（一）生态旅游者

1. 生态旅游者的定义

生态旅游者是生态旅游市场的主体，是生态旅游市场形成和发展的关键性因素。但由于目前国内外学者对生态旅游的内涵尚未形成统一的看法，因此，对生态旅游者的定义尚存在不同的解释。相关研究中，关于生态旅游者的定义有广义的生态旅游者和狭义的生态旅游者之分。广义的生态旅游者一般是指到生态旅游区进行旅游活动的所有游客，如世界野生动物基金会（WWF）研究人员伊丽莎白·布（Elizabeth Boo，1992）认为，"生态旅游者是指那些以风景和野生动、植物为特定目标，为实现学习、研究、欣赏、享受等目的而到受干扰比较少或没有受到污染的自然区域进行旅游活动的旅游者"。狭义的生态旅游者指的是对生态旅游区的环境保护和可持续发展负有责任的那一部分游客。如国际资源组织（1992）认为，生态旅游者是指"以欣赏自然美学为初衷的，同时表现出对环境的关注"的那部分旅游者。

从生态旅游市场营销的角度，生态旅游者可定义为："到生态旅游区，愿意并且能够购买生态旅游产品，同时随时开展各种生态旅游活动的那部分旅游消费者。"这里的生态旅游区主要是指国家公园、国家森林公园、野生动物园、世界文化和自然遗产区域，以及已开发生态旅游产品的各级自然保护区和生态保护区。生态旅游产品主要是指以上区域在其拥有的资源和环境基础上，所设计和开发出来的能满足生态旅游者认识自然、享受自然、学习自然、保护自然等生态旅游需求的整体生态旅游产品及其组合形式。

上述定义避免了界定生态旅游者时的两个误区：第一，并不是所有进入生态旅游区的游客都是生态旅游者。其中有相当一部分游客虽然购买了生态旅游产品，但实际上他们多停留在观光旅游层面上，并没有参与与环境保护有关的生态旅游活动或其他环境宣传教育活动；甚至其中有一部分游客的不当旅游行为反而对生态环境造成了一定的破坏和污染，因此，这部分游客并不是真正的生态旅游者。第二，也有相当一部分具有较强环保意识的游客，他们不一定进入生态旅游区购买生态旅游产品，但却积极参与各种宣传、研究与保护自然的相关活动。这部分游客的行为虽然符合生态旅游的内涵要求，但在市场营销活动中存在着难以统计和计量的问题，故其市场范围很难确定，在这里也不能称其为生态旅游者。因此，只有准确界定生态旅游者的概念和范围，才能做到在具体市场营销实践中对生态旅游者的市场规模及其相关指标进行准确统计，以便旅游企业和旅游区对生态旅游客源市场进行有效细分和精确定位。

2. 生态旅游者的划分

根据生态意识、态度和行为等特征的不同，1987年拉阿曼（Laarman）与德斯特（Durst）首次提出"严格"与"一般"的生态旅游者的划分标准。这一分类方法比较完整地概括了生态旅游者的不同特点和不同层次，因此得到了多数生态旅游研究者的认同和采纳。

（1）严格的生态旅游者。严格的生态旅游者（或称为真正的生态旅游者）一般具备较高的知识素养和道德素养，接受过相关知识的教育，对大自然与特色文化充满热爱，因此他们对生态旅游有着很深的理解。严格的生态旅游者早期主要是指科学家，后期范围扩展至环境学家、环保主义者以及对自然界感兴趣的旅游者。目前我国这类生态旅游者非常少，只占整个生态旅游市场的很少部分。

严格的生态旅游者的行为表现有三个明显特点：

第一，有明确的生态旅游目的。严格的生态旅游者一般具有强烈的环境责任感，他们认为只有每个人都从自身做起，才能有效地提高公众参与环境保护的积极性，从而促进环境保护工作的开展。同时，他们也把这种环境责任感转化为积极的环境保护行动，不仅严于律己，而且还乐于引导他人避免或尽量减少对环境的损害。如在生态旅游过程中，积极向当地居民和其他旅游者宣传环境保护的理念，传授相关的知识和经验，帮助他们改正对环境不负责任的行为。

第二，在旅游决策中表现出主动性。严格的生态旅游者旅游动机明确，在旅游目的地选择上，他们通常喜欢那些距离遥远，还保持着相对原始状态的自然区域；在旅游项目选择上，他们一般选择具有挑战性的自然生态旅游项目，除了从导游和景区解译系统获得知识外，更强调个人对自然的了解和体验。另外，严格的生态旅游者喜欢自己安排旅行，或是以小规模团队，进行专业化的旅行。

第三，旅游行为更加生态化。严格的生态旅游者更倾向于亲近自然的生态旅游活动，抱着积极主动的态度了解和学习自然，并与大自然进行亲密的交流。因此，他们对旅游住宿等设施要求很低，更喜欢徒步旅游，而不是借助机动车、索道等交通工具。同时，他们在旅游过程中认真了解当地民俗风情，尊重民族文化，关注目的地社区的发展，并积极参与保护社区自然和文化生态的活动。

（2）一般的生态旅游者。一般的生态旅游者是指在行为特征上明显区别于严格的生态旅游者的一类生态旅游者。之所以称其为生态旅游者，是因为一般的生态旅游者喜欢与自然环境接触，与普通大众旅游者相比，能够有意识地选择生态旅游活动。但是，从本质上说，一般的生态旅游者还是可以归属于大众旅游者的，因为他们在大多数情况下只是把自然环境当做一种旅游消费对象，缺乏环境保护意识和具体的保护行为，因此，他们与严格的生态旅游者相比是有明显区别的。目前我国一般的生态旅游者人数众多，占整个生态旅游市场的绝大部分。

一般的生态旅游者的行为表现有三个明显特点：

第一，生态旅游目的不明确。一般的生态旅游者往往只有中等或表层的生态意识，他们对生态环境所具有的责任感不像严格的生态旅游者那样强烈，或者说他们的环境保护意识较为淡薄。在生态旅游过程中，他们可能会约束自己不做破坏环境的事情，但是对他人不负责任的环境行为则经常采取置之不理等消极的态度。他们中的多数人缺乏生态旅游的相关知识和经验，也很少积极参与宣传环境保护的活动，与当地居民沟通较少。

第二，在旅游决策中表现出被动性。一般的生态旅游者的旅游态度和决策倾向比较被动,他们跟随旅游团来到生态旅游景区,只停留短暂的时间,所以通常愿意选择位置优越、交通便利、距离较短的目的地,而且在一条旅游线路上往往包括多个旅游目的地和多个旅游项目,因此在旅游内容上多是"走马观花"式的欣赏,体验性项目很少。同时,一般的生态旅游者喜欢通过导游解说、小径上的指示标牌或解译中心来获得有关自然的知识。

第三,旅游行为更接近于大众旅游者。一般的生态旅游者虽然前往生态旅游区,也购买生态旅游产品,但缺乏了解、认识以及保护自然生态环境的主动性。他们一般喜欢由旅行社或其他旅游经营机构安排行程,以较大规模团队的方式旅游。同时,他们对旅游住宿、饮食卫生和服务设施等条件的要求都比严格的生态旅游者高。一般的生态旅游者较少关注旅游目的地社区的发展,也很少有实际的行动。

上述两种生态旅游者类型的特点比较如表 2-1 所示。

表 2-1 严格的生态旅游者和一般的生态旅游者的特点比较

严格的生态旅游者		一般的生态旅游者
强烈的环境责任感		中等的或表面的环境责任感
持续增长		静态可持续性
专业化的旅行		多种目的的旅行
长途旅行		短途旅行
小团队	生态旅游行为 ←→	更大的团队
完全主动		完全被动
体力的挑战		身体的舒适
无服务要求		希望获得服务
与自然深入的交流		与自然浅显的交流
强调个人的体验		强调解说、介绍
自己进行旅行安排		依靠旅行社或旅游经营者

资料来源:韦弗和劳顿(Weaver & Lawton, 2001).

(3) 组织性的生态旅游者。韦弗和劳顿于 2001 年对澳大利亚拉明顿国家公园生态旅馆内过夜的游客态度和行为进行过专门调查,调查结果印证了拉阿曼和德斯特提出的生态旅游者类型划分的标准和方法,并认为另外存在一个介于"严格"与"一般"之间的过渡性生态旅游者群体,即"组织性生态旅游者"。组织性生态旅游者具有较强的环境责任感和明确的学习、了解、保护自然环境的生态旅游动机,这一点他们与严格的生态旅游者比较接近。但是,他们中的一些人对完备的旅游服务设施要求较高,并希望有导游人员陪同,从这一角度看,他们又与一般的生态旅游者相似。从行为表现上分析,他们也具有中间过渡性的特点,如对生态旅游中的各种环境保护活动持肯定态度,对自身环境行为能较好地加以规范,并能积极参与环境保护宣传活动。但是,在生态旅游的具体过程中,他们喜欢参团,并更多地依赖旅行社安排生态旅游项目和组织行程等。

(二) 生态旅游者行为的概念

在市场营销理论研究中，消费者行为一般是指消费者为获取、使用、处置消费物品或服务所采取的各种行动，包括先于且决定这些行动的决策过程。因此，获取或者购买只是消费者行为过程中的一个阶段（环节），只有既重视消费者的需求与购买，又重视他们的选择与决策，以及在产品消费后的满意度与行为表现，对消费者行为的理解才是趋于完整的。现代旅游企业积极研究生态旅游者行为，其目的在于深入了解和认识生态旅游者，致力于与生态旅游者建立和发展长期的交换关系。

生态旅游者行为是指生态旅游者为获取、消费生态旅游产品所采取的各种行动，包括先于且决定这些行动的决策过程，以及伴随生态旅游产品消费过程所开展的各种有利于环境保护的具体生态旅游活动。

伴随着生态旅游产品的购买决策与消费过程，生态旅游者还开展各种有利于环境保护的具体生态旅游活动，这是生态旅游者行为区别于一般旅游者行为的显著特征，即生态旅游者行为包含着与旅游环境保护密切相关的具体行为。如在整个旅游过程中能自觉地保护当地的自然环境及旅游资源，能尊重旅游目的地的文化传统，不吃受保护的动植物，不买珍稀动植物的制品，不惊吓野生动物等。

生态旅游者具有较强的生态环境保护意识，他们的行为是"保护性旅游行为"，即将环境保护理念贯穿于确认需要、选择决策、购买消费的整个行为过程中，特别强调生态旅游活动与环境保护的有机统一和相互促进，并通过健康的生态旅游行为为生态旅游区的环境保护做出实际贡献。而传统大众旅游者正是因为没有认识和处理好自身旅游活动与旅游区环境保护的相关关系，才导致了在旅游活动中只重视自身游玩而忽视环境保护的一些不正确的旅游行为。另外，只是单纯地到生态旅游区浏览观赏便返回，这样的旅游者行为严格地来讲是不能算作生态旅游者行为的，而是对传统大众旅游者行为的"生态标签化"，或者是生态旅游者行为的泛化理解而已。

二、生态旅游者的行为特点

(一) 多样性与复杂性

生态旅游者需求与动机的多样性决定了其旅游消费行为的多样性与复杂性，表现为不同的生态旅游者在生态旅游需求、动机偏好以及选择产品的决策内容等方面各有侧重、互不相同；即使是同一生态旅游者，在不同时期、不同购买情境或不同生态旅游产品的选择上，其行为也呈现很大的差异性和多变性。

生态旅游者行为的复杂性一方面体现在影响生态旅游者行为的各种内、外部因素是极其复杂的；另一方面，也通过生态旅游者行为的多样性和多变性反映出来。鉴于生态旅游者行为的复杂性，在市场营销过程中既要具体分析导致旅游者决策与行为发生的主导动机因素，同时也不能忽视对其他多种动机因素的分析。

（二）环保性与学习性

依据生态旅游的基本定义，生态旅游者的行为具有明显的"保护"特点，即生态旅游者不仅倾向于生态旅游产品的购买和消费；同时，他们也比较注重将旅游消费行为与有益于环境保护的具体行为结合起来。当然，生态旅游者的环保性行为是因人而异的，有被动与主动、消极与积极、低介入与高介入之分。这既取决于生态旅游者对生态环境保护问题的认知程度，也取决于生态旅游者参与生态环境保护的自觉程度的高低。

生态旅游者行为还呈现出学习性的特点，即生态旅游者行为中或多或少含有自然和人文环境知识学习、科普宣传、环境教育等内容。在具体旅游活动中，生态旅游者不仅倾向于接近未受破坏和改造的大自然环境，探索和感受大自然的奥秘，并由此拓宽生态系统、地质、气候、动植物、生态美学等领域的知识面；而且还积极学习当地民族文化知识，领略富于魅力的地域历史文化特色，开阔视野，体验人与自然的和谐之美，从中感受和学习历史文化的价值。

（三）参与性与可引导性

生态旅游者行为表现出明显的参与性特点，不少生态旅游者倾向于改变传统观光游的旅游模式，强调通过参与性和体验性的旅游活动来增加对大自然的了解和感受，从中获得生态旅游乐趣。因此，他们更喜欢徒步或骑自行车旅游，选择极为简单的旅游设施，尽量与当地的文化习俗和生活习惯相融合，以实际行动节约资源，减少浪费和污染行为，充分体现了生态旅游的参与性特点。

同时，生态旅游者行为也具有一定的可引导性。事实上，即便是严格的生态消费者，他们对自己的需要以及以何种方式满足这种需要并不是十分确定的，反而在具体生态旅游产品的选择决策中的随意性很大，即潜意识下发生的消费行为比例很高。此时，生态旅游区可以通过提供合适的生态旅游产品和传递合适的信息来激发或满足生态旅游者的需要。正如菲利普·科特勒所言："数字经济中的行销，必须从'替产品找顾客'，转变为'替顾客找产品'。"因此，很多旅游企业积极发展"原生态化"的生态旅游产品，在具体生态旅游项目的设计开发过程中按当地特点与环保要求专门增加参与性和体验性的项目，给生态旅游者身体力行和亲身感受的机会。

（四）责任性与关联性

生态旅游者相对于传统大众旅游者具有更高的素质，他们追求人与自然和谐相处，强调对自身负责和对旅游目的地与当地社区发展负责，因此，其行为中体现出较强的责任性。生态旅游者对当地社区环境保护和社区发展负责和做出贡献的行为表现，反映出在特定情况下他们也扮演一种非消费者的角色。

正是因为生态旅游者充分认识到自身旅游行为与旅游地或旅游区环境保护直接的相关关系，因此，其生态旅游消费行为具有明显的关联性。针对这一特点，生态旅游市场营销的一个要点是：旅游地或旅游区企业不是被动地适应生态旅游者的消费行为，而是在认真分析研究生态旅游者消费行为特点及其影响因素的基础上,通过适当的营销活动,积极主动地影响生态旅游者的消费行为及相关环保行动。

三、生态旅游者行为类型

生态旅游者行为是存在差异的。在现实购买决策过程中,由于受多种因素的影响,生态旅游者行为呈现出复杂多样的特点。综合国内外对生态旅游者行为类型的研究成果,有两种分类方式可以借鉴。

(一) 根据决策特点划分的生态旅游者行为类型

根据购买目标的确定程度与决策行为的差异,可以大致将生态旅游者行为分为全确定型、半确定型和不确定型三种类型。

1. 全确定型

这种类型也称例行反应行为类型,是指生态旅游者在购买行为发生之前,就已有明确的购买目标和具体要求(如生态旅游产品的类型、数量、价格),他们根据已经确定的目标和要求挑选生态旅游产品并毫不迟疑地实施购买和消费行为。在这种情况下,生态旅游者通常不会花费太多时间去进行决策和选择,也不太受旅游营销人员的影响,他们购买的此类生态旅游产品一般属于经常购买的旅游产品,或非常熟悉的专门生态旅游产品,如爱好登山旅游的生态旅游者,对于什么样的登山产品适合自己,以及选择去哪里登山等决策内容大致是心里有数的。针对这一类型的旅游者,旅游营销工作的核心是尽可能详细地就生态旅游产品的品质、服务与价格等方面内容与旅游者进行沟通,并以提高产品品质和增加产品特色来吸引旅游者。

2. 半确定型

这种类型也称有限度解决问题行为类型,是指旅游者对生态旅游产品有大致的购买意向,但具体目标和要求不明确,他们需要对同类生态旅游产品进行比较选择后才能做出购买决策。在这种情况下,旅游者一般需要收集各方面的信息,来降低决策选择的风险。如旅游者决定利用双休日进行周边休闲度假生态游,但尚未确定具体线路和旅行社。针对这一类型的旅游者,旅游营销工作的核心是提供符合旅游者需求的几种周边度假游产品,并设计出几套出游方案以供选择;同时,针对不同的旅游者采取不同的沟通策略,提供详细的咨询,并尽量解决顾客的疑虑,以增进旅游者对生态旅游产品的认知和信心,进而选择并购买产品。半确定型旅游者是旅游市场营销的重点,需要通过多种沟通和促销策略加以引导。

3. 不确定型

这种类型也称广泛问题行为类型,是指生态旅游者虽然产生了生态旅游动机,但并没有明确的购买目标。通常旅游者在选择不太熟悉且价格较昂贵的生态旅游产品时,会出现不确定型的购买决策行为。这类旅游者的特点是决策的随意性加大,希望得到足够的信息和旅游营销人员的专门介绍。因此,旅游营销人员应深入研究这类旅游者的动机和心理特征,主动热情地做好沟通宣传服务,尽量设计符合他们需求的生态旅游组合产品。

(二) 根据保护层次划分的生态旅游者行为类型

钟林生等（2003）将生态旅游者行为过程分为基本、提高和专门三个行为层次，如图2-2所示。这种划分既有助于反映生态旅游者的本质特点，也有助于生态旅游营销者更好地把握生态旅游者行为层次类型，以便有目的、有针对性地采取市场营销策略，逐步提高生态旅游者"保护性"行为的层次。

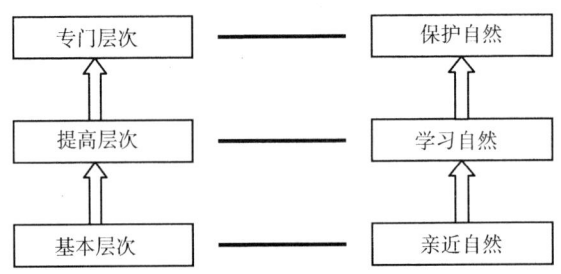

图2-2 生态旅游者行为的层次类型

1. 基本层次（亲近自然层次）

基本层次是亲近自然或享受自然层次，是指生态旅游者的生态行为意识还处于一种初级的被动状态。如在要将垃圾扔在地上时，经别人提醒后扔到垃圾箱，或在看到警示牌提醒保护环境、违者罚款时被动消极地维护环境的行为。目前我国属于基本层次的旅游者占有较大的比例。基本层次的旅游形式如"森林浴"、野营等。

2. 提高层次（学习自然层次）

提高层次是学习自然或探索自然层次，是指生态旅游者的旅游行为开始具备一定的自觉性，能够较主动、自觉地保护生态环境。处于这一层次的旅游者接受过一定的生态教育，如能够听从导游和自然保护人员的指导，不追逐、不投喂动物，不踩踏野生植物，不乱扔垃圾，不污染水土等。但是这些旅游者一般只限于自身行为的约束，对其他旅游者的破坏和污染环境行为很少劝阻，在与社区居民进行良好的沟通和参与社区发展等方面主动性不够。目前我国属于提高层次的生态旅游者占有相当大的比例。提高层次的旅游形式如科学考察游、海底探秘游、野生动物观赏游等。

3. 专门层次（保护自然层次）

专门层次是保护自然和爱护自然层次，是指生态旅游者积极选择保护性特点明显的生态旅游产品，在旅游活动中自觉地将生态意识转化为保护环境的具体行动，能够有意识地、积极主动地承担起环境保护宣传教育的责任，是一种负责任的旅游者行为类型。目前我国属于提高层次的生态旅游者的比例明显低于基本层次和提高层次旅游者的比例。专门层次的旅游形式如黄河跨世纪植树活动等。

另外，根据购买目的的相似性，生态旅游者行为可分为观光型、娱乐消遣型、文化知识型、公务型、医疗保健型；根据气质特点，生态旅游者行为可分为习惯型、理智型、经济型、冲动型、情感型、疑虑型等;根据性格特征,生态旅游者还可分为独立型、顺从型和中间型等。

四、生态旅游者的行为模式

旅游者的行为是其心理活动的外在表现。心理学"刺激—反应"(S-R)学派的研究成果表明,支配人们行为的内在心理活动,是一种看不见、摸不着的"购买者黑箱"过程,而这一"黑箱"过程必须在一定的外部刺激下才能产生,并形成一定的心理活动过程,进而指向一定的行为。"购买者黑箱"过程如图2-3所示。

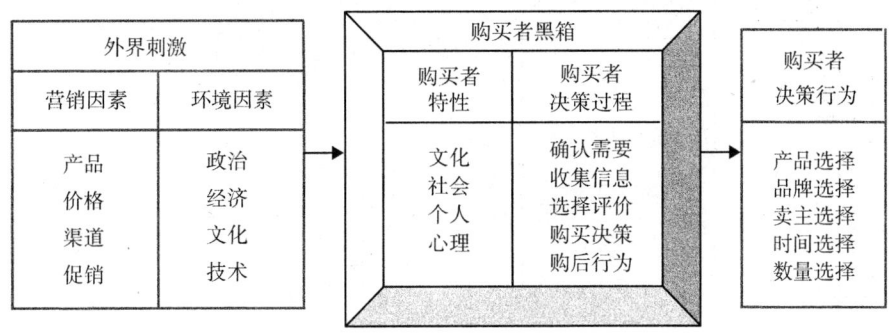

图2-3 "购买者黑箱"过程

从图2-3可以看出,"购买者黑箱"过程由外界刺激、"购买者黑箱"过程(决策过程)和行为反应(购买者决策行为)三个因果要素构成。其中,外界刺激变量是"因",购买者行为是"果",介于中间的购买者决策过程就是"黑箱"过程。

刺激变量指的是影响人的心理与行为反应的外界刺激条件,包括客观发生变化的、企业难以控制的一些环境因素,如政治、经济、文化、技术等因素,以及企业可以控制的营销刺激因素,如产品、价格、渠道、促销方式等。

"购买者黑箱"过程指的是购买者特定的心理活动过程,这一过程受到购买者个人特征的影响而形成特定的购买决策过程。其中购买者特征受其当时所处的社会文化环境条件和个人、心理特征影响,并将认知反应具体体现在其购买决策过程中(认识需求、收集信息、选择评价、购买决策和购后行为)。

购买者决策过程最终以购买决策选择和行为变化反映出来,即产生产品选择、品牌选择、卖主(旅游企业)选择、购买时机选择和购买数量选择等具体行为反应。

由以上分析可知,生态旅游者行为过程的产生,实质上就是旅游者在受到外界环境因素变化,以及旅游企业各种营销活动的影响刺激下,促使旅游者产生生态旅游需求与动机,并进而产生购买决策和行为的过程。

第二节 影响生态旅游者行为的主要因素

生态旅游者决策和行为过程受到许多直接因素或间接因素的影响，而表现出极其复杂的特点，并且因人而异，差别很大。这些直接或间接的影响因素一般包括文化因素、社会因素、个人因素和心理因素四个方面（见图2-4）。

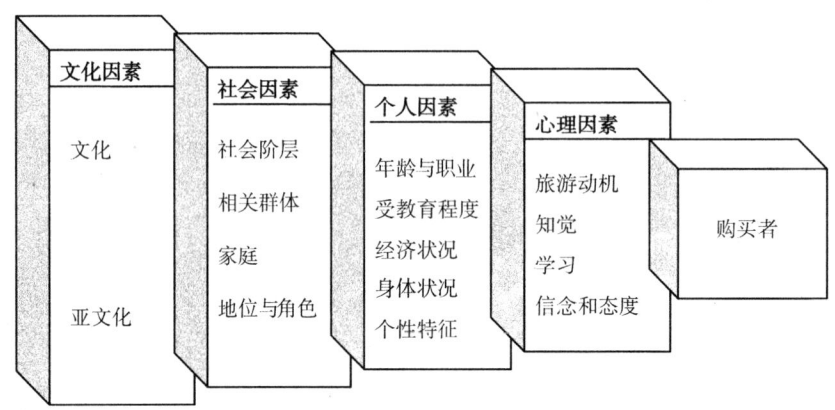

图2-4 生态旅游者行为的主要影响因素

一、文化因素

文化因素作为旅游企业市场营销的宏观环境因素，对生态旅游者行为的影响作用是多方面的，不仅影响到特定文化背景下旅游者的宗教信仰、风俗习惯、价值观念和审美观，而且对旅游者的需求动机和购买行为产生潜移默化的长期影响。文化因素可从文化、亚文化两个方面进行深入讨论。

（一）文化

文化是人类在社会发展过程中所创造的物质财富和精神财富的总和，并根植于一定历史时期的物质、社会和历史传统基础之上。文化具有两个明显特征，即相对稳定性和一定的可变性。文化的相对稳定性表现为一种文化现象一旦形成，就具有极大的稳定性。并且对大多数这一文化背景下的人们有着普遍的影响力，不因为某些伟人或者外来力量的加入而发生明显变化。也正是这种稳定性，使我们能够把握一个时代的文化特征，研究人们行为的"时代烙印"。文化的可变性表现在文化并不是一成不变的，从一个较长的历史时期来考察，文化会伴随着社会生产力的发展而变化，具体表现为人们新的价值观念、审美观念、生活态度、消费观念等的变化和发展。这种变化虽然有一定的偶然性和不确定性，但也是有规律可循的。比如在当今越来越同质化的信息化时代背景下，世界多元文化并存发展，这种多元文化并存的现象，使得全球跨文化交流与传播达到了前所未有的程度。在这样一个大的文化背景与文化环境中，如何立足文化形式和文化要素，成功开展跨文化营销活动，是每一个企业市场营销的基点。

市场营销在某种意义上讲就是文化营销。首先，加强对文化环境的适应性，是旅游企业市场营销的前提和基础。这就要求旅游企业营销必须坚持按当地文化传统和特色开展营销活动，一个不能"入乡随俗"的旅游企业是很难在市场上立足的。同样，旅游市场营销中如果不能重视和加强文化"适应观"，也是很难开拓市场和在激烈的市场竞争中获胜的。其次，依据文化随着时代发展而变化的特点，旅游企业可以因势利导，发掘更大的潜在市场需求。例如，在全球大力提倡生态文明观和绿色消费观的文化背景下，越来越多的旅游者开始倾向于有益身心健康和环境保护的旅游活动，使得生态旅游呈现出较大的市场发展空间。因此，旅游企业要发现需求，引导需求，大力开拓生态旅游市场。最后，文化所具有的广泛性和社会认同性，影响到特定文化背景下的旅游者行为具有一定的从众性和模仿性，因此，旅游企业在开展市场营销的过程中，要深入了解当地的文化价值观和消费态度，通过多种宣传沟通手段，引领绿色消费潮流，扩大生态旅游市场规模。

（二）亚文化

亚文化是指根据共同生活经验及情境而产生共同价值体系的一群人所遵循的文化标准，它存在于不同国籍团体、宗教群体、种族和地理区域中。在每一种亚文化中，往往表现出某种文化特征的同一性，而不同亚文化之间则存在着明显的区别。由于各种特征明显的亚文化可以直接作为细分市场，因此，对亚文化的研究在营销实践中具有直接的意义。旅游企业应认识和了解文化差异，并开展有针对性的市场营销活动。

亚文化有许多不同的分类方法，一种比较有代表性的分类方法是由美国学者罗伯逊提出的按人种、年龄、生态学、宗教划分亚文化的分类法。目前，国内外营销学者普遍接受的是按民族、宗教、种族和地理划分亚文化的分类法。

1. 民族亚文化

不同的民族，一般都有其独特的文化传统、风俗习惯和消费特点。尤其是我国，各民族保持着自己传统的宗教信仰、消费习俗、审美意识和生活方式。这就要求在旅游市场营销中了解和适应当地的民族文化特点，这是一个不容旅游企业忽视的问题。

2. 宗教亚文化

不同的宗教群体具有不同的文化倾向、习俗和禁忌。如我国有佛教、道教、伊斯兰教、天主教、基督教等，这些宗教亚文化深刻影响着人们的生活方式、消费习惯和消费特点。对旅游市场营销而言，宗教节庆活动目前已成为各地旅游市场促销的重要方式。

3. 种族亚文化

种族亚文化有其独特的文化传统、文化风尚和文化特点。不同种族人群即使生活在同一国家或同一个地区，也会有各自独特的消费需求、消费特点和购买习惯。

4. 地理亚文化

由于自然条件和资源环境特点的差异，往往导致人们的消费观念和消费习俗在同一地理区域内有相似性的特点，而在不同地理区域间又表现出较大的差异性。因不同区位和地理特点而形成的各种区域市场，是旅游企业开展市场营销活动的重要目标市场。

二、社会因素

与旅游者购买行为密切相关的社会因素有四类，即社会阶层、相关群体、家庭和地位与角色。

（一）社会阶层

任何社会都存在一定的社会阶层。现代社会阶层的划分，主要依据的是人们的地位、声望、教育、职业和收入等因素。不同阶层的人具有不同的价值观、生活习惯、兴趣和行为倾向；而同一阶层中的成员，则在上述各方面表现出一定的相似之处。不同社会阶层的差异，不仅导致其成员特征及心理状态的不同，而且形成明显的消费观念与消费行为的差别。

一般来讲，高阶层的旅游者受教育程度高，对旅游消费需求高，态度积极，愿意尝试高端旅游项目和旅游体验，对产品价格不很敏感。这个旅游细分市场是众多旅游企业争夺的重要市场，也是生态旅游的重要细分市场，但其人数并不是很多。社会阶层较低的人群，一般对旅游持较积极的态度，虽然对产品的价格较为敏感，但目标市场规模大，因此，旅游企业要通过市场营销策略组合加强对这部分市场的市场营销工作。

（二）相关群体

旅游者在某一旅游决策过程中可能会同时受到来自相关群体多方面的影响。相关群体对旅游者的影响大致可分为三种，即对旅游者行为规范的影响、对旅游者信息判断的影响以及对旅游者价值观的影响，这三种影响的作用是相互交织、相互联系的。旅游者的态度、行为和价值观等受其周围相关群体的影响很大，经常体现出相关群体的某些特征及其所遵从的行为规范。人或多或少有一种从众心理，在一定的相关群体里，旅游者行为常常具有趋同性的特点；同时，相关群体也具有引导和示范的作用，一个或几个肯定群体的意见往往会左右旅游者的消费选择。因此，旅游市场营销人员不仅要了解相关群体内部共同的消费倾向和消费习惯，还要利用相关群体内成员之间的认同感和依赖感，以及同一群体内的攀比心理，有效地刺激和引导群体消费。

相关群体与旅游者的关系越密切，对旅游者的影响程度就会越深，也就越容易影响旅游者对旅游产品的选择决策。因此，旅游经营者要重视在相关群体中制造影响力来带动客源市场，把一部分人鼓动起来，这就必然会带来另一部分客源，促使营销活动具有更强的针对性。对旅游企业而言，要重视售前、售中和售后服务，提高旅游者满意度。同时，也可以利用知名人士和专家进行宣传等多种手段来制造群体效应，扩大市场规模。

（三）家庭

不同的家庭类型有着不同的需求和购买习惯，因此，家庭消费具有特殊性、阶段性和相承性的特点，它对于旅游者的购买行为有很大的影响力。在不同家庭的影响和熏陶下，旅游者形成了各自不同的价值观、审美情趣和消费习惯。在旅游购买决策的参与者中，家庭成员的影响作用是不同的。依据家庭决策者的不同，可以把家庭决策类型分为四种，即：①丈夫决策型。指家庭购买决策权掌握在丈夫手中。②妻子决策型。指家庭购买决策权掌握在妻子手中。③协商决策型。指大部分家庭购买决策由家庭成员共同协商做出。④自主决策型。指每个家庭成员对自己所需产品独立做出购买决策，不受他人干涉。

事实上，在家庭的实际购买决策中，决策权并不是一成不变的，而是随着产品用途、价值和使用者的不同发生改变。旅游产品对于已婚人士来说，一般属于夫妻共同协商决策型；对于未婚成年人士来说，则一般属于自主决策型。因此，旅游营销中要区分旅游者的不同家庭状况及家庭成员的不同角色地位，有针对性地开展市场营销活动。此外，旅游者还会因家庭生命周期的不同，如家庭所处的单身期或新婚、满巢期、空巢期及鳏寡期等，产生不同的购买决策和购买行为。

（四）地位与角色

地位是指从社会角度规定了的人的权利和义务的社会位置。角色是周围人期望具有某一特定地位的人所应进行的所有活动。地位可以反映出角色在社会上受尊重的程度；而每个人在社会上都扮演着几种角色，如妻子、母亲、女儿、教师等角色，这些角色直接决定着其相应的购买决策和购买行为。同时，旅游者也往往追求符合自己地位与角色的购买决策和行为。如旅游者选择五星级酒店的总统套房，就是为了显示身份地位而进行的消费活动。事实上，很多旅游产品都具有一定的地位象征意义，而旅游者也愿意选择这样的"象征性"旅游产品和服务设施，如星级酒店、豪华舒适的交通工具、高档度假休闲旅游目的地、高端旅游产品等。这些产品和服务往往都代表着一定的社会地位。对具有社会地位象征意义的产品，营销者就应充分重视购买者的地位与角色，尽量使自己的产品符合旅游者的"象征性"消费需求。当然，在一般情况下，旅游者的单次购买行为也可能会暂时脱离自身的社会地位和相应的角色，如旅游者外出的消费水平、所期望的产品及服务质量往往高于其本身所拥有的社会地位；在角色方面，旅游者也可能会因为参加一些参与性极强的旅游项目而暂时忘记自己的"角色"定位。

三、个人因素

旅游者的购买行为直接受到个人因素的影响,这些个人因素主要包括年龄与职业、受教育程度、经济状况、身体状况和个人特征等。

(一) 年龄与职业

1. 年龄

研究旅游者的年龄差异,对于指导生态旅游产品的设计开发和营销工作具有重要作用。旅游者年龄的差别往往意味着其身体条件、心理状况、收入及旅游购买经验的差别,因此,不同年龄的旅游者会表现出不同的购买决策和行为。如青年人富有好奇心、冒险精神,喜欢有刺激性、参与性和挑战性的生态旅游项目,也是环境宣传教育的积极体验者;同时,他们希望有各种旅游经历,体验不同类型的生态旅游产品。中年人出游多数有家庭成员同往,追求有娱乐性、文化内涵或休闲度假内容的生态旅游活动。老年人则更倾向于选择传统观光型旅游产品和休闲度假型产品,追求舒适、安全的旅游方式。

2. 职业

职业状况在很大程度上决定着人们的社会地位和实际的收入水平,也决定着人们闲暇时间的多少,从而对人们的消费特点、消费水平和具体购买决策行为产生多方面的影响。特别是旅游者收入水平,决定着其购买能力的高低,从而制约着其选择购买旅游产品的品牌、质量档次、种类以及服务标准等。因此,旅游企业对不同的职业旅游者进行研究分析后,可以开发针对特定职业旅游者需求的产品或服务。目前,针对商务客人设计的商务饭店就是用来满足这类特殊客人的职业需要的。

影响旅游消费的另一个重要因素是由职业特点所决定的闲暇时间,以及由此产生的旅游购买的时间约束性。闲暇时间是实现旅游消费不可缺少的因素,它大体上包括每日闲暇、每周闲暇、公共假日和带薪假期。虽然人们并非把所有的闲暇时间都用于旅游,但要想外出旅游,特别是选择生态旅游度假休闲产品,就必须具有相对宽裕且比较集中的一段休闲时间。目前,我国实行"十一黄金周"和"三天小长假"制度,居民年法定节假日和周末休息日达到115.3天,再加上2008年《职工带薪年休假条例》的实施,居民年平均休假时间占一年的1/3以上,旅游者闲暇时间明显增加,大大带动了国内生态旅游消费需求的增长。

(二) 受教育程度

一般来说,旅游者受教育程度越高,对旅游产品和服务的要求就越高,同时,他们不满足于单调枯燥的生活节奏,而更多地追求精神生活的满足和享受,加之闲暇时间增多和收入提高,使得越来越多的旅游者青睐生态旅游。在信息收集方面,他们与报纸杂志、电视广播、互联网等宣传工具的接触比较多,在消费决策过程中表现出理性化的特点。因此,旅游企业应针对不同的顾客群体分别采取不同的营销策略,开发不同层次和系列的产品来满足不同的需求。同时，对不同顾客群体进行宣传时也要注意形式和方法的区别。

我国学者的调研显示，生态旅游者的受教育程度比一般旅游者要高。例如，北京百花山自然保护区的生态旅游者中，有53.2%的人有大学学历；北京松山有大学学历的生态旅游者人数比例为64.8%。国外的许多研究证明了这个结论。例如，据伊格尔斯（Eagles）1995年的调研，加拿大一般旅游者中有20.7%的人具有大学文化程度，而在生态旅游者中，这个比例高达64.9%。加拿大的抽样调查结果还表明，66.4%的生态旅游者受过大学教育，而全国所有游客中受过大学教育的仅占20.7%。国外一些国家由于发展生态旅游较早，其生态旅游者数量很多，经验一般比较丰富，而且受教育程度也明显高于我国国内生态旅游者。

值得一提的是，对生态旅游感兴趣的人正由高学历群体向较低学历群体转移，即生态旅游正逐渐被越来越多的人们接受，由特殊旅游市场向大众化旅游市场普及。这也要求旅游企业营销人员要提高自身文化修养，丰富专业知识，从而为生态旅游者提供高水平、专业化的服务。

（三）经济状况

经济状况实际上决定了旅游者个人和家庭购买能力的大小和消费水平的高低。旅游消费需求作为一种弹性较大的市场需求，受到旅游者个人经济状况和可支配收入等因素的直接影响。由于经济状况随时处于变动之中，因此，旅游企业必须动态了解潜在旅游者的可支配收入变化情况及其对旅游支出的态度和倾向。当经济状况较好或很好时，旅游企业应适时调整营销战略，合理进行市场营销定位，积极制定灵活多样的价格体系和价格策略，抓住有利时机开拓市场，提高市场营销的综合效益。

虽然生态旅游者持有对环境负责和可持续旅游的责任心和态度，在生态旅游消费中尽量降低消费标准，但基本的旅游消费还是必需的，因此，经济发展状况、货币汇率、旅游者个人收入与消费结构等都是生态旅游市场营销过程中必须考虑的经济因素。

（四）身体状况

一个人的身体健康状况如何，直接影响着他能否成为一名生态旅游者。由于生态旅游是在大自然中进行，对体力的要求比较高，身体状况成了能否出游的重要生理因素，尤其是登山探险旅游、自行车旅游、滑雪旅游、海洋生态旅游等活动形式对身体健康状况要求更高，身体状况成为能否参加生态旅游的决定性因素。据刘维君等人（1998）对北京市云蒙山国家森林公园的一项客源市场调查显示，60岁以上的生态旅游者仅占3%，其他一些调查结果也有类似的结论，即老年人参与生态旅游的比例较低。究其原因，主要是这部分旅游者由于年龄增长而带来的体力不支和心理年龄老化，以至于不能适应旅途中的颠簸和一定强度的活动。调查显示，身体状况好、热爱自然并喜欢参与旅游活动的中青年人群是目前生态旅游市场的主力军。

（五）个性特征

个性指个人身上经常表现出来的本质的、稳定的心理特征的总和，主要包括气质、性格、能力、兴趣等。这些特征影响着个体的言行举止,反映出一个人的基本精神面貌和意识倾向。如按性格特征划分,可将旅游者分为外倾和内倾两种类型,其差别体现在自信心、控制欲、独立性和适应性等方面。一般来说,具有外倾性的旅游者性格开朗、活泼,易于流露自己的感情,自信心和独立性强,决策果断,有支配欲,善于同他人交往等;而内倾性特征明显的旅游者沉静内向、喜静不喜动、被动顺从、不善言谈、心思缜密等。

旅游者独特的个性直接影响他们的购买决策行为,因此常被用于分析旅游者对某些旅游目的地、产品或品牌的选择。为了揭示不同的个性品质与旅游消费行为的关系,加拿大旅游局曾经做过一次调查研究。结果表明,两者之间在交通工具、目的地、旅游活动内容以及季节选择等决策上存在着高度的关联性。

四、心理因素

旅游者的购买决策行为既受其心理特征的影响,也受其心理过程的影响。旅游者的消费行为是在消费心理的支配下发生的,且随着消费心理的变化而变化。旅游者心理因素主要包括旅游动机、知觉、学习、信念和态度。

(一) 旅游动机

1. 旅游动机的产生

动机是在需求刺激下直接推动人们行为的内部动力。一般认为,动机是"引起个体活动,维持已引起的活动,并促使活动朝向某一目标进行的内在作用"。引起动机需要内外两个条件,内在条件是"需求",外在条件是"诱因"。"需求"可以直接引起动机,从而导致人去追求"需求"的满足,并朝着特定的目标行动。旅游动机是直接推动一个人进行旅游活动的动力,它规定了旅游行为的方向。旅游动机与行为的产生机理如图2-5所示。

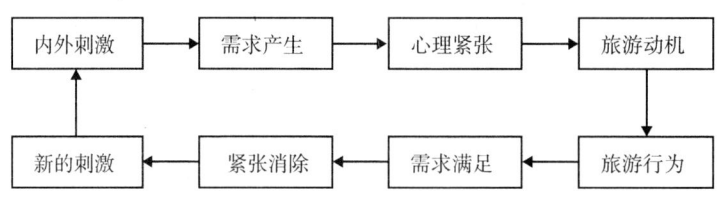

图2-5 旅游动机与行为的产生机理

如图2-5所示,动机是在人希望其需要得到满足时被激发产生的,一旦某种需求被激发,一种紧张的状态就会存在,它驱使人们试图减少或排除这种紧张感。当人们旅游的需求被激发时,紧张和不安成为一种内在的驱动力,旅游动机就产生了。有了旅游动机后就要选择旅游目的地和旅游产品,并为满足需求进行旅游活动,旅游活动结束后心理紧张状态随之消除,一次旅游行为完成。但是,随着旅游者一次旅游需求的满足,过一段时间后,新的旅游需求又会产生,并形成新的动机和行为,如此循环往复,旅游动机的产生与满足过程是一个动态的发展过程。

2. 生态旅游动机的类型

由于人们的旅游需求具有多元性的特点,因此旅游者的动机也是非常多样和复杂的。世界旅游组织①的专家指出,21世纪人们旅游动机可以归纳为重新寻根、欣赏自然与文化、特殊兴趣旅游及缓解现代社会紧张压力等。国内外的不少学者从不同的角度出发,对旅游动机进行了深入的研究。我国一些学者把旅游动机分为以下八种:①求实动机,以追求实用旅游产品为主要目的;②求新动机,以追求时尚新颖的旅游活动为主要目的;③求异动机,以追求不一样的旅游体验为主要目的;④求名动机,以显示自己的地位身份为主要目的;⑤求美动机,以追求旅游产品的欣赏价值为主要目的;⑥偏好动机,以满足个人特殊爱好为目的;⑦求知动机,以追求知识为目的;⑧访亲寻友、访祖探宗的动机。

一般情况下,我们可以将生态旅游动机大致分为个人动机和社会动机两部分(见图2-6)。

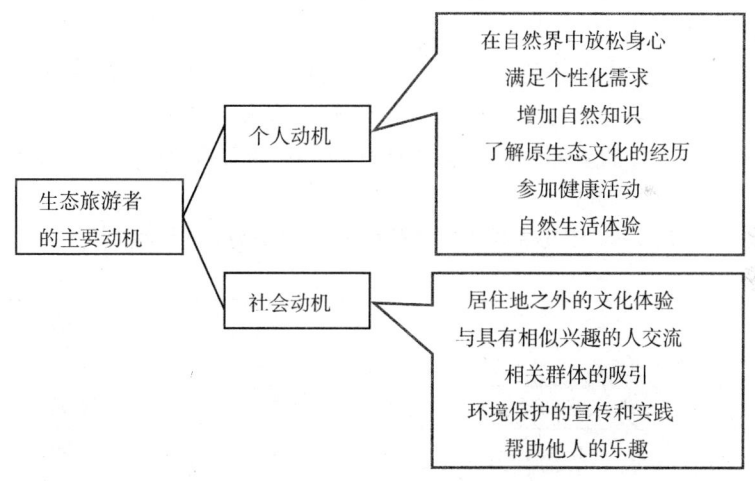

图2-6 生态旅游者的动机

由于生态旅游动机与行为具有复杂性,可以将其分为很多具体类型。我国学者李明辉等人于2007年通过网络调查方法,对国内外生态旅游者的动机进行了对比分析,结果如表2-2所示。

---

① 世界旅游组织(World Tourism Organization,WTO)是联合国系统的政府间国际组织,最早由国际官方旅游宣传组织联盟(IUOTPO)发展而来。其宗旨是促进和发展旅游事业,使之有利于经济发展、国际间相互了解、和平与繁荣。

表2-2 中外生态旅游者的生态旅游动机比较

单位:%

	缓解压力	了解自然	寻求新体验	欣赏自然	其他
国内生态旅游者	49.8	5.3	12.9	28.5	3.4
国外生态旅游者	18.9	23.2	35.7	19.5	2.7

从表2-2中可以看出,国内外生态旅游动机大致分为以下几个方面:①缓解压力;②了解自然;③寻求新体验;④欣赏自然;⑤其他。其中,接近一半的国内生态旅游者的主要动机是"缓解压力",接近30%的旅游者是为了"欣赏自然"。可见,缓解生活压力、欣赏自然美景是他们最主要的旅游动机。而国外生态旅游者则不同,超过1/3的生态旅游者认为"寻求新体验"是自己生态旅游的主要动机,而超过2/5的生态旅游者的主要旅游动机是"了解、欣赏自然"。从表2-2还可以看到,国内生态旅游者对生态旅游动机的选择比较集中,选择"缓解压力"和"欣赏自然"的比例共占被调查人数的78.3%,而在国外生态旅游者的选择中,各个选项都占有一定的比例,说明他们的旅游动机趋向多样化。

3. 国内外生态旅游者的动机区别

有一些学者对我国生态旅游者的主要动机进行了专门研究。如黄忠良等曾于1997年前后对我国广东鼎湖山生物圈保护区生态旅游者的旅游动机进行调研,如表2-3所示,生态旅游者前三位的主要动机是为了放松身心、欣赏风景和了解大自然。

表2-3 广东鼎湖山生物圈保护区生态旅游者的旅游动机

单位:%

动机	综合均值
为了更多地了解大自然	3.54
为了陪伴亲戚朋友和家人	2.66
为了烧香拜佛	1.90
为了锻炼身体	3.08
为了欣赏风景	3.68
为了放松身心	3.70
为了教学实习	2.28

资料来源:黄忠良等. 鼎湖山生物圈保护区生态旅游的研究——问卷调查部分[J]. 中国生物圈保护区,1997(1).

李燕琴等人于2006年对北京百花山生态旅游者的旅游动机做了调研,并与加拿大生态旅游者的旅游动机进行了比较研究,对比结果如表2-4所示。

表2-4 北京百花山自然保护区与加拿大生态旅游者动机比较

加拿大	北京百花山	位次
未破坏的自然区域	改变繁忙的工作状态,自我恢复	1
在大自然中学习	未破坏的自然区域	2
可以观鸟、其他野生动物或绿树野花	活动筋骨,以喜好的方式自由活动	3
风光摄影	可以观鸟、其他野生动物或绿树野花	4
国家或省立森林公园	体验新的生活方式	5
活动筋骨,以喜好的方式自由活动	时间允许,看尽可能多的东西	6
碰到趣味相投的人	参与运动	7
时间允许,看尽可能多的东西	品尝到新的美味	8
目的地农村	在大自然中学习	9
室外娱乐	风光摄影	10

从表2-4可以看出,排在前十位的生态旅游动机中,加拿大和百花山的生态旅游者都认为比较重要的旅游动机是"未破坏的自然区域"、"活动筋骨,以喜好的方式自由活动"、"可以观鸟、其他野生动物或绿树野花"和"时间允许,看尽可能多的东西",说明国内外生态旅游者的旅游动机有一定的相似性。但是,国内外生态旅游者的旅游动机还是有一定差别的,例如,对于百花山,生态旅游者认为最重要的旅游动机,是"改变繁忙的工作状态,自我恢复"的动机,加拿大生态旅游者并未考虑。同样,加拿大生态旅游者认为很重要的"在大自然中学习"、"风光摄影"和"国家或省立森林公园"三个动机,百花山生态旅游者则排序较后,或没有考虑。从表2-4还可以看出,国外生态旅游者倾向于自然的动机明显占据重要地位。

(二) 知觉

知觉是客观事物直接作用于人的感觉器官时,人脑所产生的对事物整体的反映。旅游知觉即旅游者选择、组织及解释外来旅游方面的信息而产生内心世界反应的过程。旅游知觉过程是一种有选择的心理过程,它有以下两种方式:

1. 旅游知觉的三种方式

人们总是有选择、有限地以少数事物作为自己的知觉对象,知觉清晰,而对其余的事物则反应比较模糊。"没有印象"、"视而不见"、"充耳不闻"等,事实上是没有知觉到。

(1) 选择性注意。虽然一个人在日常生活中会受到来自各方面的很多信息刺激,但最能引起人注意并且记住的信息刺激主要有三种:一是与一个人当前需要有关的刺激;二是希望出现或发生的刺激;三是变化幅度大于一般的、较为特殊的刺激。当旅游者面临特定旅游信息选择和购买决策情况时,对周围的这类信息就处于高度关注状态,与此特定旅游内容相关的各种旅游目的地、旅游产品和服务的信息最能引起他们的选择性注意。因此,旅游企业应当经常性的进行旅游促销工作,不仅适时发布可能引起旅游者注意的产品和服务信息,还要经常在网页上发布最新的动态经营信息,或制作发放精美的旅游产品宣传手册，在电视上定期播放旅游宣传片和旅游形象广告等，以引起潜在旅游者的兴趣和注意。此外，在旅游淡季，运用低价促销策略刺激旅游者需求，也是旅游企业经常采用的吸引旅游者的策略。

（2）选择性曲解。选择性曲解也可以理解为旅游者知觉的"主观性"，即旅游者在接受外界事物和信息的刺激时，与原有思维模式相结合来解释外来刺激，从而造成先入为主、按照自身意愿曲解信息的倾向，称为选择性曲解。知觉的这种主观性体现在知觉的首因效应（首要印象，先感觉的好）、近因效应（最接近的印象深刻）、晕轮效应（知觉可扩大到其他方面）、权威取向和心理定势等。如我国的旅游市场在逐渐走向买方市场的今天，旅游企业及其产品的品牌形象和服务质量越来越成为旅游者关注的重点，很多旅游者在开始旅游活动之前，就已经通过信息收集对某些旅游目的地和旅游产品形成一定的印象和认知，产生主观思维倾向。在具体旅游活动中，若其亲身旅游体验与之前形成的主观印象不符，或者是其通过亲朋好友与同事的亲身经历建立起的主观认知与其切身体验不一致，他们往往对旅游目的地及其产品和服务产生不满意情绪和不信任感，甚至投诉或诉诸法律。

因此，旅游企业在开展市场营销的过程中，首先应了解旅游者的主观感受和旅游体验，从正面去引导和影响旅游者。其次，在传递信息时，要注意表达明确，加强沟通，因为有时候即使是很明确的信息，也可能因为旅游者固有的思维模式而产生曲解。最后，要积极提高产品与服务的品质和质量，满足旅游者的需求。

（3）选择性记忆。人们往往容易忘掉大多数信息，但是能记住与自己的态度、信念相一致的信息。这在旅游者的消费偏好中表现得十分明显，例如，旅游者对某种品牌旅游产品的钟情而引起购买行为的重复发生，就是选择性记忆作用的结果。因此，旅游企业在进行广告促销的过程中，要扩大知名度，突出特色，以生动具体的方式把本产品的信息传递给旅游者，也可以通过情感诉求或理智诉求的方式，达到打动旅游者和改变其态度与信念，以促使其做出购买选择和决策的目的。

2. 旅游风险知觉

任何旅游购买决策都存在一定的风险。这些风险必然反映在人们的知觉中，并对其旅游消费行为产生影响。在旅游者行为研究中，风险知觉指的是旅游者对购买决策中所存在的风险（简称购买风险）的知觉。例如，人们旅游大多是为了使自己放松身心，但是，旅游时并非事事与预期一致，担心导游服务质量差，害怕买到劣质产品，这样其对旅游购买就存在一定的风险知觉。旅游者能知觉到的风险大致分为四类，即功能风险、物质风险、价值风险和社会风险，如表2-5所示。

表2-5 旅游风险知觉的种类

购买风险种类	风险知觉
功能风险	产品和服务能否达到自己所期望的效用
物质风险	产品可能对自己与别人的健康与安全带来的危害
价值风险	所花费的时间、精力、财力是否值得
社会风险	在相关群体中购买该产品所获得的关注和评价

事实上,旅游者之所以会产生旅游风险知觉,是因为多种原因导致旅游者对购买活动的结果与其期望值是否相符产生不确定的认知。这些原因包括:①旅游者购买的是新产品或以前没有体验过所要购买的产品;②以往在同类产品的购买与消费中有过不满意的经历;③购买中机会成本的存在;④因缺乏信息而对购买决策缺乏信心;⑤所购买的产品价格高或复杂程度较高。当然,对旅游风险的知觉也因人、因产品、因情景而异。

(三)学习

1. 学习的基本模式

心理学家认为,人们只有少数本能会直接导致行为的产生,其他绝大多数的行为都是受后天经验的影响形成的。学习是人们在社会实践中,受后天经验的影响而改变其行为的心理现象。旅游及其购买行为,就是受旅游者后天经验的积累和影响而形成和改变的。在心理学理论中,人类的学习是由驱使力、刺激物、提示物(也称诱因)、反应和强化五种要素构成,简称"刺激—反应"模型(S-R模型),如图2-7所示。

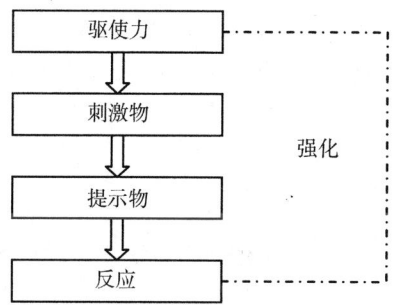

图2-7 学习的"刺激—反应"模型

学习的"刺激—反应"模型表明,在旅游者的学习过程中,驱使力是促使旅游者产生购买行为的内在力量,它源自旅游者未得到满足的需求;刺激物是降低驱使力使旅游者需求得到一定满足的事物信息;提示物则指能够诱发旅游者购买行为的所有因素;反应指旅游者为满足需求所采取的购买行为;强化是指旅游者的购买评价,主要指对刺激物的反应与评价。如果旅游者对购买商品的满意程度高,就会形成重复购买,这种"类化"的反应被称作正向强化。与此相对应的是负向强化,即旅游者能够辨别和区别不同刺激,并根据学习得来的经验调节行为反应。

2. 生态旅游者的学习

根据以上理论,旅游营销人员应通过学习与驱使力的内在联系,运用刺激性暗示和提供积极的强化手段来建立对旅游产品的需求。因此,旅游营销活动中首先要努力设计具有差异性的整体旅游产品,以吸引旅游者,促使其购买。例如,在同一条生态旅游线路的设计中,旅游产品项目越丰富、越有特色,就越能吸引旅游者的兴趣和购买热情,也越能增强旅游线路的竞争力和吸引力,形成旅游者的重复购买和品牌效应。其次,旅游企业要善于及时、有效地向旅游者提出激发需求的提示物,强化促销策略,刺激旅游者的购买需求和购买行为。例如，通过及时向旅游者展示本企业旅游产品与服务的特色，或向旅游者提示本企业旅游产品与服务的性价比，或帮助旅游者提供同类旅游产品的经营信息比较，来突出本企业的优势和特色。最后，旅游企业还要利用旅游者学习中的正向强化原理，通过提供优质的产品和服务来增强旅游者的体验，提高产品知名度，有效地提高游客满意度，吸引回头客，扩大忠诚顾客群。

（四）信念和态度

人们通过实践和学习建立起对旅游产品的信念和态度，这决定和影响着他们对旅游产品的购买倾向和实际的购买行为。在心理学研究中，信念是指个人对某些事物所持有的看法、态度，是指个人对某些事物或观念长期持有的好与坏的认识上的评价、情感上的感受和行为倾向。态度能引导和促使人们对事物产生一致、稳定的行为反映，也能长期否定或阻止相反方向行为的发生，因此，旅游者的态度一旦形成，是较难改变的。旅游企业应尽量使其产品适应旅游者既有的态度，而不是试图轻易改变其态度。

当然，旅游者的态度也不是完全无法改变的，如果旅游企业需要改变旅游者业已形成的消极态度，必须从旅游者的认识评价、情感或行为倾向等态度要素方面入手，通过持久的努力来使本企业提供的优质产品和服务引起旅游者的注意和兴趣，获得他们的喜欢和好评，促使旅游者形成积极的态度。

第三节 生态旅游者购买决策过程分析

生态旅游者对生态旅游产品的购买活动，是通过一定的购买过程来完成的。通过对旅游者购买决策过程的分析，可以使旅游企业针对每个阶段中生态旅游者的心理与行为特点，采取适当的策略影响生态旅游者的购买决策，促进生态旅游市场营销活动的顺利开展。

一、生态旅游者决策的一般程序

与一般旅游者的购买决策过程一样，生态旅游者的购买决策过程是一个相互关联的购买行为的动态过程，这一过程包括紧密相关的五个阶段，即确认需要、收集信息、评价选择、购买决策和购后行为，如图2-8所示。

事实上，旅游者的购买决策过程是一个连续不断的动态过程。旅游者购买决策过程在实际购买之前就已开始，并且延续到购买之后的很长一段时间。在购后行为中，旅游者会对这次旅游经历做出综合评价，从而为下一次新的旅游决策提供参考。需要强调的是，对于具体旅游者而言，并不一定完全按照购买决策过程的各阶段完成其购买决策和行为。对于旅游者的简单型购买决策来说，可能几分钟就能决定，特别是在重复购买或者凭经验进行购买决策的情况下，旅游者经常会省去前三个阶段，而直接

第二章 生态旅游者行为分析

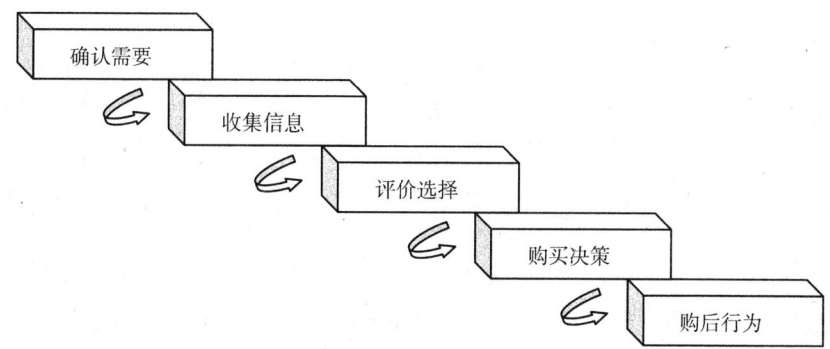

图 2-8 生态旅游者购买决策过程

进入购买决策阶段。但对于旅游者的复杂型购买决策来说，由于风险认知较强，旅游者可能在收集信息、评价选择等环节花费较长的时间和精力。至于旅游者是简单型决策类型，还是复杂型决策类型，这要依据旅游者所购产品与服务价值大小、风险认知、购买频率、冲动或理智性购买决策、决策时间、介入程度、收集资料等方面的差异进行具体分析判断。因此，充分了解旅游者购买决策行为的特点和内容，有利于旅游企业制定有效的市场营销策略。

二、生态旅游者决策过程

（一）确认需要

旅游者购买决策的过程始于认识需求，即人们认识到自己对旅游产品的需要。这种需要或欲望可能由内部刺激引起，就是一个人的自身理想状态与他感知到的实际状态之间存在差距，由此产生的未满足的状态，如日常工作过于紧张、身心疲惫期望休息等。也可能由外界刺激引发，如旅游企业或亲朋好友对某一旅游产品的大力宣传和推荐等。内在刺激源于旅游者的生理需求，外在刺激则包括一切能够激发旅游者购买动机的因素。一般情况下，旅游者确认需要是内、外两种刺激因素共同作用的结果。

对于旅游企业来说，一方面，必须了解本企业旅游产品可以满足旅游者哪些内在需求；另一方面，也应了解通过哪些外在刺激可以引发人们对旅游产品的需求。一项旅游产品越能很好地满足旅游者需求，就越受旅游者的欢迎。在这一阶段，旅游企业营销人员要努力唤起和强化旅游者的需要，协助他们确认需要，并引导需求。

（二）收集信息

旅游者从哪些途径获得和收集信息，以及收集到了哪些信息对于购买决策是很重要的。当人们确认了对某项旅游产品的旅游需求后，就会对所需产品及其相关信息产生兴趣，从而有意识地收集相关信息。旅游者搜寻信息时表现出的积极性和投入程度受以下几个因素的影响：①对该种旅游产品需要的迫切性；②对各种备选产品的了解程度；③所选产品的价值高低和重要性；④收集信息所需花费的时间、精力和成本等。根据旅游者收集信息所表现出的积极性、投入程度和所花费的时间、精力和成本等，大致将其收集信息活动分为两类，即高介入度收集信息类型和低介入度收集信息类型。

一般而言，旅游者收集信息的途径分为内部收集和外部收集两个方面，具体包括四种来源，即个人经验来源（旅游者通过以往的亲身体验、经验、联想、判断获得的信息）、商业来源（主要包括通过各种旅游广告、营销人员促销、旅行社、旅游推介会、宣传手册和其他促销材料、旅游宣传片介绍获得的信息）、相关群体来源（由亲朋好友、家庭成员、俱乐部及特殊兴趣群体、同事邻里等提供的信息）、公共来源（由大众传播媒体、公众组织、协会等提供的信息），如图2-9所示。

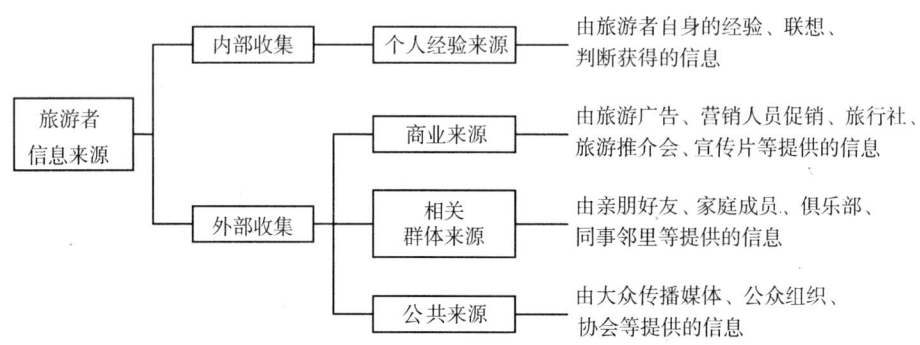

图2-9　旅游者收集信息的主要途径

其中，商业来源是旅游者获得旅游产品信息的最重要的来源，但对旅游者收集信息影响力最大的是相关群体来源。一般来讲，旅游者获得的信息越丰富，就越有利于做出正确的购买决策。因此旅游营销人员应了解旅游者收集旅游产品信息的主要途径和各种来源，在进行充分的市场调研的基础上，制定有针对性的信息沟通方案，结合多种媒体和渠道，适时发布旅游目的地和旅游产品信息，以增强旅游者对旅游产品的信任度，强化其购买意向。

（三）评价选择

1. 确定评价标准

评价选择是指旅游者在收集旅游产品相关信息的基础上，对其进行分析、整理、评价，形成购买意向的过程。旅游者在评价选择过程中涉及一系列的评价标准，这些标准是旅游者在选择备选产品时所考虑的产品属性或特征。这些产品属性是旅游者在购买决策中所追求的利益，其中，旅游者最关注或最在意的属性称为"关键性属性"，即制约旅游者评价选择的前一位或前几位最重要的属性或标准。在确定评价标准的过程中，旅游者一般会确定：①旅游者通常采取哪些评价标准进行选择；②就每一个标准而言，旅游者怎样确定各种可能的方案；③确定每一个标准的相对重要程度（权重）并排序，找出"关键性属性"。

产品的属性或特征本身很多,由于旅游者对属性所带来的利益有复杂多样的认识,旅游者的评价标准表现出很大的差异性,因人、因产品、因情景而异,也可以说不同的旅游者在比较、评价和选择的标准和方法上存在很大的差别;同时,各种属性的重要性程度还因旅游者旅游目的的不同而变化。值得注意的是,其中往往会有一个或几个主要的评价标准,成为旅游者做出购买决策的主要参考依据,这也是旅游企业打开市场、取得营销成功的突破口。

总体来说,旅游者对旅游产品的质量功能、人员服务、产品特色、价格与优惠、品牌形象与企业信誉等属性关注较多。而对旅游住宿的评价标准,则大部分集中在星级档次、房价、地理位置、清洁卫生、房间大小及舒适度、餐饮娱乐条件等属性上。在这方面的研究中,美国夏威夷大学旅游学院院长朱卓任认为,西方旅游者到中国旅游的评价标准从高到低依次为文化和艺术、优美的风景、历史文物、居民的好客态度、良好的膳宿设施、中国菜肴、气候、文艺演出、娱乐消遣和室外活动。

2. 确定评价方法

旅游者经常有意或无意地采用一些方法进行评价与选择,不仅包括通常会采用的一些既有效又简单的常用评价选择方法,如连接式方法和重点选择法,也包括在遇到产品价值大,或选择情形较为复杂的选择问题时会采用的评价选择方法,如按序排除法、编纂式法和补偿式选择法等。

(1) 连接式方法——规定最低接受标准进行选择。

(2) 重点选择法——对前几位"关键性属性"规定较高的标准进行选择。

(3) 按序排除法——先将产品属性按重要程度排序,并为每一属性规定一个删除点或删除值,在最重要的属性上检查各品牌是否能够通过删除点,不能通过者则被排除。

(4) 编纂式法(词典编辑法)——先将产品的各种属性按照重要程度排序,然后在最重要的属性上对各品牌进行比较,在该属性得分最高的品牌将成为选定品牌。

(5) 补偿式选择法(期望值选择法)——按品牌属性的重要程度赋予每一属性相应的权数,同时结合每一品牌在每一属性上的评价值,得出各个品牌的综合得分,得分高者成为最终选定品牌。

(四) 购买决策

1. 从购买意图到购买决策

旅游者经过确认需要、收集信息和评价选择三个阶段后,就已经基本形成了购买意图。但在从购买意图到购买决策的过程中,有时还会受到其他人的态度(有影响力的人或亲近的人的反对等)、可预期的环境因素(预期的收入、旅游费用以及获得的利益等)、非预期的环境因素(收入减少、成本增加、新产品上市或自然灾害等不可控或超出预期的因素)三方面因素的影响,而出现放弃决策的可能性。旅游者修改、推迟或取消某个购买决定,往往是因观察到某种风险,受知觉风险的影响。知觉风险的大小一般随旅游产品的价格与档次、产品性能的保证程度,以及购买者信心的强度发生变化。因此,旅游营销必须尽可能减少旅游者可能承担的风险,促使其对旅游产品产生信赖与好感。

如果旅游者没有或较少受到这些因素的影响，则继续购买决策过程，并最终形成购买决策。从购买意图到购买决策的过程如图 2-10 所示。

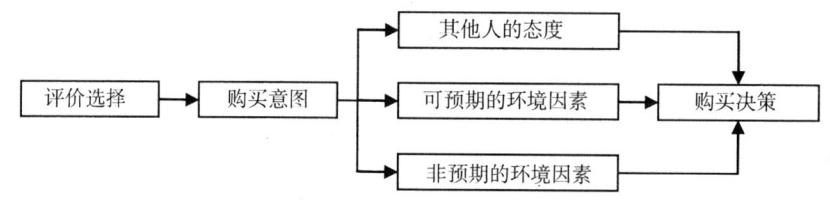

图 2-10 从购买意图到购买决策

2. 购买决策

购买决策阶段，是指旅游者做出具体购买决策和实际发生购买行为阶段，它是旅游者购买决策行为的核心环节。事实上，上述各阶段就是旅游者选择决策的过程，因此，在购买决策阶段，旅游者需要解决以下几个问题，即旅游者为什么要购买旅游产品？购买什么样的旅游产品？由谁买？何时买？何处买？怎样买？买多少？并确定相关决策内容，即旅游者的购买决策模式（5W2H 模式）。

- 为什么买 Why（购买目的决策）
- 买什么 What（购买对象决策）
- 由谁买 Who（购买者决策）
- 何时买 When（购买时间决策）
- 何处买 Where（购买地点决策）
- 怎样买 How（购买方式决策）
- 买多少 How much（购买数量决策）

（五）购后行为

由于现代旅游者多追求理性消费，他们的游览经历和体验感受往往会影响到其下一轮的消费意向，也会影响到其周围相关群体的消费决策。因此，研究生态旅游者的购后评价与行为，有助于旅游企业了解旅游者购买消费之后的实际感受和满意度，以便调整营销策略，与旅游者建立起一种长期的良性互动关系。

1. 旅游者的购后评价与满意度

购后评价是旅游者在完成购买决策和实际消费行为之后，对本次旅游经历的满意与否的评价，这种评价实际上是旅游者在旅游活动之后的感受，亦即对本次旅游经历的"总结"和"反馈"。这种感受不仅会直接影响到旅游者本人下一次的旅游选择和决策行为，而且会间接影响到旅游者周围相关群体的旅游选择和决策行为。因此，购后评价和行为不仅意味着旅游者本次旅游活动的结束，更意味着旅游者及其相关群体下次旅游决策过程的开始。

参照消费者满意理论，当旅游者购买并消费的旅游产品带来的价值符合其预期时，旅游者购买后就会有比较满意的感受和评价；反之，当现实购买与消费带给旅游者的价值与其预期有差距或差距甚远时，旅游者就有不满意的感受和评价。因此，可以用满意度指标来衡量旅游者的满意程度。旅游者满意度是指旅游者在特定的购买情形中，对其所付出的是否得到足够回报的认知状态。旅游者的满意度可以用旅游者感受到的实际旅游产品与服务的价值（效用）与预期的价值（效用）之间的比值表示，其公式表示为：

$$旅游者满意度 = \frac{旅游产品的实际价值}{该产品的预期价值} \times 100\%$$

满意度的定义表明，当旅游产品与服务带来的价值或效用符合旅游者的期望时，旅游者就会比较满意；反之，期望与现实差距越远，旅游者的不满就越大。旅游者满意度的具体数值是：满意度 = 1，表示本次旅游经历基本符合旅游者的预期，旅游者基本满意；满意度 > 1，表示本次旅游经历超出了旅游者的预期，旅游者非常满意；满意度 < 1，则表示本次旅游经历不符合旅游者的预期，旅游者不满意。我们可以将前两种情况下的旅游者（满意度≥1）称为满意顾客；将后一种情况的旅游者（满意度 < 1）称为不满意顾客。显然，满意顾客和不满意顾客在购后行为上是有很大差别的。

其中，影响旅游者对产品或品牌预期的因素主要包括旅游产品因素、促销因素、竞争品牌的影响和旅游者特征等；影响旅游者对产品实际价值和效用认知的因素有旅游产品的品质与服务、旅游者对产品的态度和情感、旅游者对产品的期望、旅游者对交易是否公平的感知、旅游者的归因等。

2. 旅游者的购后行为

（1）满意顾客的购后行为。满意顾客对所购买和消费的旅游产品与服务基本满意或非常满意，他们一般可能采取的购后行为包括：重复（习惯）购买、建立品牌忠诚和进行正面（立体）宣传、推荐等。满意顾客中重复购买、习惯购买和忠诚购买的关系如图 2 - 11 所示。

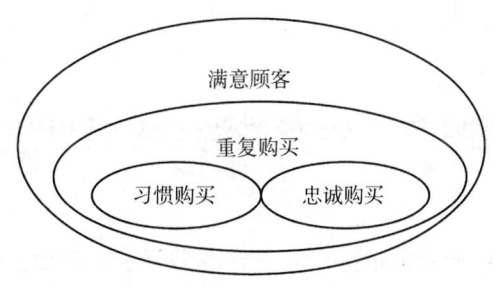

图 2 - 11　满意顾客中重复购买、习惯购买和忠诚购买的关系

"满意的旅游者是最好的广告"，因此，旅游企业应深入了解满意顾客的行为倾向，完善产品、市场创新机制，努力塑造成功的品牌形象，制定适应性的营销组合策略以维护忠诚顾客和老顾客。

（2）不满意顾客的购后行为。不满意顾客对所购买和消费的旅游产品与服务不满意，他们一般会采取的购后行为包括：采取公开行动（如直接向企业寻求赔偿交涉要求补偿或补救，采取法律诉讼等行动，向企业、消协等组织或政府部门投诉等）；或采取私下行动（如决定不再购买或抵制企业产品、转换品牌、口头传播提醒相关群体注意以免上当等）。有时旅游者也会自认倒霉，不采取外显的抱怨行为。不满意顾客的购后行为表现方式如图2-12所示。

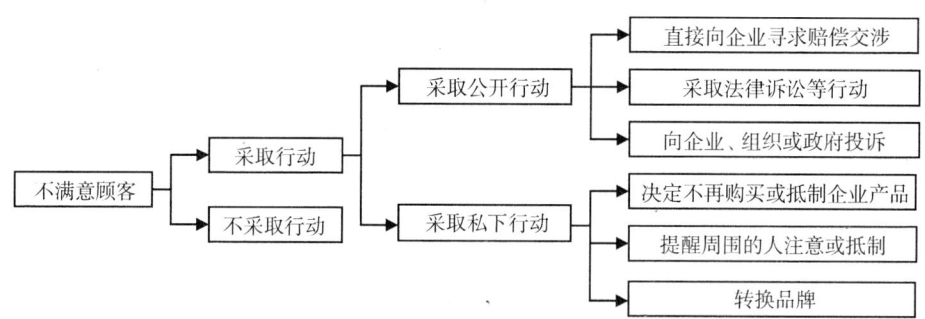

图2-12 不满意顾客的购后行为表现方式

针对不满意顾客及其可能发生的各种行为，旅游企业在营销过程中应做到以下几点：第一，旅游企业应树立牢固的现代市场营销观念，以满足旅游者需求作为一切经营活动的出发点和归宿，时刻遵循旅游营销中一条重要法则，即"赢得一个顾客就等于赢得一群顾客，失去一个顾客就等于失去一群顾客"。第二，尽量避免旅游者各种不满意状况的发生，在旅游宣传环节要实事求是，避免过度宣传，即宣传促销要留有余地，以免出现旅游者预期过高，而实际产品与服务又很难达到要求的问题。第三，一旦产生旅游者不满意状况，应立即采取积极的步骤措施，及时化解和消除旅游者的不满意，如加强售前、售中、售后的沟通与交流，建立应对和处理旅游者投诉或抱怨的内部反应机制等。

第四节 生态旅游者行为规范

生态旅游者的旅游行为要真正符合生态旅游的要求，需要加强教育与引导，为此，一些国家的旅游协会和旅行社制定了生态旅游者应遵守的准则，不同的国家提出了不同的具体做法。

一、中国生态旅游者行为规范要求

我国人与生物圈国家委员会出版的《中国生物圈保护区》杂志介绍了关于生态旅游者的旅行要求，这些要求是生态旅游者的行为规范，主要有：

（1）在参观一个地方之前，要了解当地的自然和文化特点。

(2) 尊重访问目的地文化，不要将自己的文化价值强加于人，尊重当地的风俗习惯。

(3) 不接近、不追逐、不投喂、不搂抱、不恐吓动物，参观野生动物时，不要穿鲜艳的服装。

(4) 自觉做到不踩踏珍惜植物。不采集受保护和濒危的动植物样品。

(5) 不购买、不携归被保护生物及制品。

(6) 不丢弃垃圾、不污染水土，在特殊地区要备用具，将垃圾运回。

(7) 积极参加保护自然生态的各种有益活动。

(8) 了解自然对人自身的要求，对自己的日常生活与环境的关系取得更清楚的认识。

二、美国生态旅游者行为规范要求

美国旅行代理商协会（ASTA）1995年制定了生态旅游者应该遵守的10条戒律。

(1) 尊重地理环境的生态脆弱性。

(2) 只留下脚印，只带走照片。

(3) 了解目的地地理概况，当地居民的习惯、风俗和文化。

(4) 尊重别人的隐私和尊严。

(5) 不买由濒危动植物制成的产品。

(6) 走设计的路线，不打扰动物栖息地、不破坏动植物。

(7) 了解并支持环保计划与组织。

(8) 尽量徒步或使用对环境无害的交通工具。

(9) 支持节约能源、环保的企业（饭店、航空公司、度假区、游船、旅行社）。

(10) 受环境保护规范、约束特殊景点和生态系统内的旅游行为。

三、澳大利亚生态旅游者行为规范要求

澳大利亚生态旅游协会颁布了一个指南，分别针对生态旅游者各个行为时段制定了戒律。这些戒律与指南，就是生态旅游者的行为规范。库尔芬（Colvin，1991）指出，一个真正的生态旅游者应具有以下特点：

(1) 希望获得深度的"真正"经历。

(2) 从个人和社会两个方面认为经历是有益的。

(3) 避免按常规线路旅游的大旅行团。

(4) 追求身体和精神的挑战。

(5) 希望与当地居民交往，学习文化。

(6) 居住条件简单。

(7) 能忍受不适。

(8) 要求参与，而非被动。

(9) 追求经历，而非舒适。

第三章 生态旅游营销环境分析

导言：任何企业的市场营销活动都是在一定环境中进行的，旅游地和旅游企业的营销活动同样受各种环境因素的影响和制约。环境因素的变化既可以给生态旅游市场营销带来市场机会，也可以形成某种环境威胁。因此，生态旅游营销者只有系统地考察环境现状，科学地判断环境变化的趋势和动向，扬长避短，抓住机遇，才能实现预期的市场营销目标。

本章主要内容：生态旅游市场营销环境的概念、特点；生态旅游宏观环境包含的内容与影响；生态旅游微观环境包含的内容与影响；生态旅游营销环境机会—风险分析等。

第一节 生态旅游营销环境概述

一、生态旅游营销环境的内涵与特点

（一）生态旅游营销环境的内涵

生态旅游市场营销是一种特殊的营销方式。依据市场营销理论，任何企业的经营活动都离不开不断变化的社会经济环境，都是在与其他企业、竞争者、目标顾客和社会公众的相互联结（合作、竞争、服务、监督等）中开展市场营销活动的。美国著名市场学家菲利普·科特勒认为，"市场营销环境是指影响企业的市场营销管理能力，使其能卓有成效地发展和维持与其目标顾客交易及关系的外在参与者和影响力"。旅游市场营销环境是指："能影响旅游企业市场营销活动及其目标实现的各种内外因素所构成的多层次、相互关联和不断变化的结构系统。"生态旅游市场营销过程同样受到各种环境因素的影响和制约，环境因素的变化，既可以给旅游企业市场营销带来市场机会，也可以形成某种环境威胁。因此，只有与诸多环境因素的变化相适应、相协调，旅游企业才能顺利地开展营销活动。

生态旅游不同于一般的旅游活动，其产品形式不仅体现为自然旅游资源与人文旅游资源的有机结合，而且更多地以亲近自然的方式表现出来。因此，生态旅游市场营销对环境因素的依赖性、敏感性较强，不仅受到政治、经济、社会因素及自然环境的

深刻影响,也受到旅游业本身复杂性及波动性的影响。同时,生态旅游市场营销依据市场范围和特点又分为国内旅游市场营销和国际旅游市场营销两种,其营销活动所考虑的环境与所采取的手段有所不同。国际生态市场营销环境较之国内营销环境更为复杂,除了国际政治形势、经济环境、生态旅游者的人口特征外,国别生态旅游地的文化传统、风俗习惯,以及自然资源和环境状况等都会影响到国际生态旅游市场营销活动的开展。

对于旅游企业而言,进行营销环境的全面分析具有重要意义。首先,市场营销环境分析不仅使旅游企业可以发现市场机会,而且能发现和避免不利环境因素的威胁。其次,通过市场营销环境分析,能够为旅游企业有效地选择细分市场和进行目标市场定位提供依据。最后,市场营销环境分析有利于旅游企业制定与实施市场营销战略及策略。

(二) 生态旅游营销环境的特点

1. 客观性

生态旅游营销环境的变化呈现客观性,有着自身运行规律和发展趋势,这是不以营销者的意志为转移的。这些环境因素对生态旅游营销活动的影响和作用大多是间接发生的,其中有些因素的变化有利于生态旅游营销活动的开展,而有些因素的变化则不利于生态旅游及其市场营销活动的开展。同时,由于环境因素的一些变化具有突发性和不可预见性的特点,因而往往会在短时间内对生态旅游市场产生巨大的冲击力,这就需要旅游企业积极加强市场调查与预测,增强应对能力,抓住机遇,迎接挑战。事实上,能否发现、认识进而适应复杂的不断变化的外部环境,直接关系到旅游企业的生存和发展。因此,旅游企业必须跟踪、监测环境的变化,在变化中寻找机会,不断调整自己的战略和策略,科学地预测环境变化趋势,开展适应性营销。

2. 综合性

进入21世纪以来,国内外政治经济形势变化多端,科技交通日新月异,居民生态旅游消费持续增长;与此同时,自然资源损耗严重,生态破坏和环境污染状况日趋严峻……这些因素综合影响着旅游企业的市场营销活动,对企业营销成功与否起着十分重要的作用。旅游企业研究市场营销环境,深入分析制约和影响企业市场营销活动的各种外部力量,监测和把握整体营销环境的综合特点和变化趋势,其目的就是发现并抓住有利于企业发展的市场机会,规避或减轻不利于企业发展的市场威胁,以达到市场经营的目的。

3. 动态性

生态旅游营销环境是一个动态系统,构成营销环境的各种力量和各因素不仅经常处于动态变化之中,而且其中任何因素的变化都会引起一系列的连锁反应。同时,各种宏观环境因素的影响和作用并不是一成不变的。尽管这些因素在短期内可能表现出稳定的特点,但从一个较长的时期来考察,则处于经常变动中。处于这种动态环境中的旅游企业,不可避免地受到其冲击和影响。另外,随着经济的发展,人们的消费需求也在不断地发生变化。在生态旅游市场营销中,必须遵守的一个原则是:适时动态调整营销战略与策略,对变化着的环境做出积极反应。

4. 相关性

生态旅游营销环境是一个复杂多变的整体，构成营销环境的各因素相互关联、相互渗透、相互作用。如一个国家的体制、政策与法令总是影响着该国的科技、经济的发展速度和方向，继而改变着社会习惯；同样，科技、经济的发展，又会引起政治体质、经济体制的相应变革。这种相关性给旅游企业的市场营销活动带来了复杂性。此外，不同的环境因素对不同的营销活动内容影响的重点不同。营销人员必须善于分析相关因素，在掌握相关规律的基础上寻找和选择企业的目标市场。

二、生态旅游营销环境的构成

总体上，旅游营销环境系统是由宏观环境和微观环境构成的，如图3-1所示。

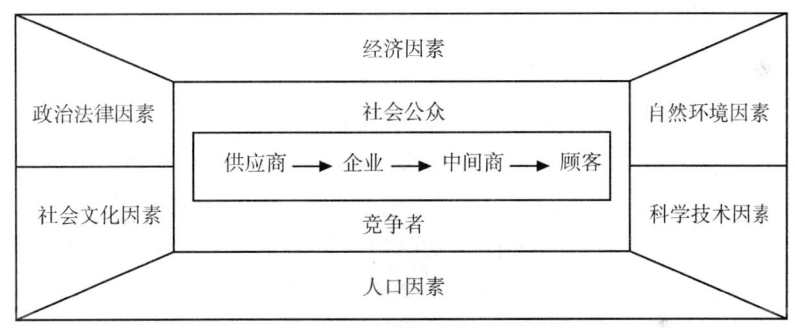

图3-1 旅游营销环境系统

（一）宏观环境

生态旅游营销宏观环境由一些大范围的社会约束力量所构成，主要包括政治法律因素（政治体制、政策、法令法规等）、经济因素（购买力水平、收入与支出模式、供求状况等）、自然环境因素（自然资源、能源、环境污染等）、人口因素（人口规模及其构成、教育程度、地区间的移动等）、社会文化因素（家庭消费模式、社会阶层、风俗习惯等）和科学技术因素（科技进步等）。

在此，我们强调的是要采取辩证的观点来看待宏观环境变化带来的机会或挑战。尽管国际或国内环境形势复杂多变，但是，机遇与挑战总是并存的，旅游企业要认真调查研究，力求做出正确的认识与判断，才能有的放矢地制定营销战略和计划。例如在全球低碳发展、国家积极倡导发展低碳经济的宏观背景下，许多旅游企业开始将保护资源与环境作为企业的责任和目标，旅游企业的绿色营销观念明显加强，这也具体体现在生态旅游产品的开发和旅游接待服务中，许多生态旅游景区越来越重视生态产品的开发，绿色餐饮和绿色客房也应运而生。当然，经营生态旅游产品的企业的营销效益也是明显的，市场潜力巨大。

近年来，国内旅游市场宏观环境变化显著，呈现出有利的市场发展空间和市场机会。随着居民的收入普遍提高，高铁等新型旅游交通工具迅速发展，加之国家一系列刺激消费政策的作用明显，使得旅游市场需求保持旺盛的增长势头，市场规模扩大，尤其是长假旅游、休闲旅游将会进一步攀升。2011年3月30日，国务院常务会议通过决议，自2011年起，每年5月19日定为"中国旅游日"。"中国旅游日"的设立，标志着我国旅游业正迈入一个更好地满足人民群众日益增长的旅游需求的新时代。由此，国家旅游局倡导全国各大景区景点、宾馆饭店、旅行社等旅游企业在"中国旅游日"期间推出优惠措施，吸引更多人参与旅游日活动和出游。目前，这一倡议已得到了全国众多景区、景点及相关旅游企业的积极响应。

（二）微观环境

生态旅游营销的微观环境直接影响着旅游企业为生态旅游目标市场服务的能力及其营销策略的组合。构成生态旅游营销微观环境的各种制约力量包括：旅游供应者、竞争对手、旅游中间商及中介机构、社会公众和旅游者，也包括旅游企业内部影响营销管理决策的各个部门（计划、人事、财务、生产、营销等）。虽然微观环境与宏观环境一样，是旅游企业无法从根本上去控制的外部环境力量，但环境的变化和发展趋势是客观发生的，旅游企业可以积极主动地去发现、分析和预测环境变化的趋势及其变化特点（如发生什么性质的变化、变化的程度如何、发生的时间及其概率如何等），及时调整营销战略及其策略组合，以适应环境的变化。面对各种环境变化，旅游企业除了增强适应性外，在某种程度上还能影响环境变化的方向和程度。从改善微观环境的角度讲，旅游企业应依据关系营销理论，把旅游关系营销作为开展市场营销活动的重要手段，正确处理与微观环境中的企业、个人和组织的关系，积极建立和发展与旅游者、竞争者、供应商、分销商、政府机构和社会组织的良好关系，灵活地调整营销策略组合，促使微观环境各因素向着有利于旅游企业的方向发展变化，营造有利于旅游企业经营的市场环境。

第二节　生态旅游营销宏观环境

在生态旅游市场营销中，宏观环境因素主要包括政治法律因素、经济因素、社会文化因素、人口因素、自然环境因素及科学技术因素等。

一、政治法律因素

政治法律因素主要指国家政治制度、政策的稳定性、法律法规约束手段，也包括国与国之间的关系等。在任何社会制度下，企业的营销活动都必然受到政治法律因素的强制与约束。生态旅游市场营销活动的发展不仅受本国政治法律因素的影响，而且也受客源国政治法律因素的影响。政治法律因素在一定程度上约束着企业市场营销活动的进行，对旅游市场营销的影响作用大致体现为鼓励或限制两种作用。鼓励性政策多倾向于刺激入境旅游市场发展，而限制性政策则多反映在对出境旅游的限制上。如由于加拿大旅游委员会在其政策目标中曾经提出要减少本国居民赴美国旅行的规模，这就在一段时间内限制了本国居民前往美国旅游的游客人数和出境旅游市场的扩大。

（一）政治因素

影响旅游企业顺利开展市场营销活动的政治因素主要涉及国家政局、国与国之间的关系等方面。

1. 国家政局

国家政体稳定是旅游企业顺利开展市场营销活动的保障因素。一个国家在国际上的政治地位和声誉、国家政体稳定、社会治安等，会对旅游者产生举足轻重的作用。如果政局不稳，社会动荡不安，则必然会给旅游市场营销活动带来较大的风险。如2010年泰国的国内政治冲突，去泰国旅游的人数骤减，对其旅游业产生很大的影响。对于旅游者而言，有一个共同的心理需求，即追求安全、舒适和友善的游览休闲环境，没有人愿意到政局动荡的国家去旅游。因此，良好的政治环境是保障旅游企业开展正常的生产经营活动的基本条件。只有在稳定的政治环境中，企业才能通过公平竞争，获得长期、稳定的发展。

2. 国与国之间的关系

政治因素，特别是国与国之间双边关系的好坏及其合作意向，直接影响着国际旅游市场的稳定性及其发展趋势。政府一般通过与其他国家政府签署协议，根据双方达成的一致意见，相互成为旅游目的地国家。同时，政府在出入境政策、旅游交通、关税减免、信誉担保、减少手续、实行特殊旅游购物兑汇等方面制定和实施优惠政策与措施，积极鼓励入境旅游市场；或通过加大政府干预度、培训警察部队等安全保障措施，为入境旅游创造条件，提升游客感受质量。因此，旅游企业在进入异地市场之前，除了要了解和掌握该旅游地政局的基本状况及其政策的稳定性外，还需要对其未来情况进行一定的预测，以便顺利地进入该市场。政府也可以根据一定时期内国内、国际经济发展的实际状况，通过采取鼓励或限制出入境旅游签证等制度进行宏观调控。

近几年来，我国入境旅游市场的发展保持相对稳定的增长，究其原因，是与我国政府的相关政策支持和开展的多种活动分不开的。例如，开展友好年、文化年、旅游年等双边与多边旅游合作，以及世博会宣传影响后效应的显现，尤其是政府出面进行关于国家形象的宣传活动，使得国际社会更加关注中国，增加了访问的兴趣和意向。同样，从出境旅游市场看，中国作为新兴旅游市场发展迅猛，成为许多海外旅游目的地的目标市场。它们不仅加强了针对中国出境旅游市场的促销，还采取了更加积极主动的措施，简化签证手续，改善旅游环境，保护中国旅游者的权益，吸引中国旅游者。旅游者对国际旅游产品的需求呈现多样化的特点，一些二级城市及部分三级城市居民逐渐形成新的客源市场。相关旅游企业在出境旅游组织、营销、信息提供，以及诚信方面的努力，也使得出境旅游变得更加便捷，产品质量有所提高。

（二）法律因素

生态旅游市场营销活动受到相关的法律法规因素的制约。政府的法令条例，特别是有关旅游业的法规条例，是旅游企业开展正常经营活动时不可忽视的外部环境因素。每个国家都有一定的法律制度和条文，以规范和管理社会经济活动。我国近年来颁布和实施了一系列法律和法规，如维护企业经营和公平竞争的立法：《合同法》、《公司法》、《经济合同法》、《反不正当竞争法》等；保护消费者权益的立法，如《消费者权益保护法》、《产品质量法》、《食品卫生法》等；保护公民和社会利益的立法，如《环境保护法》、《环境噪声污染防治条例》，以及《绿色饭店国家标准》等。这些法律法规对企业的生产经营活动起到了规范和制约的作用，旅游企业在开展生态旅游市场营销的过程中有依法经营的义务和责任，也有利用法律来保护经营的权利。

目前，世界上越来越多的发达国家和发展中国家在积极促进环境保护的立法工作，促使政府的环保法律体系更加科学化；同时，在监督执法方面也更趋严格化。一些非政府组织也积极参与相关法律法规的制定和完善过程。如我国已颁布了《环境保护法》、《可再生能源法》、《节约能源法》、《循环经济促进法》和《清洁生产促进法》等法律法规和规章制度，法律法规体系不断完善。

近年来，政府积极出台刺激旅游业发展的相关法规条例制度，极大地促进了旅游业的蓬勃发展。例如，2007年12月7日，国家新的休假制度改革出台，"两长五小"的休假制度正式启动，把中国的传统节日清明节、端午节、中秋节列入了法定假日。这三个假日的增加改变了全国假日经济格局，引发旅游业各业态的连锁反应，国内中短途旅游和传统民俗文化旅游的比例明显上升，不仅大大刺激了国内传统土特产旅游商品市场的发展，也增强了传统文化的影响力。另外，国家已出台征求意见稿的《职工带薪年休假规定》公布在即，带薪休假的实行将会给旅游业的发展带来实质性的改变。由于消费者能够更灵活地掌握自己的出行安排，也可以根据自身需要预订旅游产品，这将进一步激发旅游者对远距离和国际旅游目的地的潜在市场需求。与此相适应，旅游企业要加快转型升级的步伐，提供更加细分和更有针对性的旅游产品，从而促使我国旅游业加快步入新的发展阶段。

二、经济因素

一般来说，国家或地区经济政策、产业结构、通货膨胀率等经济因素的变化会直接或间接地影响到旅游企业的经营状况。经济因素对生态旅游市场营销具有多方面的重要影响作用，它关系到生态旅游市场潜力、市场规模及其变动趋势。

经济因素是指构成企业生存和发展的社会经济状况及国家的经济政策，包括社会经济结构、经济体制、经济发展状况及发展速度、宏观经济政策要素、通货膨胀、生产力布局、银行信贷和市场发育程度等。衡量这些因素的经济指标有国民生产总值、就业水平、物价水平、消费收入与支出水平、消费结构模式变化，以及利率、汇率等国家货币政策和财政金融政策。与其他环境因素相比，经济环境对旅游企业的经营活动具有更广泛、更直接的影响和作用。

(一) 经济发展状况

经济发展状况是生态旅游市场营销活动得以顺利开展的重要因素。当各方面的经济状况有利于旅游企业的经营和发展时，消费者人均收入高，旅游客源市场扩张，社会购买力强，旅游消费水平不断提高，旅游企业的营销机会就随之扩大；反之，当社会经济状况衰退，或出现通货膨胀时，旅游客源市场往往发生萎缩，游客消费水平和能力降低，同时会对企业的资金周转、投资组合、营销组合等形成冲击，增加旅游企业市场营销活动的难度，使得许多企业不得不缩小经营规模，降价促销。如果经济形势持续低迷，严重的通货膨胀和物价上涨等问题会直接影响整个国民经济的正常运行，造成经济环境的恶化，甚至直接影响众多企业，包括旅游企业的生存与发展。

经济发展状况涉及国内和国际两个方面。就国际经济发展状况而言，其影响往往是全局性的。全球化经济发展的趋势，可以给各国各地区经济发展带来一些重要的机遇；同时，全球性经济衰退也可能带来大范围极其不利的影响，例如2008年发端于美国的全球性金融危机，就曾给全球旅游业带来了严峻的挑战，也对中国旅游业的发展造成了一定的不利影响。近两年，由欧债危机再次引发全球性的金融危机和经济衰退，并且持续时间更长，欧洲和北美等国家的经济复苏缓慢，也产生了一些深层次的发展问题，这对全球经济的发展，包括旅游业的发展造成了一定的威胁。相对而言，近些年国内经济发展总体情况良好，受国际金融危机冲击较小，经济发展迅速，国民收入增长迅速，社会购买力明显增强。由此带来了旅游市场规模日益扩大，国内旅游市场迅速发展，出境旅游市场逐渐升温，入境旅游市场的增幅也有明显提高。

经济发展状况也体现在地区经济发展布局上。我国东、中、西三大地带之间的经济发展水平客观上存在着明显的差别，呈现出东高西低的不平衡发展格局；同时，全国各省、区、市间经济发展水平也存在着一定的差距，呈现着多极化发展趋势，因而导致不同地区间对生态旅游产品的需求程度和购买能力有所不同。这种地区经济发展不平衡的格局，对旅游企业生态旅游营销战略的制定、目标市场的选择及生态旅游产品的设计开发等都会带来巨大的影响。

（二）经济政策

经济政策有宏观经济政策和微观经济政策之分。宏观经济政策包括财政政策、货币政策、收入政策等；微观经济政策是指政府制定的一些反对干扰市场正常运行的立法以及环保政策等。影响生态旅游市场营销活动的宏观、微观经济政策较多，以下就国家的宏观调控政策、出入关手续、离境退税、货币汇率、具体金融政策等一一进行阐述。

政府可以通过制定相关政策对产业发展进行宏观调控与管理，政府介入生态旅游产业发展的主要手段包括：国家和区域旅游业战略发展规划；出入境政策；景区等级划分制度；绿色饭店等级评定制度；旅行经营许可制度；保护旅游消费者权益；环境影响评价制度；提供各项保障等。

政府对生态旅游发展的政策导向和扶持力度，是影响生态旅游市场营销活动的一个重要因素，甚至在某种程度上决定了一个地区生态旅游发展的兴盛与否。目前，已经有越来越多的发达国家和发展中国家开始意识到环境保护的重要性，出台多种政策，积极支持和推动生态旅游的发展，并支持落后地区开发生态旅游项目。例如，我国生态旅游的开端，就是1999年国家旅游局推出了"99生态环境旅游"主题活动和"99昆明世博会"等系列活动，有效地推进了中国生态旅游的兴起和发展。一些生态旅游发展较早的国家，如美国、加拿大、澳大利亚以及欧洲和非洲部分国家，大多是由政府主导积极建立起了国家公园体系，制定了促进生态旅游发展的法规和条例，极大地促进了本国生态旅游的发展。

当前形势下，为应对全球气候变化带来的机遇和挑战，我国政府制定了《中国应对气候变化国家方案》，公布了《气候变化国家评估报告》，提出建设资源节约型和环境友好型社会的重大战略构想，为促进低碳经济发展做出了一系列制度安排，也为生态旅游的发展指明了方向。我国政府建立健全低碳经济发展的相关制度和法律法规，通过法律制度、行业准入、评级认证、标准规范、监督执行、限期治理、关停并转等行政管理手段，指导和规范企业低碳行为。另外，我国还出台了《"十二五"节能减排综合性工作方案》，从价格、财政、税收、金融四个方面提出了有利于节能减排的具体经济政策。面对低碳经济发展的趋势，旅游企业应认真研究国家政策体系导向，制定低碳化发展战略和策略，积极开发利用清洁能源，制定节能减排的具体措施。

简单便捷的出入关手续、离境退税等经济政策在一定程度上可以吸引更多的国际市场游客，也可以争取更多的境外游客游玩、购物和入住。例如，2010年12月，国家财政部颁布了《关于在海南开展境外旅客购物离境退税政策试点》的公告，规定境外游客在退税定点商店购买的随身携运出境的退税物品，按规定退税。这项优惠政策自2011年1月1日起执行以来，吸引了更多的国内、国际客源市场游客云集海南，刺激了海南当地旅游市场的发展，对海南"国际旅游岛"的建设起到了极大的促动作用。

货币汇率反映了不同国家不同货币之间的比价，对国际旅游需求的变化起着重要的作用。旅游客源国或地区的货币比值升高，而旅游目的地国产品价格（包括旅游价格）又未相应提高，那么客源国游客去目的地国旅游时，支出的货币就会减少，从而促使客源国游客对目的地国旅游需求在短期内迅速增加；反之，客源国货币对目的地国货币发生贬值，则会减少该客源国游客去目的地国的旅游需求。相应地，就旅游目的地国而言，货币升值会减少旅游，货币贬值则会促进旅游。对旅游客源国来说，货币升值会促进本国居民到国外旅游，货币贬值则不利于国民外出旅游。如1997年东南亚金融危机使泰铢严重贬值，泰国政府采取措施吸引入境旅游以增加收入，我国各家旅行社及时推出"新马泰"之旅，以各种旅游产品项目和低价位的促销策略来吸引中国游客，从而在国内掀起了一股出境旅游热潮。

金融政策对旅游市场营销活动产生多方面的影响，是决定旅游消费规模和消费水平的一个重要因素。例如，自2004年2月开始，香港银行试行办理包括存款、兑换、汇款、人民币卡在内的四项个人人民币业务。这意味着从此内地居民可以持内地银行发行的人民币扣款卡和信用卡在香港购物，从而免去汇兑之苦，刷卡消费使香港游更加方便。目前，这一有利政策已扩展到更多的国家和地区，如内地发行的银联卡已可以在中国香港、中国澳门、新加坡、马来西亚、泰国、日本、韩国、德国、意大利、美国、埃及等83个国家或地区取现或消费，中国游客到法国的老佛爷百货公司（Galeries Lafayette）和巴黎春天购物，现在都可以直接刷银联卡消费，也可以在自动取款机上直接提取欧元。

(三) 消费者收入

消费者收入通常涉及"个人收入"、"个人可支配收入"、"个人可任意支配收入"等内容。收入水平不仅决定着一个潜在旅游者出游的可能性，而且决定着旅游者消费水平的高低及其具体的消费结构。旅游市场营销人员应充分了解潜在目标市场上消费者的实际收入状况、可支配收入的分配情况，以及对可任意支配收入的分配倾向和具体消费模式。

1. 消费者个人收入

消费者个人收入包括工资、红利、租金、退休金和赠予等收入。消费者个人收入与其购买能力密切相关。从国际范围看，收入差距已成为不同国家消费水平和消费能力差异的主要原因。人均收入高的国家，其消费水平高，因而旅游消费市场的潜力也较大。

2. 个人可支配收入

消费者的收入并不全部用于购买产品。对于企业营销活动来讲，有必要区分个人可支配收入和个人可任意支配收入这两个概念。

个人可支配收入是消费者个人收入扣除应由个人缴纳的各项税款（如个人所得税）和其他具有强制性的负担（如交通罚款）后，可用于个人消费的那部分收入，它是影响居民购买力和消费支出的决定性因素。其公式表示为：

个人可支配收入 = 个人收入 − 直接负担的各项税款 − 其他具有强制性的负担

3. 个人可任意支配收入

反映消费者个人消费能力和消费水平高低的重要指标是个人可任意支配收入。可任意支配收入指的是居民在一定时期内的个人可支配收入，在扣除固定支出（如房租、学费、保险费、分期付款、抵押借款等）和维持生活所必需的支出（如衣、食、住、行等方面的支出）后剩余的那部分个人收入。其公式如下：

个人可任意支配收入 = 个人可支配收入 − 固定支出 − 维持生活所必需的支出

对这部分收入，消费者可以根据自己的意愿投向各个领域，灵活性很大。消费者的可任意支配收入越多，说明人们的消费水平越高，用于高档耐用消费品、旅游、奢侈品等的比例就越大，企业营销的机会也就越多。一般来讲，当家电、汽车之类的高档耐用消费品达到一定消费水平后，用于旅游消费或其他娱乐消费的支出将会明显增加。在生态旅游方面，国内外的调查显示，生态旅游者的年均收入一般比较高。如李燕琴（2006）的研究表明，北京百花山的生态旅游者中年均收入高于6万元的占19.4%，而一般游客仅占6.7%；松山的生态旅游者中年均收入超过44000元的也高达29.6%。国外学者伊格尔斯（Eagles，1995）等对加拿大生态旅游者的研究结论也大体相同，如波兰生态旅游者中年均收入超过8334加元的占24.1%，而一般游客的比例为19.2%；欧美生态旅游者中年均收入超过70000加元的占38.5%，而一般游客的比例仅为13.7%。

(四) 消费结构

消费结构指消费者在消费过程中各种消费支出占总支出的比例关系。在西方经济学中常用恩格尔系数来反映这种变化。德国统计学家恩格尔（E. Engel）提出了恩格尔定律，即随着家庭和个人收入增加，收入中用于食品方面的支出比例将逐渐减小，反映这一定律的系数被称为恩格尔系数。其公式表示为：

恩格尔系数（%）= 食品支出总额/家庭或个人消费支出总额 ×100%

在一定的条件下，食品支出总额占消费支出总额的比重越大，恩格尔系数越高，反映居民的生活水平越低；反之，食品支出总额占消费支出总额的比重越小，恩格尔系数越低，则反映居民的生活水平越高。恩格尔系数是衡量一个国家、地区、城市和家庭生活水平高低的重要参数。用食品支出占消费总支出的比例来说明经济发展、收入增加对生活消费的影响程度。根据恩格尔定律，只有家庭有能力购买生活必需品以外的娱乐及奢侈耐用品时，人们才会选择旅游消费。

随着经济的发展以及人们生活水平的提高，消费者可任意支配收入明显增加，长期以食物、衣着等生活必需品为主的消费结构模式正在发生变化，用于旅游等的高品位消费需求也在持续增长。例如，2012年6月4日，由胡润百富与亚洲国际豪华旅游博览联合发布的《中国奢华旅游市场白皮书》显示，我国高端消费者的年平均出国旅游次数为2.4次。全球最大退税机构Global Blue的数据显示，中国游客消费2011年再次位列全球游客消费的第一位。2011年，平均每笔购物消费813欧元，比2010年增加了82欧元，比三年前增加248欧元。因此，旅游企业应该充分认识到我国居民消费结构和支出模式的变化，及时向旅游者提供适宜的旅游产品，把握由此带来的市场机会。

三、社会文化因素

在旅游企业面临的诸多宏观环境因素中，社会文化因素是较为复杂的，它虽不像其他环境因素那样显而易见，却深刻地影响着旅游企业的市场营销活动。其中，社会因素主要包括相关群体、社会阶层、家庭等；文化因素主要包括宗教信仰、风俗习惯、价值观念和审美观念等。

（一）社会因素

1. 相关群体

相关群体是指对个人的态度、意见偏好和行为有直接或间接影响的各种群体。相关群体的分类如图3-2所示。

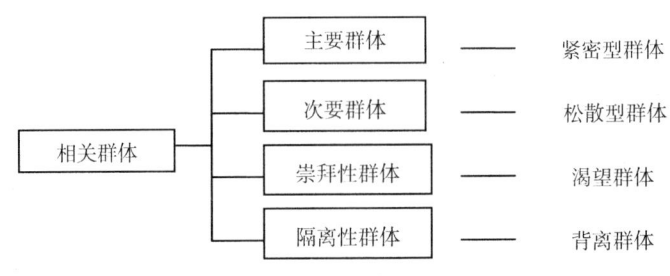

图3-2 相关群体的分类

相关群体也称参考群体,是指对旅游者生活习惯和兴趣偏好有直接影响的各种社会关系。一般包括以下四类:一是主要群体,也称紧密型群体,即与旅游者个人关系密切、接触频繁、影响最大的团体,如家庭、朋友、同学、邻居等;二是次要群体,也称松散型群体,即与旅游者关系一般、接触不太密切,不保持持续交互影响的群体,如老乡会、行为协会、学生会等;三是崇拜性群体,也称渴望群体,即渴望成为团体中的一员,仰慕此类团体成员的名望、地位,狂热效仿其消费模式与购买行为,这类团体的成员一般为社会名流,如影星、歌星、体育明星、政界要人、学术名流;四是隔离性群体,也称背离群体,是与崇拜性群体相对应的群体,一般来讲,其价值观和行为是旅游者个人所不愿接受的,如旅游者倾向于拒绝的一些帮派群体等。相关群体对旅游者购买行为是潜移默化的,约束着群体成员的购买动机、消费倾向,并影响旅游者的购买态度和具体购买行为。

2. 社会阶层

社会阶层是指一个社会中具有相对同质性和持久性的群体,它们是按等级排列的。在同一个阶层中,成员的价值观、兴趣爱好和消费行为具有相似性的特点。在不同的社会形态下,社会阶层划分的依据不同,一般根据社会地位和威望、受教育程度、职业及其收入水平、居住区域等因素来划分。旅游消费是一种高弹性的消费,社会阶层的影响明显地表现在旅游者对产品的选择和对品牌的偏好等方面。

据万事达国际组织2007年发布的一份中国富裕阶层指数的报告称,中国北京、上海和广州三大城市富裕阶层的界定标准是家庭年收入在2.5万美元以上(约合人民币18.9万元)。依据这个标准,2005年中国的富裕阶层约为290万户,到2015年将增长到850万户。而在2010年麦肯锡全球研究院发布的报告《解读中国的富裕消费群体》中,对"中国富裕消费者"的界定是指家庭年收入超过3.65万美元的人,该收入水平具有的消费能力与年收入大约10万美元的美国家庭相当。同时,报告还指出,住在中国4个最富裕的一线城市(上海、北京、广州、深圳)的富裕消费者约占全国总人数的30%,居住在最富裕10个城市的富裕消费者占全国的50%。而在美国,这个数字仅为25%。

中国富裕阶层的迅速扩大和独特的新富群体的形成,客观上形成了一个庞大的出境游市场。这一市场不仅引起了一些国外旅游目的地的重视,而且成为了它们积极促销的目标市场。例如提出"旅游立国"的日本,近年来由于受到全球金融危机和日元不断升值的双重打击,旅游业遭受重创。为了增加中国赴日旅游的人数,日本观光厅一改只接收中国团体游客的旅游政策,出台了针对中国富裕阶层解禁个人游的政策,并制定了有关旅游签证签发条件的修正案。日本观光厅判断申请人是否为富裕阶层的标准,主要是参考其航空公司的里程服务利用情况,以及中国各大银行信用卡的所有情况等。

3. 家庭

家庭由居住在一起,彼此有血缘、婚姻或收养关系的人形成的一个共同生活的群体。在有关市场营销的研究中,经常引入家庭生命周期的概念。消费者的家庭状况,因为年龄、婚姻、子女等状况的不同,可以划分为不同的生命周期。在家庭生命周期的不同阶段，消费重心和消费行为呈现出不同的特征。当然，传统的家庭生命周期概念反映的是一种理想的家庭发展模式，不足以反映现实社会更多类型的家庭特征和家庭状况。因此，不少学者认识到这一概念的局限性，主张用一个包括更多内容的新概念"家庭生命历程"来取代比较狭隘的"家庭生命周期"。提出家庭的概念应在更广泛意义上包容核心家庭、扩大家庭、离婚与丧偶形成的单亲家庭，以及无小孩的"丁克"家庭等多种现实存在的家庭类型。

近年来，我国城乡家庭结构变化的重要特征是家庭规模小型化，以及家庭数量增加的发展趋势。反映在旅游市场上，以家庭为单位的出游比例大大提高，同时，参团方式也趋于多样化。这一趋势，为旅游业的发展和相关旅游产品的创新提供了更多的市场机会。

(二) 文化因素

文化是一个非常广泛的概念。广义上，文化指的是人类在社会历史发展过程中所创造的物质财富和精神财富的总和；狭义上，文化指特定社会意识形态下所创造的精神财富，包括宗教信仰、风俗习惯、价值观念、道德情操、学术思想、文学艺术、科学技术和各种制度等。对营销者而言，有一些文化的总体特点是必须要把握的：①核心文化价值观念具有高度的持续性；②每一种文化都包含着较小的亚文化，具体包括民族、宗教、种族和地理区域等不同亚文化，由于亚文化能形成许多重要的子市场，因此对市场营销活动具有更直接的意义；③文化是影响和调节人们社会行为的基本因素，文化又是无形的，它对人们的行为具有潜移默化的影响。文化本身具有很强的传统性和持续性，但在特定的时空范围内，一些文化价值观会发生改变，出现文化"异化"或文化融合的现象，这其中往往蕴含着巨大的潜在市场和新市场。在旅游市场营销过程中，文化冲突是经常出现的。因此，旅游营销者在文化方面应具有两种知识：一种是文化事实性的知识（学习、适应）；另一种是文化领悟性的知识（预测、突破、引导），这需要有一种锲而不舍、不断进取的创新精神。在旅游经济的催化下，世界各民族的不同文化是不断融合的。

文化因素主要由宗教信仰、风俗习惯、价值观念和审美观及其他因素构成。

1. 宗教信仰

宗教信仰是信奉和崇拜超自然的神灵而产生的一种社会意识形态。世界上有很多类别的宗教，如基督教、伊斯兰教、佛教等。不同国家或地区的宗教信仰不同，信奉不同宗教的人们，有着不同的教义教规和文化倾向，这不仅决定着他们认识事物的态度、行为准则和价值观念，也影响到其消费方式和消费习惯，从而影响到市场消费特征和结构。旅游企业在市场营销过程中，应尊重各种不同的宗教信仰，充分考虑其消费习惯和消费行为的差异性，以便开展有针对性的市场营销活动。如民族文化中的许多民俗宗教节日就为旅游者提供了出游机会，也是旅游企业销售产品的大好时机。旅游市场营销要建立在对客源市场进行深入了解的基础上，在针对国内外市场进行旅游营销活动时，要注意不同民族、不同国家地区的文化传统及宗教习惯的差异，针对不同民俗习惯，开展差别性营销活动，以提高市场营销效率。

生态旅游市场的形成也受到社会文化进步和生态文明观的影响。在西方，随着普通大众对环境问题的重视，以及环境友好态度的强化，绿色消费意识日益盛行。例如，根据美国旅行产业联合会（TIAA）的数据，83%的美国旅行者支持"绿色公司"，并且愿意为"对环境负责"的旅游产品多付平均62%的花费。旅游者希望停留在那些能够亲近自然的旅游设施内，而且尽可能地使用节能设备，因此，在绿色旅行者的基础上形成了稳定的生态旅游者群体。

2. 风俗习惯

成功的营销活动，离不开对目标市场上消费者风俗习惯的了解、分析和把握。风俗习惯是在特定的社会文化区域内历代人们共同遵守的行为模式或规范，是影响旅游者购买行为的主要因素之一，直接或间接地影响到社会生活的方方面面，包括旅游消费和旅游经营的各个方面。如中国地域辽阔，由于地理环境、气候等因素，形成"南甜北咸、东辣西酸"的饮食文化习惯。正是由于文化传统不同，所以导致很多国家在消费和经营中形成不同的禁忌，禁忌就是风俗习惯的一种特殊表现形式。

不同的国家、不同的民族，由于受宗教信仰、自然环境和经济条件的影响，其风俗习惯各异，旅游营销人员要充分了解当地的风俗习惯，尊重民族习俗，积极融入当地文化中，这是做好市场营销工作的重要前提。

3. 价值观念

价值观念可以从宏观和微观两个角度进行理解。微观上，价值观念是一个人对周围事物的是非、善恶和重要性的评价和看法，由于人们价值观念的差异，决定了人们的消费行为和方式各不相同；宏观上，价值观念是社会文化体系的内核和灵魂，代表着社会对应该提倡什么、应该反对什么的规范性判断。在相同的文化背景下，人们的价值观往往趋近；而在不同的文化背景下，人们的价值观则存在着明显的差别。

在一定的条件下，人们的价值观会随着社会文化的不断发展而发生转变。例如，全球环境保护和低碳化发展的呼声日渐增强，引起了全球消费价值观念的改变，一些传统消费观念下产生的过度消费行为，如讲究排场、炫耀、奢华，以及捕食野生、珍稀动物等行为，已开始遭到社会组织、媒体和公众的批评和抵制。在环保和低碳经济的形势下，"绿色消费"日渐成为全球积极倡导的消费价值观和消费方式，这也给旅游市场营销带来新的机遇和挑战。旅游企业要树立正确的、符合时代要求的绿色营销观，无论是在生产经营的各个环节，还是在营销策略的具体实施过程中，都要树立新的绿色营销观，并且落到实处。

4. 审美观

审美观是客观事物在人们心目中引起的愉悦的情感。审美观是在人类的社会实践中逐渐形成的，在不同的时代、不同的文化和亚文化背景下，人们的审美观不同。人们的消费行为在保证自身健康、安全的前提下，也是不断追求生活品质提升和美的享受过程。因此，旅游者的一次旅游决策和消费过程，实际上也就是一次审美和对美的感受过程。这一审美活动的全过程完全由旅游者的审美观来支配。旅游者的审美活动，表面上看起来属个人行为，实质上却反映了一个时代、一个社会中人们共同的审美观和审美趋势。近年来，随着人们消费水平的不断提高，审美观正在发生巨大的变化，越来越重视对美的追求和对美的感受，突出表现在追求健康美和环境美等方面。由于对美的追求和感受是不可能脱离人类赖以生存的生态环境的，因此，对生态美的体验和享受，成为现代社会人们审美观的集中体现和发展趋势。

总体来说，生态美就是充沛的生命与其生存环境和谐发展所表现出来的美的形式。生态美包括两大类：一类是自然生态美；另一类是人文生态美。自然中众多的生命与其环境所表现出来的协同关系和和谐形式被称为自然生态美。自然生态美是大自然长期演化创造的美，但是这不是生态美的全部，生态美还包括人类遵循自然规律和美的创造原则，与自然共同创造的人与自然和谐发展的人文生态美，如人类修建生态景区、生态园林等，无不使自然生态美在经过人们的创造后变得更加富于生命力和吸引力。

生态旅游的实质是可持续发展，生态旅游的基础是对生态旅游对象的保护。在生态旅游的发展过程中，生态旅游者欣赏、体验、享受的是自然生态美，也追求自然生态美与人文生态美融为一体的和谐美；生态旅游开发者所开发的也应是"原汁原味"的自然生态型旅游产品，或者营造出既保持原始的自然生态美，又与当地传统文化融为一体的人文生态型旅游产品。在这一过程中，满足人们对生态旅游的审美需求，实现生态旅游的可持续发展。事实上，我国是一个历史悠久的国家，在传统的"天人合一"思想的主导下，一直以来"自然生态"与"人文生态"都具有同等重要的地位。中国的许多自然生态景观都蕴含着浓厚的历史文化底蕴，只有对历史文化进行深入的了解和挖掘，才能以和谐的生态美吸引更多的旅游者。

四、人口因素

影响生态旅游市场营销的人口因素是多方面的，通常包括人口的数量与规模、人口自然构成、增长速度、教育程度、民族与宗教状况、地理分布及地区间流动等因素。这些人口因素的变化直接反映在生态旅游市场的变化上，因此，旅游企业要做好生态旅游营销工作，就必须把握一定市场范围内人口因素的特点与变化趋势，根据市场发展的特点，有针对性地选择目标市场和开展各种营销活动。

（一）人口规模及其增长速度所决定的消费群体的大小，直接决定了一定区域内旅游市场规模的大小

据2011年4月底公布的第六次全国人口普查数据显示，我国大陆人口规模已经达到13.39亿人。与第五次全国人口普查总人口数相比，10年共增加7390万人，年平均增长率为0.57%。在收入接近的条件下，人口规模所决定的消费群体的大小，直接决定着市场容量的大小。一般情况下，人口数量与市场容量、消费需求成正比。因而人口数量的增加为旅游企业扩大市场空间和创造市场机会提供了可能。从省区人口规模看，2010年广东省总人口突破了1亿人口大关，达到1.04亿，居全国第1位，占全国人口总数的7.79%；山东省人口数达9600万人，居第2位；河南省为9400万人，从2000年的第1位降为第3位；位列第4位和第5位的分别是四川省和江苏省。这些人口大省也多是我国大的、重要的区域旅游市场。

（二）人口构成的状况及其变化，决定着旅游市场的结构特点和变化

1. 年龄结构

总人口数量的迅速增加，引起人口年龄结构的明显变化。根据第六次全国人口普查数据，我国人口年龄构成的基本情况是：0~14岁人口为2.22亿人，占总人口数的16.60%；15~59岁人口为9.40亿人，占总人口数的70.14%；60岁及以上人口为1.776亿人，占总人口数的13.26%，其中65岁及以上人口数已上升为1.188亿人，占总人口数的8.87%。预计到2015年，我国60岁以上人口将突破2.16亿人。

不同年龄的旅游者，在生理和心理状况、收入及旅游经验等方面有很大的差异，在生态旅游动机和具体旅游行为方面也表现出明显的不同。一些学者的调研表明，我国的生态旅游者以中青年居多。如对张家界国家森林公园的调查显示，生态旅游者的年龄集中在25~44岁，占调查总数的57.7%；北京百花山自然保护区的生态旅游者中35岁以下的占84.9%；台湾生态旅游者调查中小于35岁的占57.5%；北京松山小于45岁的生态旅游者占72.5%；陕西太白山国家森林公园的生态旅游者中，29~35岁的年轻人居多，占51.6%。

国外的情况与国内有所差别。巴克曼和伊格尔斯（Backman and Eagles，1995）等认为，生态旅游者年龄比一般旅游者年龄大。怀特（Wild，1994）的调查结果表明，各个年龄段的旅游者都对生态旅游有兴趣，但是有经验的生态旅游者（已经参加过生态旅游的人）比一般生态旅游者（正在或正准备参加生态旅游的人）年龄要大一些。如在有经验的生态旅游者中，35~54岁的人群占56%，而一般生态旅游者中35~54岁的人群只占43%。另外，不同年龄的旅游者对生态旅游活动的偏好亦有所差异。如调查显示，泰国茵他侬国家公园观鸟旅游者的平均年龄为40.2岁，比普通大众旅游者33.8岁的年龄更大些。加拿大一组关于老年人的研究数据也表明，有43.1%的加拿大生态旅游者平均年龄为55岁以上。

我国老年旅游者的数量增加很快，其中生态旅游者的数量也呈明显上升势头。从今后的发展趋势来看，随着人民生活水平的提高和医疗保健制度的逐步完善，以及居民平均寿命的延长，老龄人口比例将进一步增大。对于这样一个越来越庞大的"银发市场"，各类旅游企业在市场营销过程中都要考虑到老年人的需求和行为特点，开发出具有针对性的旅游产品，推出适合老年人的各种服务项目；同时，也需要进一步细分老年旅游市场，以便实施有效的营销策略。

2. 性别构成

国外相关研究表明，生态旅游者具有女性化倾向。早在20世纪90年代早期，生态旅游者主要以男性为主。而从90年代中期开始，生态旅游市场上女性比例明显上升。英国的研究表明，女性生态旅游者的比例通常会保持在54%左右。怀特（Wild，1994）的调查结果则是男女生态旅游者几乎平分秋色。但性别不同，对旅游活动的偏好会有所不同，女性生态旅游者对野营、徒步旅游、骑车等探险性较强的旅游活动兴趣不大，而男性则相反。调查显示，国内的生态旅游者表现出明显的男性化倾向。北京百花山自然保护区的男性生态旅游者占56.8%，北京松山自然保护区的男性生态旅游者占

64.3%,台湾的男性生态旅游者占54.2%,陕西太白山森林公园的男性生态旅游者占54%。

由此可以得出结论,在生态旅游者群体中男女生态旅游者所占比例趋向于相等,而对于某一特定的旅游活动而言,男女生态旅游者则会表现出不同程度的兴趣。

3. 城乡结构

人口的城乡结构通常以城镇化水平加以反映。城镇化水平不仅是工业化过程中经济发展的必然产物,也是有效市场需求发展演变的强大推力。我国城市人口数从1978年的1.7亿人增长到2010年的6.66亿人。第六次全国人口普查显示,我国居住在城镇的人口占总人口的比重已达到49.68%,比第五次人口普查上升13.46个百分点。因此,我国正在经历世界上最大规模的城镇化过程,这比美国总人口的2倍还要多。城镇化本身就是一场社会结构的变革,"十二五"时期,国家发展战略的重要目标之一,就是要实现从以农村人口为主向以城镇人口为主的社会转型。目前,从发展速度看,城镇化仍然呈现加速趋势,城市人口已然超过农村人口。

一般而言,城市居民中需求旅游的人数比乡村多,而且比例也高。其原因是:①城市人口稠密,居民收入较高,满足生态旅游需求的经济条件较好;②城市交通发达,旅游信息灵通,旅游社会条件较好;③城市工业化水平高,交通拥挤,环境污染严重,促使人们追求生态旅游方式以调节生活环境。如何适应人口城镇化的特点来开发旅游市场,是旅游营销活动所面临的新问题。

4. 家庭结构

我国社会结构的变革,也影响到家庭结构从传统的"大家庭"不断演变为"小家庭",即家庭平均人口迅速下降。第六次全国人口普查显示,目前,全国每户家庭平均人口数为3.10人,比第五次全国人口普查的3.44人减少0.34人。家庭结构的这种变化,带来了家庭生活方式和生活习惯的变化,使得消费者对住房、家庭用品等产生了非常旺盛的需求。家庭住户规模的小型化和家庭户数的迅速增加,也使得以家庭为单位的出游比例大大提高,旅游企业选择经营项目时,如果能充分考虑到这些变化,往往能抓住发展机遇。

另外,目前我国非家庭住户迅速增加,这对旅游企业营销产生了显著的影响。非家庭住户主要指未婚单身成年人住户,分居、离婚老年住户及集体住户等。随着人们消费观念的更新及收入水平的提高,越来越多的青年人走上工作岗位后就具备了高收入条件和较强的消费水平与消费能力。这类非家庭住户的迅速增加,是旅游营销中具有实力的潜在市场。如何有效地刺激这一庞大的市场,设计开发多样性、个性化的旅游产品,并实施有效的营销策略,是值得旅游企业加以研究和探索的市场领域。同时,这一市场的开发,对丰富青年一代的人生价值观、增强环保意识、扩大视野、追求健康生活方式等,都会产生重大影响。

(三)人口的地理分布和地区间的流动对生态旅游市场产生明显的影响

1. 人口的地理分布

据第六次全国人口普查显示,在我国31个省(区、市)常住人口中,东部地区占

37.98%，中部地区占 26.76%，西部地区占 27.04%，东北地区占 8.22%。人口的地理分布和地区间的流动会引起消费结构和消费水平的变化。因此，研究人口分布的地域差异和变化，对于生态旅游市场营销具有重要的意义。

首先，由于地理环境、气候条件、自然资源、风俗习惯的不同，导致了居住在不同地区的人群消费需求与购买行为的差别。其次，我国人口的地理分布总体格局是东南沿海比较密集，西北地区比较稀疏，一般来说，人口密度越大，顾客越集中，营销成本相对较低；相反，营销成本就高。最后，在经济发展的过程中，我国城市化人口迅速增加，农村富余人口向城市转移，这增加了城市的市场容量，人口流入城市以后，人们在消费观念、消费结果、消费方式等方面发生了重大的变化。这都为生态旅游市场营销的发展创造了客观条件。

2. 人口在地区间的流动

流动人口即居住地与户口登记地所在的乡镇街道不一致且离开户口登记地半年以上的人口。2010 年"流动人口"规模达 2.6 亿人，比 2000 年增加 1.1 亿人，增长达 81.03%。人口跨地区流动的规模不断增大且速度不断加快，是近年来影响旅游市场营销的一个重要因素。我国人口流动性明显增强反映在两个方面：一是大量农村人口流向城市；二是人口从西部流向东部，从北方流向南方。

工业化与城市化不仅带动了城乡结构的巨大变化，也是人口区域流动规模扩大的主要驱动力。人口不断从落后地区，特别是从那些人口规模庞大又比较贫穷的地区，流向沿海发达地区，尤其是长三角、珠三角以及京津等地区。这也印证了改革开放以来尤其是近十年来，地区经济发展不平衡带来的影响。在人口流动规模不断增大、流动速度不断加快的背景下，人口作为一种生产要素也不断集聚，沿海发达地区人口总数急剧增长。探亲、访友、求学、经商、务工也是促使人口跨省流动规模不断增大的重要因素。这也是导致广东省、浙江省总人口快速增长，四川、湖北等省总人口开始下降的原因之一。

人口流动的这些明显变化，无疑给旅游市场营销带来了巨大的商机。例如，内地与沿海之间，城市与农村之间、南北方之间形成双向客源流，互为客源地，有效地刺激了全国旅游市场规模的扩大。

从旅游客流的移动特点和规模看，旅游流强度随着地理距离的增大而逐渐衰减，即：随着地理距离的增大，客源逐渐减少，反之亦然，故中短程旅游流大于远程旅游流。这是因为距离加大，旅游费用和时间便相应增加，旅游流强度随之呈现衰减的特点。因此，在旅游发展的总体格局中，一般而言周边区域旅游流大于远程区域旅游流，国内旅游流大于国际旅游流，中短程国际旅游流大于远程国际旅游流。针对这一旅游流规律，旅游市场营销活动应牢牢把握近距离旅游市场，以此作为基本市场，并不断开阔营销战略思路，开拓中远距离市场。

（四）人口素质与受教育程度，影响着营销策略的制定和实施

人口素质是人口质的方面的规定，又称为人口质量，具体包括人口思想素质、文化素质和身体素质等。受教育程度的高低，反映人们的文化素养，会影响他们的消费结构、审美观念和消费行为取向,从而影响到旅游企业营销策略的选择。数据显示,我国大学文化程度人口规模明显扩大,是第六次全国人口普查数据所提供的人口状况的最大亮点。我国每 10 万人中具有大学文化程度的人口数由 3611 人上升为 8930 人;大学文化程度人数年平均增长率已达到 10.12%。具有大学(大专以上)文化程度的人口数,由 2000 年的 4563 万人提高至 2010 年的 11964 万人。预计到 2020 年全国大学文化程度人口将突破 2 亿人,这为我国成为世界经济强国和人才资源强国提供了丰富、重要的人力资本基础。同时,我国大学文化程度人口集聚趋势也更加明显,尤以四个直辖市为最高,合计占全国总数的 11.5%。北京、上海大学文化程度人口数高居全国各城市前列,已迅速成为世界级人才城市。

五、自然环境因素

(一)自然环境因素与生态旅游

自然环境因素是企业赖以生存的基本环境因素。目前,自然环境因素变化给企业经营带来了前所未有的深刻影响,这些影响作用有些是直接的,有些是间接的;有些因素的变化对企业来讲是机会,有些因素的变化对企业来讲则形成挑战和威胁。这些因素包括自然资源日益短缺、能源成本趋于提高、环境污染日益严重、政府对自然资源管理的干预不断加强、气候变动趋势对企业发展模式带来深远影响等。

与其他旅游方式相比,生态旅游的发展更偏重于"自然生态",也更依赖具有原生态差异性和独特性的生态旅游环境。从生态旅游发展与资源和环境的关系来看,它们之间存在着天然的耦合关系。因为优良的资源和环境是生态旅游赖以存在和发展的物质基础,如果资源和环境被破坏,甚至消失,生态旅游的吸引力就大大降低,旅游效益就无从实现;从另一个角度讲,积极发展生态旅游等可持续旅游活动,使旅游业得以合理有序地发展,是可以做到促进资源和环境的良性循环利用的。为此,必须大力发展生态旅游,通过旅游资源与环境的合理开发和利用,实现合理的旅游经济效益,实现旅游业可持续发展。

在当前世界自然资源短缺和环境污染逐渐加剧的背景下,我国旅游业的发展也面临着严重的资源环境问题。主要表现在:①相当一部分热点旅游区环境污染严重。主要表现为水体、土壤都受到了不同程度的污染;动植物资源破坏较为严重;空气质量下降;局部生态环境系统遭受破坏;旅游资源减少或受到损毁等。②旅游区环境卫生状况堪忧。景区内垃圾随意抛撒堆积,污水、污物随处可见。③旅游区人满为患。一些热点旅游区超规模接待游客,拥挤不堪,缺少良好的旅游气氛。④一些文物古迹也遭受了不同程度的腐蚀。⑤旅游开发建设项目与旅游区整体环境不协调等。这些资源和环境问题已经在一定程度上影响到旅游景观的品质,影响到旅游业的可持续发展。这就要求旅游企业要加强环境保护意识,严格遵守有关环保法令,在旅游产品开发建设过程中倡导资源的循环利用和合理利用,减少环境破坏和污染,尽量采用可再生能源和无污染或少污染的设备设施,并合理控制旅游者容量,在开展旅游活动时还应当加强环保教育,增强旅游者的环境保护意识等,以减少对自然资源和生态环境的破坏。

(二) 自然环境因素与旅游动机的产生

人们所处的自然环境与地理位置的差异,导致其对不同地理景观的兴趣和向往。这是激发人们各种旅游动机的一个重要因素,如气候、海滩、阳光、风景、地貌等都会对旅游者产生吸引力和诱惑力。因此,旅游者旅游动机的产生与自然地理环境存在着一定的关系。旅游者兴趣不同,旅游动机存在着明显的不同。有的旅游者是为了躲避城市空气污染与噪声困扰,有的是为欣赏自然美景,有的是为了晒太阳到海边进行日光浴,有的是为了去旅游胜地疗养和修身养性,有的是研究自然科学和扩大知识眼界,有的是为探险猎奇。了解和分析不同地理区域和环境条件下旅游者的具体动机和行为,有利于旅游营销活动的顺利进行。

(三) 自然环境因素与绿色营销

在全球大力发展循环经济和低碳经济的形势下,绿色营销应运而生。而全球性绿色消费的兴起,使得许多游客自觉选择了解自然、亲近自然和回归自然的出游方式,客观上要求企业提供更绿色、更环保的产品和服务。为此,越来越多的企业加入到了绿色营销的行列中。例如,越来越多的酒店积极创建绿色酒店,打造绿色生态品牌,严把物品采购和供应关,以低耗、无害、无污染和无有害化学品为基本要求,推行绿色采购,积极开展节能降耗,控制一次性消耗物品,提倡使用再生物品。从未来发展趋势看,绿色营销是企业市场营销的主旋律和必然要求,这也是体现旅游企业社会责任的一个重要方面。

六、科学技术因素

(一) 科技发展对市场营销的影响

科学技术是现代生产力中最活跃和最具有决定性的因素,对于经济发展、社会进步、生活方式的变革都起着巨大的推动作用。当今世界科技发展迅猛,呈现出新的趋势和特点,给企业经营者带来许多机会与挑战。因此,企业要密切关注科学技术因素的发展变化,了解其主要发展动向,以便采取相应的对策,把握机会,迎接挑战。

科技发展对市场营销产生影响的趋势是:①科技发展促进社会经济方式的转变,企业生产设计和经营管理的各个方面已经普遍信息化和智能化。②科技发展大大缩短了产品的市场生命周期,产品更新换代速度越来越快。这一变化对企业来说不仅要加快产品创新步伐,同时,也意味着新产品营销风险增大。③科技发展改变了人们的生活观念和生活方式,促使消费者购买行为方式发生转变,网络购物、邮购、电话订购、自动信贷等日益普及,大量特色商店和自我服务商店不断涌现。④科技发展引发企业营销组合策略的创新和企业营销管理模式的变革,促使促销方式更加多样化、立体化。⑤科技发展使得保护生态环境的重要性日益凸显,节能降耗、合理利用资源成为企业战略发展中必须要考虑的问题。

(二) 科技发展与旅游市场营销

科学技术是第一生产力。科学技术的发展改变了人们的生活方式、消费观念和需求结构，增加了旅游市场营销创新的机会，蕴藏着无限的市场机会。旅游企业应根据这些变化，增加旅游产品的科技含量，推行现代化营销手段，为旅游者提供满意的产品和服务。

1. 科技发展为旅游市场营销提供了先进的技术手段

科学技术的发展变化，以及高科技技术手段在旅游业的广泛应用，对旅游业的影响是巨大而深远的。例如，互联网技术的发展，不仅促进了旅游业发展方式的变革，增强了旅游企业的竞争优势，而且为旅游企业市场营销提供了先进的经营发展模式和技术手段，极大地提高了旅游企业的营销效率。在现代网络技术下，旅游企业已普遍使用计算机预订系统，加之传真、互联网、可视电话、网络会议等现代通信技术手段的普遍应用，自动办公系统和自动对客服务系统得到了极大的提高与改善。这不仅扩展了旅游企业的市场营销范围，扩大了客源市场，提高了市场竞争力，而且促使越来越多的旅游企业采取网络营销，加强了企业与顾客的双向交流沟通，并进一步实现了旅游企业市场营销手段的创新。例如，在旅行社的经营发展中，作为旅游业与网络信息技术有效结合的产物——在线旅游服务正在发挥越来越重要的作用。一些大旅行社通过与国际著名旅游服务公司合作，利用这类公司所拥有的全球预订相关技术，在全球旅游资源、国际客源、技术以及品牌等方面寻找和建立竞争优势。

2. 科技发展为旅游市场营销策略创新提供了条件

现代通信技术、网络技术的发展，促使旅游市场营销方式日益现代化。旅游产品的科技含量明显增加，多种创新产品问世。同时，旅游企业可以通过网络、电视、车载广告等多种方式实施旅游促销组合策略，企业促销宣传方式更加灵活、多样和立体化。例如，在酒店经营发展中，提升其营销能力的重要手段就是建设网络营销平台。这个平台不仅可以满足客人对信息化、网络化服务的需要，也能够有效地提升酒店自身形象和服务能力。因此，越来越多的酒店企业开始重视建设信息化平台，并联合建立共同的支持平台，形成"资源共享"和"关联销售"，发挥酒店资源与市场整合的最大效益。"中国电信酒店完美联盟"计划就是酒店网络营销平台的一种，该平台把中国电信最具优势的"固话业务"、"网络接入服务"、"视频娱乐服务"等业务，按照酒店及客人的需求进行整合而打造成信息系统平台和网络营销平台，具体包括"数码 e 房"、"客房电话免费计划"、"视频娱乐 iTV"等项目服务。

"数码 e 房"以"客房电脑终端＋应用服务器＋相关软件"的方式，综合宽带接入、客房终端设备、酒店应用平台、互联星空、增值服务、系统维护、广告发布等多项组合捆绑的电信业务。"数码 e 房"采用"无盘工作站＋网络服务器"的方式，保证了所有客房终端的一致，同时使酒店的日常维护工作变得非常简单——只需要保持终端上面的网线、键盘、鼠标等接口正确插入。

"客房电话免费计划"为客人提供客房国内电话（含市话和国内长话）免费或包

天任打服务，使客人享受到更多实惠，同时也会大大提高中国电信在话费方面的收入。

"视频娱乐 iTV"包含了网络电视、电影、电台、音乐的"缤纷视通"业务，可以实现影视点播、娱乐游戏、上网冲浪、收发邮件、看球、QQ 聊天、冲印数码照片、查看旅游和商务信息等多种信息服务及娱乐功能。酒店还能通过该业务与住客进行沟通，实现开机问候、计费、消息发送、使用向导等一整套服务。

3. 科技发展对旅游相关产业具有促动作用

科技发展对旅游相关产业的促动作用是显而易见的，特别是科技创新发展对交通运输业的影响更为直接，而旅游交通的便捷性是影响旅游市场营销的重要因素。近年来我国高速铁路网和高速公路网发展迅速，布局日趋合理、便捷；城际列车、动车、跨海铁路等发展迅猛；发达的海上、陆上及航空等现代交通工具能将旅游者安全、快捷地送达旅游目的地，有效地节省了游客在途时间。这些变化不仅方便了中短距离旅游者的出行，而且便捷的交通条件在某种程度上缩短了远程旅游者的心理距离，因此也吸引了更多远程旅游者的到访。这也在一定程度上扩大了旅游市场范围，拓展了国内和国际客源市场。

需要重视的是，随着经济的发展，人类对石油和煤等主要能源的耗用量越来越大，使得这类不可再生能源面临枯竭的危险。因此，创造条件寻求经济可行的能源替代技术，积极实施节约能源的技术和措施，成为旅游交通运输发展中必须要考虑的重要问题。

第三节 生态旅游营销微观环境

旅游市场营销的微观环境影响着旅游企业为目标市场服务的能力。构成旅游企业营销微观环境的各种制约力量存在于企业周围，与企业形成协作、竞争、服务、监督的关系。旅游市场营销的成功与否，不仅取决于企业能否适应宏观环境的变化，能否适应和影响微观环境的变化对企业来说也是至关重要的。影响旅游市场营销微观环境的因素主要包括供应商、旅游中间商、旅游者、竞争者和社会公众。

一、供应商

旅游产品是一种综合性的产品，旅游产品的生产需要旅游供应者连续地、适时地提供生产所需和各项资源，保证旅游供货的及时与稳定。因此，旅游企业的正常经营离不开供应商的供应作为保障。旅游供应商是指向旅游企业及其竞争者提供旅游产品生产中所需资源的企业和个人，包括提供能源、设备、劳务、资金等，如具体的旅游资源；旅游饭店的商品供应商有定点旅游用品商店、水电部门、公安部门、菜市场等单位；旅行社的商品供应商有旅游风景管理区、交通部门、宾馆饭店、娱乐区等单位。供应商一方面会影响旅游企业的正常运转，另一方面也直接影响着旅游企业的盈利状况。因此，旅游企业应该与供应商保持密切的关系。

由于旅游供应商的供货质量、供货价格、供货的稳定性及供货的时间等都会对旅游企业的营销活动产生影响，因此旅游企业要慎重选择供应商。在同一时期，在与主要供应商保持良好长期合作关系的同时，旅游企业应当采取多元化选择策略，以减少由于过分依赖一家或少数供应商而处于被动局面的问题。在具体选择供应商时，要优先选择那些供货品质好、价格合理、交货及时、信誉良好、效率高的供应商。

应该注意的是，旅游供应商提供的技术设备等资源的质量和价格，直接关系到旅游产品质量的好坏与成本高低，因而旅游企业在选择供应商时一定要注意供应商的供货质量和价格。掌握供应产品的质量和价格变化情况，并尽可能加以控制。目前许多旅游企业采用"定点"制，稳定地提供客源，尽量做到吃、住、行、游、购、娱系列化服务。

二、旅游中间商

旅游中间商是指在旅游生产者与旅游者之间起中间纽带作用，参与促使旅游产品买卖行为发生和实现的各类机构和个人。旅游中间商包括经销中间商（批发商、零售商、分销商）、代理中间商[经纪人、制造商（景区）代理、销售代理]、实体中间商（运输公司、独立仓库、银行、保险、咨询、广告公司和金融机构等）。如图3-3所示。

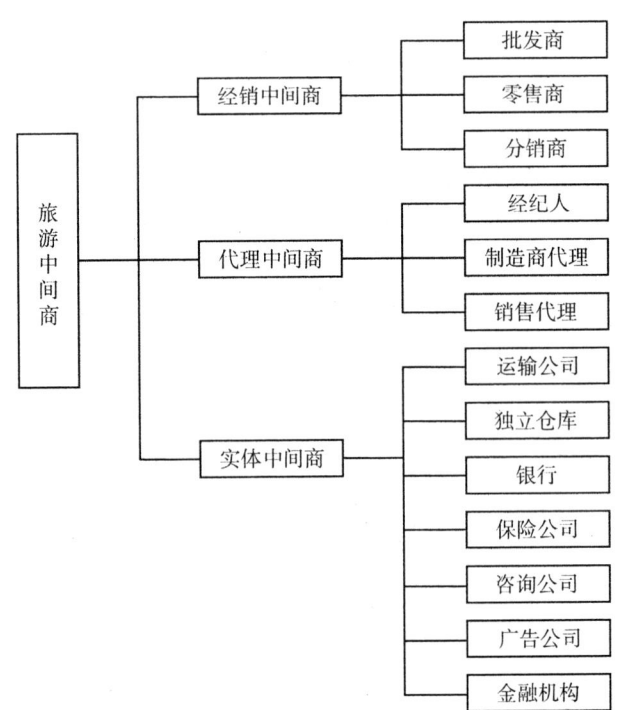

图3-3 旅游中间商的分类

旅游企业提高旅游产品形象和质量离不开中间商的协作和努力，旅游中间商在旅游市场营销中起着重要的作用，主要包括：

(1) 市场调研。包括市场调研、信息反馈等。
(2) 促进销售。开展与顾客间的说服性沟通。
(3) 联系业务。扩大市场，增加销量。
(4) 编配分类。为符合消费者需求进行产品分类、分等、包装、编配等活动。
(5) 业务谈判。与最有可能的消费者协商，达成协议。
(6) 实体分配。从事商品的运输、储备，实现商品实体转移。
(7) 资金融通。相互提供资金援助，如预付货款、赊购赊销。
(8) 风险承担。如供求变化、自然灾害、价格下跌等。

旅游企业要重视旅游中间商在分销活动中的作用，审慎选择中间商。在选择中间商的过程中，要着重考虑中间商的信誉、市场形象、人员素质及服务能力、经营实力、公关关系能力和协作精神等，也要考虑对中间商的可控程度。如旅游企业可以根据旅行社的组团能力、规模实力、销售业绩、市场形象声誉、信誉等综合情况，有区别地对待旅行社并实行差别优惠措施。

三、旅游者

旅游者是旅游市场的主体，旅游市场营销强调把满足旅游者的需要作为旅游市场营销管理的核心。旅游者一般人数众多，包括各个类型、各个阶层的人。由于旅游者的年龄、性别、文化素质、习惯偏好等差异性较大，因此市场分布比较分散，构成情况复杂。同时，旅游者流动性较强、购买频率较高，而且由于大多数人缺乏对旅游产品的专门知识，因此其购买行为具有很大程度的可引导性。旅游企业可根据这一特点，做好旅游产品的宣传促销，有效地引导旅游者的购买行为。

依据市场特征，笔者将市场分为旅游者市场、生产者市场、中间商市场、政府市场和国际市场等类型。

(1) 旅游者市场。指为满足个人或家庭旅游消费需求而购买产品或服务的个人和家庭。
(2) 生产者市场。指为生产其他产品或服务，以赚取利润而购买产品或服务的组织。
(3) 中间商市场。指购买产品或服务以转售，从中盈利的组织。
(4) 政府市场。指购买产品或服务，以提供公共服务或把这些产品及服务转让给其他需要的人的政府机构。
(5) 国际市场。指国外购买产品或服务的个人及组织，包括外国旅游者、生产商、中间商及政府。

其中，旅游者市场的变化会直接影响旅游企业营销目标的实现，是企业市场营销的重点。由于旅游者需求、欲望及其决策行为各不相同，要求旅游企业要加强旅游者行为研究，重点分析旅游者的需求规模、需求结构、需求心理以及购买行为，这是旅游企业营销活动的出发点。

旅游者类型复杂多样，如度假旅游者、商务旅游者、会议旅游者、体育旅游者等，不同类型旅游者受出游目的、时间等因素的制约，旅游需求不尽相同；加之受职业、文化水平、经济收入状况和年龄等因素的影响，其消费方式差别也很大。旅游营销人员应认真分析其消费动机和消费行为特点，采取差别化营销策略以满足不同旅游者的需求。从发展趋势看，今后旅游者的多样化和个性化需求将越来越明显，这就要求旅游企业要及时调整经营战略，把握旅游者的需求特点，为旅游者提供最优化服务。

在世界范围内，旅游者消费观念正在发生重大改变，人们对回归自然、放松身心、回避紧张生活和城市工业污染的需求越来越强烈，生态旅游在全球方兴未艾，生态旅游市场发展迅速，这为生态旅游市场营销的创新发展提供了契机。

四、竞争者

在市场经济条件下，竞争对手也是旅游营销必须考虑的一个因素。酒店营销部门不仅要考虑目标顾客的需要，而且要在消费者心里留下比竞争对手更有优势的印象，以赢得战略上的优势。在竞争中，首先要充分了解竞争对手的情况，对主要竞争者的数量、经营状况、竞争能力等进行动态分析和研究，在同种产品市场有限的情况下，旅游企业之间必然会产生争夺顾客、争夺市场的竞争关系，竞争对手的状态如何对旅游企业的营销有很大的影响。其次要根据企业自身的资源与实力情况，制定有效的竞争对策，在竞争中取得优势。竞争对手所采取的竞争策略常常是企业制定营销战略的重要依据，当然企业也要考虑自己与竞争对手的实力较量，趋利避害，取得市场竞争的有利地位。

那么，企业真正的竞争对手是谁？这需要根据实际情况进行分析。从市场竞争的角度，每个企业在其开展营销活动时，都面临着四种类型的竞争者：第一类是愿望竞争者，指提供不同产品以满足不同旅游需求的竞争者。第二类是一般竞争者，指能满足同一旅游需求的不同旅游产品的竞争者。第三类是产品形式竞争者，指同类旅游产品的不同形式之间的竞争。第四类是品牌竞争者，指同一产品不同企业品牌之间的竞争。显然，第四类竞争者是同行业竞争中真正的对手。就企业竞争的实际情况分析，品牌竞争者是企业最直接的、真正的竞争对手。因为只有品牌竞争者才有可能推出与本企业类似的旅游项目或产品，或有可能替代本企业的旅游产品，从而与本企业在争夺资源、客源市场等方面形成直接的竞争关系。上述不同的竞争对手与旅游企业，以及旅游企业与旅游企业之间形成了不同层次的竞争关系，跟踪分析这些不断变化着的竞争关系，全面地认识各种层次的竞争，有助于旅游企业了解竞争环境的基本情况，是旅游企业开展营销活动时必须要考虑的因素。

当前市场竞争越来越激烈，但竞争的特点不再是"你死我活"，而是更高层次的竞争与合作，追求的不再是"单赢"，而是"双赢"和"多赢"。由此，联合与共享、共生与共荣成为现代旅游企业竞争的主流。例如，近些年在区域经济一体化加速的背景下，国内外区域旅游合作日盛，其合作内容大致分为9个方面：客源互换、资源共享、开放市场、产品开发、共同营销、管理协调、基础交通设施共建、信息交流、人员交流培训。国内区域旅游合作在空间上大致形成了"3+5"的基本格局,即长三角、珠三角、环渤海三大区域旅游合作圈和西南、西北、东北、中原、华中五个区域旅游合作板块。

五、社会公众

社会公众是指对企业实现其目标的能力具有实际或潜在利害关系和影响力的社会团体或个人。现代企业是一个开放的系统,它在经营活动中必然与各方面发生联系,必须处理好与各方面公众的关系。旅游企业的生存与发展同样依赖于良好的社会公众关系,社会公众对于旅游营销活动的成败产生实际的或潜在的影响。旅游关系营销的宗旨就是创造良好的社会关系网络,以赢得社会公众的了解、好感、信赖、支持与合作。对于旅游企业而言,社会公众包括媒介公众、政府公众、民间团体、社区公众、金融公众、一般公众和企业内部公众等。

(1)媒介公众。主要指报社、杂志社、广播电台、电视台等具有广泛影响的大众媒体,旅游企业应加强与媒介公众的联系,通过良好的舆论宣传扩大旅游企业的知名度与影响力。

(2)政府公众。指有关政府部门,如工商、税务、法律以及政府政策领导机构。旅游企业在制订营销计划时要与政府公众保持紧密联系,以争取一定的政策支持。

(3)民间团体。主要包括消费者组织、环境保护组织以及其他组织等。旅游企业不能忽视这些民间团体,他们可以对企业旅游营销活动提出质疑,并要求企业采取相应的改进措施。

(4)社区公众。指旅游企业所在地区的居民组织和社区组织。在生态旅游开发过程中,旅游企业既要重视发展与社区公众的良好关系,主动参与社区发展和社区公共事业建设,也要积极引导社区参与,赢得社区公众的好感和全面合作。

(5)金融公众。指影响企业融资能力的各种金融机构,如银行、保险公司、投资公司、证券公司、信托公司、租赁公司等,它们对旅游企业的融资能力有重要的影响。

(6)一般公众。一般公众是产品的潜在购买者,也可能是产品的潜在投资者。一般公众对企业的产品或服务的认识,会对企业的目标市场有一定的影响,因此,企业应积极努力地树立在一般公众中的良好形象。

(7)内部公众。指本企业的全体员工。内部公众良好的态度对旅游市场营销活动产生着积极的影响。旅游企业只有先做到内部公众满意,才能形成企业凝聚力,保证旅游市场营销活动顺利进行。

第四节 生态旅游营销环境机会—风险分析

随着我国旅游经济的不断发展，旅游市场竞争日趋激烈。如何占领旅游市场并保持和扩大旅游市场份额是决定旅游企业生存和发展的关键因素。因此，旅游营销环境机会—风险分析受到旅游企业前所未有的重视，成为企业在制定营销战略和计划过程中必不可少的经常性工作。全面、客观地认识生态旅游市场营销环境，监测、把握各种环境因素的变化，对于旅游企业审时度势、趋利避害地开展营销活动具有重要意义。

一、营销环境机会分析

环境机会就是对企业的营销活动具有吸引力、能获得竞争优势的环境变化因素，即营销环境变化中出现的可能对该企业产品营销有利的因素。环境机会既可能来源于宏观环境，也可能来源于微观环境，其实质是市场上存在着"未满足的需求"。比如，随着顾客消费观念或需求爱好的变化，旧的产品不断被淘汰，消费者要求开发新产品，由此出现了许多新的环境机会。

环境机会对不同企业而言效用是不同的，同一个环境机会出现，如果一些企业能够及时抓住机会，有效地利用机会，则对这些企业来说是有利的机会；相反，对另一些没有及时抓住或无法利用这个机会的企业来说，环境机会的价值会减弱直至消失。同时，企业是否能找到和抓住客观存在的环境机会，还需要具体分析市场竞争情况；有时候在企业自身经营目标、规模、实力与资源状况等方面难以做到时，即便再好的机会也可能不得不放弃。这就要求企业要分析比较机会成本，以便做出选择。

不同的环境机会给企业带来的价值利益也是不一样的，为了把握环境机会，获得竞争优势，旅游企业需要对环境机会可能带给本企业的价值利益进行更为详细的评估和分析。通常情况下，各种环境因素的变化及其影响，主要是通过事件、趋势和利害关系三个方面表现出来。环境机会可能带来的利益大小，一般由环境机会的潜在吸引力和成功可能性两方面来决定。环境机会对企业的潜在吸引力是指企业利用环境机会可能带来的利益大小。反映环境机会潜在吸引力大小的具体指标包括市场需求规模、利润率、发展潜力等。环境机会的成功可能性是指企业把握住环境机会并将其转化为具体利益的可能性。对于一个具体企业而言，环境机会的成功可能性，主要取决于其内部条件和外部环境条件两个方面。如图 3-4 所示，依照环境机会的潜在吸引力大小和成功可能性大小两个方面的组合情况，可以对环境机会进行评估。企业在特定时期内所面临的所有环境机会大致可分为 Ⅰ、Ⅱ、Ⅲ、Ⅳ 四类，每一类型环境机会给企业带来的实际价值和效果是不同的。

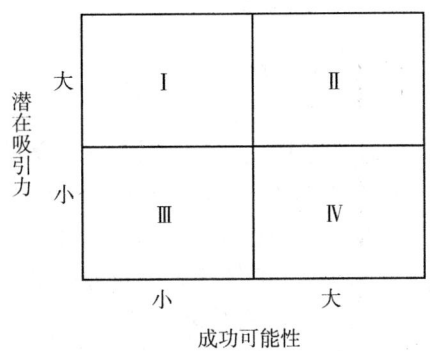

图3-4 环境机会价值评估矩阵

二、营销环境风险分析

环境风险是指对企业营销活动可能带来不利影响，或限制企业营销活动发展的环境变化因素。这种环境风险，主要来自两个方面：一方面是环境因素变化可能直接给企业营销活动造成威胁；另一方面是本企业的目标、任务及资源等与环境机会相矛盾时会对企业营销活动造成威胁。企业应加强对环境风险的防范，遇到环境风险时必须及时采取适当的措施，避开环境风险，或将环境风险降到最低程度。否则环境风险的不利影响会削弱企业的竞争地位，导致市场萎缩甚至影响到企业的生存和发展。

环境风险的度量和评估主要涉及有关环境风险对企业实现既定目标的不利影响及其程度。在评估中需要注意以下问题：第一是风险损失的相对性；第二是风险损失的综合性；第三是风险损失的时间性。通常情况下，环境风险可能带来的不利影响大小由环境风险的潜在严重性和发生可能性两方面来决定。环境风险对企业产生的潜在严重性是指环境风险一旦出现可能给企业经营造成威胁的程度，环境风险发生可能性是指环境风险发生并造成威胁的可能性。如图3-5所示，按环境风险的潜在严重性强弱和发生可能性大小两个方面的组合情况，对环境风险进行实际评估。企业在特定时期内所面临的所有环境风险大致可分为Ⅰ、Ⅱ、Ⅲ、Ⅳ四类，每一类环境风险给企业经营带来的影响和损失也是不一样的。

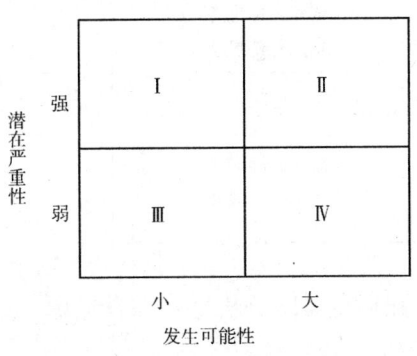

图3-5 环境风险评估矩阵

三、营销环境 SWOT 分析法

SWOT 分析法就是旅游企业在选择战略时,对企业内部的优劣势和外部环境的机会与风险进行综合分析,据此对备选战略方案做出系统评价,最终达到选择并实施适宜战略的目的。SW 是指旅游企业内部的优势(Strength)和劣势(Weakness),这里的优势和劣势是相对于竞争对手而言的。OT 是指旅游企业外部的机会(Opportunity)和风险、威胁(Threat)。SWOT 分析法是进行战略分析的有用工具,其主要特点是通过对照分析,把影响企业经营的外部环境中有利和不利的条件,以及企业内部的优势和劣势结合起来,具体应用过程简便、实用而且有效。通过 SWOT 分析,可以使企业对自身的战略环境和竞争地位有一个清晰的认识,以便促使企业做到将战略优势与市场机遇结合,克服劣势,化解风险。

SWOT 分析的具体做法是:旅游企业(或目的地)根据经营目标,列出一定时期内对该企业经营发展有重大影响的主要(或全部)的外部环境因素和内部因素,在与同行业主要竞争对手进行逐项比较的基础上,对这些因素进行定量分析或定性分析与综合评价,判定是否具备经营优势或者存在劣势,并区分环境因素变化中的主要机会和风险(见表 3-1)。值得注意的是,SWOT 分析既要对所有的指标进行综合评定,也要明确企业究竟在哪一个方面具有优势或劣势,这样旅游企业(或目的地)才可以趋利避害、扬长避短。对旅游企业而言,主要的 SWOT 分析内容包括员工素质、基础设施、技术装备、财务状况、管理水平、组织结构、产品服务质量水平、产品开发能力、营销能力等。

表 3-1 SWOT 分析与战略决策

	内部优势 S	内部劣势 W
	1.…… 2.…… 3.……	1.…… 2.…… 3.……
外部机会 O 1.…… 2.……	SO 战略 依靠内部优势 利用外部机会	WO 战略 克服内部劣势 利用外部机会
外部风险 T 1.…… 2.…… 3.……	ST 战略 利用内部优势 避免外部威胁	WT 战略 减少内部弱势 避免外部威胁

将上述环境机会分析和环境风险分析进行综合考虑,形成环境机会—风险综合分析图(见图 3-6)。

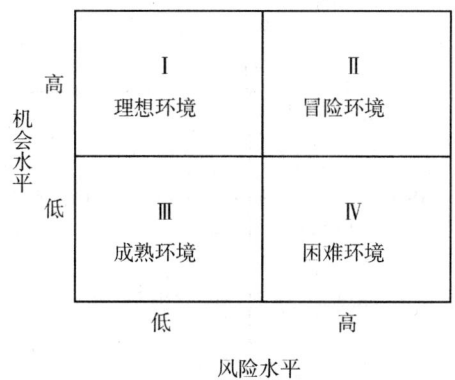

图 3-6 环境机会—风险综合分析

在具体评价旅游企业市场营销环境状况时，可根据机会—风险综合影响程度，区分出四种典型的情况：

(1) 理想环境（区域Ⅰ）。高机会低风险的环境属于理想环境。处在这种环境状况下的企业应当抓住机会，开拓市场；同时，也要注意不能忽视环境风险的存在和变化。

(2) 冒险环境（区域Ⅱ）。高机会高风险的环境属于冒险环境。处在冒险环境状况下的企业应当抓住机会，扬长避短，最大限度地克服和减少环境风险可能带来的消极影响。

(3) 成熟环境（区域Ⅲ）。低机会低风险的环境属于成熟环境。处在成熟环境下的企业在稳定经营的基础上，应认识到市场开拓的重要性，设计开发新产品，发现和创造新的市场机会。

(4) 困难环境（区域Ⅳ）。低机会高风险的环境属于困难环境。处于困难环境下的企业要变被动为主动，努力摆脱困境，既要积极发现新的市场机会，又要设法减轻或避开环境风险。

四、营销环境分析的结论

（一）发展战略与营销策略选择

在 SWOT 分析中，不同条件下的企业发展战略选择是不一样的（见图 3-7），其主要发展战略方向是：

(1) SO 战略——发展型战略。
(2) WO 战略——由稳定型战略转向发展型战略。
(3) WT 战略——紧缩性战略。
(4) ST 战略——多元化战略。

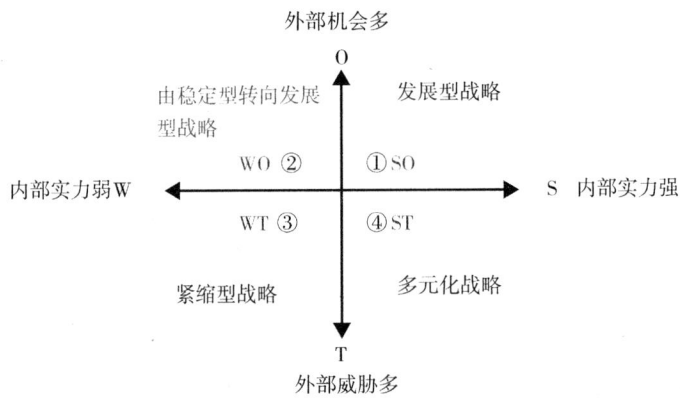

图 3-7 生态旅游市场的 SWOT 分析与发展战略选择

在确定发展战略的基础上，结合环境因素动态变化的 SWOT 分析结论，旅游企业还需要及时地调整相关的营销策略组合，以适应战略发展的要求。企业在不同的 SWOT 评价分析结论下的营销策略选择如表 3-2 所示。

表 3-2 不同 SWOT 评价结论下的营销策略选择

SWOT 评价结论	营销原则	营销方向	市场发展战略	市场营销策略
优势+机会	开拓	产品认知	发展型战略	占领市场，领导同行，增强旅游产品实力
优势+威胁	稳定	品牌塑造	由稳定型向发展型转变战略	集中优势，果断出击，提高市场份额
劣势+机会	争取	个性凸显	紧缩型战略	随行就市，速战速决，抓住市场机会
劣势+威胁	保守	有效回收	多元化战略	降低费用，占领补缺市场或转移市场

（二）针对环境变化的对策

1. 针对环境机会的对策

面临不同的环境机会，企业应在审慎评价其价值的基础上，有选择地采用以下对策：

（1）及时利用。经过环境机会价值评价，企业要及时利用的环境机会应是环境变化中潜在吸引力大和成功可能性都大的环境机会。特别是当这类机会正好与企业的营销目标、资源条件等相一致时，该类环境机会的价值最大。企业要及时调整营销战略和策略，充分利用好这类机会。

（2）适时利用。对企业经营而言，有些环境机会在短时期内潜在吸引力不够，或成功的可能性不大。对这类环境机会，企业暂时不具备利用的条件。但企业应密切关注和跟踪这类机会的动态变化情况,待时机成熟时再加以利用。当然,有时候可能在特定情况下,这类环境机会的吸引力或成功可能性会大幅度增加,企业除了应具备迅速反应能力外,也要加强环境机会监测和预测,增强应对环境变化的主动性。

(3) 创造利用。有些环境机会吸引力小,当前成功的可能性也不大,属于价值较低的环境机会。但对其中一些环境机会的变化,需要用前瞻的眼光去看待、分析和发掘。有时候在环境因素间的相互作用和微妙联系中,可以创造性地发现可利用的新的环境机会。

2. 针对环境风险的对策

针对环境风险或已经出现的环境威胁,企业可根据实际情况采取以下四种对策:

(1) 防患于未然。有些环境风险的潜在严重性较弱,或发生的可能性不大,显然这类环境风险的威胁性不明显或影响甚微,企业可以密切关注其变化趋势,尽可能通过调整营销策略组合,达到避开威胁和防范环境风险的目的。

(2) 对抗策略。对已经出现的环境威胁,企业的做法是积极应对。在分析自身实力强弱的基础上,企业可以采取积极措施,力求抵抗、抑制或扭转不利的局面。除了动态调整4P组合策略外,企业还可以运用公共关系和法律等手段,采取多种对抗方式与环境威胁相抗衡,以扭转不利的局面。

(3) 减轻策略。当环境威胁的严重性进一步加剧时,企业不可避免地要遭受损失。此时企业的做法应是尽量减轻威胁的程度,加强内部管理,加大营销策略调整力度,收缩经营规模以降低成本;同时,要积极开发新产品。

(4) 转移策略。当环境威胁已相当严重,导致企业无法在已有经营领域或某一市场范围内继续生存下去时,企业就必须采取转移策略,以避开环境威胁的挑战,即将受威胁的产品转移到其他经营领域或异地市场;企业也可以进行战略性转移,将经营重心或投资转移到其他更有利的产业领域,实行多元化经营,以分散风险。

企业针对环境变化的对策如表3-3所示。

表3-3 SWOT分析战略对策

机会对策	风险对策
§ 及时利用 调整战略和策略充分利用 § 适时利用 时机成熟时充分利用 § 创造利用 发现可利用的新环境机会	§ 防患于未然 避开威胁,防范环境风险 § 对抗策略 抵抗、抑制或扭转不利局面 § 减轻策略 收缩规模,调整营销策略 § 转移策略 市场转移,投资转移,多元化经营

第四章 生态旅游市场营销调研和预测

导言：对生态旅游市场进行营销调研和科学的预测，是有效开展生态旅游市场营销的基础和前提。随着科学技术的发展，市场营销调研和预测无论是在定性研究方面还是在定量研究方面都有了长足发展，营销调研和预测方法日益完善，在旅游市场营销战略决策和具体营销策略的制定中，正在发挥越来越重要的作用。

本章主要内容：生态旅游市场营销调研；生态旅游市场预测。

第一节 生态旅游市场营销调研

一、生态旅游市场营销调研的定义和类型

（一）生态旅游市场营销调研

市场营销调研，又称市场调研、市场调查等，是针对企业特定的营销问题，采用科学的研究方法，通过系统、客观地收集、整理、分析有关市场营销各方面的数据资料，为营销管理者制定和改进营销决策提供依据的各种活动。

在对市场营销调研的不同理解和定义中，比较有代表性的是菲利普·科特勒博士（1991）的定义，他认为，"市场营销调研是企业系统地设计、收集、分析和报告数据资料以及提出与公司所面临的某种特定营销状况有关的调查研究结果"。根据美国市场营销协会的最新定义（1988），市场营销调研是"通过信息的运用，把消费者、公众和营销者联系在一起的一种职能，是为了提高决策质量以发现和解决营销中的机遇和问题而系统地、客观地识别、收集、分析和传播信息的工作"。

综上，生态旅游市场营销调研是指旅游企业系统收集、整理、分析有关生态旅游市场及与该企业所面临的特定营销状况有关的数据资料，为生态旅游市场战略决策和营销策略的制定提供相关信息的各种活动。

从市场营销调研的诸多定义中，不难发现生态旅游市场营销调研有三个基本特点：

（1）系统性。生态旅游市场营销调研是针对特定营销问题，系统地收集和分析信息，因此，调研内容必须全面、系统，必要时加以精确计算。在调研的过程中，也要先行进行系统的方案设计，经过认真的组织实施，方能获得理想的调研效果。

(2) 有用性。生态旅游市场营销调研是一种有用的决策工具，能够帮助旅游企业经营决策者提高对市场的全面把握，降低决策风险，做出正确的决策。因此，其最终目的是为旅游市场决策服务。

(3) 客观性。生态旅游市场营销调研必须采用科学的方法，对客观数据与信息进行记录、整理与分析；同时，对事实、证据的阐述要排除主观性，这样才能获得客观、真实、具有时效性的数据和信息。

（二）生态旅游市场营销调研的类型

1. 探测性调研

当生态旅游市场调研的问题或范围不甚明确，无法确定调研的重点或主要内容时，可先采用探测性调研（亦称非正式调研），从中发现问题所在，以便进一步确定调研的重点。例如某旅游企业近几个月来产品销量明显下降，究竟是什么原因难以确定，是竞争激烈导致的，还是产品服务质量下降导致的？或是中间商环节出了问题？可能的原因很多，这就可以采用探测性调研以确定主要原因所在。

2. 描述性调研

描述性调研能够提供市场营销的客观情况，因此大多数生态旅游市场营销调研属于这种类型，如生态旅游市场潜力调研、市场占有率调研、销售渠道调研等。在描述性调研中，可发现相关变量的动态变化特征，因而能够描述调研对象的表象和关联性，但不能解释其因果关系。例如在对某生态旅游品牌市场调研中发现，其销售量与广告支出存在着密切的关系，描述性调研可以发现在特定时间段内，该旅游品牌产品销售量与广告播放内容和播放频率的相关程度及其具体数据。若想进一步了解旅游产品销售量与广告内容和频率的因果关系，则需另作因果关系调研。此外，没有描述性调研所提供的资料，也无法从事预测性调研工作。

3. 因果关系调研

因果关系调研就是根据调研目的，通过调研市场现象建立相关变量之间可能的因果关系，即对描述性调研中已掌握的相关变量的动态变化及其相关程度，进一步探究其因果关系。在生态旅游市场调研的各种方法中，实验法是因果关系研究的重要方法。

4. 预测性调研

旅游市场营销面临大量的市场需求问题，对旅游市场需求的预测性调研，几乎关系到每一个旅游企业未来的经营与发展。通过预测性调研，可以帮助旅游企业正确估计市场需求潜力，把握未来市场经营的方向和规模，减少经营风险。因此，预测性调研对旅游企业经营而言是必须要做的工作。

二、生态旅游市场营销调研内容

概括起来，生态旅游市场调研的信息范围可从以下五个方面考虑：

（一）宏观环境调研

宏观环境的变化会明显地影响生态旅游市场供给与需求的变化。由于外部宏观环境经常变动且企业难以控制,因此旅游企业应密切关注宏观环境各因素的变化趋势,重视和加强对宏观环境的调研。宏观环境调研主要包括以下几方面的内容:

1. 政治法律因素调研

一般来讲,国内政治形势稳定,在进行国内旅游市场营销环境调研时,旅游企业主要侧重于对产业发展宏观调控与管理的相关政策的调研。而在考察国际旅游市场营销环境时,国外政局稳定、政治制度、政治形势和出入境政策等则是必须要考虑和调研的内容。法律法规因素也是旅游企业需要经常关注的宏观环境因素,旅游企业不仅要了解与自身营销活动有关的现行法律法规,还要关注即将出台的、影响旅游企业市场发展和未来经营的相关立法议案。有关政治法律因素的信息既可以根据报刊、互联网等途径获得,也可通过实地调研获得。

2. 经济因素调研

与其他环境因素调研相比,经济因素的调研对旅游企业的经营决策具有更直接的影响和作用。主要调研内容包括宏观、微观两个方面,具体包括影响旅游企业生存与发展的宏观经济与产业发展政策、财政金融政策和货币税收政策,以及具体市场上的就业水平、物价水平、消费收入与支出水平、消费结构模式变化等信息调研。对这些经济因素的调研有助于旅游企业对生态旅游市场潜力、规模及其变动趋势的了解和把握。

3. 科技因素调研

科技因素调研就是对科技的发展、进步以及在社会生活中的应用情况进行调研,通过市场调研,有助于旅游企业及时了解有关科技动态信息,为管理部门和有关决策人员提供科技情报。在生态旅游发展过程中,必然伴随着循环经济发展和低碳经济发展的客观要求,因此,在生态旅游市场营销调研时,应经常关注与旅游业发展相关的循环经济技术和低碳发展技术的最新成果,了解其具体应用和推广前景。

4. 自然地理因素调研

自然地理因素调研是指对企业与目标市场的地理位置、气候条件、地形地貌、交通运输及其他相关的自然地理因素的调研。其中,针对生态旅游市场营销的实际状况,需要进行专门的旅游环境容量(或环境承载力)调研。

5. 社会文化因素的调研

社会文化因素的调研是指对现实和潜在的生态旅游目标市场的社会文化因素进行调研,包括具体旅游目的地或客源地的相关群体、社会阶层状况、家庭的调研,还包括对旅游地宗教信仰、风俗习惯、价值观念和审美观等方面的或详或略的调研与考察。考察这些居民的职业、受教育程度、民族特点、道德等方面的内容。在结合二手资料的基础上,对社会文化因素的调研应更多地通过实地考察进行,以便获得真实、客观、有用的信息。

(二) 生态旅游市场需求调研

生态旅游市场需求调研就是通过调查、研究、考察旅游市场需求情况,把旅游产品的市场需求情况用购买该产品的数量总和表示出来。企业进行市场需求调研包括对现实市场需求和潜在市场需求的调研。某产品的现实市场需求是指一定时空范围内的顾客群，在特定的营销环境下购买该产品的数量总和。某产品的潜在市场需求是指在未来一定时期，一定市场范围内，预计向所有同类供应企业可能购买该产品的数量总和。前者通过调研就可以获得，而后者则需要进行系统分析和定量预测才能获得。

1. 现实市场需求调研

通过产品需求调研，了解顾客群的购买行为特征，包括他们倾向于购买何种产品和服务、是否喜欢企业现有产品，以及他们对推出新产品的看法和评价等。现实市场需求调研可作为市场细分的依据，同时也可作为企业产品开发、价格制定、宣传促销和渠道选择的依据。

2. 潜在市场需求调研与预测

对潜在市场需求的调研和预测，有助于企业估计在未来一定时期内，究竟应向某一具体市场投放多大的促销力量（如广告和销售力量）。一般来讲，对潜在市场需求进行定性预测，其方法较为简便，如可以通过考察消费结构及其变化趋势，宏观经济政策对市场需求可能产生的影响，行业专家、经营管理者和市场营销人员的经验，以及竞争者的变化情况等进行推断和预测。而进行市场需求定量预测，则需要在现实市场需求调研的基础上，结合各种资料进行定性分析，并需要具备完整、翔实的历史数据，在定量计算的基础上加以综合，才能得出预测结论。

（三）生态旅游市场竞争状况调研

生态旅游市场竞争状况调研的主要内容包括：

1. 竞争者的数量与规模

了解现实和潜在的竞争者的数量；竞争者所在区域及市场范围；竞争者的规模与竞争实力。需要注意的是，竞争者调研主要针对产品形式竞争者和品牌竞争者进行，在激烈的市场竞争中，企业真正的竞争者通常指在规模和市场范围上非常接近的几个对手。

2. 竞争者的竞争战略和手段

了解竞争者的主要竞争战略和手段；分析竞争者的战略目标和竞争动向；了解竞争者的市场占有率及变化趋势；深入对比分析竞争者在企业形象、旅游吸引物、旅游设施、旅游服务等方面的优势和劣势；了解竞争者在企业组织上的变化。

3. 竞争者的具体营销策略

了解主要竞争者的营销组合情况；了解生态旅游产品品种、数量、质量与成本；了解竞争者的价格、利润、分销渠道和宣传促销方式；分析竞争者的广告策略和广告投向情况；了解竞争者在新产品开发和现有产品改进方面的新动向；了解竞争对手提供旅游服务的形式种类和档次质量，以及在旅游者心目中的声誉与形象等详细内容。

（四）生态旅游者调研

生态旅游者调研是对现实和潜在的生态旅游者及其购买行为进行调研。主要包括以下内容：生态旅游者的人口统计特点调研；生态旅游者的规模及构成调研；生态旅游动机调研;生态旅游者购买决策与行为调研等。

一般来讲,对旅游者行为的调研要结合一定时空范围内营销环境的变化,进行动态调研,如对旅游者行为随时间的推移而发生的变化,以及不同行为之间因果关系的调研。对旅游者行为的动态调研也可称之为追踪研究,旅游企业对旅游者追踪研究的主要方向和主题如图 4-1 所示。

```
顾客类型
品牌知晓度
购买频率和动机
广告认知度和回忆
顾客态度和企业形象
顾客满意度
对服务质量的感知
首选产品/服务的特性
不同场合的顾客偏好
```

图 4-1 旅游企业追踪研究的主要方向和主题
资料来源:徐惠群. 旅游营销 [M]. 北京:中国人民大学出版社,2008:97.

(五) 营销组合调研

现代旅游市场营销是围绕产品、价格、分销和促销策略及其组合进行的,也是决定企业产品能否成功进入市场的关键因素。因此,旅游企业应在生态旅游市场需求调研的基础上,分别就生态旅游产品、价格、分销和促销等方面进行实际调研。

1. 生态旅游产品调研

生态旅游产品调研包括生态旅游资源的分布状况,生态旅游资源与区位、交通的配合情况,资源的品位、级别及开发情况,旅游设施与服务情况;可能的替代产品情况;类似生态旅游产品的市场形象与品牌知名度,产品的市场占有率与销售潜力;生态旅游产品的特色与优势,产品组合情况,产品所处的生命周期阶段;生态旅游新产品开发的方向和主要趋势,竞争者新产品开发现状及成功的经验;旅游者对生态旅游产品的满意度和评价等。

2. 生态旅游价格调研

生态旅游价格调研主要包括生态旅游产品的价格情况及其变动趋势;旅游者的心理需求价格与价格变动接受程度;同类竞争产品的供求状况和价格水平;各种产品差价及优惠价格水平是否合理;企业调整价格的可能性与调价幅度;生态旅游新产品推向市场的定价策略等。

3. 生态旅游分销渠道调研

生态旅游分销渠道调研包括旅游企业分销渠道的分布和营销业绩;企业现有渠道策略实施及管理中的问题;生态旅游产品在分目标市场上的渠道选择与管理中存在的

问题；可供选择的生态旅游产品常规渠道和非常规渠道种类及其组合情况；选择并确定主要中间商过程中所需要的详细资料（如中间商的经营规模、经营范围、顾客类别、营业额及增长速度、信誉、形象、地区分布等）；各中间商在销售、服务、促销、管理、人员、资金等方面的能力评价；增加或减少中间商可能带来的影响和控制调整情况等。

4. 生态旅游促销调研

生态旅游促销的主要方式包括广告、人员推销、公共关系和营业推广，旅游企业的促销调研也基本上是围绕这些主要方式进行的，如对促销范围和促销对象的确定；针对不同对象的促销策略选择；旅游促销组合策略的实施情况及各种促销方式的配合情况；旅游者广告接受心理、能引起和激发旅游者兴趣和购买意向的广告方式、媒体和具体广告促销宣传内容；旅游企业促销投入预算与分配；促销宣传的社会效果和经济效果等。另外，还包括对旅游广告公司和其他促销宣传公司考察与选择等方面的调研。

三、生态旅游市场营销调研的程序与方法

（一）调研程序

生态旅游市场营销调研作为一个完整的过程，具有成熟的调研程序和步骤，其过程一般由七个步骤组成，如图4-2所示。

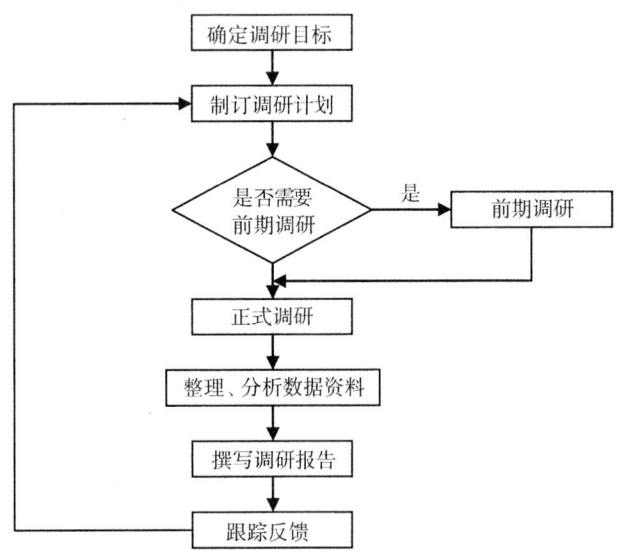

图4-2 生态旅游市场营销调研程序

1. 确定调研目标

生态旅游市场营销调研的第一步就是明确调研问题并确定调研目标，这也是调研

活动中关键的一步。只有确定调研的目标和任务,才能保证调研活动的有效进行,以及调研数据信息的有用性。整个调研过程和所有调研活动都应该围绕实现调研目标来进行。

2. 制订调研计划

调研目标确定之后,下一步就是制订详细的调研计划。调研计划包括调研方案设计、组织机构设置、时间安排、费用预算等。调研方案的具体内容包括调研范围、调研时间、资料来源、调研方法、调研手段、抽样调研设计等。

3. 前期调研

前期调研是指依据调研目的,先期采用问卷调查等形式确定正式的调研范围和深度,以初步获取一手资料的调研活动,也包括为进行正式调研所进行的前期二手资料准备过程。旅游企业有效地实施前期调研,可以节省一定的人力、物力和财力,为正式调研奠定工作基础。

4. 正式调研

正式调研就是按计划系统地进行有关资料数据的收集工作,主要包括一手资料和二手资料的收集。一手资料指为某种特定研究目的而直接收集获取的原始资料数据,其来源包括企业内部资料,以及旅游者、旅游中间商等提供的资料。二手资料指那些已经经过编排、加工、处理的现有资料,这种资料能够快速地从图书馆、政府机构、旅游行业组织和协会、行业门户网站、行业刊物、专业调研公司或咨询公司的公告、分析研究报告和商业性资料中获得,但准确性和实效性较低。如何选择合理的资料数据来源,是旅游企业在正式调研过程中要重视的问题。

5. 整理、分析数据资料

市场调研所获取的资料数据,只有经过整理和分析后才对旅游企业经营决策有实用价值,因此,接下来的步骤就是从资料数据中提炼出与调研目标相关的有用信息,即将收集到的大量分散、零星的资料数据进行校核,剔除不可靠和不必要的资料数据,并加以编辑、归类和整理分析。同时,要列出有关数据,在定量分析中,列出的数据最好用表格形式进行。为了获取更多关于变量之间定量关系的有用信息,还可以进行深入复杂的统计分析,如可采用相关分析、时间序列分析和回归分析等统计分析方法。除了整理、分析数据资料外,正规的市场营销调研还要进行因果关系研究。

6. 撰写调研报告

调研结束后的最终成果形式就是撰写并提交调研报告。在这一阶段,调研人员的经验、判断能力和专业知识都要发挥重要作用。调研报告应包括前言、正文(所用调研方法、调研结果分析、结论和建议)、结尾、附录等具体内容。

7. 跟踪反馈

市场调研的结论应在市场营销实践中进行检验,因此,有必要进行跟踪调研。即对调研结果进行追踪,及时反馈信息,修正调研结论。这不仅有助于提高旅游企业经营决策的有效性,同时也有利于改进、调整和完善市场营销调研的规程和方法。

(二)选择调研方法

根据生态旅游市场营销调研的目的、内容和调研对象的不同,在具体的调研过程中要选择不同的调研方法。有关市场营销调研的方法主要有三类,即观察法、调研法和实验法。

1. 观察法

观察法是调研人员在市场营销活动过程中对调研对象观察、记录,并取得相关信息的方法。观察法通常不直接向被调研者提问,而是从旁观察被调研者自然发生的行为、反应和特点等,因此,所获得的调研结果具有客观性和真实性;同时,观察法简单灵活,成本费用较低,受外界的干扰因素较小,特别是不受调研者的影响。但观察法也有一定的缺点,即调研人员观察到的被调研者的行为反应只是表面现象,对其内在的心理动机原因、个人原因及市场变化原因等不能深入了解,需要结合其他调查法来进行。常用的观察法有两种,即人员观察和器械观察。如对景区客流量的统计,就经常采取在景区入口处人工计数或利用安装的摄像头计数的方法进行统计。

2. 调研法

调研法主要分为文案调研法和实地调研法两种。

文案调研法又叫二手资料调研法,是通过查询和阅读有关资料掌握相关信息的过程。文案调研法的优点是所获得的信息资料较多,资料的获得也比较容易,花费的时间较少,费用较低,缺点是信息的时效性和有用性较差。

实地调研法可具体分为人员访谈法、电话访问法、问卷调研法和网络调研法。

(1) 人员访谈法。又称询问调研法,是调研人员采用访谈询问的方式向被调研者了解相关市场营销信息的一种调研方法,它是市场调研中最常用、最基本,也是最富有灵活性的方法。人员访谈法的优点是答复率高,能获得不同调研对象的直接信息和态度反应。这种方法的缺点是调研人员在访谈过程中可能无意识中带有偏见,这往往是由于其经验、态度、语言等原因所致;被调研者的访谈时间难以约定,访谈中受个人心理因素影响,可能避实就虚或答非所想;同时,采用这种方法费用成本较高。人员访谈法的另一种形式是小组讨论法,由调研人员组织 6~12 名被调研者参加,以小组自由讨论的形式深入了解他们对本企业产品的态度和意见。

(2) 电话访问法。电话访问法是调研人员借助电话向被调研者提问,了解他们对企业产品或服务的意见、看法的一种调研方法。其优点是可获得真实、及时的信息,节省时间,费用低,不需要一定是专业调研人员;缺点是不易安排到合适的电话访问时间,调研内容受时间控制必须简单化,同时,需要被调研者具备一定的耐心和时间作答,否则可能会发生被拒绝的现象。

(3) 问卷调研法。问卷调研法是调研人员事先拟定好调查问卷,发放给被调研者填写,并在约定时间内收回的一种调研方法。问卷调研法有很多优点,如可以在较大区域甚至全国范围内进行调研;问卷可以直接到达被调研者手中,被调研者可以在时间充裕、不受拘束的情况下填写问卷;调研成本较低,能节省人力和财力等。其缺点是问卷调查一般花费时间较长,如果不能进行很好的控制,很容易使资料失去时效性;问卷的回收率较低;容易产生差错和误解;要求被调研者具有一定的文字理解能力和表达能力,因此不适于对文化程度较低旅游者的调研。问卷调研法还可细分为邮寄问卷法和留置问卷法等方法。在实际操作过程中,旅游企业有时将问卷法与人员访谈法或电话访问法结合起来,以提高市场调研的效率。

(4) 网络调研法。网络调研法是一种新兴的调研方法,越来越多的旅游企业开始借助互联网进行市场营销调研。网络调研的具体方法包括 E-mail 问卷调研法、被动放置问卷调研法、网上焦点座谈法(网络博客/QQ)、委托市场调查机构调研和与媒体合作网络调研等。旅游企业可以在公司主页上安装相应软件来检测访问者是否完成了调查问卷,或者通过电子邮件寄送问卷进行相关调研。

网络调研法有许多优点,如由于有相应的软件支持,通过网络调研法收集到的调研结果便于整理和分析,数据的时效性较高;同时,可以不受时空限制,与被调查者之间有良好的互动性;所需要的调研费用不高,经济便捷。但是,网络调研法也存在一定的缺点,主要反映在以下几个方面:一是由于被调查者上网匿名,可能造成其信息虚假,答案缺乏可信度,很多时候使营销人员无法了解被调查者的真实情况,这也在一定程度上影响了调研结果的准确性;二是调研范围只限于网络用户,他们的意见并不能完全反映市场的整体状况;三是调研对象分布广泛,导致调研结果缺乏针对性。

3. 实验法

所谓实验法,是指在特定的控制环境下,通过控制引入的变量来获得实验结果,发现市场营销相关变量之间的因果关系,从而获得第一手资料的调研方法,主要用于市场营销中新产品的试销和新促销方案实施前的调研。实验法的优点是调研过程能得到较好的控制;所获得的数据一般比较客观,排除了调研人员的主观臆测和推断,可靠性较强,可信度高。其缺点是只适合对当前市场变量的观察和分析,对于过去和未来的变化信息不能准确把握;同时,采用实验法不仅成本较高,而且会受到一定的实验条件的约束。实验法还可具体分为现场实验法和实验室实验法。

第二节 生态旅游市场预测

市场预测是旅游企业了解未来旅游市场趋势和制定营销战略与策略的重要依据。为了做好生态旅游市场营销工作,在深入进行生态旅游市场调研的基础上,有必要对生态旅游市场进行科学的预测,以避免生态旅游经营决策的失误和营销过程中的盲目性,提高市场营销管理效率。但是,并非所有的市场预测都是正规的定量预测,有些旅游营销市场预测可能是由有经验的旅游决策管理人员和营销人员,凭借个人的直觉判断进行的定性的或粗略的预测。

一、生态旅游市场预测的原则和类型

(一) 生态旅游市场预测的含义

生态旅游市场预测是在生态旅游市场调研的基础上,运用科学的方法对生态旅游

市场需求和旅游企业经营发展,以及影响生态旅游目标市场变化的诸多因素进行分析研究,对未来的发展趋势做出判断和预测的市场研究方法。为了做好生态旅游市场预测工作,旅游企业要注意以下问题:

(1) 搞好生态旅游市场预测,其基础工作是市场调研,只有通过调研获取大量翔实的第一手资料和第二手资料数据,并对数据进行加工处理和分析,才能做出符合生态旅游市场发展规律和发展趋势的预测,减少旅游企业经营的盲目性和风险性。

(2) 开展生态旅游市场预测,应针对旅游企业市场营销的具体问题来进行,即市场预测应有明确的预测目标和预测要求,得出的预测结果才能为旅游企业制定正确的经营决策和营销计划提供依据,为企业开拓更广阔的市场提供有用的信息。

(3) 生态旅游市场预测是一个科学、严谨的过程,必须借助数学、统计学等方法论,综合运用定性分析与定量计算方法,才能得出正确的预测结论。

(二) 生态旅游市场预测的原则

1. 相关性原则

生态旅游市场预测关注市场现象之间的关联性,由已知的市场发展特点和市场发展变化规律,推知未来市场的变化趋势。

2. 惯性原则

任何事物的发展都具有一定的惯性,即在一定时间、一定条件下可能保持原来的趋势和状态,这也是大多数传统预测方法的理论基础。比如生态旅游市场预测中所用的"线性回归"、"趋势外推"等方法,就是惯性原理的有效运用。

3. 类推原则

大多数预测方法都关注事物之间的关联性,如从某个市场现象推知市场发展的大趋势;从市场表面现象推知市场实质特征;由此市场推及彼市场;由过去、现在的市场现象推及以后的市场发展趋势。

4. 概率推断原则

我们不可能完全把握未来的市场状况,但根据经验和历史,很多时候能大致预估一个市场现象发生的大致概率,并根据这种可能性来采取相应的对策和措施。市场发展概率有时可以通过抽样技术和问卷调查等市场营销调研方法来确定。

(三) 生态旅游市场预测的类型

根据市场预测的范围、时间要求和方法等的不同,生态旅游市场预测可以划分为不同的类型。

1. 根据生态旅游市场预测的范围划分

按生态旅游市场预测的范围划分,生态旅游市场预测可以分为生态旅游宏观市场预测和生态旅游微观市场预测。

(1) 生态旅游宏观市场预测。生态旅游宏观市场预测是指对影响生态旅游营销的总体市场状况的预测,主要包括目标市场的政治、经济、社会文化环境发展趋势,及其对生态旅游市场供求的影响;也包括对生态旅游者的动机与需求、人口特征、购买力水平变化等因素的预测。其目的是了解生态旅游市场的总体变化趋势，为旅游企业确定经营方向、制定生态旅游营销战略和策略提供依据。

（2）生态旅游微观市场预测。生态旅游微观市场预测是指从旅游企业的角度，对其生态旅游产品市场发展前景的预测，主要包括对竞争者市场经营战略与市场占有率的预测；对本企业产品的市场需求、销售潜力和经营效益等方面的预测。其目的是为旅游企业制定相应的营销策略提供依据。

2. 根据市场预测时间的长短划分

根据市场预测时间的长短，生态旅游市场预测可以分为长期预测、中期预测和短期预测。

（1）长期预测。长期预测一般指5年以上的市场预测。主要用于对宏观市场的预测，其任务通常是为旅游企业制定长期发展战略和计划提供依据。

（2）中期预测。中期预测是指介于1~5年的生态旅游市场变化预测，其任务是为旅游企业制定中长期发展战略和计划提供依据。

（3）短期预测。短期预测是指1年以内的市场预测，其任务是帮助旅游企业及时了解市场动态，适时调整营销策略，以适应不断变化的市场需求。

3. 根据采用的预测方法的不同划分

根据生态旅游市场预测中采用的方法的不同来划分，生态旅游市场预测可以分为定性预测和定量预测。

（1）定性预测。所谓定性预测是指根据生态旅游营销调研资料和主观经验，通过对预测目标性质的分析和推断，估计未来一定时期内生态旅游市场变化趋势的一类预测方法的总称。定性预测侧重于对生态旅游市场变化趋势的预测。

（2）定量预测。定量预测是根据营销调研的数据资料，运用数学和统计方法，找出其变化的一般规律，并依此规律对其前景做出量的估计的一类预测方法的总称。定量预测着重于生态旅游市场变化的量化。

在实际市场预测中，定性预测与定量预测不可分割，定量预测应以定性预测为前提，定性预测应以定量预测为补充，只有将两者有机地结合起来，才能搞好生态旅游市场预测。

二、生态旅游市场预测的内容

生态旅游市场预测的内容相当广泛，凡是影响旅游企业营销的各种因素都应属于预测内容之列。从不同的预测目的出发，预测内容和侧重点显然有所差别。一般来讲，市场预测大体包括市场环境预测、行业市场供求预测、旅游市场容量预测和旅游企业市场销售预测四个方面。

（一）市场环境预测

生态旅游市场环境预测既是市场需求预测的基础，也是旅游企业制定营销战略计划的前提。总体上，生态旅游市场环境预测包括政治法律制度、经济环境、人口状况、社会文化、科学技术、自然环境、交通运输等各种宏观环境因素和供应商、公众等各种微观环境因素。但在实际预测中,要注意区分上述各种环境因素的主次关系和轻重缓急。针对预测目的的不同,一般应重点选择对旅游企业市场发展有直接影响作用的关键环境因素进行调研、分析和预测。

需要说明的是,生态旅游市场环境预测虽然进行的是宏观环境因素预测和微观环境因素预测,但也应尽量结合企业具体目标市场来进行。可以首先将旅游企业最有发展潜力的细分市场分为两类:一类是未来发展潜力极大的市场,另一类是本旅游企业未来较有可能获得平均市场份额的市场。然后分别以这两类细分市场为对象,具体预测每一类市场所面临的具体的宏观环境因素和微观环境因素变化的可能性及其发生的概率,并据此预测这些因素对每一类市场带来的机会和可能造成的威胁,从而为旅游企业在每一类细分市场制定正确的营销战略和策略提供科学的依据。

(二) 行业市场供求预测

旅游需求与旅游供给是旅游行业市场分析的两个基本方面,在旅游行业市场预测中,既要重视对生态旅游市场需求的预测,也要重视对生态旅游市场供给发展趋势的预测。进行旅游行业市场供求预测,一方面有助于旅游企业认识和了解未来市场发展趋势和销售潜力;另一方面也有助于企业掌握市场竞争的动态情况,了解各竞争对手的发展实力,以及本企业在未来竞争中的市场地位,以便采取相应的市场竞争战略。

1. 旅游市场需求预测

旅游市场需求预测是开展旅游市场营销活动的前提。旅游市场需求预测是指在对国民收入水平、收入分配政策等宏观环境预测分析的基础上,通过对旅游者的购买心理和消费习惯的深入研究,预测未来一定时期内旅游市场的总体需求水平。一般来说,旅游市场需求预测主要是从旅游市场需求总量预测、旅游需求结构预测和旅游客源预测三个方面进行。旅游企业开展市场营销的核心是满足旅游者的需求,因此,旅游企业市场营销的起点就是对旅游客源的科学预测。旅游客源预测包括旅游者的构成变化、消费行为倾向、消费特征及其变化情况,以及旅游者的地区分布状况等。

旅游市场需求预测一般以国内旅游市场为基础来进行。对国内总体市场需求趋势或区域市场需求趋势进行预测时,一般要经过以下五个步骤:①收集并分析当前市场消费量及其在一定时间内的变动率;②按市场每个部分的情况将消费量数据分类;③确定以往决定需求状况的主要因素,及其对市场潜在需求可能产生的影响;④预测这些决定因素的变化发展,及其对市场潜在需求的影响程度;⑤以一种或几种预测方法的组合,对市场潜在需求进行预测,并得出结论。

2. 行业发展结构预测

在对旅游市场需求总量做出预测之后,还必须对旅游行业发展结构做出预测,以便有针对性地提供旅游产品和服务。旅游行业发展结构包括行业内涉及满足旅游者各方面需求的餐饮、住宿、交通旅行、游览、购物和娱乐等方面。旅游企业要在市场竞争中取得主动权,就必须对上述各环节做好调研和预测,并努力在各个方面提供最优化服务。

3. 行业市场竞争地位预测

进行行业市场竞争地位预测首先涉及到的一个基本概念是市场占有率。市场占有率又称"市场份额",是指企业某产品的销售量(额)在行业内同类产品销售量(额)中所占的比例,一般用百分比表示。它包括绝对市场占有率和相对市场占有率。通常意义上,市场占有率指的是绝对市场占有率,用公式表示为:

$$企业某产品的市场占有率 = \frac{本企业该产品的销售量}{该产品市场销售总量} \times 100\%$$

市场占有率是分析企业竞争实力的重要指标,也是衡量企业营销状况的综合经济指标。市场占有率高,表明竞争力强,企业营销状况好,在市场上占有有利地位;反之,则表明企业竞争力弱,营销状况不佳,在市场竞争中处于不利地位。

旅游行业的市场竞争地位预测也可以用相对市场占有率来代替。所谓相对市场占有率是指本企业某产品的市场占有率与同行业中最大的竞争对手的市场占有率之比。相对市场占有率的数值以1.0为界,分为高、低两个部分。如果相对市场占有率为10,表示企业的该项产品处于行业领先地位,其市场占有率是次强者的10倍;若为0.1,则表示该产品的市场占有率是同行业领导企业的10%。如果出现相对市场占有率较低的情况,说明本企业实力较弱,与竞争对手存在较大的差距。企业营销人员就要分析产生这种差距的原因,如果差距是由营销管理中存在的问题引起的,就应改进营销策略,以提高本企业的市场竞争地位。

4. 旅游企业竞争实力预测

旅游企业除了要预测在未来市场竞争中的地位,还需要预测其具体的竞争实力,以提高核心竞争力。预测企业竞争实力必须与对竞争对手战略和策略的分析相结合,对本企业与竞争对手的竞争实力的比较和预测,可以从下列主要方面进行:旅游者满意度的基本状况和对各竞争企业的态度倾向、评价及认可度;所提供的旅游产品与服务的质量和特色;新产品设计与开发的能力和人力资源情况;旅游市场营销策略的制定及实施效率等。为了提升核心竞争力,旅游企业营销预测人员必须善于预测竞争对手将对各细分市场采取的营销策略,以此作为参照对象,制定相应的产品、价格、渠道、沟通和促销策略,努力向游客提供优于竞争对手的产品与服务。

(三) 旅游市场容量预测

旅游市场容量预测的基础是旅游环境容量预测。旅游环境容量是指在一定时期内旅游地(或景区、景点)所能承受的旅游活动强度,一般量化为旅游地所能接待的旅游人数最大值。生态旅游环境容量是一个由一系列容量所组成的概念体系,具体包括生态系统环境容量、景观空间环境容量、自然资源环境容量、内部生态经济环境容量、生态旅游者心理容量和生态旅游社区居民心理容量等。

生态旅游环境容量的确定与预测是生态旅游规划与管理中的关键环节,也是生态旅游市场预测的重要依据之一。准确地预测生态旅游环境容量,并预测生态旅游环境极限容量,不仅有利于生态旅游地(或景区、景点)将游客人数控制在一个合理的范围内,避免容量超载等问题的出现;也有利于生态旅游地保持生态旅游资源的吸引力和维护自然生态环境的平衡。

借鉴目前旅游环境容量确定与预测的一些方法，在调研或经验预测的基础上，生态旅游环境容量的确定与预测，一般有单项推测法和综合推测法，目前常用的是单项推测法。

单项推测法是对生态旅游环境容量体系中某一个方面的容量进行推测，主要考虑的是各旅游环境要素容量的最大（极限）值。如对生态系统环境分容量的确定和预测中，目前对于生态旅游地生态系统的抗干扰能力所能承载的最大生态旅游活动强度，一般从理论上进行定性确定；而对生态系统的纳污自净能力则可以进行定量确定，并量化为游客数量，其测算公式表示为：

$$F = \frac{\sum_{i=1}^{n} S_i T_i + \sum_{i=1}^{n} Q_i}{\sum_{i=1}^{n} m P_i}$$

式中，F——生态旅游生态系统环境容量，日容量，即每日接待游客量的最大允许值；

S_i——生态系统净化吸收第 i 种污染物的量，量／日；

T_i——各种污染物的自然净化时间；

Q_i——具有人工污染物处理设施时，每天人工处理掉的第 i 种污染物量，量／日；

P_i——每位游客一天内平均产生的第 i 种污染物量；

n——旅游污染物种类数；

m——一天的游客量。

综合推测法是对生态旅游环境容量的各个方面做出综合推测。综合推测往往遵循最小因子限制律，即生态旅游环境容量的大小往往受到生态旅游环境容量中最小的那一个分容量的限制，该分容量或因素决定了整个生态旅游环境容量（E）。以函数表示为：

$$E = \text{Min}(E_1, E_2, E_3, \cdots, E_i)$$

从理论上讲，生态旅游环境容量应等于上述 i 个分量值的最小值，但由于各个分量值对生态旅游环境容量的贡献程度不同，即各分量容量值所引起的消极后果不同，因而在实际操作中，多为综合考虑，称为生态旅游环境容量的综合实现。

在目前状况下，生态旅游环境容量值的确定与预测，有些方面可以用经验值加以推测和量化运算得到，如前述的生态系统单项环境容量的测算；但有些容量还难以做到定量预测，如生态旅游政治环境容量、"天人合一"的文化环境容量等。这就需要随着研究的深入逐渐找到定性测算方法。因此，目前生态旅游环境容量研究要注重定性与定量方法的综合运用，从而为科学地预测生态旅游市场容量提供科学的依据。

（四）旅游企业市场销售预测

1. 市场价格预测

旅游产品价格是反映旅游市场动态的重要指标。按照市场价格波动的一般理论，产品价格下降，市场需求量增加；反之，产品价格上升，则市场需求量减少。在生态旅游市场营销过程中，由于各种生态旅游产品对价格的需求弹性不同，旅游企业必须预测具体生态旅游产品的价格变化对生态旅游市场需求带来的影响,以便确定最优的价格调整幅度。

2. 市场效益预测

通过对营销成本和利润的预测,有助于旅游企业把握旅游产品与服务的销售潜力与成本预算控制的总体趋势,为投资决策和营销决策提供依据,以有效地提高旅游企业的经济效益、社会效益和生态效益。

3. 市场增长机会分析和预测

旅游企业在进行市场增长机会预测时,首先要分析影响企业市场增长机会的主要变量,在这里,可以选取市场增长率和相对市场占有率两个指标进行分析。其次,依据这两个变量将目前企业经营的所有的产品市场分为理想市场(区域Ⅰ)、冒险市场(区域Ⅱ)、成熟市场(区域Ⅲ)和困难市场(区域Ⅳ)四种情形(见图4-3)。最后,通过定量分析,预测各类市场上不同产品的具体销售量或销售额的增减趋势,综合后获得该市场增长机会的具体预测值。通过市场增长机会预测,有助于旅游企业把环境变化的趋势与本企业的实际现状结合起来,了解市场发展的基本情况,积极发现和创造新的市场机会,减轻或避开各种不利因素的影响。

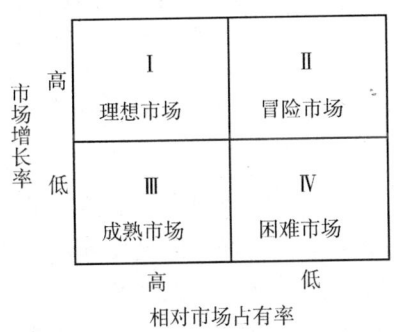

图4-3 市场增长机会分析和预测

有时企业也可以采取简便的方法进行旅游市场增长机会预测,如有的旅游企业可以将市场简单分为零散和团体两个细分市场,通过对两个细分市场目前的市场增长情况和竞争地位(相对市场占有率)的分析,结合市场需求状况,便可以了解认识本企业的市场份额,并发现最明显的市场机会。

三、生态旅游市场预测的步骤

生态旅游市场预测具有一定的目的性、科学性和前瞻性,要使市场预测结果具有一定的应用价值,旅游营销人员就必须严格地按照市场预测的步骤,有计划、有目的地进行,以保证市场预测的顺利进行,并提高预测的精确性和有效性。市场预测的全过程一般包括确定预测目标、收集和整理资料、选择预测方法并建立预测模型、分析判断并做出预测、提交市场预测报告和跟踪反馈六个步骤,具体预测程序和步骤如

图 4-4 所示。

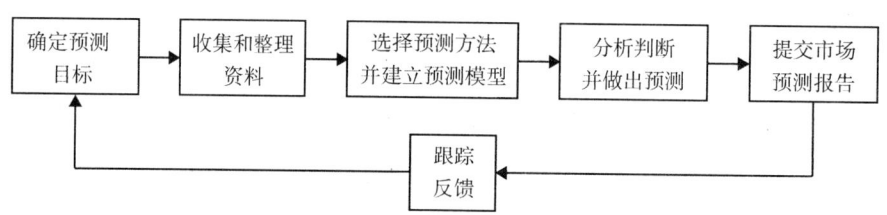

图 4-4　生态旅游市场预测的程序和步骤

（一）确定预测目标

通过对预测对象的调研分析，系统地提出预测问题，确定市场预测的目标，即预测要达到什么要求，解决什么问题，预测的对象是什么，预测的范围、时间等。只有确定了旅游市场预测的目标，才能够有的放矢地制定预测计划，选择预测方法，决定收集资料的范围和内容。因此，旅游市场预测首先要明确规定预测的目标，而预测计划则是预测目标的具体化，它具体地规定了预测的精度要求、工作进度、参加预测人员及其分工等内容。在实际预测工作中，具体预测目标应转换为变量，由一系列指标体系和标准加以表征。

（二）收集和整理资料

进行市场预测不是盲目臆断，必须依据充分而翔实的资料和调研数据，才能提高预测质量。收集资料和数据不是越多越好，而是要满足系统性、真实性和可比性的要求。同时，要对这些资料和数据加以系统的整理和分析，经过校核和处理后的数据才能用于预测。在对资料进行整理和分析时，要剔除因一些随机事件而造成的资料不真实的情况，对不具备可比性的资料也要进行调整，以便提高预测的准确性。

（三）选择预测方法并建立预测模型

预测方法的选择要依据预测目标、调研资料的数量和可靠程度、精度要求等加以确定。旅游市场预测一般需要借助经验判断、逻辑推理、统计分析、数学模型、电子计算机的计算等预测方法，并由此提出理论假设，建立预测模型。由于旅游市场及其环境影响因素是错综复杂、瞬息万变的，因此，在实际预测过程中，既要注意将定量方法与定性方法有机结合起来，也要注意从系统整体性原理出发，全面准确地分析各变量间相互作用、相互影响的关系。在建立预测模型的过程中，也不能单凭某一种模型的推算就对预测值加以确定。在用一种主要方法进行预测的同时，也要注意采取其他方法进行验证和比较。

（四）分析判断并做出预测

分析判断是市场预测的关键性环节。这一阶段的任务主要是对通过预测模型得出的结果进行分析，确定校核误差范围及其与实际情况不符的原因，并对预测的可靠性做出估计评价，这也是一个定性与定量结合的分析过程。这一过程不仅要密切结合历史与现实调研资料，进行系统的分析，而且对各种环境因素的变化对预测可能发生的影响也要做出判断。在此基础上，对预测结果进行必要的修正和调整，最后确定预测值。

（五）提交市场预测报告

市场预测报告是旅游目标决策的重要依据，对预测内容进行综合的系统分析，是市场预测报告的内在要求。在预测报告中应对预测结果做定性与定量相结合的分析，按照预测目标要求，总结预测过程，写出预测报告和策略性建议并提交给旅游营销决策人员。市场预测报告不仅是预测结果的文字表述，也是对调研过程的总结和综合反映，报告的内容通常包括题目、摘要、目的、正文、结论和建议以及附录等相关部分。

（六）跟踪反馈

市场预测的每一步都有可能出现与实际不符的情况，这就需要旅游营销人员对预测方案和过程进行适时跟踪，及时获取反馈情况，必要时对预测结果加以修正、补充或调整，以便为旅游营销决策提供具有客观性、有用性和前瞻性的预测结果。跟踪反馈过程实际上也是对预测过程本身进行检验的过程，如果发现预测过程不合理，则要在以后的预测工作中做出调整；如果发现预测模型有误或预测方法不当，则应改进模型或使用的方法，使预测结果尽可能地符合实际。

四、生态旅游市场预测的方法

预测方法是指在以上各阶段工作的基础上，对市场未来发展状态与趋势做出判断和测算的各种技术与手段的总称。可用于生态旅游市场预测的方法有很多，不同的预测方法有不同的功能和作用。旅游营销人员要依据预测目标正确选择合适的营销预测方法，合理运用，力求事半功倍。生态旅游市场预测的方法按其性质分，大体可以分为定性分析预测法和定量分析预测法。在实际预测活动中，要将两种方法紧密结合起来，以定性分析预测为依据，以定量分析预测为手段。

（一）定性分析预测法

定性分析预测法相对而言简单易行，一般适用于那些难以获取全面的资料进行统计预测的问题；同时，也适用于资料数据的精确度不高或难以用量化指标进行表征的预测问题。由于定性分析预测法主要是靠预测人员的知识和经验进行预测分析，并对市场发展趋势做出估计和判断，因此，预测结果易受预测人员的能力、水平和经验等因素的影响，出现预测结果不够准确、可信度低的问题。常用的定性分析预测法有以下三种：

1. 个人意见推断法

个人意见推断法是通过调研、收集、处理、分析对预测对象熟悉的人员的意见，以他们的经验和判断为基础，经过分析综合，对预测对象未来的市场发展趋势进行推断预测的方法。对预测对象熟悉的人员主要是指直接参与各种市场营销活动的旅游市场营销经理人员和基层营销人员，由于他们非常了解旅游消费者和竞争对手的情况，并且熟悉市场营销的具体情况，因此他们的意见具有较高的参考价值。另外，熟悉旅游市场并具备亲身感受体会的还有旅游者，对他们意见的重视和采纳也有利于得出市场预测的正确结论。个人意见推断法具体包括以下三种方法：

（1）经理人员推断法。由旅游经理召集调研和销售部门的负责人，由他们根据自己的经验对未来市场状况给出"乐观"、"一般"或"不乐观"等主观评价和预测，以此为基础，综合多个预测者的主观评价，得出预测结果。

（2）营销人员推断法。即召集旅游营销人员，就其各自分工的区域旅游市场或整体市场前景做出预测，然后将多个营销人员的评价和预测进行综合，得出较为一致的预测。

（3）旅游者推断法。就是通过对相关市场上的旅游者意见进行调查或征询，了解旅游者对区域旅游市场或整体市场前景的看法和态度，并综合形成预测结论。调查或征询旅游者意见的具体方法包括：访谈法、电话询问法、问卷调查法、网络调查法、小组座谈讨论等。

2. 集体经验综合推断法

集体经验综合推断法也称"集体意见预测法"。这种方法就是将上述旅游企业内部经理人员、管理人员和营销人员的预测结论集中起来，按照其业务水平的高低、经验的丰富程度和对市场的了解程度，对各方结论赋予不同的权重，然后加权平均，得出最后的综合预测结论。

3. 专家意见预测法

专家意见预测法是指企业征询诸如经销商、分销商、供应商，以及对市场营销问题有专门研究的多个专家的意见而进行预测的方法。由于这种方法是以专家为索取信息的对象，所以其预测的准确性主要取决于专家的专业市场知识，以及与此相关的熟悉市场程度、经验和分析判断能力。因此，要提高这种方法得出的预测值的可靠性，就要审慎选择具备较高能力与水平的专家。

（1）个人判断法。个人判断法是指征求专家个人对未来市场变化趋势做出预测和判断的方法。这种方法是依靠个别专家的专业知识和特殊才能来进行判断预测的，专家的专业知识、经验和判断能力对预测结果有重要的影响。因此，个人判断法虽然简单易行，但有时难免带有一定的主观性。

（2）集体判断法。集体判断法又称"头脑风暴法"，是在个人判断法的基础上，以专题讨论会的形式，由专家们就某一预测问题展开讨论与交流，在讨论中进行思想碰撞，产生出创造性的思维火花，使专家的论点不断集中和深化，最终形成较为一致的优化方案的一种集体预测方法。一般采用这种方法是为了解决创造性问题而不是一般的逻辑性问题，其特点是能最大限度地发挥专家们的智慧和创新思维，寻求解决问题的各种可能性，最终得出令人满意的答案。

(3) 德尔菲法。德尔菲法是为避免专家会议集体判断法的不足而采用的一种预测方法。其具体做法是就预测内容选择一定数量的专家，分别发函或发送调查表，提出问题，并提供进行预测的各种有关资料，要求专家以相互独立的形式各自提出预测意见，并采用书面形式独立地回答预测者提出的问题。一轮过后，由预测组织者把专家们的意见汇集整理并进行评价，再将不同的意见及其理由反馈给每位专家，汇集整理下一轮意见。这样，经过多次反复征询，逐步缩小专家们意见的分散性，直到专家意见比较集中为止。最后由预测组织者经过综合整理，得到基本上一致的预测结果。

德尔菲法的优点是简单易行，在各个领域应用广泛；不仅能充分发挥专家们的智慧、知识和经验，而且能反映群体意志，因此，得出的预测结果具有一定的客观性、有效性和实用性。其缺点是征询意见时间较长；有时因专家很忙而难以及时反馈，或回答问题比较草率等。尽管如此，这种方法仍不失为一种有用的定性预测方法。在使用德尔菲法进行预测时，对专家的选择非常重要。一般要求所选的专家必须熟悉相关领域的预测对象，在理论和实践方面有一定的权威性和相关的经验；对专家的人数也有一定要求，一般应不低于15人。

(二) 定量分析预测法

定量分析预测法是指运用一定的统计方法和数学模型，用以表征市场预测目标与营销变量间的数量关系，进而确定未来旅游市场发展趋势的市场预测方法。定量分析预测法的结果一般能准确地表明未来市场发展的趋势和水平，为决策提供精确的依据，因此，具有一定的科学性和系统性。但这种方法要求有比较完备的历史数据资料，对数据资料的数量和质量要求也较高；同时，对政治、社会、文化等因素难以做到完全量化处理，也不够灵活，因此在运用过程中有一定的局限性。

定量分析预测法提供的市场预测的结果，一般是数量化的预测值。预测值在许多情况下应包括点预测值和区间预测值两种。在确定预测值时，还需要对预测值的误差做出估计。预测值误差实质上是对预测模型精确度的直接评价，在对误差进行修正的过程中，需要考虑模型是否可用，方法是否得当，以及是否需要做出调整等问题。需要指出的是，为了保证预测值的准确性，在市场预测中常常要同时采用不同的预测方法与预测模型，并对它们的预测结果进行比较分析，进而对预测值的可信度做出评价。

常用的定量分析预测法基本上分为两大类，一类是时间序列预测法，另一类是因果关系预测法。前者包括简单平均数法、加权平均数法和季节变动法；后者主要是指回归分析法。

1. 简单平均数法

简单平均数法也称"算术平均法"，是指使用预测对象过去一定历史时期的实际算术平均值作为预测期的预测值的一种方法。简单平均数法的计算公式表示为：

$$Y = \frac{1}{n}\sum_{i=1}^{n} Y_i \quad (i = 1,2,3,\cdots,n)$$

式中，Y 为某期的预测值，Y_i 为第 i 期的观察值，n 是时间序列的资料期数。

2. 加权平均数法

加权平均数法就是对不同时期的时间序列观察值给予不同的权数处理，再以加权平均值作为下期预测值的一种方法。一般来说，在参与预测的一组历史数据中，远期数据影响较小，近期数据影响较大。因此，为了减少误差，应该赋予近期数据较大的权数、远期数据较小的权数，从而体现各期数据不同的影响程度。一般来讲，这种方法的预测结果比简单平均数法更为准确。其计算公式表示为：

$$Y = \frac{\sum_{i=1}^{n} Y_i W_i}{\sum_{i=1}^{n} W_i} \quad (i = 1,2,3,\cdots,n)$$

对数据所给的权数之和为 1，即 $W_1 + W_2 + W_3 + \cdots + W_n = 1$

式中，Y——为平均数，即预测值；

Y_i——第 i 期的观察值；

W_i——第 i 期数据的权数；

n——参与计算的数据个数。

3. 季节变动法

季节变动法又称季节周期法、季节指数法或季节变动趋势预测法，是对包含季节波动的时间序列进行预测的方法。要研究这种预测方法，首先要研究时间序列的变动规律。

季节变动是指某些市场现象由于受自然条件、气候变化、生活习惯等因素的影响，在一定时间内随季节的变化而呈现出周期性的变化规律。这个周期通常为 1 年，季节变动的特点是规律性的每年重复出现。旅游市场受季节影响较其他市场大，其季节性市场的出现是由于气候变化、法定假日、带薪假期、周期性节庆活动和旅游风俗习惯等因素造成的。旅游市场呈现周期性变化规律的特点是：每年都重复出现，各年同月（或同季、同节庆日）具有相同的市场变动特点，且市场变动幅度基本相似。

对这种周期性季节市场变化进行分析研究，掌握其变化规律，计算出其季节性变动值，就可以借此预测市场未来变化的特点和趋势。季节分析具体来讲主要是季节指数的比较分析，比较简单的方法是同期平均法，其主要操作步骤是：

（1）收集历年（通常至少有 3 年）各月或各季的统计资料（观察值）；

（2）求出各年同月或同季观察值的平均数；

（3）求出历年所有月份或季度的平均值；

（4）计算各月或各季度的季节指数；

（5）根据未来年度的全年趋势预测值，求出各月或各季度的平均趋势预测值，然后乘以相应季节指数，即得出未来年度内各月和各季度包含季节变动的预测值。

其中，季节指数的计算公式表示为：

$$月（季）季节指数 = \frac{各年同月（季）平均数}{全期数值的平均数} \times 100\%$$

4. 回归分析法

回归分析法又称因果分析法，就是研究某一个随机变量（因变量）与其他一个或几个变量（自变量）之间的数量变动关系，用回归方程近似地表达变量的这种关系，并据此预测市场未来的发展趋势。如果所研究的市场变量只涉及两个，并且变量间存在着确定的线性关系，则称之为"一元线性回归"关系，对于多个市场变量形成的多元线性回归和非线性回归问题，在这里不做进一步探讨。用一元线性回归模型进行市场预测的思路是：

设预测目标因变量为 Y，影响它变化的一个自变量为 X。一元线性回归分析就是要依据一定数量的观察样本 $(X_I, Y_I)(I = 1, 2, \cdots, N)$ 找出回归直线方程式，即：

$$Y = a + bX$$

在收集历史统计资料数据的前提下，只要给定自变量 X 的值，就可以计算出因变量的预测值。式中的回归系数 a、b 可以根据过去的资料进行估算，通常的估算方法是利用最小二乘法，计算公式表示为：

$$\sum Y_i = na + b \sum X_i$$

$$\sum X_i Y_i = a \sum X_i + b \sum X_i^2$$

式中，X_i——变量 X 的第 i 个已知数据；

Y_i——变量 Y 的第 i 个已知数据；

n——变量 X 和变量 Y 的已知数据系数。

当 $\sum X_i = 0$ 时：

$$a = \frac{\sum Y_i}{n}$$

$$b = \frac{\sum X_i Y_i}{\sum X_i^2}$$

需要注意的是，在生态旅游市场预测中，定性分析和定量计算虽然属于两类性质不同的预测方法，但这两类方法在实际运用中经常结合起来。特别是在使用定量预测模型得出理论预测值后，还需要借助定性分析预测方法进行补充和修正。因此，两种方法各有优缺点，不能断定一种方法一定优于另一种方法，这需要结合具体市场特点和预测目标进行综合分析。

第五章 生态旅游市场营销战略

导言：市场营销战略对现代企业具有重要意义。生态旅游市场营销战略不同，其产品设计及营销策略也随之有不同的发展模式和组合形式。旅游企业要以生态旅游市场需求为导向，以生态旅游资源为基础，在旅游者行为分析、环境分析和市场调研的基础上，进行市场细分，寻找适宜的目标市场，并实施相应的市场营销战略，以保证营销活动的顺利进行。

本章学习内容：生态旅游市场营销战略；生态旅游市场细分；生态旅游目标市场选择与市场定位；生态旅游市场营销组合策略等。

第一节 生态旅游市场营销战略

从市场营销理论出发，现代企业市场营销战略的核心，就是目标市场营销，也可称之为 STP 营销，包括市场细分（Segmenting）、目标市场选择（Targeting）和市场定位（Positioning）三个战略步骤，如图 5-1 所示。

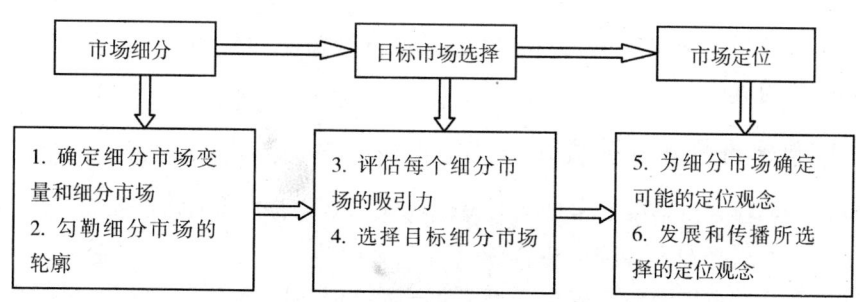

图 5-1 生态旅游市场营销战略

市场细分是旅游企业选择目标市场和准确定位的基础。旅游企业在细分市场的过程中，要选择不同细分变量将整体市场划分为若干不同的顾客群，这些细分变量包括地理环境、人口统计、心理因素和行为因素。细分市场的有效性取决于所划分的细分市场是否具备可衡量性、可盈利性、可获得性以及行动的可能性。

旅游目标市场是旅游企业决定进入的、具有共同需求特征的旅游细分市场。为了把最佳的细分市场选定为目标市场，企业首先必须正确地评估每个细分市场的规模潜力、吸引力和可能的竞争优势,然后选择一个或几个目标细分市场,并确定在目标市场上的具体营销策略,有无差异性营销、差异性营销和集中性营销三种营销策略可供选择。企业在选择目标市场时,要考虑诸如企业资源、产品和市场同质性、产品生命周期以及竞争对手营销战略等因素的影响,也要注意权衡细分市场的相互关系和潜在细分市场的扩展计划。

当企业选定了目标市场后,就要针对细分市场制定相应的市场定位战略,其目的是:①树立企业良好的市场形象;②更好地识别市场机会,向目标市场上的旅游者提供最大化价值;③避免营销力量分散,把重心集中于最有潜力的目标市场上,以便确立旅游企业自身的竞争优势,取得最大的经营效益;④有助于旅游企业采取正确、有效的市场营销组合策略,即通过有效运用产品、价格、分销和促销组合策略,提高旅游企业市场营销效率。

第二节　生态旅游市场细分

一、生态旅游市场细分的内涵

旅游市场细分是生态旅游市场营销的重要基础工作,是实现旅游市场营销目标的前提。由于生态旅游市场具有广泛性和复杂性,任何旅游企业或旅游产品所能满足的只是整体生态旅游市场中十分有限的部分,而不可能完全满足所有旅游者互有差异的需求。因此,旅游企业只有在做好充分市场调研的基础上,正确地细分市场,才能找到适合企业自身生存和发展的市场空间,通过进行精准的营销活动,满足市场需求,取得市场经营的成功。

(一) 旅游市场细分的概念

市场细分的概念是美国市场营销专家温德尔·史密斯(Wended Smith)于1956年首先提出的,之后受到了各国市场营销学者和企业界的广泛重视与普遍采用。市场细分是指营销者通过市场调研,依据消费者的需要和欲望、购买行为和购买习惯等方面的差异,把某一产品的市场整体划分为若干消费者群的市场分类过程。每一个消费者群就是一个细分市场,每一个细分市场都是具有类似需求倾向的消费者构成的群体。

将市场细分这一概念运用于旅游市场营销,我们便可以将旅游市场细分的概念定义为:旅游企业按照旅游者的需求和动机、购买行为和购买习惯等方面的差异,把整个旅游市场划分为若干需求不同的旅游者群的旅游市场的分类过程,其中每一个具有相似需求特征的旅游者群就是一个旅游细分市场。同样地,生态旅游市场细分就是把生态旅游产品购买者按照一定的标准划分为若干不同需求特征的旅游者群的过程,也就是按照生态旅游者的需求和动机把整个生态旅游市场划分为若干个具有共同特征的子市场的过程,它是企业确定旅游目标市场和制定旅游市场营销策略的必要前提。旅游企业可以在这些子市场中选择一个或多个作为其目标市场,以开展有针对性的生态旅游营销活动,生态旅游者需求的差异性是市场细分的基础。

(二) 生态旅游市场细分的必要性

1. 生态旅游市场规模庞大,市场潜力巨大

据统计,2010 年我国人均 GDP 超过 4000 美元,达到 4382 美元。随着人们生活水平的提高,可自由支配收入明显增加,高品位的旅游消费需求持续增长,带动生态旅游消费也不断增加。从国际生态旅游发展趋势来看,生态旅游者不断增多,市场规模不断扩大。有资料显示,我国将在 2020 年成为世界最大的旅游目的地国,许多发达国家游客对我国秀丽的自然环境和悠久的历史特别感兴趣,客观上存在着一个庞大的国际生态旅游潜在市场。从国内旅游的发展势头来看,我国国内旅游市场增长迅速,相当一部分人以自然和文化生态旅游资源为旅游对象,在加强生态旅游区建设和全民环保意识的前提下,国内生态旅游市场日益规模化,市场潜力巨大。

以森林生态旅游市场为例,无论是国内市场还是国外市场,都呈现持续发展的势头。以美国为例,无论是作为目的地还是客源地,美国都是世界上生态旅游最发达的国家。目前,美国每年仅参加国内森林旅游的人数就达 3 亿人次。而在森林资源非常丰富的欧洲,森林旅游在旅游中也占有十分重要的地位。例如德国,每年森林公园的旅游收入占国内旅游收入的 67% 左右。在我国,统计资料显示 2009 年全国森林公园共接待游客 3.33 亿人次,其中海外游客 332.87 万人次,旅游总收入达 226.14 亿元,游客人数和旅游收入分别比上年增长 21.5% 和 20.3%,均高于国内旅游增幅。

2. 生态旅游产品多样化,生态旅游市场竞争激烈

近些年来,国内生态旅游发展迅速,形成了一批各种类型的生态旅游区,主要包括山岳、湖泊、森林、草原、海洋、观鸟、冰雪、漂流、徒步探险九大类生态景区。同时,生态旅游产品形式也从原生的自然景观逐渐发展到与人文生态景观的密切结合。另外,还设计开发了游览、观赏、科考、探险、狩猎、垂钓、田园采摘等多种组合产品形式,使得生态旅游产品呈现出多样化的格局,包括森林公园、地质公园、风景名胜区等多种形式,许多区域自然生态环境良好,景观奇特,文化景观丰富多样,具备开展生态旅游的条件。同时,日益成熟的生态旅游者对生态旅游产品的专业化、系列化和个性化提出了越来越高的要求,在这种背景下,生态旅游市场竞争日益激烈,市场细分化问题越来越受到重视。

3. 生态旅游市场本身属于典型的异质市场

市场细分化的客观依据是同一产品消费需求的多样化。从旅游者的需求角度来看,产品市场可分为同质市场和异质市场。假定在生态旅游整体市场上,从旅游者对产品各种属性的需求反应中,任取两种属性(服务和价格)的不同偏好分布加以分析,可以划分为三种基本类型,即同质偏好型、分散偏好型和集群偏好型,如图 5-2 所示。其中,"同质偏好型"即同质市场 (a),就是所有旅游者对市场上产品的服务质量和价格水平的偏好都大致相同,不存在市场细分的客观基础。"集群偏好型" (b) 即不同

市场偏好的旅游者会形成一些集群,在每一个群体内部其成员对产品的服务质量和价格的偏好大致相同,因而可以明显地划分为若干细分市场。"分散偏好型"即异质市场(c),就是每一位旅游者对产品的服务质量和价格水平的偏好都不相同,在空间上平均分散,而无任何集中现象。由于在实践中针对每位顾客制定产品及营销组合往往成本太高,因此这类市场也不存在市场细分问题。

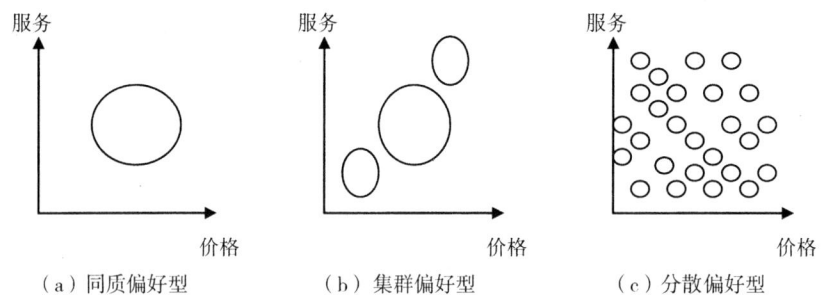

(a) 同质偏好型　　　(b) 集群偏好型　　　(c) 分散偏好型

图5-2　旅游市场需求偏好类型图

生态旅游市场属于典型的异质市场。由于旅游者所处地理条件、社会文化环境的不同,以及年龄、性别、受教育程度、个性、价值观念、收入水平等方面的不同,他们对生态旅游产品的类型、价格和服务等有不同的需求和偏好,这使得生态旅游市场具有十分突出的异质性特征。今后,随着社会、经济、文化的发展,旅游者对个性化和多样化产品的需求增加,旅游市场的异质化程度还将进一步加深。但与此同时,旅游市场的异质性特征又表现出明显的集群偏好,即在相同的文化背景和社会环境条件下,一些有环保旅游动机,同时在受教育程度、年龄和收入水平等方面相近的旅游者对一些旅游产品的类型、价格和服务表现出相似的需求和偏好,这正是进行生态旅游市场细分的客观依据。

(三) 生态旅游市场细分的意义

实践证明,科学合理地进行市场细分,对于生态旅游市场营销具有重要意义。

1. 有利于旅游企业制定和调整旅游营销战略和策略

通过细分生态旅游市场,有助于旅游企业充分掌握各个细分市场旅游者的需求特征,以及竞争者的战略与策略变化,并据此及时地调整本企业的营销战略和策略,从而增强旅游企业市场营销的有效性,获得市场竞争的主动权。

2. 有利于发掘市场机会,开拓旅游市场

旅游企业在系统的市场调研的基础上进行市场细分,通过深入了解旅游者不同消费需求的满足程度,可以发现那些尚未满足或未被充分满足的旅游需求,从中发现新的市场营销机会,并制定调整营销策略开拓新的市场空间。同时,细分市场也有助于旅游企业动态地掌握其他竞争企业的市场地位和实力,从而扬长避短,在适于本企业的、具有发展潜力的目标市场上取得竞争优势。特别是对于一些中小旅游企业来说,通过细分市场可以发现被忽略的市场空隙,从而及时抓住市场机会,并取得一定的市场地位。

3. 有利于旅游企业集中力量,快速占领目标市场

由于大多数旅游企业的资源和实力是有限的,因此,不可能在整体市场上与其他企业展开全面的竞争,而必须通过市场细分,把各种人力、物力和财力资源集中投放到某个或某几个选定的目标市场上,争取在局部市场上站稳脚跟,积蓄实力。在获得突出的竞争优势后,再逐步扩大市场范围,占领更大的或更多的目标市场。

4. 有利于旅游企业取得较好的综合效益

准确地进行市场细分和目标市场选择,有助于旅游企业合理配置营销资源,设计开发针对目标市场需求特征的生态旅游产品及其系列组合形式,加强营销管理,提高营销效率,提高顾客满意度和忠诚度。同时,根据各细分市场的市场潜力和实际竞争状况,制定差异化的营销策略组合,提高企业产品在目标市场上的销售量和市场占有率,从而促使企业稳步地获得良好的经济效益、社会效益和生态效益。

(四) 生态旅游市场细分的程序

为了有效地开展生态旅游市场细分工作,旅游企业应了解和掌握细分市场的程序。美国学者尤金·麦肯锡(Eugene J. Mcarthy)在其代表作《基础市场学》中提出一套逻辑性强、直观、实用,简单并易于操作的市场细分程序,又称作"七步法"。依据这一市场细分程序,生态旅游市场细分包括紧密相关的七个步骤:

1. 根据旅游者需求确定旅游产品的市场范围

在确定了企业任务和企业目标并决定经营哪一类生态旅游产品后,旅游企业接着便要考虑选定可能的产品市场范围。这个产品市场范围就是进行市场细分的对象。需要指出的是,细分生态旅游市场必须在充分市场调研的基础上进行,生态旅游市场的范围也应根据旅游者的实际需求状况而不是旅游产品的特性来定,一旦需求发生变化,细分市场过程也应做出相应调整。比如一个以儿童娱乐为主的大型主题公园,可能被认为是以儿童为对象的,但从市场需求的角度来分析,其市场范围并不仅仅限于儿童。因为通过需求分析可以发现,儿童的父母、各年龄段的学生、谈恋爱的年轻男女,以及到公园锻炼身体的中老年人群,也都是潜在的游客,都应列入市场细分的范围。另外,细分市场的范围还要结合企业的资源条件和具体情况来加以确定。

2. 分析潜在市场的基本需求

在选定产品市场范围的基础上,旅游企业首先应从动机、态度、偏好行为等方面,全面列举出旅游者的各种基本需求。如上例中,企业通过分析研究,列举此类大型主题公园的潜在游客希望在公园里得到哪些需求满足,如良好的绿化环境、完备的游乐设施与健身设施、足够的活动场地、交通可达性、便捷安全的园内道路、舒适的休憩设施、完善的公园管理等。但这些还只是细分市场的一般条件,要做到细分市场的有效性,还必须发现游客的需求差异。

3. 分析潜在市场的需求差异,选择进行市场细分的变量

通过调研,进一步收集相关需求信息,以及类似产品已有的市场反映,了解潜在

游客尚未被满足的需求有哪些，找到影响游客不同的态度、行为、心理行为变化和游览满意度的各种因素和变量。对不同的潜在游客而言，在所列举的基本需求和未满足需求中，那些最重要的并需要给予不同满足的需求，就是不同游客的差异性所在，这些差异性对应不同的需求特点，就是进行市场细分的主要变量。当然，旅游企业还可以对不同的潜在游客进行抽样调查来获得相应的信息。

4. 筛选细分变量因素

对于潜在旅游者的某些需求，特别是一些基本的旅游需求，不能作为市场细分的主要依据，只能作为企业制定营销策略的参考。即这些基本需求是无论企业怎样细分市场都必须使之得到满足的，而在细分市场时则要把它们剔除。例如上例中，良好的绿化环境、足够的活动场地、交通可达性、便捷安全的园内道路、完善的公园管理等是游客的共同需求，只有能使这些基本需求都得到满足的主题公园，才能进入游客的选择范围。只有主题公园在游乐设施等方面确实具备了创新性、刺激性、学习性、探索性等特色项目能满足潜在游客的不同需求时，这些潜在游客才能成为大型主题公园的现实顾客。企业筛选和剔除基本需求变量的目的，是进一步减少细分变量的个数，简化细分市场的过程，以做到比竞争对手更了解目标市场需求，从而取得市场先机。

5. 根据旅游者需求特征，区分细分市场并命名

经过以上三个步骤，剔除细分市场中潜在旅游者的共同需求后，细分市场保留的是能够相互区别的、各不相同的变量。这时，要对细分市场进行分析，结合各市场上旅游者的需求特征，为各市场命名分类，形成市场细分的基本类型。上例中，根据游客特征，可以大致区分五类细分市场并分别命名为：①学龄前儿童游乐市场；②中小学生游乐市场；③情侣市场；④中老年休憩康体市场；⑤其他市场。

6. "先分后合"，调整各类细分市场

"先分后合"就是要进一步调查、分析、评价各旅游子市场的特点，决定是否有必要再细分或重新合并，这一步骤是对市场细分的重新认识和必要的更正。实际上，市场细分包含着两层含义和过程，即"先分后合"的一个过程。"分"就是细分市场，即将一个大的整体市场按照市场需求的异质性特点进行细分；"合"就是细分市场的一定合并，即依据一定的旅游消费倾向（同质性），对全部子市场进行归类合并，从而确定规模合理，且能保证取得效益的若干细分市场，以便于旅游企业确定目标市场，制定有针对性的营销策略。

7. 测量细分市场的大小和潜力

要做到市场细分的有效性，就必须使企业选定的市场具有规模效益性。因此，旅游企业还要具体分析按上述步骤划分出来的各细分市场特征，结合一定区域市场规模与消费倾向变化趋势，调研并预测每个细分市场上潜在旅游者的规模和购买力，从而掌握各细分市场的潜力。市场细分最终要做到使各类细分市场达到一定的规模，具备一定的市场潜力和盈利能力，便于企业进行市场营销管理。

经过以上步骤，旅游企业便完成了市场细分工作，就可以结合企业自身的经营目标和资源优势，选择可进入性强、盈利性大的细分市场，制定相应的目标市场营销战略和市场营销组合策略，达到占领目标市场的目的。

二、生态旅游市场细分的依据

生态旅游市场细分的目的就是通过对生态旅游者的归类，使得旅游企业能更好地把握各旅游者群体的需求和消费特征，并在此基础上做出正确的营销决策。因此，生态旅游者的需求差异性是市场细分的基础。概括起来，细分生态旅游市场的变量主要有地理变量、人口统计变量、心理变量和行为变量四大类，如表 5-1 所示。

表 5-1 生态旅游市场细分变量

主要细分变量	次要细分变量	细分市场举例
地理变量	国家、地区、人口密度、气候、城市规模、交通、环保等	国际市场、国内市场；森林市场、海滨市场、山岳市场
人口统计变量	年龄、性别、职业、收入、受教育程度、国籍、社会阶层等	青年市场、中年市场、老年市场；高端市场、大众市场；男性市场、女性市场
心理变量	动机、生活方式、性格、兴趣等	传统型、时尚型；理智型、冲动型；顺从型、独立型
行为变量	频率、方式、偏好程度、行为特征等	观光市场、休闲度假市场、探险市场、康体市场；团队市场、散客市场

（一）地理变量

所谓地理变量细分，就是旅游企业按照旅游者所处地区的地理位置、地理环境和地理条件等变量来细分市场，然后选择其中一个或几个子市场作为目标市场。需要指出的是，虽然地理变量相对比较稳定，也易区分和分析，但在细分过程中，既要考虑宏观地理变量，也要注意选用微观地理变量，即所属某一类地理因素下的次要细分变量。这些次要细分变量具体、翔实，所细分的市场大多范围明确、市场操作性强，因此，在生态旅游市场营销过程中更具应用性。例如，按照自然环境特点划分的森林市场、海滨市场、山岳市场等，是生态旅游市场营销中重要的子市场。另外，需要注意的是，地理因素作为一种静态变量，对旅游者的区分较为笼统，而且处于同一地理环境下的旅游者在需求上也存在着明显的差别，因此还需要结合其他变量进一步细分市场。

1. 国家

由于一国之内的消费需求往往有许多相似性，而国与国之间则往往存在着明显的差异，因此，按国别进行旅游市场细分，是旅游目的地国家或地区细分国际旅游市场最常用的形式。根据旅游者的国界差别，旅游市场可划分为国内旅游市场与海外旅游市场。例如，就中国的客源市场而言，进入 2012 年，韩国、日本、俄罗斯和美国成为中国主要的客源市场，这 4 个国家所能提供的客源规模，明显领先于其他国家，为我国的一级客源市场。当然，各国来华旅游人数和位次也是逐年变化的。又如，泰国一直是世界上最为活跃的旅游目的地国家之一，2011 年泰国旅游发展最主要的客源市场是中国，中国游客最喜欢游览普吉岛、华欣、清迈、清莱和曼谷等著名景区。

2. 地区

即根据旅游者所在的不同地理区域细分生态旅游市场，如按国家、地区、省、市、县等细分的市场。根据地区变量，我国旅游市场一般可分为华北、华东、华中、华南、东南、东北、西北、西南等地区旅游市场。在一定的经营条件下，旅游企业可能考虑的地区市场是有限的。面对复杂的客源市场，旅游企业为了市场研究的目的，有时也将相关市场按地区分为一级市场、二级市场、三级市场，对不同市场采取不同的营销策略组合。由于不同地区的旅游者有着比较鲜明的需求特征和行为反应，因此，生态旅游市场细分中经常使用地区次变量。例如，四川王朗国家自然保护区生态旅游的一级客源市场是绵阳、成都等四川省内城市，以及重庆、广东、北京、云南、陕西、上海等省市市场；二级市场是浙江、江苏、湖南、山东和河北等省级市场。

3. 地理环境

地理环境因素，包括地形、地貌、气候、水体、生物等因素也是生态旅游市场细分时需要考虑的一个重要因素。特别是从生态旅游市场细分的角度，由一些地理环境次级变量可以直接划分出有意义的生态旅游市场和生态旅游产品，如山岳、湖泊、森林、草原、海洋、观鸟、冰雪、漂流生态旅游市场。作为细分因子，这些地理环境因素本身也是重要的自然生态旅游资源；同时，不同地区之间自然环境和资源的差异往往会对旅游者产生极大的吸引力。例如，生长于海滨地区的人们，向往神秘的雪域高原和戈壁、沙漠；而成长于内陆地区的人们，则对沙滩、海水浴和渔家风光很感兴趣；北方游客钟情于三亚的热带海滨风光；而南方的游客则新奇于北国的雾凇与冰雕。

4. 空间距离

由于地理位置和空间距离决定着两地之间的旅游交通条件、旅游时间、旅游费用等，因此，可以将空间距离作为细分变量，把生态旅游市场细分为远程、中程、近程等具体细分市场。有些旅游企业也依据距离里程或车程将市场细分为一级、二级和三级市场。一般来讲，近程旅游市场比较活跃，是旅游目的地国争取客源市场的焦点。中远程旅游市场来访的游客虽然数量相对较少，但大多是中上层生活条件的游客，他们一般在旅游目的地停留时间长、消费水平高。从今后生态旅游市场的发展趋势来看，随着交通工具、网络等现代化沟通方式的发展，远程旅游市场将得到进一步的发展。因此，旅游目的地国在大力发展近程旅游市场的同时，应有针对性地开拓中远程旅游市场。

（二）人口统计变量

人口统计变量细分，就是按照人口总量、年龄、性别、收入、职业、文化程度、宗教信仰、民族等人口统计学特征细分市场。由于人口因素比其他因素易于辨认和测量，因此常被用作细分旅游者市场的基本变量。由于旅游者的年龄、性别、收入、家庭状况等往往会对其消费选择产生综合影响作用，因此，为了更好地定义重要的旅游子市场，在实际细分市场的过程中，旅游企业很少用单一的人口特征来确定旅游者的需求和偏好，而是要考虑两个或更多的人口因素来细分市场。在人口因素的诸多次级变量中，又以年龄结构、性别差异、职业层次和收入状况等最为常见。

1. 年龄结构

根据旅游者的年龄结构，可以将生态旅游市场分为老年旅游市场、成年旅游市场、青年旅游市场、儿童旅游市场。其中，成年旅游市场是生态旅游市场的最重要部分，这一市场人数最多，购买力最强，是旅游市场中最具有经济实力的细分市场，也是较为理想的目标市场。国外学者有关国际生态旅游市场特征的研究表明，在年龄结构上，生态旅游者一般集中在35～54岁年龄段，不同年龄段的生态旅游者会对活动内容产生不同偏好。由于国内生态旅游市场发展还不成熟，因此相关研究目前还缺乏系统性，同时也较为零散。一些学者对国家森林公园和自然保护区的生态旅游者进行了相关的调研和分析，发现我国生态旅游市场的一些细分特征，如在年龄结构上，我国生态旅游者一般集中在25～44岁年龄段，与国外相似，也是以中青年旅游市场为主要市场。青年旅游者主要偏向于骑自行车、潜水等体能消耗较大、富于刺激和新奇的参与型生态旅游项目；而多数中年旅游者受到身体方面的限制而多选择观鸟、康体、森林旅游等生态旅游项目；同时，他们对旅游安全的重视程度也比较高。

从总体上讲，中青年市场是生态旅游的主体市场。但通过生态旅游市场细分可以发现，在某些具体生态旅游产品市场上，还存在着以中老年游客为主的细分市场。例如，有学者对澳大利亚西海岸野生花卉生态旅游市场的研究表明，有一半以上的观花旅游者年龄在55岁以上，这说明观花生态旅游市场主要以老年游客居多；而对南非Namaqua国家公园的研究也表明，观赏野花的生态旅游者多为老年人和退休人员，而且大部分人的年龄在50～65岁。

2. 性别差异

根据旅游者的性别差异，生态旅游市场可以分为男性市场和女性市场。男性生态旅游者一般倾向于登山旅游、探险旅游、漂流旅游等专业性强、运动量大、富有刺激性和挑战性的生态旅游活动。女性生态旅游者则多倾向于安全性强的生态旅游活动，以结伴旅游居多，表现出来的生态旅游兴趣与男性是不一样的。在市场细分特征上，虽然目前生态旅游者以男性居多，但女性比例也在逐渐上升，因此，开发适合女性市场的生态旅游项目，以吸引更多女性旅游者，是开发生态旅游市场的一个重要方向。

3. 职业层次和收入状况

在家电、房地产和服装等行业，收入细分已经成为市场细分的主要变量之一。由于旅游者的收入状况与其职业和受教育状况往往是相互关联的，因此，按旅游者收入进行细分生态旅游市场，一般与按职业和受教育程度细分市场的情况大致相同。

根据生态旅游者的职业层次和收入状况，可大致将生态旅游市场细分为高档生态旅游市场、中档生态旅游市场和低档生态旅游市场。其中，高档生态旅游市场中的旅游者一般追求品位较高的生态旅游产品和旅游条件，这类旅游者大多社会地位高、职业层次高、收入水平高、购买能力强。中档生态旅游市场是生态旅游的主要市场，这类市场中的旅游者一般选择中低档生态旅游项目，重视生态旅游产品的价格。在低档生态旅游市场，旅游者一般会选择价格低廉的生态旅游活动项目，在吃、住、行、游、购、娱各方面也表现出对价格的敏感性。旅游企业针对以上三类生态旅游市场的需求特点,可以提供不同档次的产品和服务来满足不同的需求。研究表明,大多数生态旅游者的职业层次和受教育程度通常比较高,其收入水平和购买能力也明显高于一般旅游者。

(三) 心理变量

心理细分变量是指以旅游者的一些心理特征来细分生态旅游市场。旅游者心理因素十分复杂,是一个内涵十分广泛而丰富的变量,它不仅与旅游者的个性特征有关,而且与旅游者的生活方式、文化素养、社会地位、价值观念、职业等因素密切相关。因此,运用心理因素这一变量细分市场是一项非常艰难的工作。心理变量虽不易把握,但对旅游者的决策行为具有明显的指向性作用,因此,也是一类非常重要的市场细分变量。需要强调的是,由于旅游者的心理特征与先天因素及其生活的社会环境有着密切的关系,因此,旅游企业还需要结合人口、地理等其他因素对生态旅游市场进行细分。

在第二章中,我们已经详细阐述了由旅游者的个性、购买动机等因素引起的旅游者购买决策行为的差异。在这里,仅对旅游者的生活方式、个性和动机三个次级细分变量做简单分析。

1. 生活方式

生活方式是指人们在生活、工作、消费、娱乐等方面形成的特定的习惯和行为倾向,旅游者对旅游产品的兴趣和要求在很大程度上受到其生活方式的影响,而表现出很大的差异性。如根据旅游者生活方式的不同,可以将生态旅游市场细分为传统型、时尚型、简朴型、环保型等。在生态旅游市场营销中,旅游企业应调研和分析旅游者所持有的生活态度和生活方式,针对不同生活方式的旅游者的需求特征和偏好来设计开发不同特点的生态旅游产品,并制定不同的旅游市场营销组合策略,以利于旅游企业从中发现新的市场机会,拓宽生态旅游市场。

2. 个性

个性是指一个人独特的心理特征的总和,包括气质、性格、能力和兴趣的个性特征。不同个性的旅游者对生态旅游产品的偏好和感受不同,因而会导致旅游者对产品选择的不同。旅游企业可以按照旅游者的不同个性细分生态旅游市场,通过开发设计差异化产品,并赋予产品和品牌某些与细分市场上旅游者的个性相一致的品牌个性,以求获得旅游者的认同,激发他们的购买兴趣和购买欲望。如果根据性格特征细分生态旅游市场,可以发现,外向型旅游者与内向型旅游者在很多行为特征上存在着明显的差别。外向型旅游者兴趣广泛,自主性强,活泼好动,喜欢运动,对刺激性和挑战性活动兴趣浓厚,同时在旅游决策行为中表现出一定的自主性和独立性。内向型旅游者则喜欢以自我为中心,注重安全和稳定,喜欢熟悉的旅游线路和活动,但他们追求旅游产品和服务的品质,对企业宣传促销持比较冷静的态度,不会盲从。如果根据气质特征划分,大致可以分为习惯型、理智型、经济型、冲动型、情感型、疑虑型等生态旅游细分市场。

3. 旅游动机

由于旅游动机是影响生态旅游行为的内在驱动力,且能通过一定的外显行为表现出来,因此,可以作为细分生态旅游市场的重要参数。旅游者的购买动机不同,会产生不同的旅游购买决策和购买行为。例如,我国学者张建春总结了近10年来国外生态旅游市场细分的研究成果,指出根据旅游者的心理需求和动机特征,结合国际生态旅游业发展的现状,可将国际生态旅游市场划分为四个类型,即野生生物生态旅游市场、"研究型"生态旅游市场、土著生态文化旅游市场和"以大众旅游市场为基础"的生态旅游市场。如野生生物生态旅游市场得以发展的原因是,许多国外生态旅游者出于支持不发达国家旅游业发展和开展环境教育的动机,而将野生动植物旅游作为一种重要的生态旅游活动和环保活动来发展。根据生态旅游者旅游内容的不同,还可以将野生生物生态旅游市场细分为观鲸生态旅游市场、观鸟生态旅游市场、观企鹅生态旅游市场、观赏野花生态旅游市场和生态垂钓旅游市场等。

(四) 行为变量

生态旅游市场行为变量细分,是指根据旅游者的购买时机、追求的利益、购买频率、购买方式等行为特征对生态旅游市场进行划分。其具体细分变量因素列举如表5-2所示。

表5-2 旅游市场的行为细分变量

细分标准	具体细分变量因素列举
行为变量	购买时机(如旺季、淡季、节假日)
	追求的利益(如方便快捷、浪漫、刺激、舒适、经济实惠)
	购买频率(如很少购买、多次购买)
	购买方式(如团队、散客、网络预订)
	购买渠道(如旅行社、网络、航空公司、酒店)
	待购状态(如不知道、感兴趣者、计划出游者)
	产品使用状态(如未到访过、初次到访者、经常到访者)
	品牌忠诚度(如品牌忠诚者、品牌不定者、无所谓者)
	对产品的态度(如满意者、不满意者、反对者)

虽然一些市场营销人员认为,旅游者行为分析是进行市场细分的最佳起点,但在实际操作过程中,却存在着旅游者购买行为特征因较为抽象而较难采集具体数据和准确描述的问题。为了有效地运用这种细分方法合理细分生态旅游市场,一方面,旅游企业要进行深入的市场调研,对旅游者的行为特征进行细致的研究分析;另一方面,还应结合其他的细分方法来进行多因素综合细分。

1. 购买时机

根据购买时机细分市场,既可以按季节将生态旅游市场细分为旺季市场、淡季市场和平季市场等,也可以按节假日将生态旅游市场细分为如寒暑假旅游市场,或春节、中秋、国庆节旅游市场等。当然，旅游企业还可以根据经营目的把特定时机或固定时机作为细分市场的依据，如将每年一次的大型啤酒节、风筝节、牡丹节等细分出单独的市场，或将相对固定的周末度假市场作为主要服务市场等。由于目前生态旅游市场出现的节假日或旅游旺季"扎堆"现象，导致很多生态旅游目的地和生态旅游景区人满为患，不仅严重影响到生态旅游者的旅游质量和旅游感受，也给当地带来环境"超载"等严重问题。因此，如何开发淡季市场，平衡和调节旅游者的淡旺季购买行为，使淡季"不淡"，已成为旅游企业生态旅游市场营销中亟须解决的一个问题。

2. 追求的利益

旅游者购买生态旅游产品过程中所追求的利益主要体现为旅游者不同的出游目的，如放松身心、求奇探险、享受大自然、文化学习、康体娱乐等。通过了解旅游者所追求的利益并据此细分市场，有助于旅游企业设计开发专项生态旅游产品以满足不同旅游者的需求，如为新婚旅游者设计浪漫舒适、愉快安静的旅游产品；为商务客人提供优质快捷的旅游服务；为工薪阶层与学生提供质优价廉、经济实惠的旅游产品等，都是基于旅游者对旅游产品追求的利益基础之上。同时还应创造新的利益，并推出有特色、差异化的新品牌，以引导消费，扩大市场销售。

3. 购买频率

根据旅游者购买和消费旅游产品的频率来细分某些生态旅游市场，可分为初次到访型、少数到访型和经常到访型几个市场。这种市场细分，有利于深入描述探析不同购买数量特征的旅游者在需求特征、行为习惯等方面的偏好；同时，这一变量也反映了旅游者对某一生态旅游产品的忠诚度。例如，观鸟生态旅游市场是一个专业性较强且较为复杂的市场，加拿大学者 McFarlane（1994）在对艾尔伯特地区观鸟者的旅游频率和经验水平进行调研后，将观鸟者群体细分为四种类型，按专业化水平由低到高的顺序分别为偶尔观鸟型、初学型、中间型和高级型。偶尔型的观鸟者占其调查总人数的 43%，这些人只在家中后院里观鸟和喂食，辨别鸟类的经验不多，在观鸟旅游活动上投资也较少；而仅占调查总人数 7% 的高级型观鸟者，每年则要进行多次观鸟旅游，能够辨别出许多鸟类，且其旅游投资较多，而对其他非鸟类旅游活动的兴趣则不大。

通过旅游者的出游频率来细分市场，不仅对旅游企业设计开发专业性较强的生态旅游产品有指导作用，而且有助于企业在稳定已有客源市场的基础上，积极开拓新的潜在市场。

4. 购买方式

根据旅游购买和消费方式不同，旅游市场可大致划分为团体旅游市场与散客旅游市场。其中，旅游团体又可依据团队性质与档次差别，划分为观光团与专业团，或普通团与豪华团等。针对生态旅游市场而言，在购买支出上，生态旅游者比一般旅游者愿意支付更多的费用。而在购买方式的选择上，他们更愿意少数人结伴出行，以体验融入大自然的独特感受；同时，与亲朋好友结伴或参加专业俱乐部组织的生态旅游活动的比例也比较高。

三、生态旅游市场细分的原则与方法

(一) 生态旅游市场细分的原则

旅游企业进行市场细分的目的，是为了选择和定位目标市场，制定有针对性的营销战略和策略，因此，在市场细分时必须要注意实用性与有效性的问题。一般说来，生态旅游市场有效细分的原则有四个：

1. 可衡量性

可衡量性是指经过细分后的生态旅游子市场在市场规模大小、购买力水平和销售潜力等市场特征因素上能够被识别和衡量。如果细分后的旅游子市场在规模、潜力等方面难以界定，在实践中不好把握和操作的话，就难以为旅游企业制定营销决策提供可靠的依据，该细分市场也就毫无意义。

2. 可接近性

可接近性是指通过市场细分后，旅游企业对选择的旅游子市场能够有效进入和为之服务，即旅游细分子市场必须适应旅游企业的经营目标要求和企业本身的市场开发能力，使企业能够通过开展营销活动占据一定的市场份额。考虑旅游细分市场的可接近性，实际上就是考虑旅游企业营销活动的可行性。如果所细分的市场上竞争对手很多，或者细分市场虽然存在未被满足的需求，但企业缺乏足够的实力去开发，显然这样的细分市场是不可进入或难以进入的市场。

3. 可盈利性

可盈利性是指细分的旅游子市场的规模，足以使旅游企业获得较好的经济效益并具有相当的发展潜力。因此，企业在选择细分变量进行市场细分的过程中，要注意规模效益问题，既要考虑选取合适的变量发现并满足旅游者差异化的需求，又要考虑细分过度导致的市场规模过小及其导致的成本上升问题，在市场细分化与所增成本费用之间做出权衡和选择。

4. 相对稳定性

相对稳定性即企业细分并选择进入的细分市场应能保证旅游消费需求、购买趋向和销售潜力等在相当长的一段时间内不会发生大的动荡和改变，从而使旅游企业可以制定并实施长期的、连续性的营销战略和策略，避免因多种市场环境变化和市场特征改变而带来的经营不稳定风险。

(二) 生态旅游市场细分的方法

细分生态旅游市场需要考虑诸多细分变量因素，在实际操作过程中，通常依据以下方法加以选择和运用：

1. 单一变量法

单一变量法就是从影响旅游者需求的多种变量因素中，选取一种与旅游者需求差异相关的最重要的变量因素，并以此为标准进行旅游市场细分。例如游乐园依据年龄这一主要变量,将市场细分为1~3岁的婴幼儿市场、4~6岁的学龄前幼儿市场、7~12岁的儿童市场、13~17岁的少年市场和18~24岁的青年市场等。单一变量法比较简便,易于操作,但一般只适用于产品(服务)通用性较强、选择性较弱的市场。大多数情况下,这种方法只是对旅游市场进行细分的起点,即先期用此方法对生态旅游市场做比较粗略的市场细分,尔后再根据市场细分目的,结合其他变量进一步细分市场。

2. 综合变量法

综合变量法即分层细分的方法,就是根据影响旅游者消费需求的多个变量,组合运用多个变量标准对旅游市场进行细分的方法。在生态旅游市场细分中这种方法较为普遍。例如,同时以旅游者的年龄(老年、中年、青年、儿童)、性别(男、女)、所在地区(大中小城市、乡村)和利益追求(登山探险、民俗文化学习、康体娱乐等)四个变量因素细分双休日市场,经过对这些变量的组合分层,可以细分出很多的生态旅游子市场,如大城市中20~45岁的男性登山旅游市场。运用这种分析方法时,要注意选择与一定旅游产品市场特征相关的且影响突出的变量因素进行综合细分。

3. 系列变量法

系列变量法即考虑与旅游者需求差异相关的各种因素,将其按照由大到小、由粗到细的顺序对一定生态旅游产品市场依次进行系列细分的方法。这种方法是较严格意义上的市场细分方法,适于旅游者需求差异大,市场竞争比较激烈的生态旅游产品的市场细分。

一般来讲,可以根据某一旅游目的地或景区旅游实际接待总人数,结合其客源地地理距离因素,以及旅游者的实际消费能力等综合变量,将生态旅游市场细分为一级市场、二级市场和三级市场。一级市场是指在总接待人数中,来访者占最大比例的几个或若干个重要客源国或地区(一般可占40%~60%),也称重点市场,是旅游企业开拓的首要市场;二级市场是指来访者占相当比例的一些客源国或地区市场,也称辅助市场;三级市场是指到该目的地的来访者人数很少,而市场发展迅速,有潜力待开拓的国家或地区市场,也称机会市场或边缘市场。

(三) 生态旅游市场细分应注意的问题

旅游企业在运用细分变量进行生态旅游市场细分时应注意以下四个问题:

1. 市场细分是一个动态过程

市场细分的各项标准不是一成不变的,而是随着社会生产力及市场状况的变化而不断变化的,如人口状况、心理特征和消费收入水平等因素都是可变的。每一个细分子市场的规模和吸引力都会不断发生变化,因此,市场细分是一个动态过程。

2. 选取细分变量的基本依据是旅游者需求特征的差异性

细分市场的变量多少取决于一定市场范围内旅游者需求特征的差异化程度。如果旅游者对产品或服务的需求差异性小,就可以采用单一变量因素进行市场细分;如果旅游者对产品或服务的需求差异性较大,则应采取多个变量因素组合或系列变量因素,并分析这些因素的重要程度,从而保证市场细分合理、有效。

3. 不同的旅游企业在市场细分时所采用的变量应有所不同

市场细分是旅游企业开展目标市场营销的基础。由于各旅游企业的经营目标、资源实力和提供的具体产品与服务的实际情况各异，因此，各企业所采用的变量因素也应有所区别，从而保证了每一个企业都能够识别和确定对本企业最具吸引力的目标市场。针对这些目标市场，企业可以充分发挥自身人力、物力、财力和管理优势，从而取得最佳的营销效益。

4. 注意市场适度细分问题

细分旅游市场的变量也不是越多越好，超细化市场细分往往导致了各子市场规模过小，不仅会增加企业管理成本和营销费用，降低市场营销效率，还会给企业经营管理带来许多问题。当市场被过分细分时，旅游企业应实施减少细分市场数目的反细分化策略。同时，旅游企业还要把握市场细分的层次，适可而止，因为有些市场实际上是难以或不必要细分的。

通过市场细分，有助于旅游企业发现各种新的市场机会。但细分的目的并不仅限于此，细分并选择目标市场，是为了企业能充分地利用自身资源优势和实力，把握好富有吸引力的市场机会，在满足细分市场旅游者需求的基础上，取得良好的市场效益。

第三节　生态旅游目标市场选择

旅游企业在对整体市场进行细分之后，还要对各细分市场进行评估，然后根据细分市场的市场潜力、竞争状况等多种因素，选择其中一个或几个细分市场作为目标市场。进行目标市场的准确选择和定位，有助于旅游企业有针对性地了解各细分市场需求的变化，迅速而准确地调整营销组合策略，在细分市场上取得优势并占领市场。

一、生态旅游目标市场评估

（一）生态旅游目标市场

生态旅游目标市场就是旅游企业确定要进入的细分市场。一个企业往往根据自己的实际经营能力确定最有利的、机会最大的一个或几个细分市场，作为自己的目标市场。一般来讲，旅游企业选定目标市场必须具备三个基本条件：一是必须有相当的市场规模和发展潜力；二是保证有相对竞争优势，不易被竞争对手取代或挤垮；三是符合企业的经营宗旨和服务于目标市场的能力。

因此，在生态旅游目标市场选择过程中，一般采取定性与定量相结合的方法，测量细分市场的规模效益和增长潜力。从市场竞争角度出发，还要考虑细分市场的结构吸引力，包括同行竞争状况、新加入者进入的可能性、替代品的威胁、供应方和买方讨价还价的能力等，保证在细分市场上能够占有一定的竞争优势。同时，也要考虑所选择的目标市场应与旅游企业自身的发展战略、目标、形象、资源条件、实力相符合。另外,在选择目标市场时,还必须注意细分市场之间的相互关系,以及潜在细分市场的拓展计划等。这就需要旅游企业全面评估各个子市场的实际状况,从中选择出值得进入的目标市场。

(二) 生态旅游目标市场评估

目标市场评估是生态旅游目标市场选择的一项基础性工作。在具体评估目标市场之前,旅游企业首先需要对所有细分市场进行初步筛选,其目的主要在于缩小选择的范围,降低评估成本。在此基础上,目标市场评估的主要工作是:

1. 评估目标市场潜力

旅游企业在评估目标市场潜力时,需要收集分析各细分市场目前的旅游产品销售状况、市场增长率和预期利润水平的详细数据资料,并评估旅游细分市场的可收益性。评估目标市场潜力可以简单地考虑两个方面的条件:一方面是竞争市场的现实规模,另一方面是企业在其战略计划期内市场的总体增长率。如图 5-3 所示,以横坐标代表现实规模,纵坐标代表市场总体增长率,划分出九个区域(子市场),各子市场潜力是各不相同的。对各子市场的评估和选择主要取决于旅游企业的战略目标。如果旅游企业的战略目标立足于现实的市场规模,那么应选择靠近区域 9 的地方作为目标市场;如果企业的战略偏向于未来市场的增长潜力,则应选择靠近区域 1 的地方作为目标市场。

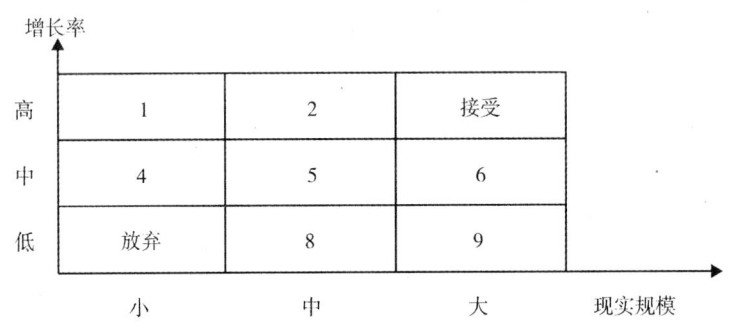

图 5-3 市场现实规模与市场增长率评估

2. 评估细分市场的开发价值

市场开发价值是指所选择的目标市场为企业带来的适当的经济利益。这可以通过对企业产品的成本效益评估进行分析,如"量本利分析法"、"投资报酬率法"等。

3. 评估细分市场的发展前景

细分市场的发展前景主要看产品的市场销售增长情况。某特定细分市场上销售增长情况良好,即市场增长率高,意味着这种产品在该市场上往往是有发展前途的明星产品,若企业能进入这一产品的某一特定市场,并针对竞争对手产品存在的问题加以改进,则会有良好的市场销售形势。这也与产品的生命周期有关,一般地,当产品销售增长率高,即销售增长速度较快时,意味着产品处于生命周期的成长期,会有越来越多的旅游者接受该产品,市场前景较好;反之,产品销售增长率低,则该产品市场前景不乐观,不应被选作目标市场。

二、生态旅游目标市场选择策略

一般意义上,生态旅游市场营销过程中要选择高收入、高知识水平、环境意识较强,同时具有回归自然、享受自然、保护自然需求动机的真正的生态旅游者群体作为目标市场。但是,在实际操作中,要依据各目标市场的潜力规模、区位交通条件及可达性、竞争状况、经济发展水平与消费能力等条件,选择和确定客源目标市场区域和开拓市场的先后顺序。能否正确选择目标市场,直接决定着旅游企业今后发展战略和营销策略的制定。目标市场范围的选择大体上有五种策略,如图5-4所示。

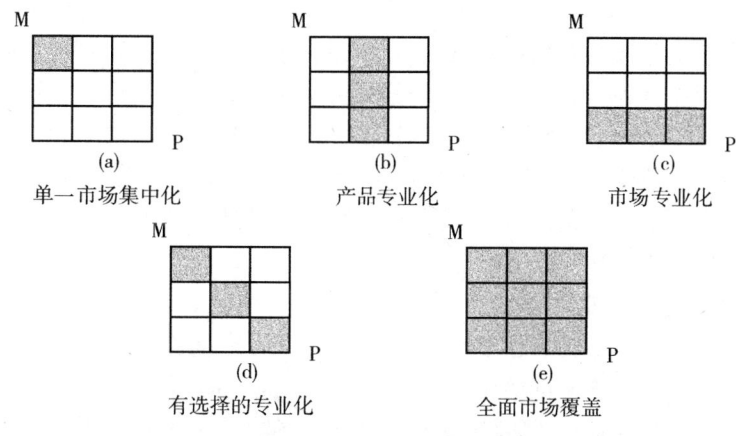

图 5-4 目标市场选择策略

注:图中横坐标(P)代表产品,纵坐标(M)代表市场。

1. 单一市场集中化策略

所谓单一市场集中化,就是旅游企业从生态旅游市场和产品角度出发,只选择一个细分市场,集中力量为这一市场提供产品和服务,即图5-4(a),如旅游企业专门经营温泉疗养型市场。此种选择策略的优点是有助于企业对这一细分市场的需求状况做更深入的了解和分析,从而制定有针对性的营销策略;也可以确立良好的企业形象和声誉,以此在该细分市场上建立稳定的市场竞争优势;同时,还有助于企业节省管理成本,提高投资收益率。但采用这一策略也存在着明显的缺点,由于经营的产品或市场范围过于狭小,当目标市场需求突然发生变化,或遭到竞争者的激烈对抗时,市场风险陡然增大,甚至威胁到企业的生存和发展。因此,选择这一集中化策略时,企业应选择几个备用目标市场,在市场集中化策略取得成功或遇到市场风险时,能够及时扩展或转向这些目标市场,以预防和减少经营风险。单一市场集中化策略一般适用于资金实力有限的小企业,也适用于没有竞争对手或竞争对手很少的细分市场。

2. 产品专业化策略

旅游企业只向不同的细分市场提供一种生态旅游产品,来满足不同市场对这一产品的共同需求,即图5-4(b)。如一些著名生态观光型旅游产品(世界遗产旅游景区),只推出观光旅游产品以满足国内、国外不同市场的需求。由于专注提供一种产品,因此,产品专业化策略有利于企业形成和发展经营优势,树立起鲜明的产品市场形象,可集中进行产品的深度开发,也有利于管理和节省经营成本。但选择此种策略也存在着经营风险较大的缺点,在产品过时、被取代或淘汰的情况下,企业经营较易陷入困境。这要求企业在选择运用产品专业化策略的过程中,要特别注意生态旅游产品的改良和升级换代,并推出系列化产品占领市场,以尽量延长该产品的市场生命周期。产品专业化策略一般适用于具有优势甚至是垄断性资源的生态旅游目的地的旅游企业,使它们能以此推出具有竞争性的产品,满足不同市场的需求。

3. 市场专业化策略

市场专业化策略即旅游企业专门为某一特定市场提供各种不同的或者是系列化的生态旅游产品,即图5-4(c),如现代生态农业园。采用市场专业化策略,是由于产品种类多,能有效地分散经营风险;加之在特定市场上能以多样化的产品满足旅游者多方面的需求,因此有利于企业在这一市场上建立良好的市场形象,并形成稳定的客源市场。但由于集中于一定的市场范围,企业经营或因旅游者需求改变、降低等会形成一定的市场风险。这就要求旅游企业要努力塑造品牌形象,保持产品竞争力;同时,要具有较强的生态旅游产品创新开发能力。一般来讲,具有品牌知名度的生态旅游目的地的企业可考虑采用市场专业化策略。

4. 有选择的专业化策略

有选择的专业化策略是指旅游企业选择若干个细分市场作为目标市场,针对这些不同的目标市场相应地推出不同的生态旅游产品的策略,即图5-4(d)。这些细分市场之间很少或根本没有任何联系,然而每个细分市场都适于企业开展营销活动,且都符合旅游企业的目标和资源,并能够盈利。这种多市场策略优于单个市场策略,因为即使某个细分市场失去吸引力,企业仍可继续在其他细分市场获取利润,因此能有效地分散经营风险。但这种策略也要求旅游企业有能力设计开发具有竞争力的不同生态旅游产品,并具有较强的经营管理能力。如实力强大或品牌形象突出的旅游集团,就可以采取这一策略,针对不同需求的目标市场提供完全不同的生态旅游产品。

5. 全面市场覆盖策略

全面市场覆盖策略是指旅游企业把细分后的所有子市场都作为目标市场,全方位地推出各种生态旅游产品以满足各类顾客群的需求,即图5-4(e)。这种选择策略的最大优点是多元化经营能最大程度地分散市场经营风险,但也有一定的难度,一般来讲,只有行业内有实力的大型集团化企业,才有实力把经营范围扩展至各个不同经营领域,并在人、财、物资源和组织管理能力等方面具有覆盖全部市场的能力。当然,采取全面市场覆盖策略的企业,还应根据不同的生态旅游产品所处地理区位环境、资源特性、知名度、种类及其产品生命周期等特点,在各细分市场上采取不同的营销策略。

三、生态旅游目标市场营销策略

(一) 目标市场营销策略

旅游企业在评估各细分市场和选择确定目标市场后,进而要用营销策略组合来满足目标市场上顾客的需求。由于目标市场顾客需求存在较大的差异,旅游企业在具体目标市场上所采取的营销策略也是不一样的。旅游企业通常采用的目标市场营销策略有三种,即无差异营销策略、差异性营销策略和集中性营销策略。

1. 无差异营销策略

无差异营销策略是将整个生态旅游市场视为一个相同或近似需求的无差异整体市场,采用单一旅游市场营销组合策略(相同的产品、相同价格、统一渠道、一样的广告),来满足目标市场旅游者的需求,如图5-5所示。

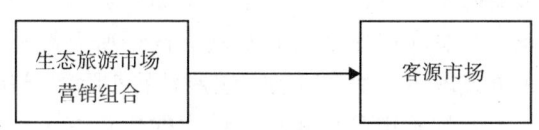

图5-5 无差异营销策略

采用无差异性营销策略有两种情况:一是客观上某些产品同质性强,市场需求差异性小,企业可以忽视子市场之间的差异,无须采取差异营销策略,即提供同一旅游产品和服务,满足共同需求;二是主观上企业不重视市场需求差异,试图运用无差异营销活动来满足市场上大多数旅游者的共同需求,并依赖大众化的广告宣传和广泛性的分销渠道开拓市场,力图在旅游者心目中建立起一个稳固的产品形象。这两种情况在产品特色突出或供不应求的市场环境中较为多见。

无差异性营销的优点是采用单一市场营销组合策略能最大程度地降低企业营销成本,不需要进行开拓子市场的调研和计划,节省广告宣传等促销费用,大大降低企业的营销管理难度。但这种策略也存在很大的局限性,因为在实际操作过程中,通过一种产品或一个品牌去满足所有旅游者的需求并非易事。随着旅游市场竞争的加剧,以及旅游需求的多样性变化,无差异营销难以满足市场的多样化、个性化需求,因此也存在着营销风险。而且,当企业采用这种策略时,其他企业很容易瞄准有差异的细分市场进攻,使得企业的市场份额逐渐被竞争对手蚕食,最终难以保住市场优势地位。这种状况一旦出现,不仅会造成企业获利很少的局面,而且容易形成低价恶性竞争,导致市场竞争更加激烈。伴随着自然、科技等环境的不断变化,以及旅游者需求的日益多样化发展,无差异营销在实际运用过程中将越来越难操作和实施。

一般来讲,无差异性营销不适于探险、漂流等专业性较强的生态旅游目标市场,而是适用于需求广泛、有大量潜在市场的观光产品市场,也可用于规模大、资源垄断性强、产品不易模仿的生态旅游产品的营销过程中;同时采用这种营销策略必须建立起广泛的分销渠道，并在全部市场上能开展强有力的广告宣传活动和统一的促销活动。因此，一般只有规模大、国内外知名度高的旅游企业才适于采用。当然，在规模较小的细分市场上，实力较弱的小企业也可以采取这种无差异营销策略。

2. 差异性营销策略

差异性营销策略，是将整体市场划分为若干个细分市场，根据不同的目标市场状况采用不同的营销组合策略，以满足每个市场不同的消费需求，获得良好的销售效果，如图5-6所示。

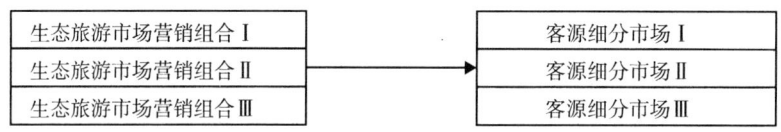

图5-6 差异性营销策略

采用差异性营销策略时有两种情况：一是在市场细分的基础上选择多个细分市场进行多市场的差异营销；二是在市场细分的基础上选择所有细分市场开展全方位的差异营销。企业选择哪种方式取决于细分市场需求差异的实际状况和自身的竞争实力。

差异性营销策略与无差异营销策略相比，最大的优点在于旅游企业营销组合策略的实施更有针对性，使不同生态旅游者的多样化、个性化需求能得到更好的满足，有助于企业同时在几个细分市场上都获得成功；有利于旅游企业提高产品形象和市场占有率，在目标市场上获取稳定的竞争优势，由此促进产品销售；同时，由于在多个不同细分市场上开展经营活动，大大分散了市场经营的风险，即便某一市场发生变化，也不会给旅游企业的经营带来严重损失，企业不易陷于经营困境中。当然，这种策略也有不足之处，最大的问题是生产成本与销售成本明显增加，因为需要针对不同目标市场分别开展市场调研、预测、广告促销、人员推销和销售渠道的管理，这就必然要增大相应的经营投资和营销成本；同时，无法有效地集中营销优势资源，多个目标市场的管理难度也会相应加大。因此，在确定采用差异性营销策略之前，旅游企业必须进行市场调研和预测，并权衡成本效益。

一般地，只有部分实力雄厚的大型旅游企业集团和大型景区才适于采用差异性目标市场营销策略。另外，由于一些旅游企业的生态旅游线路产品在线路产品组合方式上要遵循主题性、特色性和环保性的原则，因此在成本效益分析的基础上也可考虑尽量采用差异性营销策略。

3. 集中性营销策略

集中性营销策略也称为密集性营销策略，是指旅游企业集中力量进入一个或几个细分市场，实行密集营销，凭借有限的人、财、物资源取得较高的市场占有率。如图5-7所示。

前述两种营销策略都是以整体市场或其中的一部分市场为目标市场的，而集中性营销策略则把目标市场重心放在一个细分市场上（或对该市场进一步细分后的几个更小的市场部分），集中力量为该市场开发一种理想的产品，通过专业化生产和经营，从

第五章 生态旅游市场营销战略

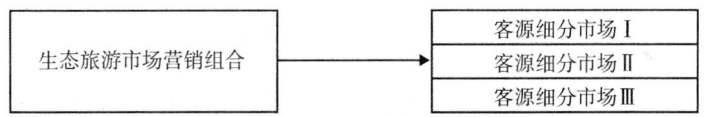

图 5-7 集中性营销策略

而在选定的目标市场上取得竞争优势。实行这一营销策略的出发点是：与其在一个大市场上竞争取得一个较小的市场份额，还不如在一个较小的市场上取得较大的市场占有率。因此，这一策略特别适合于资源力量有限的多数中小旅游企业。由于这些企业受资源特色、财力、营销能力等方面的限制，在整体生态旅游市场上无力与大企业抗衡，但如果集中资源优势在大企业尚未顾及或尚未建立优势地位的狭小市场上进行竞争，比大企业更出色地为这一市场提供特色产品和服务，就有可能占有较大的甚至是领先的市场份额。待市场形势稳固后，再向其他细分市场或更大的市场发展。

实施集中性策略的优点是：在特定细分市场上，旅游企业可以全面深入地了解和把握市场需求特点，因而能最大程度地满足旅游者的需求偏好，易于建立起企业良好的市场形象和市场地位，营销效率明显提高；同时，集中化经营有利于旅游企业在特定市场上实行生产、分销和促销的专业化与特色化经营，形成低成本优势和竞争优势。这种目标市场策略的缺点是市场集中有较大的风险，一旦市场突然发生变化，如旅游者的兴趣发生转移，有强大竞争对手进入，或新的更有吸引力的替代品出现，企业经营很有可能陷入困境。此外，选定某一市场意味着放弃其他的市场机会，对企业来说以后再想进入这些市场是很困难的。

这一策略适于资源力量有限的中小旅游企业和知名度较低的旅游景区。特别是许多生态旅游产品主题功能定位明确，又受限于资源和区位条件，其市场有限，宜采用集中性营销策略。

无差异营销策略、差异性营销策略和集中性营销策略的市场范围、适用条件各异，具体实施中优缺点也有很大的不同，三种目标市场营销策略的对比如表 5-3 所示。

表 5-3 三种目标市场营销策略对比

营销策略	市场范围	适用条件	优点	缺点
无差异营销	不经细分的整体市场	市场供不应求或同质性高，大企业	成本经济性好	满足需要的程度低，竞争力较弱
差异性营销	经过细分的整体或大部分市场	异质产品或市场，大中型企业	满足需要的程度较高，竞争力强，经营风险低	费用高
集中性营销	一个细分市场	异质产品或市场，小企业	满足需要的程度高，市场占有率高，费用低	经营风险大

(二) 目标市场选择的制约因素

上述三种目标市场策略各有特点,在实践中旅游企业应选择何种策略,要综合考虑相关因素加以确定,这些因素主要包括生态旅游市场需求特点、旅游企业自身实力与资源条件、生态旅游产品的差异程度、生态旅游市场的差异程度、产品生命周期,以及竞争对手实力及所采用策略。

1. 生态旅游市场需求特点

当生态旅游市场上的消费者在某一时期的需求、偏好及其他特征很接近,市场需求基本接近时,适宜采用无差异市场策略。而对于旅游者需求异质化特点突出的生态旅游产品市场,则要采用差异性市场策略或集中性市场策略。

2. 旅游企业自身实力与资源条件

旅游企业的实力与资源条件既包括自身人力、物力、财力条件,也包括其产品设计开发能力、销售能力和服务与管理能力等。若旅游企业实力雄厚,管理水平高,根据产品的不同特性可考虑采用无差异营销策略或差异性营销策略;反之,如果旅游企业的实力目前尚显不足,人力、财力、物力等资源条件有限,还无力顾及整个市场或多个细分市场,则采用集中性营销策略效果更好。

3. 生态旅游产品的差异程度

生态旅游产品的差异程度即产品的同质性或异质性。某一旅游产品或服务同质性强,则意味着这种产品或服务的替代性也强,表现为其市场竞争激烈,且主要集中在价格竞争上,这种情况下旅游企业宜采用无差异性营销策略,通过提高产品或服务的质量,制定合理的价格来扩大市场,降低成本。而对于目标市场需求差异大,旅游产品或服务的特色突出,异质性强,旅游企业就需要考虑采用差异性营销策略或集中性营销策略。

4. 生态旅游市场的差异程度

生态旅游市场的差异程度即市场的同质性或异质性。市场同质性强,意味着各细分市场相似程度高,目标市场旅游者的需求、偏好及其他特征的接近程度高,共同点较突出,对市场营销策略的刺激反应也大致相同,在这种情况下,旅游企业可考虑采取无差异营销策略;反之,市场异质性强,目标市场需求差异大,则宜采用差异性或集中性营销策略。

5. 产品生命周期

旅游产品的市场生命周期一般分为导入期、成长期、成熟期和衰退期四个阶段,旅游企业应根据产品所处的市场生命阶段适时调整营销策略。当旅游产品处于导入期或成长期时,市场增长快,同类竞争品不多,竞争者较少,可采用无差别营销策略或集中性营销策略打开市场。当旅游产品进入成熟期后,同类产品增多,市场竞争日益激烈,为延长成熟期,企业宜采用差异性市场营销策略,以开拓新市场,继续扩大销售量。旅游产品进入衰退期后,企业可采用集中性营销策略收缩产品线,以便保持部分市场,在个别尚有潜力的市场上尽量维持市场销量,延长旅游产品的市场生命周期。

6. 竞争对手的实力及所采用策略

在选择目标市场营销策略时，旅游企业一般采取与竞争者不同的营销策略。但也要具体考虑竞争对手的实力和数量多少，若竞争对手实力较弱或数量较少，竞争情况不激烈，企业可以采取无差异市场营销策略，凭借实力战胜对手；反之，若竞争对手实力较强或数量较多，则表明市场竞争激烈，企业就必须采取不同的差异性或集中性营销策略，以求在市场上赢得一席之地。同时，旅游企业也必须充分考虑竞争者尤其是主要竞争对手的策略取向。如果竞争对手已采用了差异性市场营销策略，则企业应采用差异性策略跟随或采用集中性营销策略避开正面冲突；若竞争对手已采用了无差异营销策略，则企业就要在充分市场调研的基础上，寻找产品市场的差异化途径，或选取重点细分市场进行集中性营销。

综上所述，旅游企业必须从实际市场特点出发，在综合考虑多种因素的前提下选择具体的目标市场策略。旅游营销策略一旦选定，就要保持相对的稳定性，但也要随着市场营销环境和企业经营状况的变化进行适当的调整。另外，需要强调的是，旅游企业在选择目标市场时，还要考虑目标市场的社会、法律、伦理道德因素以及环境保护的问题。旅游企业，特别是开展生态旅游的旅游企业，在目标市场选择和实施营销策略的过程中，应对社会负责，对旅游者负责，对环境负责，不能也不应该把目标市场选择当做是攫取利润的途径，而无视社会利益、旅游者利益，以及资源环境的良性循环和可持续利用。特别是选择以自然生态旅游为旅游目标市场的旅游企业，就必须持有一种高度的社会责任感和可持续发展的经营理念，其经营行为不仅要考虑企业自身的经济效益，更要考虑目标顾客的利益和环境的利益，通过开展绿色营销，提高企业经营的综合效益。

第四节　生态旅游目标市场定位

旅游企业在选定了目标市场后，还应在每个细分市场上实施定位策略，以便决定怎样进入和如何占领这些目标市场。通过市场定位，有助于旅游企业树立形象，建立有别于竞争对手的市场优势。随着市场定位的确定，旅游企业可以正确、有效地制定和实施旅游营销组合策略，以获得经营的成功。旅游市场定位是"STP"营销策略中的一个重要组成部分。

一、生态旅游市场定位的含义和作用

（一）生态旅游市场定位

市场定位是在20世纪70年代由美国两个广告经理艾尔·里思（Al Ries）和杰克·特罗（Jack Trout）提出的。他们在美国《广告时代》上发表了名为《定位时代》的系列文章，以后，他们又把这些观点和理论集中反映在他们的第一本著作《广告攻心战略》一书中。他们认为，市场定位的概念是"市场定位开始于一件产品，一件商品，一项服务，一个公司，一个机构，甚至是一个人……但市场定位并不是你对产品本身做什么，而是你在有可能成为你的顾客的人的心目中做些什么。也就是说，你为你的产品在潜在的顾客心目中安排一个适当的位置"。"市场定位"概念一经提出，便被广泛运用于市场营销理论研究和具体实践中。美国著名市场营销学家菲利普·科特勒（Philip Kotler）认为，市场定位就是"对公司的产品进行设计，从而使其能在目标顾客群体中占有一个独特的、有价值的位置的行动，其本质上是一个寻求差异化的过程，通过市场定位，让消费者更清楚地知道本企业的产品和其他竞争产品有何不同"。可见，市场定位不仅是一个确定企业市场形象的问题，而且是与目标市场的需求、产品开发、促销、定价、销售渠道、顾客服务紧密相关的战略内容。在旅游市场营销中，由于竞争环境的日益复杂，市场定位的作用显得更加重要。

生态旅游市场定位就是旅游企业或生态旅游地在进行市场调研、了解竞争者旅游市场定位的基础上，充分挖掘和塑造自身的生态化特色，从而在目标顾客心目中树立起生态旅游形象的营销过程。其实质就是专门针对目标市场旅游者的特定需求，强化或放大某些产品的生态化特色，并根据市场竞争的实际情况，通过独特的营销组合策略的运用，使之在目标顾客心目中形成鲜明的、差异化的形象，并最终成为旅游者选择和购买决策的依据。

市场定位离不开产品和竞争，因此市场定位、产品定位和竞争定位三个概念经常交替使用。在内涵上，市场定位强调的是在满足需求方面与竞争者相比，企业应使顾客产生何种印象；产品定位是指就产品属性和特征而言，企业与竞争对手产品在目标市场上各自处于什么位置；竞争性定位则强调在目标市场上与竞争者的产品相比较，企业应提供何种特色的产品。三个术语虽然在内涵上有所区别，但都是围绕企业定位问题进行探索和实践的，因此可以理解为同一个含义，只是研究角度不同而已。

（二）生态旅游市场定位的内涵

生态旅游市场定位的核心内容，就是突出产品与市场的竞争性和差异性定位导向。其内涵包括：

（1）在市场中建立并保持与众不同的位置的过程。即通过定位找到本企业旅游产品在整体形象和具体产品方面的独特性和差异性，达到帮助旅游者识别的目的。

（2）相对于市场上的其他产品来定位。即在考虑竞争对手市场定位的基础上，要找到本企业有别于其他竞争对手在产品质量、服务、价格等方面的优势，并尽量做到使这一优势难以被竞争对手模仿。

（3）按市场需求定位。即旅游企业或生态旅游区必须在进行市场调研的基础上，充分了解目标市场旅游者的需求和购买倾向，找到同质性需求，发现异质性需求，并据此制定适应目标市场需求特征的定位策略，实施针对性较强的营销策略组合来满足市场需求。

（4）对于不同细分市场应有所不同。即考虑各细分市场上需求特征和竞争状况的实际情况,分别采取不同的定位策略及相应的市场营销组合策略。

(三) 生态旅游市场定位的作用

生态旅游市场定位是旅游企业目标市场营销中必须予以高度重视的战略问题。准确、成功的市场定位有助于企业获得一种持久的、不易被模仿的市场竞争力。随着国内外市场环境的变化和企业竞争的加剧,市场定位战略日益成为企业营销体系的核心和支柱。生态旅游市场定位对于旅游企业和生态旅游地的重要作用体现在以下四个方面:

1. 有利于旅游企业和生态旅游地有针对性地开展市场营销活动

生态旅游市场定位只有与目标市场的需求紧密联系起来,才能制定有针对性的营销策略组合并加以具体实施。生态旅游市场定位建立在科学、准确的市场细分和目标市场选择的基础上,在旅游企业或生态旅游目的地对各细分市场中旅游者的消费需求和市场竞争状况有了充分的了解后,就要通过识别旅游者需求,开发并向旅游者传播与竞争者不同的优势生态旅游产品或服务特色,使旅游者对该产品或服务有比竞争产品或服务更好的认知。可见市场定位不仅仅是一个旅游企业与旅游者沟通的过程,也是开展独特的市场营销活动以满足市场需求的一个过程。

2. 有利于旅游企业和生态旅游地树立起鲜明的形象

在买方市场条件下,产品之多令旅游者目不暇接,难以选择决策。如果企业不能给产品一个明确的定位,旅游者就难以辨明产品的特色和能从中获得的利益。旅游者的购买选择和决策具有很大的随机性,既可能选择本企业的产品和服务,也可能选择其他企业的产品和服务,那么,企业经营就必然存在很大的不稳定性。生态旅游市场定位就是通过对生态旅游地和旅游企业及其产品塑造鲜明的特色或个性,在旅游者心目中树立起独特的市场形象,并通过持续性的旅游促销活动,逐步强化和巩固其市场地位,提高市场竞争力的过程。

3. 有利于旅游企业和生态旅游地拓展目标市场潜力

通过生态旅游市场定位,可以促使生态旅游地和旅游企业的营销策略更有方向性和目的性,力求通过广告等宣传促销活动将这种差异化定位传递给旅游者。只要这种定位契合旅游者的心理需求和感受,就必然会获得市场认同和一致性反应,在旅游者心目中形成稳固而持久的地位,而不再需要企业大把花钱搞广告狂轰滥炸。生态旅游地和旅游企业据此开展集中有效的营销活动,有利于激活潜在目标市场,有效扩大市场范围,形成对旅游者强大的市场吸引力;同时,有利于合理地安排目标市场开发顺序及其营销管理投入,避免由于盲目开发而造成的人力、财力和物力的浪费。

4. 避免旅游企业和生态旅游地间的恶性竞争

随着生态旅游市场的扩展和完善,旅游企业之间的竞争也愈演愈烈,诸如抢客源、抢资源、低价格竞争等现象屡见不鲜,导致一些竞争企业两败俱伤甚至多败俱伤。通过有效的市场定位,旅游企业致力于以产品品质、服务特色、人员和形象等方面的差异化立足市场,注重在旅游者认知中获得比竞争对手更好的评价和排序,而不是耗费很多精力与竞争对手打价格战或促销战来赢得市场,这样自然就能减少或避免企业间的恶性竞争。

二、生态旅游企业定位策略

（一）生态旅游市场定位的主要策略

生态旅游目标市场定位是生态旅游产品营销的前提，决定着生态旅游营销组合策略的制定和实施。因此，必须要紧紧抓住生态旅游资源特色、环境和人文背景，以及当今生态旅游市场的发展趋势，突出特色进行定位。生态旅游目标市场定位策略主要有：

1. 根据生态旅游产品特色进行定位

根据生态旅游产品具有的生态特色，或者说是根据目标顾客所追求的生态旅游利益来进行市场定位，力求体现产品生态化功能的定位，这是应用最广泛的市场定位方法。构成生态旅游产品生态化特色与功能的许多属性和利益，包括它们的组合形式，都可作为市场定位的依据。例如对于推出绿色饭店的企业来说，其客房产品的生态化功能可能体现在用环保材料制作家具、天然织物床品、环保地板和墙纸等设施上，也可能更多地体现在设置废物回收箱、不提供牙膏等一次性用品、使用节能灯、用过滤后的水来冲刷马桶等节能环保措施上，或者是将这些绿色产品属性和利益进行任意组合。由于特色化生态旅游产品的价格往往高于普通旅游产品，因此，根据生态旅游产品特色定位要考虑旅游者的认可和接受程度。

2. 根据产品质量—价格之间的联系进行定位

根据产品的质量高低灵活定价和调整价格，是市场营销中经常使用的价格策略。这种定位策略实际上是产品和价格两种策略的组合形式，即用产品价格作为反映其产品质量的标志。"质量—价格"的关联性反映的是旅游者对旅游产品带给自己的实际价值的认同程度，即旅游者对产品"性价比"的判断和接受。这一定位策略一般采取的做法是产品品质和档次越高，特色越突出、鲜明，制定的价格就越高。对于一些有品牌知名度的旅游企业和生态旅游目的地来说，一般都采取在提供高质量、高档次旅游产品和服务的同时，制定出高价撇脂策略，在旅游者心目中建立起高价即高质的品牌形象，并使品牌旅游者认识到高质高价产品所带来的高效用和高利益。近几年来，我国许多著名生态旅游景区的门票价格上涨很快，在受到旅游者质疑的同时，其经济效益仍然可观。这是因为这些知名景区拥有独特的、高品质的生态旅游资源，许多景区的生态旅游产品可以说是独一无二的，因此，其高价策略同样也能吸引目标市场顾客的购买。当然，旅游企业以产品"质量—价格"联系为主要依据进行市场定位时，必须注意产品质量与价格的配合，即制定价格时要与产品质量、服务形象、属性与利益等一致配合，否则，就会造成价格错位，出现市场定位混乱的问题，比如低质高价或高质低价等，都不利于建立产品良好的市场形象。

3. 根据产品使用者类型进行定位

这是根据不同类型使用者的需求与行为特征，塑造产品在这些顾客群中的合理定位。旅游企业针对这些目标市场的需求偏好及特定的消费模式，制定相应的营销战略和策略,就能对企业形象定位战略的实施起到促进作用。如某饭店自称"商旅之家",专为商旅人士服务;某专营探险旅游的旅行社称自己是"探险者之友",寓含其市场定位特色。

4. 根据产品的类别进行定位

根据产品的类别进行定位是非常普遍的一种定位策略。即企业按目标顾客所追求的主要利益,通过变换其产品类别的归属来进行市场定位。在生态旅游市场营销过程中,不论是为既有产品继续开拓市场,还是开发新市场,通过变换产品类别的归属进行定位都是一个有效的策略,可以帮助旅游企业扩大目标市场的范围。例如有许多旅游景区附近的饭店不将自己定位为饭店,而是定位于度假疗养中心;一些靠近温泉资源地区的酒店也纷纷突出温泉特色,将自己定位于温泉度假疗养中心等。

5. 借助竞争者进行定位

借助竞争者进行定位也称比附定位,即生态旅游地或旅游企业通过将自己与市场知名度较高的某一同行企业或旅游目的地进行比较,借助竞争者的知名度来提高自己市场形象的定位策略。其通常做法是,通过推出比较性广告,说明自己产品与竞争者产品在某一或某些性能特点等方面的相同甚至优异之处,从而达到引起消费者注意并在其心目中形成印象、树立形象的目的。如牙买加的旅游形象定位为"加勒比海中的夏威夷",借助美国夏威夷的知名度来提升牙买加的旅游形象;而我国海南省三亚市也将自己定位为"东方的夏威夷",从而从众多的海滨旅游地中脱颖而出。需要注意的是,这种定位策略一般只适于某些旅游企业产品或旅游地开拓新市场初期使用,在该产品或旅游地有了一定的市场知名度后,就要以塑造自身有特色的品牌形象,实施重新定位策略。例如三亚市在新的旅游发展总体规划中,将三亚旅游总体形象定位为"大美三亚",将国际旅游形象定位为"热带中国,大美三亚",将国内旅游形象定位为"大美三亚,度假天堂"。

(二) 旅游定位应避免的误区

旅游地和旅游企业在进行市场定位时,应慎之又慎,要通过反复进行市场调研,并充分参考分析竞争对手的定位策略,力图找到最合理的市场突破口。实践中,要避免出现以下四种情况:

1. 定位模糊

即定位不明确或无差异性,使得旅游者对旅游地或旅游企业产品或品牌只有一个模糊的概念,难以辨明竞争产品或品牌间的区别和独特之处,也可称之为定位不充分。

2. 定位过度

即定位过于狭窄,过分强调产品适于某一领域或某一方面,导致市场狭小,不仅浪费企业资源,影响营销效率,而且限制了企业的发展。

3. 定位混乱

定位时或者由于主题过多,或者由于品牌改变过于频繁,或者由于品牌延伸过度等,致使顾客对品牌形象不信任或感到混乱,这种定位状况不仅加大了企业营销管理难度。而且不利于企业品牌形象的建立和发展。

4. 定位可疑

企业定位时贪多求全,包含过多的定位要素,以及过于夸大的广告宣传等,极容易引起顾客的不信任,致使定位不成功,也容易使旅游地或旅游企业整体营销战略陷入困境。

由于定位最终决定着旅游者对某地或某一企业产品与服务的认知与决策,因此,市场定位不仅是一个确定旅游市场形象的过程,而且是与目标市场的产品、促销、定价、分销、顾客服务紧密相关的战略内容。当然,在实现定位的过程中,旅游地或旅游企业也需要通过一系列营销组合手段强化其定位战略,市场定位在很大程度上也就成为运用各种营销策略的指导基础。后文将对各种营销策略进行详细论述。

第五节 生态旅游市场营销组合策略

生态旅游市场营销组合策略是在分析生态旅游市场和目标市场营销战略的基础上制定的,基本的、模块化的营销组合策略包括产品策略、价格策略、分销策略和促销策略的组合,简称"4P"营销组合策略。如何通过运用"4P"组合促使生态旅游营销各控制变量因素达到协调统一、互相配合,是生态旅游营销中提高市场决策能力和营销效率的重要手段。

一、生态旅游市场营销组合的内涵

市场营销组合是现代市场营销理论体系中一个重要概念,由美国哈佛大学的尼尔·鲍顿(Neil Bolden)教授于1964年首先提出。同年,美国市场学教授麦肯锡将各种营销因素归纳为基于产品、价格、地点和促销的"4P"理论。此后这一理论受到学术界和企业界的普遍重视和广泛应用。确切地说,市场营销组合是企业针对选定的目标市场,综合运用各种可能的市场营销策略和手段,组成的一个系统化的整体策略的总称,其结果是实现预期的营销目标,取得最佳的营销综合效益。

生态旅游市场营销组合是旅游地或旅游企业的综合营销方案,即旅游地或旅游企业为增强竞争力,针对目标市场的需求特点,综合运用可以控制的各种营销因素(旅游产品、价格、渠道、促销等),进行优化组合,以满足生态旅游目标市场的需求,实现旅游地或旅游企业经营目标的营销方案。

对生态旅游市场营销组合的内涵,可以从以下三个方面来理解:

(1)生态旅游市场营销组合的实质是综合发挥旅游地或旅游企业的整体优势,从多方面做到"适销对路",以满足旅游者的整体要求,从而提高旅游的经济效益和社会效益。

(2)生态旅游市场营销组合表现为在特定时期向特定生态旅游目标市场,销售特定的生态旅游产品。

(3) 生态旅游市场营销组合是生态旅游市场竞争策略的组合。

二、生态旅游市场营销组合因素

(一) 麦肯锡分类法

市场营销理论中最常见、应用最广泛的营销组合因素分类法，是麦肯锡提出的4P分类法，即将各种营销因素归纳为产品、价格、渠道和促销四大类，这四个方面对企业营销组合来讲，都是不可缺少的组成部分。根据麦肯锡的4P营销组合理论，可将旅游地或旅游企业的可控制营销组合因素概括为生态旅游产品、生态旅游价格、生态旅游渠道和生态旅游促销。这四个组合因素的具体内容是：

(1) 生态旅游产品。即确定适销对路的生态旅游产品。具体而言，是指旅游地或旅游企业针对生态旅游目标市场制定营销计划时所考虑的与生态旅游产品有关的可控制因素，它包括生态旅游产品满足旅游者利益的程度、产品设计的合理性、产品的功能与特色、产品的品牌信誉、服务顾客的满意程度、旅游售后服务、产品质量保证等方面的内容。制定生态旅游产品策略时，必须重点考虑旅游者的需求、对旅游企业整体利润的贡献，以及产品竞争情况。

(2) 生态旅游价格。生态旅游价格应公平合理，并且符合目标市场的消费能力和承受能力。旅游地或旅游企业针对生态旅游目标市场制定具有竞争力的价格策略时可控制的相关因素，包括生态旅游产品的生产成本、产品营销与管理费用、产品定价策略、折扣调价、付款期限、信贷条件等方面的内容。生态旅游价格的制定必须符合旅游地或旅游企业的营销目标，同时有利于刺激和吸引旅游消费者的购买；另外，还要考虑目标市场的竞争状况，以避免引起激烈的价格竞争。

(3) 生态旅游分销渠道。就是把适销生态旅游产品从生产者手中转移到目标市场旅游者手中所经过的途径和环节，包括旅游批发商、旅游零售商、旅游辅助商等中间商和网络销售渠道。旅游分销渠道策略的目标是建立并管理好一个高效的分销系统。

(4) 生态旅游促销。就是通过多种促销手段的组合运用，达到有效地与目标市场旅游者进行信息沟通，并扩大销售的目的。具体包括广告、人员推销、营业推广、公共关系和网络传播等。生态旅游促销要注意推销、展销等传统促销策略与节庆活动、网络直销等现代促销手段的有机配合和综合运用。

(二) 考夫曼分类法

美国著名旅游市场学家考夫曼认为，营销组合是旅游企业力图使用的几个变量的综合，可以更好地满足顾客群的需要。对饭店来说，营销组合因素包括12种，即产品计划、定价、品牌、分销渠道、人员推销、广告、促销、组合（指能建立饭店形象的风格、设计、主题等）、陈列展示、服务、储存和市场调查。1980年，考夫曼在《旅游销售》一书中，又将上述12种组合因素归纳为6P，即人、产品、价格、促销、实施和组合。如表5-4所示。

表 5-4 旅游营销组合因素考夫曼分类法

考夫曼分类法	人（People）	指旅游企业通过市场调查确定的目标市场的消费对象，以及他们的需求与愿望
	产品（Product）	指旅游企业向顾客提供的包括有形设施与无形服务在内的整体旅游产品
	价格（Price）	指既符合顾客愿望，又能满足旅游企业利润要求的旅游产品价格
	促销（Promotion）	指促使顾客深信本企业的旅游产品是他们所需产品，促使他们增加购买的策略
	实施（Performance）	指旅游产品的传递，即旅游企业通过接待与服务，促使顾客再次购买，并为企业进行口头宣传的行为
	组合（Package）	指旅游企业通过产品与服务的结合，在顾客的心目中树立起本企业独特的形象，包括外观、风景、内部布局、维修、清洁卫生、服务人员的态度和仪表、广告设计，以及分销渠道等

（三）雷诺汉分类法

美国市场学家雷诺汉认为，鲍敦等人提出的多种营销组合概念都不能充分体现服务业的特点。服务性企业的营销策略应有别于制造业，需要显示出服务营销策略的各个要素及其重要性，并表明各个要素之间的关系。雷诺汉将旅游饭店的营销组合归纳为以下三类因素：产品与服务、表象和信息传递，其具体内容如表 5-5 所示。

表 5-5 旅游营销组合因素雷诺汉分类法

雷诺汉分类法	产品与服务	在以往的营销组合中，旅游饭店往往侧重于有形产品推销，对无形的服务则重视不够。但旅游者往往把产品与服务看成一个整体，因此，旅游企业应把产品与服务组合统一起来，不应将产品或服务当做独立的营销手段	
	表象	建筑	建筑的外部情况，以及各服务中心在建筑中的布局状况的合理性	使旅游企业的产品与服务有形化的所有因素
		地理位置	旅游饭店所处的地理位置、距繁华地区的距离状况	
		气氛	旅游饭店通过家具、灯光、音乐、装饰、面积、空间、色彩等布置，来营造一种可使旅游者心中加深印象的氛围与感觉，促进销售	
		价格	旅游饭店采用心理定价、等级定价等方法来明确其产品与服务的价值，以服务质量来确定价格	
		服务人员	旅游饭店服务人员的形象，以及他们向顾客提供服务的态度，直接影响顾客对服务质量的感受	
	信息传递	旅游企业通过向顾客提供的无形服务在质量方面的形象，并使之有形化；旅游企业也要通过沟通增进顾客对本企业产品与服务质量的了解和期望，进而产生购买欲望，从而达到促进销售的目的	

三、生态旅游市场营销组合的原则和特点

(一) 生态旅游市场营销组合的原则

1. 目标性

生态旅游市场营销组合要有目标性,即确定生态旅游市场营销组合时,要针对生态旅游目标市场的需求特征,同时营销组合中的各个因素都要围绕满足目标市场的需求来进行优化组合。

2. 协调性

协调性指生态旅游市场营销组合中的各个因素要相互联系和有机配合,达到各因素协调一致的状态,为实现整体营销目标服务。

3. 经济性

经济性即考虑生态旅游市场营销各因素的组合要达到促进销售、提高目标市场营销效益的目的。例如针对目标市场进行促销宣传时,要合理分配促销费用,综合考虑广告、人员推销、营业推广、公共关系和网络传播等促销工具的有效组合及其成本效益,以达到促进销售的目的。

4. 反馈性原则

随着生态旅游市场营销环境的不断变化,旅游地或旅游企业市场营销组合也要随之不断地进行调整,这就要求生态旅游市场及时反馈市场信息。掌握时效性强的信息,有助于旅游地或旅游企业及时掌握旅游者的需求变化和发展趋势,有针对性地调整市场营销组合策略。

(二) 生态旅游市场营销组合的特点

1. 可控性

生态旅游市场营销组合各因素对旅游企业来说都是可控因素,旅游企业可以根据目标市场的需求,制定相应的旅游产品策略、旅游价格策略、旅游分销策略和旅游促销策略。由于旅游营销活动不仅会受到外部宏观环境和微观环境中各种不可控因素的影响,而且也受到本身资源和目标的制约,因此,旅游地或旅游企业的首要任务就是要善于灵活地调整内部可控因素,组成一个系统化的整体组合策略,以适应不断变化的外部环境,实现预期营销目标。

2. 动态性

生态旅游市场营销组合是一个动态组合,每一个组合因素都是不断变化的,其各组合因素都是变量,会随着市场环境、消费需求、生态旅游发展战略调整,以及竞争状况的变化而变化;同时,每个变量因素的变动,都会引起整个营销组合的变化,形成新的营销组合形式,产生不同的营销效果。因此,旅游地或旅游企业必须及时调整营销策略组合的结构,使营销组合与市场环境变化保持一种动态的适应关系。

3. 复合性

生态旅游市场营销组合是一个多层次的复合结构，其营销组合既包括产品、价格、渠道、促销等可控因素的整体组合，还包括每个可控因素内部若干个因素的次组合。这种适应市场环境和消费需求的次组合，是最佳整体营销组合的基础。因此，旅游地或旅游企业在确定市场营销策略组合时，不仅要选择4P可控因素进行组合，而且也要对每个策略内部的次级因素进行组合，从而使各层次、各环节的营销因素都能协调配合，共同为实现旅游地或旅游企业的营销目标发挥作用。

4. 整体性

生态旅游市场营销组合的整体作用，不是其中某一个或几个构成因素发生作用的简单相加，而是各个因素的相互配合而产生的整体协同作用。从这个意义上讲，市场营销组合又是一种经营的艺术和技巧。同时，旅游地或旅游企业的市场营销组合要受其市场定位战略的制约，即根据市场定位战略来确定相应的市场营销组合形式。因此，旅游地或旅游企业营销战略的成功与否，在很大程度上取决于其市场营销组合策略的整体运用效果。

四、旅游市场营销组合理论的发展

自20世纪70年代以来，一些学者相继提出了4C、4R和4V等市场营销组合理论，对以4P营销理论为基础的企业传统营销模式提出了挑战，整合营销等现代营销理论日益成为企业制定营销战略和策略的新的理论支柱。

（一）从4P到11P营销策略组合

20世纪50年代，尤金·麦肯锡提出的4P营销组合理论奠定了市场营销理论发展的基础框架。"4P"，即产品、价格、渠道、促销四大因素，是市场营销的四大核心因素，后来提出的各种市场营销组合理论基本上是在这四个基本因素基础上的发展、创新和完善的。4P理论是在买方市场条件下形成的，当时的立足点是：企业只要善于发现和了解顾客需求，更好地满足顾客需求，就可能实现企业的经营目标。

4P理论在理论界和企业界得到了长期的应用和发展，一方面是因为4P策略组合促使经营者能从全局出发，综合考虑多种营销因素，有效地制定和实施营销战略与策略，从而能更好地实现企业的经营目标；另一方面则是因为4P策略组合具有易操作的特点。当然，4P理论也存在着明显的局限性。这主要体现在4P理论从本质上讲是一种以生产经营为核心、"由内向外"的经营思想，强调的仍然是如何将产品销售出去的问题。这与现代市场营销"以消费者需求为核心"的经营理念是不相符的，极易诱导企业将目光局限于自己的4P策略技巧上，片面追求市场销量和市场份额，而忽略了消费者需求导向。但在企业营销实践中，4P理论仍然得到了广泛应用，并成为模块化的决策方法。

近年来，随着市场竞争的日益加剧，美国著名市场学家菲利普·科特勒于1984年提出了"大市场营销"理论。他认为企业的营销人员应该能够影响企业所处的营销环境，而不应单纯地顺从和适应环境。营销组合除麦肯锡提出的"4P"外还应加上"2P"，即权力（Power）和公共关系（Public Relation），营销策略变为"6P"。也就是说要运用政治力量和公共关系，为企业的市场营销开辟道路。后来，菲利普·科特勒又提出针对国际市场营销的"11P"策略，也就是在上述"6P"基础上，再加上具有战略导向的"4P"，即调查（Probing）、市场分割（Partitioning）、优先（Prioritizing）和定位（Positioning），另外，加上至关重要的"1P"，即人（People）。11P 营销策略组合如图 5-8 所示。

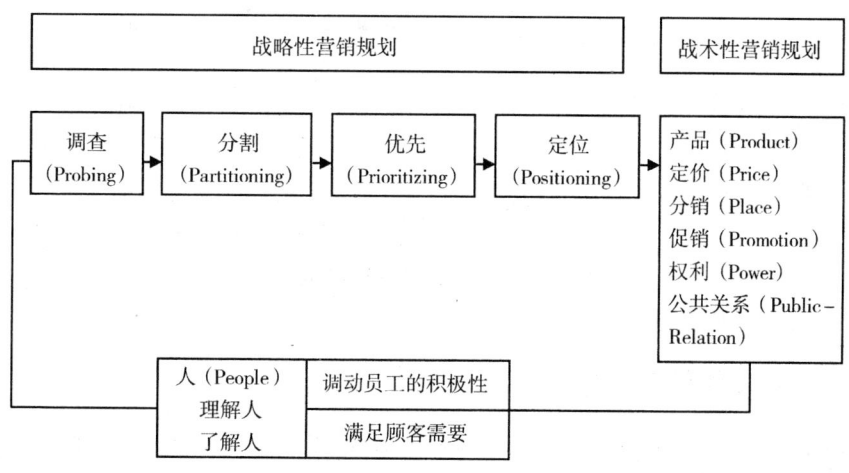

图 5-8　市场营销组合的 11P

应该指出的是，6P、10P、11P 策略都是 4P 营销策略的扩展，其核心仍是 4P。另外，菲利普·科特勒的市场营销策略组合理论的内容还包括：企业不仅需要了解和满足目标顾客的需求，还应采取一切手段打入新的市场，激发消费者的新需求或改变消费者的消费习惯，创造目标顾客新需求；同时要考虑影响外部环境因素，而不只是服从和适应；再者，还需要运用政治权力与公共关系等因素树立企业及产品的良好形象。

（二）4C 营销策略组合

4C 营销策略组合是由美国北卡罗莱纳大学罗伯特·劳特朋（Robert F. Lauterborn）教授于 1990 年首先提出，这一理论是欧美 20 世纪 90 年代"以消费者为导向"营销理念的具体体现。后由美国西北大学的舒尔兹（Don E. Schultz）教授进一步发展完善，于 1993 年提出了整合营销传播理论。整合营销理论的基本含义是强调消费者是企业一切经营活动的核心，企业要开发产品，但更要注重满足消费者的欲望和需求，加强顾客关系管理与产品开发并重。整合营销理论强调生产企业与经销商在营销理念上的整合，两者共同面向市场，协调使用各种不同的营销手段，发挥不同营销工具的优势，联合向消费者开展营销活动，寻找调动消费者购买积极性的因素，达到刺激消费者购买的目的。具体来说，就是主张用 4C 取代传统的 4P。4C 理论中，满足顾客需求（Consumer needs）、考虑顾客愿意支付的成本（Cost）、为顾客提供方便（Convenience）

和与顾客进行有效的沟通（Communication）是分别针对 4P 理论中的产品、价格、渠道和促销提出的，如图 5-9 所示。4C 理论的提出，为市场营销组合研究提供了新的思路，相比而言，4C 在理念上有了很大的进步与发展，因为 4P 主要是从产品角度来考虑营销组合的制定，而 4C 则更多地从满足消费者需求角度来考虑营销组合策略的制定。

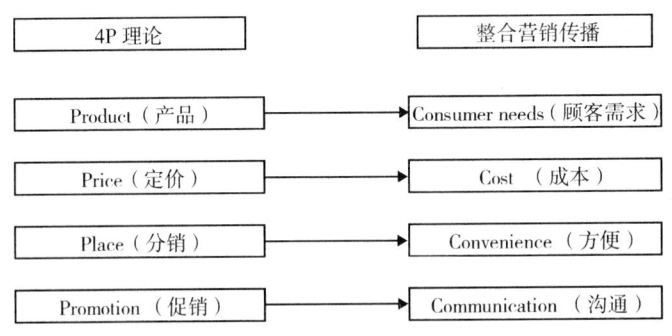

图 5-9　从 4P 到 4C 营销策略组合

（三）4R 营销策略组合

美国西北大学的舒尔兹（Don E. Schultz）教授于 20 世纪 90 年代中期提出 4R 营销策略组合理论，该营销理论认为，随着市场的发展，企业需要从更高层次上以更有效的方式在企业和顾客之间建立起有别于传统做法的新型关系。其最大特点是以竞争为导向，着眼于企业与客户的互动与双赢，在新的层次上概括了市场营销组合的新框架。它根据市场不断成熟和竞争日趋激烈的形式，将市场营销组合因素归纳为四个，即：

（1）与客户建立关联（Relevance）——形成一种互助、互求、互需的关系。

（2）提高市场反应速度（React）——倾听客户的要求，及时答复并迅速做出反应，满足客户的需求。

（3）关系营销越来越重要（Relation）——与客户建立长期而稳固的关系，从交易变成责任，从管理营销组合变成管理和客户的互动关系。

（4）回报是营销的源泉（Return）——对企业来说，市场营销的真正价值在于其为企业带来短期或长期的收入和利润的能力。

（四）4V 营销策略组合

20 世纪 80 年代后有学者提出 4V 营销策略组合理论，指出培养和构建企业核心竞争力的具体途径，体现了现代企业市场营销的新思路，四种营销策略及其组合是：

（1）差异化（Variation）——从某种意义上说，创造消费者就是创造差异，有差异才能有市场。具体包括产品差异化、形象差异化和市场差异化。

（2）弹性化（Versatility）——弹性化通过以下几个方面来实现：核心功能（由产品的基本功能构成）、延伸功能（即功能向纵深方向发展）、附加功能（如美学功能）等。

（3）附加价值化（Value）——产品的价值包括基本价值与附加价值两个组成部分。现代市场营销新理念的重心在"附加价值化"，具体表现在三个方面：提高技术创新在产品中的附加价值；提高创新营销与服务在产品中的附加价值；提高企业文化和品牌在产品中的附加价值。

（4）共鸣（Vibration）——共鸣是企业持续占领市场并保持竞争力的价值创新给消费者所带来的"价值最大化"，以及由此所带来的企业的"利润极大化"。将企业的创新能力与消费者所看重的价值联系起来，通过为消费者提供价值创新，使之获得最大程度的满足。而当消费者能稳定地得到这种"价值最大化"的满足之后，将可能成为该企业的终身消费者。

这些新的市场营销组合理论的提出，是对4P的不断发展和完善，也赋予了生态旅游市场营销组合以新的理念和思路，旅游地或旅游企业在制定营销组合时，应强调整体组合策略实施效果的最优化，而不是片面强调各个营销策略设计的最优化。

第六章 生态旅游产品策略

导言： 从本章开始，将介绍生态旅游市场营销的四大要素及其策略组合内容，即产品策略、价格策略、渠道策略和促销策略。生态旅游产品是生态旅游地和旅游企业赖以生存和发展的基础，同时，生态旅游产品策略是旅游市场营销策略组合的核心，决定和影响着其他营销策略的制定和实施，在生态旅游市场营销策略组合中具有重要作用。

本章学习内容： 生态旅游产品的概念、内涵与特点；生态旅游产品组合策略；生态旅游品牌策略；生态旅游产品生命周期策略以及生态旅游新产品开发策略。

第一节 生态旅游产品概述

在生态旅游活动过程中，旅游需求与旅游供给双方通过生态旅游产品的交换获得双方利益的满足。生态旅游产品是生态旅游市场营销活动的基础，对生态旅游产品的正确认识，直接影响到生态旅游市场营销的理论研究与实践活动的开展。

一、旅游产品的概念

（一）旅游产品

在旅游市场营销理论体系中，旅游产品是一个重要的概念。在当今的旅游市场竞争中，企业间既存在同质化市场竞争现象，也存在异质化市场竞争现象。无论何种性质的竞争，旅游产品的影响力和吸引力，都在很大程度上决定着旅游企业和旅游目的地的市场形象，也决定着旅游企业的市场竞争优势和竞争地位。

对于旅游产品的概念，目前学术界并未形成统一权威的界定。从国外学者对旅游产品概念的研究来看，英国学者道格拉斯·皮尔斯（Douglas G. Pearce, 2001）曾指出，旅游产品可以从它的吸引物、设施、进入性等方面分析，它能被看做一个复合产品，是一个国家（或地区）的吸引物、交通、膳宿及有望达到消费者满意目的的娱乐项目的总和。

国内有关旅游产品概念的讨论，大致分为广义和狭义两个方面。从广义的角度，主要是以旅游业的构成和旅游产业化发展为出发点进行界定，提出旅游产品由旅游餐饮、旅游住宿、旅游交通、旅游景观、旅游购物、旅游娱乐等构成要素。如王大悟（1998）认为，"旅游产品是旅游经营者为了满足对旅游者物质和精神的各种需求，向旅游市场提供的一种特殊产品"；林南枝（2000）认为，"从旅游目的地的角度出发，旅游产品是指旅游经营者凭借旅游吸引物、交通和旅游设施，向旅游者提供的用以满足其旅游活动需求的全部服务，从旅游者的角度出发，旅游产品是游客花费一定的时间、费用、精力所换取的一次旅游经历"。

人们通常理解的产品，是指某种具有特定物质形态和用途的劳动生产物。这是对产品的传统看法，也是对产品的一种狭义理解。旅游产品是一种特殊的产品，吴必虎（2001）曾对其进行阐述："旅游产品是一个复合概念，它在理论上是指旅游者出游一次所获得的整个经历。"他还将旅游产品区分为广义、中义和狭义三种情况，广义的旅游产品是由景观（吸引物）、设施和服务三类要素所构成；中义的旅游产品是指景观（吸引物）和设施构成的集合体，它带有较强烈的物质产品特点；狭义的旅游产品是指旅游景观（吸引物），它有时可以粗略的等同于通俗意义上的旅游景区（点），以及一部分非具象的人文景观。

从狭义的角度，一些学者以旅游活动的核心功能为出发点对旅游产品进行界定。如魏小安（2002）提出，旅游产品典型传统的市场形象就是旅游线路。谢彦君（2004）认为，"旅游产品是指为满足旅游者审美和愉悦的需要，而在一定地域上被生产或开发出来以供销售的物象与劳务的总和"。在国家质量监督局颁布的《旅游服务基础术语》中，将旅游服务产品定义为"由实物和服务综合构成的向旅游者销售的旅游项目"。

总体上说，旅游产品是指旅游经营者凭借旅游吸引物、交通和旅游设施，向旅游者提供的用以满足其旅游活动需求的全部产品和服务的总和。随着旅游产品市场竞争的加剧，以及市场需求的不断变化，旅游者在购买决策和具体消费的过程中，对决定其旅游体验和感受的旅游服务质量和服务水平要求越来越高，出现了旅游产品中所包含的服务内涵被放大的现象。这就要求旅游企业要重视提高产品质量和服务营销的水平与档次，通过提供高品质、高附加值的旅游产品来满足市场需求。

（二）旅游产品的整体概念

旅游产品是一个整体概念，由核心产品、形式产品和延伸产品三个层次组成。其中核心产品是指旅游者购买某种产品时所追求的基本效用和核心利益，也就是旅游者真正要购买的服务和利益；形式产品是核心产品的载体和实现形式，即向市场提供的有形产品和服务，如产品品质、功能、价格和品牌标示以及具体产品形式，如观光旅游、度假旅游等；延伸产品是形式产品的附加部分或追加的服务和利益，如各种咨询、优惠条件、免费服务，以及售后服务等。这种附加价值满足了旅游者所期待的与核心产品相关的其他利益需求和效用。如图6-1所示。

由此可见，任何一个旅游产品都是有形产品与无形服务综合而成的统一体，旅游企业向旅游者提供基本产品形式的过程，也就是企业通过基本产品形式满足旅游者所追求的核心价值和效用的过程；与此同时，企业还通过提供更多的附加利益来达到旅游者的最大满意。因此，产品整体概念是市场营销理论与实践中的一个重要概念，其

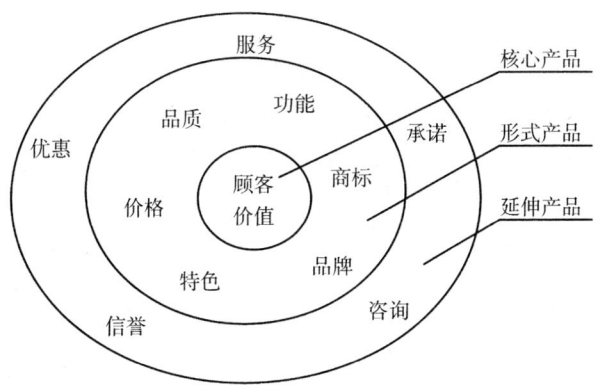

图 6-1 旅游产品整体概念的三个层次

三个层次的划分,并不是指产品可以简单分为三个部分,而是旅游企业基于顾客需求,对所提供的产品与服务的认识和理解。从这个意义上说,旅游产品整体概念体现了以创造顾客价值为核心的现代旅游市场营销观念。旅游企业运用产品整体概念设计开发产品与服务,就是要在产品的形式和内涵上不断创新,使所提供的旅游产品与服务更好地满足市场需求,达到顾客满意最大化。

二、生态旅游产品的概念与内涵

(一) 生态旅游产品的概念

1. 对生态旅游产品的讨论

生态旅游产品是一个内涵丰富、外延扩展的概念。纵观国内外学者有关生态旅游产品概念的讨论,可以看出,由于研究角度和研究目的的不同,对生态旅游产品的概念存在着不同的理解和定义。与旅游产品的讨论类似,生态旅游产品也有广义和狭义之分。

首先,从生态旅游产品的开发目的与组成要素分析,一些学者从广义的角度认为生态旅游产品应该是一种综合性的组合型产品,由生态旅游资源、生态旅游设施、生态旅游服务和生态旅游产品等多种要素组成。而一些学者则从狭义的角度,认为生态旅游产品应该是旅游市场的一种专项旅游产品。比如,刘明明(2006)认为,生态旅游产品指的是以生态学原则为指导,以生态环境和自然资源为取向而开发的,一种既能获得社会经济效益,又能促进生态环境保护的旅游产品。丁明磊(2005)提出,生态旅游产品属于旅游产品的一个类型,是旅游产品中的专项产品,该产品是针对旅游对生态环境所产生的负面作用而产生和倡导的一种新兴的旅游产品,主要指的是以生态旅游资源为中心吸引物的旅游产品。刘焰(2007)等则进一步指出,生态旅游资源指的是自然旅游资源和人文旅游资源,生态旅游产品的存在依托于自然景观资源、人文景观资源,它是对自然景观资源、人文景观资源开发利用的产物,并不包含旅游设施等内容。也就是说,自然景观资源、人文景观资源构成了生态旅游产品的核心内容。

其次，从生态旅游产品的市场供需角度分析，周笑源（2004）提出，生态旅游产品可以从两个方面加以理解。即就生态旅游供给方而言，生态旅游产品是指生态旅游经营者为了满足生态旅游者在生态旅游活动中的各种需要，凭借各种旅游设施和资源环境条件，向生态旅游市场提供的全部服务要素的总和。而从生态旅游需求方来看，生态旅游产品是生态旅游者为了获得物质和精神上的满足，通过花费一定的货币、时间和精力而获得的一次完整的生态旅游经历和体验。

2. 生态旅游产品的概念

目前，国内外学者对生态旅游产品并没有形成统一的定义，还存在一定的争议。生态旅游市场营销中所指的生态旅游产品，一般是狭义的生态旅游产品，我们可以将其定义为：以生态学原则为指导，以生态环境和自然资源为中心吸引物，既能获得旅游的经济效益和社会效益，又能促进生态环境保护的专项旅游产品。

从生态旅游产品的形式上来看，生态旅游产品主要表现为两种主要形式，即生态旅游景区（点）的生态旅游活动项目和生态旅游线路产品。其中，生态旅游景区（景点）的旅游活动项目是最基本的生态旅游产品形式，生态旅游线路产品是在景区（景点）产品的基础上组合而成的。即景区（景点）的生态旅游活动项目是基本形式，而生态旅游线路产品则多是在景区（景点）产品的基础上组合而成的。其中，无论是生态旅游景区（景点）的生态旅游活动项目，还是生态旅游线路产品，又可具体分为两种类型：一是自然资源环境依托型生态旅游产品；二是资源环境脱离型生态旅游产品，如生态型主题公园等。

（二）生态旅游产品的内涵

1. 生态旅游产品的内涵

生态旅游产品的内涵表现在以下几个方面：

（1）生态旅游产品是一种以保护性为前提的高品质的专项旅游产品。在产品构成上，生态旅游产品主要是以能给人以美感的自然资源环境、人文资源环境和物象地域组成；在产品形态上，生态旅游产品中的自然、人文资源环境状态得以较为系统的保护，产品设计开发过程中讲求遵循自然生态规律的旅游产品开发原则；在产品功能上，生态旅游产品的设计开发从生态体验到生态设计，再到突出环保性，呈现出不同的层次。

（2）生态旅游产品是一种为达到人与自然共生互利的目标而设计开发的特殊旅游产品。在生态旅游产品的设计开发过程中，始终强调人与自然和谐统一的宗旨，而不仅仅是简单的回归大自然。同时，将开展生态旅游产品项目和活动所得的部分收益用来加强旅游环境保护建设，这是一个双向促动的良性循环过程。

（3）生态旅游产品是一种有助于实现综合经营效益的旅游产品。生态旅游产品的设计开发以生态旅游区的最大环境承载力为前提，强调把旅游造成的负面影响降到最低程度。在积极开发生态旅游产品的同时，促进生态旅游区经济社会发展，改善社区发展状况和居民的生活水平，从而实现旅游资源、环境、经济、社会的综合经营效益。

（4）生态旅游产品是一种具有环境教育功能的特殊旅游产品。生态旅游产品虽然是一种高品质的旅游产品,但并不限制大众旅游者的参与,相反,在生态旅游产品功能设计上,或多或少地加入了环境教育和环境保护的内容,鼓励更多的旅游者进行生态旅游,促使旅游者通过参与不同层次的生态旅游项目活动,接受不同形式、不同程度的环境学习和环境教育,环境保护意识不断得到提高,使保护旅游资源与生态环境成为一种旅游者的共同自觉行动。

2. 生态旅游产品不同于生态旅游资源

首先,生态旅游产品与生态旅游资源是相互区别的两个概念。在生态旅游市场上,旅游者所购买的和旅游经营者所营销的,并不是生态旅游资源,而是生态旅游产品。旅游产品不同于旅游资源,旅游资源具有广泛多样性、区域独特性、群体组合性、季节变化性、价值不确定性、永续性和不可再生性,它的旅游价值体现在对游客的吸引力上,其本体的存在不以个人的意志为转移。而生态旅游产品是旅游企业在充分利用自然生态资源和人文生态旅游资源的基础上,设计开发的用于满足生态旅游市场需求的具体产品项目和形式。

其次,生态旅游产品与生态旅游资源又是相互联系的两个概念。生态旅游产品的存在依托于自然生态资源、人文生态资源,它是对自然生态资源、人文生态资源开发利用的产物,也是生态旅游资源的具体形式;同时,自然生态资源、人文生态资源构成了生态旅游产品的主体内容。当自然资源和自然环境直接作为生态旅游产品销售给旅游者时,这些自然资源和自然环境便成为生态旅游产品,也就是说,在生态旅游活动中,生态旅游资源和环境作为自然吸引物构成了生态旅游产品的主体,资源和环境即产品,这是生态旅游市场营销的显著特征之一。

三、生态旅游产品的特点与标准

(一) 生态旅游产品的特点

与其他旅游产品相比,生态旅游产品同样具有无形性、综合性、生产与消费同时性、差异性、不可存储性和不可转移性等基本特点。此外,生态旅游产品还具有自身一些重要特点。

1. 高品质性

高品质的生态旅游产品既是旅游企业赖以存在的基础,也是生态旅游目的地和生态旅游景区(点)创建品牌、扩大知名度的核心内容。生态旅游产品的高品质性是指能体现和展示区域生态环境特色,使旅游者获得满意的生态旅游经历和体验的独特的旅游产品。从某种意义上说,这就是生态旅游的"珍品"和"绝品"。高品质产品一般意味着高价格,但只要这种产品能够得到旅游者的认可,能够使旅游者在购买和消费过程中获得满意的感受和体验,形成较好的口碑效应,那么,价格贵的产品不仅不怕没有市场,反而可能蕴含着很大的市场潜力。如2011年澳大利亚旅游局联合上海等全国15个城市,共56家经营出境游业务的旅行社,共同展示、推出了56条澳大利亚出境游产品。其中愉快的海底之旅、轻松的品酒之旅、冒险刺激的自驾之旅、体验动感的户外之旅等线路产品，因为体现了澳大利亚高品质的生态旅游特色，而受到出境游客的欢迎，取得了不俗的市场效果。

因此，旅游企业要注重整合高质量的自然生态旅游资源、人文生态旅游资源和设施，在规划过程中要体现一定程度的产品聚集效应，注意发挥生态规模效益，设计、开发、维护和提升高品质的系列化生态旅游产品和服务，以提高生态旅游市场营销效益。

2. 高异质性

异质性是生态旅游产品差异化的前提，生态旅游产品异质化的前提条件是生态旅游资源的异质化和自然与人文环境的原始生态性。生态旅游产品的高异质性是指大多数生态旅游产品具有独特性或唯一性的特点。这种高异质性不仅指生态旅游产品所依托的自然旅游资源、人文旅游资源和生态环境是独特的，甚至是独一无二的，如雅鲁藏布江大峡谷、版纳风情等；而且也特指自然旅游资源、人文旅游资源保护完好，生态系统完整无损或受损较少，保存着相对原始的状态，使旅游者能够体验到过去未曾体验到的经历和心理感受。因此，在这样的资源环境条件下设计开发的生态旅游产品在市场上具有很强的吸引力。一般来讲，生态旅游资源的异质性越高，生态旅游产品的异质性也越高，从而产品的市场竞争地位就越突出，越有竞争力。

当前，在旅游业快速发展的过程中，一个不容忽视的问题是不少生态旅游景区出现了生态环境退化的现象，如森林面积减小、动物种类减少、生物多样性减弱、景观特色逐渐消失等。因此，对依托生态环境而发展的生态旅游地和景区（景点）来说，注重景观特征维护，合理设计开发生态旅游产品显得尤为重要。

3. 知识性

知识经济时代必然需要并产生更多的知识含量高的旅游产品。从产品构思、设计、开发到管理的整个过程中，生态旅游产品都体现出知识含量高的特点。知识含量高的生态旅游产品不同于一般的知识型产品，虽然其产品的科技含量也在逐渐增高，但总体上，生态旅游产品的知识性主要表现为集经济、文化、历史、生态、生物、地理、气象、建筑等诸多领域知识为一体的综合性产品。从另一个角度看，生态旅游产品更多地突出产品的生态特色和环境保护的内涵，只有提高生态旅游产品的知识含量，借助产品营销活动进行环保知识普及和科普宣传活动，才能提高旅游者的环保意识和责任感，帮助旅游者重新建立起新的产品概念，进而产生对生态旅游新产品的需求，达到扩大生态旅游市场的目的。在更广泛意义上，通过旅游者在感受自然过程中所进行的环境教育宣传、自然知识探究学习等生态旅游活动，可以扩大公众接受环境保护宣传和教育的途径和范围，带动公众参与自然生态环境、人文生态环境保护的主动性和自觉性。

生态旅游产品的知识性要求旅游企业的营销人员必须对生态环境系统有较深刻的理解和认识，不仅要熟悉营销技巧，而且要掌握涉及生态旅游产品相关领域的基本知识，如生态学、地理学、生物学、建筑学、历史文化学的相关知识，这样才能在满足旅游者需求的基础上，有效地开展市场营销活动。同时，旅游企业也要注意培养高素质的导游人员，如果导游人员对产品本身的生态环境、历史文化等知识一知半解，对旅游者的提问不能正确解答或含糊其词，那么旅游者探究、学习自然的兴趣和热情就会降低，其生态旅游感受和经历也会受到一定影响，这对企业营销活动的顺利开展是不利的。

4. 参与性

在生态旅游开展的早期，生态旅游的参与者多为具有较高的教育背景或文化素养的特定消费人群，但随着近些年生态旅游的快速发展，生态旅游正朝着普及化的方向发展，参加生态旅游的游客已不仅仅限于有经济实力、文化素养或特殊偏好的消费人群，越来越多的工人、职员、学生等普通消费人群都加入到生态旅游中。随着社会经济的发展，大众环境意识的提高，能够体验、学习自然和修身养性的生态旅游产品逐渐成为人们更高、更新的旅游消费需求，参与生态旅游的人数将不断地增加，生态旅游市场潜力巨大。

生态旅游产品的参与性主要体现在两个方面：一方面，生态旅游产品可以让旅游者亲自参与到自然与文化生态系统之中，在实际体验中领会生态旅游的奥秘，从而更加热爱大自然，崇尚生态文明，这也有利于自然旅游资源与文化旅游资源的保护。同时，通过参与也可以保证旅游者获得与众不同的经历和充分的旅游体验。另一方面，在生态旅游产品的设计开发过程中，要求旅游者、旅游地居民、旅游经营者和政府、社会组织及研究者广泛参与旅游决策与管理，从而提高旅游决策管理的科学性、民主性，有利于地方经济、社会的长远发展。

5. 综合性

与一般的旅游产品相比，生态旅游产品具有综合性的特点，具体体现在：①从产品构成上，由于生态旅游产品融自然资源、人文资源和生态环境于一体，所以表现出较强的综合性特点。其产品质量的高低不仅取决于产品所依托的自然与人文生态环境质量，还取决于产品的生态性和保护性内容设计，以及服务和配套设施的完善程度等方面。②从产品形式上，生态旅游产品能很好地与既有的资源、市场及其他旅游产品形式结合，形成各具特色的生态旅游产品，如探险类、休闲类生态旅游产品等。③从产品功能上，一定地域范围内的生态旅游产品开发必然涉及当地社区的发展利益，因此在生态旅游产品设计开发中，社区居民的参与极为重要。特色化、差异化的生态旅游产品应由当地居民自觉地参与旅游经营，开发获得的利润也应该返还社区一定的比例，用于当地社区发展和生态环境保护投入。

生态旅游产品的综合性体现在生态旅游业发展的各个方面。旅游企业既可以设计开发简单的体验性生态旅游项目，也可以集成为具备独特主题的大型生态旅游景区（景点）；既可以开发单一的生态旅游项目，也可以开发包含环境保护相关活动的生态旅游产品。同时，旅游企业在生态旅游产品的规划、设计、开发与管理中，还要综合考虑在环境可承载的前提下进行旅游产品的开发与营销，以谋求企业经营发展的综合效益。

(二) 生态旅游产品的标准

目前,国际上关于生态旅游产品的评估标准主要以《莫霍克协定》[①]规定的生态旅游产品标准为基本要求,其内容至少应该包含以下 11 条原则:

(1) 生态旅游经营者公开承诺遵循生态旅游的原则,并制定管理体系,确保其实施效果。

(2) 生态旅游要求游客亲身体验大自然。

(3) 生态旅游为游客提供体验自然和文化的机会,并增进其对自然和文化的理解、欣赏和赞美。

(4) 在生态可持续和了解潜在环境影响的基础上,确定合适的生态旅游经营方式。

(5) 生态旅游产品在经营管理方面采取生态可持续的实践,保证经营活动不会使环境退化。

(6) 生态旅游应该对自然区域的保护做出切实的贡献。

(7) 生态旅游应该对当地社区的发展做出持续的贡献。

(8) 生态旅游产品在开发和经营阶段都必须保持对当地文化的尊重和敏感。

(9) 生态旅游产品应满足或超出顾客的期望。

(10) 生态旅游应向顾客提供有关产品的真实准确的信息,使顾客对产品有符合实际的期望。

(11) 生态旅游产品应对自然、社会、文化和环境的影响达到最小化,并且依照确定的行为守则进行经营。

根据《莫霍克协定》原则,全球最具权威的可持续旅游认证组织"绿色环球 21"与澳大利亚生态旅游协会共同制定了《国际生态旅游标准》,这是目前判断生态旅游产品的国际权威标准,经这一标准认证通过的产品就是生态旅游产品。根据《国际生态旅游标准》,"绿色环球 21"又制定了生态旅游达标评估指标体系,使得生态旅游产品的评估和认证有了量化标准。目前,我国已有九寨沟、黄龙、蜀南竹海等生态旅游景区通过了该认证。对更多的旅游企业来说,要创建真正的、有价值的生态旅游品牌,就必须在经营理念和管理制度上与国际标准接轨,积极组织认证,在生态旅游产品的规划、设计、开发与管理过程中严格按标准程序管理和运行。至于是否要专门制定我国的生态旅游产品认证标准,"2005 中国生态旅游国际论坛"认为,中国发展生态旅游应以国际生态旅游标准为指针,在此基础上,可以根据中国的实际情况制定生态旅游实施细则或指南,使之具有中国特色或地方特色。

[①] 《莫霍克协定》:2000 年 11 月 17~19 日全球生态旅游认证机构以及来自联合国环境署(UNEP)、世界自然基金会、国际标准化组织(ISO)、"绿色环球 21"组织(Green Globe 21)、国际生态旅游学会(TIES)的专家学者聚集在美国纽约莫霍克山庄(Mohonk Mountain House),共同讨论制定了国际生态旅游认证的原则性指导文件,即《莫霍克协定》。

第二节 生态旅游产品组合策略

生态旅游市场营销的重点和核心内容是生态旅游产品策略的组合运用。

一、生态旅游产品组合分析

(一) 生态旅游产品组合分析

1. 旅游产品组合及相关概念

旅游产品组合是指旅游企业生产经营的所有产品的整体构成,具体指一个企业提供给市场的全部产品线和产品项目的组合或搭配,即企业经营的范围和结构。

旅游产品线,也称为旅游产品大类或产品系列,是指旅游企业生产经营的具有类似特征的、密切相关的、满足同一类需求的一组产品项目,如观光类、度假类、探险类生态旅游产品,分别构成一条产品线。判断各产品是否属于一条产品线的依据是产品在功能上相似,或有相同的分销渠道,或属于同一价格范围,或在消费上具有连带性,供给相同的顾客群等。产品线由不同的产品项目构成。

旅游产品项目是指旅游产品线中每一个在种类、规格、质量和价格等方面不同的具体旅游产品品种。

旅游产品组合对旅游企业市场营销的重要作用在于:满足旅游消费者需求;树立旅游产品形象;产生良好的经济效益。

2. 旅游产品组合分析

影响旅游产品组合的因素包括旅游者的需求、旅游企业的生产能力、旅游企业的目标市场特征和竞争企业的实际状况等。旅游产品组合分析包括旅游产品组合的长度、宽度、深度和关联度四个方面。某酒店旅游产品组合分析如表6-1所示。

表6-1 某酒店旅游产品组合分析示例

产品组合宽度 →				
住宿	餐饮	会议	健身	娱乐
普通间 标准间 豪华间 家庭套房 总统套房	中餐 西餐 韩式烧烤 婚宴	大会议室 小会议室	台球室 保龄球馆 健身房 乒乓球室 游泳池	KTV包厢 舞厅 桑拿中心

(产品组合长度 ↓)

(1) 旅游产品组合的长度。旅游产品组合的长度是指旅游企业所经营的产品线中所有产品项目的总和。表6-1中某酒店产品组合的长度是19。

（2）旅游产品组合的宽度（或称为广度）。旅游产品组合的宽度是指旅游企业所经营的产品线（旅游产品系列）或功能区的数目。在表6-1中，住宿类、餐饮类、会议类、健身类和娱乐类是不同的五个产品线，因此，该酒店产品组合的宽度是5。在生态旅游产品组合分析中，观光旅游、度假、疗养、科学考察、漂流、登山探险等就是不同的产品线。较宽的产品组合有利于拓宽企业的经营范围，不仅能更好地满足旅游者多方面的需求，增加销售额；而且有利于充分发挥旅游企业的人、财、物资源潜力，提高旅游企业的市场应变能力和抵御市场风险的能力。较窄的产品组合则有利于旅游企业集中力量，提高产品与服务的质量和专业化水平，降低经营成本。

（3）旅游产品组合的深度。旅游产品组合的深度是指平均每条产品线中所包含的产品项目的数量。因此，一般计算得出的产品组合深度其实是平均深度，如表6-1中酒店产品组合的平均深度是3.8。增加产品组合的深度，可满足不同层次旅游者的多方面需求，提高旅游者满意度，占领同类产品市场中的更多细分市场，提高企业的市场竞争力。

（4）旅游产品组合的关联度。旅游产品组合的关联度是指各个产品线之间，在产品的最终用途、生产技术、市场开拓、分配渠道或其他方面相互联系的程度。表6-1中，酒店在经营住宿产品的同时，也经营餐饮类、娱乐类、健身类产品，这几条产品线在满足顾客需求方面的关联度就较大。一般来讲，旅游产品组合的关联度越高，产品线之间相互协调、配合的可能性越大，越有利于企业降低开发新产品的成本，增强市场竞争力。如以生态旅游度假产品为主要产品线的旅游企业，在设计开发新产品时，可以考虑适当增加与原有产品线有一定关联度的其他生态型产品，诸如休闲、康体娱乐等产品项目。

生态旅游产品的组合状况既受到旅游企业的经营实力和规模的影响，同时也受到生态旅游资源条件、市场需求特征和企业间竞争状况的影响和制约。产品组合的广度、宽度、深度和关联度，不仅与旅游企业的发展战略和营销战略密切相关，而且直接影响着旅游企业的市场占有率和经营效益。因此，旅游企业应依据不断变化的营销环境，结合自身资源状况，采取相应的策略适时调整和优化生态旅游产品组合。

（二）生态旅游产品的特殊组合分析

生态旅游产品的组合有多种形式，旅游企业可以根据生态旅游资源的类型与品位，以旅游者获得最大满足、企业能够获得最佳的综合效益为原则，选择适合企业发展战略和实际规模实力的产品组合类型。特别是一些大型生态旅游景区，可以划分不同的功能区进行开发管理，这事实上就是对不同生态旅游活动项目产品的有效组合。如一些景区划分出野营区、探险旅游区、水上旅游区、野生动植物观光区、康体休闲区等功能区，或选择其中的几个功能区进行生态旅游项目产品组合或线路产品组合。生态旅游产品的特殊组合包括地域组合形式、内容组合形式和时间组合形式等类型。

1. 地域组合形式

地域组合形式由跨越一定地域空间、产品特色突出、差异性较大的几个生态旅游景区、功能区及其生态旅游项目产品组合而成。进行产品组合时主要考虑突出地域特色、强调产品互补和丰富生态旅游内容等方面。这种组合类型一般限定在一定区域范围内，选择具体产品组合形式时不仅要考虑区域资源环境特色和经济发展的互补性等条件，而且要考虑地理区位接近和交通便利程度。如武夷山旅游区的生态旅游产品组合，就是将在地域上相毗邻、在区域内具有一定特色的生态旅游景区、功能区和产品项目进行各种组合，形成多种线路产品，包括风景名胜区、自然保护区、生态博物馆、大峡谷漂流、大峡谷生态公园、桃源峪吸氧、旅游度假区、闽越古汉城遗址公园等。

2. 内容组合形式

内容组合形式是根据生态旅游活动的主题来选择相关的组合内容，按主题内容进行景区景点、功能区及具体生态旅游项目的组合时，一般不受地域的限制。一般可以分为专业型产品组合形式和综合型产品组合形式。如位于云南省西部的高黎贡山自然保护区，是中国鸟类最丰富的地区之一，也是中国最适于开展观鸟生态旅游的地区之一。目前，高黎贡山自然保护区内开发的 5 条观鸟旅游路线，就属于专业型的线路产品组合形式，其产品组合类型吸引了国内外诸多观鸟爱好者，满足了他们的观鸟生态旅游需求。

3. 时间组合形式

时间组合形式就是依据节假日和季节性产品的市场变化，对不同类型旅游产品进行组合改进，具体可分为季节性与全年性产品组合形式、节假日与平日产品组合形式等。在深入分析生态旅游发展中不可避免的季节性产品问题时不难发现，事实上生态旅游产品开发所依托的自然与人文两大类生态旅游资源中，自然生态旅游资源的季节性相对比较明显，人文生态旅游资源的季节性相对弱一些。因此，旅游企业挖掘淡季市场潜力的思路之一，就是充分发掘当地的一些富于文化特色的生态旅游吸引物，对因季节性产品造成的市场需求不均衡问题起到很好的补充和调节作用。比如针对山东蓬莱旅游景区淡季时间长达半年的问题，朱龙（2005）提出了平衡淡、旺季季节性的文化旅游产品开发对策，如开发渔灯节、妈祖文化旅游产品、海洋历史文化旅游产品等节庆活动和特色文化产品项目，进一步丰富海洋生态旅游产品体系。

上述各种生态旅游产品组合形式各有适用条件，需要具体问题具体分析。旅游企业应根据自身实际情况和市场竞争状况来采取相应的产品组合形式。同时，要经常分析企业自身产品组合的经营效益和实际市场营销效果，不断对产品组合进行动态调整和改进，促使生态旅游产品组合达到最优化。

二、生态旅游产品组合策略

生态旅游产品组合策略主要包括以下四种策略：

1. 扩大产品组合策略

所谓扩大产品组合策略，就是旅游企业通过增加旅游产品组合的宽度来扩大旅游企业的经营范围，或通过加深旅游产品组合的深度来增加相关性大的旅游产品项目数量，以满足不同旅游者的需求，增强旅游企业的应变能力和竞争能力。如旅行社可以在原有生态观光游产品线和生态度假游产品线的基础上,增加乡村生态游产品线和探险游产品线。通过增加多种生态游产品线,推向多个不同的目标市场,有效地扩大市场范围。旅游企业采取这种组合策略,不仅可以满足不同市场的需要,扩大市场份额,还可以减少旅游市场变化带来的风险,增强旅游企业的竞争力。但扩大旅游产品组合策略的经营成本较高,需具备较强的实力,旅游企业经营管理的难度也会相应加大。

2. 缩减产品组合策略

所谓缩减产品组合策略,就是旅游企业通过缩减旅游产品组合的长度、宽度或深度,集中力量生产或经营一个或少数几个旅游产品线和较少的旅游产品项目,实行专业化经营。缩减产品组合的长度和深度,即旅游企业根据自身的实力和旅游市场的需求,淘汰一些利润低的、已过时的旅游产品项目,重点经营利润较高的旅游产品项目,使之成为较短、较浅的产品组合;缩减产品组合的宽度,即缩减产品线或缩小经营范围,使之成为较窄的产品组合,促使企业营销求精求专,实现生态旅游产品的专业化经营。如旅行社逐渐放弃获利水平较低的观光游市场及其他市场,而专注于青年市场,设计开发漂流、探险、休闲、新婚旅游等适合青年目标市场的产品组合。这种策略有利于企业充分了解特定目标市场的需求,从而集中力量开发市场、占领市场。但由于产品线或产品项目收缩,会使企业市场规模受到一定限制,当目标市场需求发生变化时,会在一定程度上加大市场经营风险。

3. 产品组合延伸策略

旅游产品的组合是满足旅游市场需求的多种产品的组合,具体组合内容及其构成也有多种形式。旅游企业围绕着其生态旅游营销总目标,可以在原有的产品组合中适当向上延伸策略(增加高档产品项目)、向下延伸策略(增加低档产品项目)或双向延伸策略(同时增加高、低档产品项目),均有利于提高生态旅游产品的知名度,增加销售量。因此,科学合理的产品组合延伸策略是旅游企业在生态旅游市场营销中应高度重视的决策。

向上延伸策略是指在已有中低档产品的基础上,适当增加高档产品项目,或直接建立高档品牌,以吸引一部分高消费人群的产品组合策略。生态旅游产品本身就是一种高层次旅游产品,像其他高档消费品一样,具有一定的消费者群。旅游企业采用向上延伸策略,适当地提高生态旅游产品和服务的档次,不但能满足旅游者对高档旅游产品的需求,而且能带动现有低档旅游产品的销售,从而提高旅游产品的知名度和企业的声望,增加企业经济效益。

向下延伸策略是指在已有中高档产品的基础上,适当增加低档产品项目,使旅游产品趋向大众化的产品组合策略。旅游企业采取向下延伸策略,可以利用高档市场的声誉,来吸引消费能力有限的低层次旅游消费者,从而扩大生态旅游目标市场的范围和规模,扩大生态旅游产品的市场占有率。

双向延伸策略是指在已有中档产品的基础上,同时增加高、低档产品项目,使旅游企业全面占领同类产品的高、中、低档市场的产品组合策略。旅游企业采用双向延伸策略,可以满足各个层次旅游者多方面的需求,但双向延伸策略也易给旅游企业带来一定的市场风险,因为改变旅游产品在旅游者心目中的地位是相当困难的,如处理不当，很可能会影响旅游企业现有旅游产品的市场声誉。所以，旅游企业在采用双向延伸策略时必须慎重。

4. 产品组合的调整和优化策略

当现有产品线无法适应市场需求的发展变化时，就需要对产品线及其具体产品项目进行调整和改造，使之达到最优组合。在具体分析时，通常是对现有产品组合的未来销售增长、稳定性和获利能力三方面的发展进行检查和评价，衡量生态旅游产品组合状况，以便为调整和优化产品组合提供依据。具体的评价指标包括各产品项目的销售额、利润率和市场占有率等，通过对这些指标的分析和评价，旅游企业就能够准确判断各个产品项目的盈利能力和市场发展潜力，并根据自身实际情况和市场竞争状况，重视新产品的开发和过时产品的淘汰。同时，旅游企业必须经常分析自身产品组合的状态和结构，不断对产品组合进行动态调整。例如，山岳生态旅游资源是我国生态旅游资源的主要类型之一，多以自然山体为主要构成，通常具有雄、险、秀、幽、奇等美学特征。山岳生态旅游资源除自然美和一般生态旅游资源特点之外，往往还含有丰富的文化遗存，构成了自然资源和人文资源的巧妙结合。因此，我国适宜开发多种山岳生态旅游产品，并实现各种山岳生态旅游产品的有机组合，如山岳森林游与宗教文化游、绿色游、探险游、保健游、科普游、登山游等进行多种组合，形成植物观赏游、动物观赏游、气象观赏游、文化游、宗教游、保健游、地质地貌游等组合产品。

第三节 生态旅游品牌策略

旅游品牌代表着企业对交付给旅游者的产品特征、利益和服务的一贯性的承诺，品牌最持久的含义和实质是其价值、文化和个性。旅游品牌的内涵特征是吸引旅游者选择购买旅游产品与服务的一个决定性因素。在生态旅游市场营销中，生态旅游品牌是取得市场竞争优势的重要武器。

一、生态旅游品牌及其作用

（一）生态旅游品牌

1. 旅游品牌

旅游品牌是旅游企业独创的，用以识别旅游企业的产品与服务的商业名称及其标志，通常由文字、标记、符号、图案、颜色等因素组合构成。旅游品牌的基本功能是区别不同企业的同类产品与服务，以免竞争者之间的产品相互混淆。品牌是旅游企业拥有的一种无形资产，它可以通过注册得到商标专有权，受到法律的保护。

旅游品牌的塑造过程，就是旅游企业创立其产品与服务的独特性，向旅游者展示和传播其品牌标志，用以帮助旅游者识别同类产品的不同品牌，并在旅游者心目中形成深刻、鲜明的品牌形象的过程。好的品牌形象有助于旅游者规避购买风险，降低购买成本，并有利于旅游者形成品牌偏好。

生态旅游区及其产品的品牌形象塑造，一般是在对生态旅游市场和旅游资源进行分析的基础上，通过对生态旅游产品的独特内涵的挖掘，建立明确的生态旅游品牌形象的核心理念及其外在识别特征，形成鲜明的品牌形象。

2. 旅游品牌的内涵

品牌内涵具体包括属性、利益、文化、价值、个性和角色感六个方面，如图6-2所示。

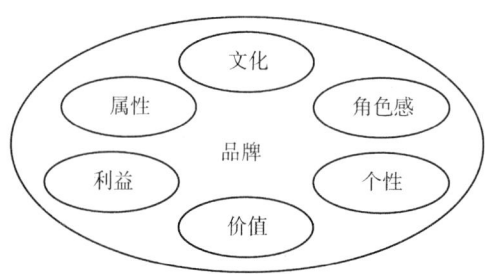

图6-2 品牌的内涵

（1）属性。指品牌所代表的产品或企业的品质内涵，能给旅游者带来特定的价值和体验。如被誉为"世界豪华饭店之父"的里兹·卡尔顿的饭店以其"最完美的服务、最奢华的设施、最精美的饮食与最高档的价格"被誉为饭店中的"奔驰"，不仅仅是一个提供食宿的普通饭店，而是代表着一种身份、尊贵与奢华，这就是里兹·卡尔顿饭店的品牌属性。

（2）利益。从旅游者的角度看，他们并不是被动地理解和接受品牌的属性，而是从自身的角度去发现各种品牌属性带给自己的独特利益。著名品牌的属性能够转化为旅游者的情感利益，使其在得到基本需求满足的基础上，获得更高层次的心理满足感受，如"最昂贵的价格"的属性可转化为"这次消费表明我是成功人士"的情感利益。

（3）文化。品牌文化是文化特质在品牌中的沉积，是品牌的灵魂。品牌是一种文化的载体，其所选用的符号本身是一种外显文化，它可使旅游者产生与其文化背景相对应的各种联想；品牌也代表着产品或企业本身所具有的文化特征，被旅游者理解和认同，这是品牌的潜在文化。文化支撑着品牌的丰富内涵，品牌展示着其代表的独特文化魅力，文化与品牌相辅相成，没有文化就不可能创造品牌，更不可能成就名牌。另外，品牌文化也是企业文化的有机组成部分。例如，成功塑造香格里拉生态旅游品牌的核心，就在于对当地生态文化的挖掘和展示。而丽江、大理等知名旅游目的地品牌的建立，如果没有大研古镇和玉龙雪山、纳西族风情和东巴文化，没有南诏和大理古文化、五朵金花和蝴蝶泉，其品牌就没有精髓，就会成为缺少内涵的浅层品牌。

（4）价值。好的旅游品牌是旅游企业及其产品与服务的质量水平、价值以及满足旅游者效用的可靠程度的综合体现。品牌因其所代表的企业及其产品品质和声誉，而在旅游者心目中形成不同的价值,这种价值又表现为一定的市场价值。经企业的不懈努力而建立起来的知名品牌,不仅能给旅游企业带来强大的增值功能,而且本身也具有很高的市场价值,例如1989年美国假日公司把品牌专利权出售给英国巴斯股份公司时,就获益高达19.8亿美元。著名品牌的价值由此可见一斑。

(5) 个性。建立起个性化的品牌形象,是成功品牌的共同特征。个性化的品牌更能使旅游者感到独一无二、新颖突出。当品牌个性的塑造与旅游者的个性趋于一致时,就能较易获得特定旅游者群体的认同,引发旅游者的品牌联想,使品牌形象深入旅游者心目中,从而有利于旅游者选购产品,形成品牌忠诚,提高重复购买率。

(6) 角色感。成功的品牌塑造能体现一定的角色感,使某些品牌能够获得特定旅游者群体的认同,成为旅游者所喜欢和选择的品牌,引发旅游者的象征性购买和消费。也就是说,品牌能成为某些特定旅游者群体的角色象征,并使他们产生一定的归属感。

(二) 旅游企业建立生态旅游品牌的作用

1. 有助于旅游企业树立良好的品牌形象

品牌以产品质量为核心,许多优秀的品牌都是以较高的产品品质打开市场和扩大产品销售的。品牌本身是一种专有的无形资产,凭借品牌优势,旅游企业就可以有效地建立起独特的市场形象,这是旅游企业获得较高的市场占有率、取得良好市场声誉的有力保证。特别是在新产品推向市场时,旅游企业可以借助已成功的或著名的品牌形象,利用其一定的知名度和美誉度,增加产品线或实施品牌延伸,适时推出新的产品项目,以节约新产品投入市场的成本,降低营销费用。在生态旅游市场营销过程中,旅游企业要想进一步扩大市场,就必须树立品牌意识,积极实施品牌发展战略,建立良好的生态旅游品牌形象,这对开拓生态旅游市场具有积极的推动作用。

2. 有助于旅游企业扩大市场和提高利润水平

旅游者对于企业品牌的印象,源于对其品牌价值的认识和感受,最佳品牌就是质量的保证,对旅游者具有很强的吸引力,有利于旅游者权益的保护,能避免购买风险,降低购买成本,从而更有利于旅游者选购商品。旅游企业通过品牌宣传与传播,可以使品牌形象在旅游者心目中根深蒂固,形成稳定的顾客群,并不断吸引潜在顾客的注意和兴趣,从而达到引导消费需求、促进销售和提高企业利润水平的目的。

3. 有助于旅游企业更好地满足市场需求

随着旅游市场的发展,旅游者的品牌意识越来越强。品牌知名度越高,旅游者对品牌的认知度就越强,其购买的人群范围就越广。旅游企业通过成功打造个性品牌,可以赢得旅游者的信任和购买;也可以针对不同的细分市场推出不同的品牌以适应不同旅游者的个性需求,有利于旅游者形成品牌偏好,更好地满足旅游者的实际效用需求和精神需求。因此,即便知名品牌的旅游产品价格高于同类产品的价格,旅游者也会乐于接受。

4. 有助于旅游企业建立和保持市场竞争优势

旅游企业产品一旦进入市场,就要面对很多同行业企业和产品的竞争。在日益激烈的旅游市场竞争中,可以说没有品牌就没有市场竞争力,没有市场竞争力就无法在市场上立足。虽然好产品是企业竞争力的基础，但是只有基础还不够，还需要通过品牌营销来体现和实现产品价值。另外，通过品牌营销，旅游企业还可以建立起旅游者的品牌忠诚，这是竞争者难以模仿和达到的，可以对其他旅游企业的进入构筑有效的市场壁垒。因此，从一定程度上说，品牌营销是旅游企业建立和保持竞争优势的一种强有力的战略工具。特别是随着旅游市场的国际化发展，旅游企业要开展国际化经营。在开展国际市场营销的过程中，企业要很好地应对众多国际知名旅游品牌的挑战，就必须积极实施旅游品牌战略，提高旅游企业的国际市场竞争力，建立起市场竞争优势。

二、旅游品牌策略

旅游企业在塑造品牌形象的过程中，其核心内容是科学合理地制定并实施旅游品牌策略。旅游品牌策略主要包括品牌有无策略、品牌归属策略、品牌统分策略、品牌延伸与多品牌策略和品牌重新定位策略，如图6-3所示。

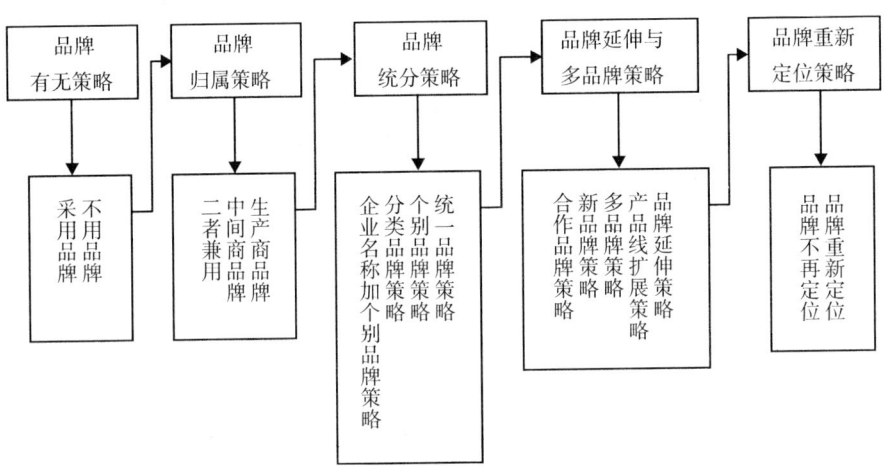

图6-3 旅游品牌策略

（一）品牌有无策略

是否建立旅游品牌是旅游企业首先要做出的重要决策。无论是星级酒店、经济型酒店，还是旅行社，这都是不可回避的发展战略问题。旅游企业建立品牌对于增加其产品与服务的辨识度，提高旅游者的认可度和忠诚度，以及塑造良好的旅游形象等都具有重要的作用。

尽管实施品牌策略是旅游市场竞争的大势所趋，但并不是所有的旅游企业都一定要有品牌。是否建立品牌，这要视旅游企业的战略取向、具体旅游产品项目的特点，以及旅游目的地资源禀赋及其市场营销的实际情况而定。因为在获得品牌带来的好处的同时，建立、使用、维持和保护品牌需要企业投入巨大的运营成本，同时也要承担一定的市场风险。当然，旅游企业有无品牌并不是一成不变的，建立和使用品牌是许多旅游企业在发展和扩大市场过程中所必须进行的策略选择。我国众多的小型旅行社在品牌建立和经营过程中资源和实力有限,为了扩大市场规模,就要由大的旅行社牵头,通过股份制、连锁、兼并等多种形式组建大型企业集团,推动建立强势品牌,提高品牌知名度和市场竞争力。

(二) 品牌归属策略

在建立和实施品牌策略的过程中,旅游企业需要决定品牌归属问题。对此,一般有三种可供选择的策略,一是采用生产商品牌,即企业品牌;二是采用中间商品牌;三是两种品牌兼用,即部分产品采用企业品牌,而另一部分产品则采用中间商品牌。

旅游企业选择何种品牌归属,取决于生产商(饭店、景区、景点、旅游目的地等旅游产品制造商)和中间商(旅行社、旅游电子商务网站、代理商等销售渠道)在旅游产品分销渠道中谁处于主导地位,谁拥有更好的市场信誉和拓展市场的能力,旅游企业通过综合分析加以确定。一般来讲,当生产商拥有自身品牌影响力、市场信誉好、市场开拓能力较强时,宜采用生产商品牌。相反,在生产商自身品牌影响力和营销能力较差,对旅游经销商较为依赖,或资金紧张,无法自行建立营销系统和进行广告投入的情况下,宜以中间商品牌为主,或全部采用中间商品牌。当然,如果中间商在旅游目标市场上拥有较高的品牌忠诚度,以及庞大而完善的销售网络,即使生产商拥有自营品牌的能力,也应该考虑使用中间商品牌,借助中间商的实力开拓市场,分担市场风险。

在建立品牌和管理品牌方面,美国万豪国际酒店集团是一个经典的案例。万豪集团的主要客户为商务顾客,为了充分占领这一市场,经过多年的发展和建设,作为生产商的万豪酒店按照不同酒店品牌对应不同档次和不同需求顾客的原则,建立起了四个稳定的、相互区分的品牌,即公平客栈(Fairfield Inn),是服务于销售人员的品牌;庭院(Courtyard),是服务于销售经理的品牌;万豪(Marriott),是服务于高级业务主管的品牌;万豪伯爵(Marriott Marquis),是专门服务于公司高级经理人员的品牌。在这四个品牌都在其各自的细分市场上成为主导品牌之后,万豪酒店对酒店市场进行了进一步的细分,推出了更多的酒店品牌。如在高端市场上专门建立起来的品牌是波特曼·丽嘉(Ritz - Carlton);新生(Renaissance)作为商务和休闲品牌与万豪品牌在价格上基本相同,但它们面对的是不同的顾客群体,万豪吸引的是已经成家立业的顾客,新生的目标顾客则是那些职业年轻人;在低端酒店市场上,万豪酒店由公平品牌衍生出公平套房(Fairfield Suite),从而丰富了自己的产品线;建立在高端和低端之间的酒店品牌是城镇套房(Towne Place Suites)和居民客栈(Residence Inn),它们分别代表着不同的消费水平,并在各自的娱乐和风格上进行了有效的区分。伴随着市场细分的持续进行,万豪又推出了弹性套房(Springfield Suites),比公平客栈的档次稍高一点,主要满足愿意每晚花费 75~95 美元的顾客市场。

(三) 品牌统分策略

品牌统分策略是指旅游企业决定所有产品采用一个或几个品牌,还是不同产品分别采用不同的品牌的策略。品牌统分策略关系到品牌经营的成败，大致有四种可供选择的策略：

1. 统一品牌策略

统一品牌策略即所有的产品都统一使用一个品牌。对于一些享有良好市场声誉的著名旅游企业，全部产品都采用统一品牌名称，可以充分利用其名牌效应，降低新产品进入市场的费用和风险。例如香格里拉酒店集团的所有产品一直使用统一的Shangrila品牌。

2. 个别品牌策略

个别品牌策略指旅游企业对每种不同的产品分别采用不同的品牌，使用个别品牌名称。这种策略有利于旅游企业为每一种产品进行不同的市场定位，有利于增加市场销售额和对抗竞争对手；有利于企业分散经营风险，保证企业的整体市场形象和信誉不致因某种产品表现不佳而受到影响；也有利于企业新产品向多个目标市场渗透。但是建立多个品牌相对增加了旅游企业的营销成本和管理难度。目前，多数国际酒店管理集团都采用个别品牌策略，例如法国雅高酒店集团根据酒店产品档次和市场定位的不同，采用索菲特（Sofitel）、铂尔曼（Pullman）、诺富特（Novotel）、美爵（Grand Mercure）、美居（Mercure）和宜必思（Ibis）六个从奢华型到经济型的酒店品牌。

3. 分类品牌策略

分类品牌策略指旅游企业对所有产品在分类基础上采用不同的家族品牌策略，一般是为了区分不同类别的产品，以便在不同的产品类别市场上树立各自的品牌形象。例如北京环境国旅为了在特定的目标市场上形成特定的品牌形象，先后在各个市场建立起了对应的分类品牌。分别为：

（1）"遨游天下"——公众品牌。

（2）"星辉旅游"——韩国线品牌。

（3）"行天下"——澳新线品牌。

（4）"成功之旅"——南美线品牌。

（5）"印度大自然"——南亚线品牌。

北京环境国旅还于2009年推出生态旅游线路"绿色北欧"系列产品，这是第一次推出的绿游北欧的品牌产品。随着季节的变化，北京环境国旅还将陆续推出不同的绿游系列产品，并计划把出境游的多条线路都改造为生态旅游线路产品。

4. 企业名称加个别品牌策略

该策略的做法是旅游企业对其不同类别产品分别采用不同的品牌名称，且在各种品牌名称之前冠以企业名称。这种策略多用于新产品上市之时，在新产品品牌名称前加上企业名称，目的是使新产品享用企业品牌的整体声誉；同时，对各种不同的新产品分别采用不同的品牌名称，又能使各种新产品显示出新意和不同特色，并能与老产品区分开来。

(四) 品牌延伸与多品牌策略

1. 品牌延伸策略

品牌延伸策略是指将某一具有较大市场影响力或知名度较高的现有品牌使用到其他的产品上。品牌延伸并非只借用品牌名称和品牌标志，而是对品牌影响力和品牌形象的有效利用。品牌延伸策略适用于同一旅游企业的新产品推向市场，或者是生产企业与拥有知名品牌企业合作推出新产品的情况。品牌延伸策略是新产品快速占领并扩大市场的有力手段，通过品牌延伸，可以缩短新产品导入期旅游者对产品的认知过程，从而迅速打开市场，有效地节省市场推广费用；还可以保证新产品营销组合策略的有效实施，降低新产品的市场风险。同时，实施品牌延伸策略可以充分发挥作为企业战略性资源的品牌资源潜能，实现知名品牌无形资产的价值提升和市场形象的树立，延续品牌的市场生命周期。但须注意的是，品牌延伸策略是一把"双刃剑"，如果延伸不成功，得不到旅游者的认可，不仅新产品开拓市场受阻，还会影响该品牌的市场形象和声誉。

2. 产品线扩展策略

产品线扩展策略指旅游企业现有的产品线使用同一品牌，当在该产品线上增加新功能、新风格、新规格、新内容的产品项目时，仍然沿用原有的品牌。产品线扩展策略往往是对现有产品的局部改进和调整，故新扩展的产品项目市场开拓风险低，较新产品容易成功；同时，能较好地满足目标市场的各种需求，完整的产品线也有助于企业抵御竞争者的进攻。

3. 多品牌策略

多品牌策略指在相同产品类别中引进、采用多个不同品牌的策略。企业建立品牌组合，实施多品牌策略，一般是出于规避或减少风险的考虑；但一些品牌价值很大、实力雄厚的集团化企业，也会运用多品牌策略来覆盖市场，降低营销成本，压制竞争对手；而且用多个不同品牌来代表不同特色的产品，可以吸引和满足各个细分市场上的不同需求，扩大企业的市场空间。但是，运用多品牌策略时容易造成品牌间的自相竞争，因此，旅游企业在实施多品牌策略时，要注意区分各品牌间的市场定位，并适时进行调整和合并。例如，美国希尔顿酒店集团采用多品牌发展策略，在对市场进行充分调研和细致分类的基础上，采用多种不同的饭店品牌，提供不同档次的服务以满足不同细分市场的顾客需求。例如希尔顿旗下的主要酒店品牌有希尔顿（Hilton）、康拉德（Conrad）、斯堪的克（Scandic）、希尔顿逸林（Double Tree by Hilton）、大使套房饭店（Embassy Suites Hotels）、希尔顿度假俱乐部（Hilton Grand Vacations）、花园客栈（Hilton Garden Inn）、汉普顿旅馆（Hampton）和家木套房饭店（Homewood Suites）9个品牌，每一个品牌都有特定的目标市场，从而极大地提高了希尔顿在全球酒店市场上的竞争力。

4. 新品牌策略

新品牌策略指为了新产品设计新品牌的策略。当旅游企业要在新产品类别中推出一个产品项目时，如果认为原有的品牌名称不适合新推出产品，或为了突出新产品的创新性，会促使企业设计和实施新品牌策略。由于新品牌在推向市场的过程中成本巨大，同时建设周期较长，因此，一些企业也会有针对性地收购其他品牌。例如万豪酒店作为全世界最大的酒店连锁集团，在本身拥有各种豪华型和商务型酒店品牌的情况下，还将世界上豪华酒店的代表——利兹·卡尔顿收归旗下，既开拓了新的高端市场，又提高了酒店自身的声誉和品牌价值。

5. 合作品牌策略

合作品牌策略指两个或更多的品牌在一个产品上联合起来，以此强化整体的市场形象。合作品牌策略有多种形式，具体包括：①中间产品合作品牌，如酒店与旅行社和会展公司联合开发一个品牌；②同一企业合作品牌，指同一企业的不同品牌之间的合作；③合资合作品牌，如旅游地之间为了打造一个整体旅游品牌，而进行的旅游营销合作；④多发起人合作品牌，指多个企业在战略联盟下合作开发品牌。

（五）品牌重新定位策略

品牌重新定位策略也称品牌再定位策略，是指旅游企业对一种品牌的原有市场定位进行全部或部分的调整与变动的策略。品牌最初的市场定位也许是适宜的、成功的，但是在品牌经营过程中可能会遇到竞争者品牌的市场挑战；或者旅游者需求偏好发生转移，市场萎缩；或者旅游企业发现新的有吸引力的细分市场而打算进入，旅游企业可能不得不对原有品牌进行重新定位。

旅游企业在实施品牌重新定位策略时，首先，应充分考虑将品牌转移到另一个细分市场上所需的成本和费用，包括产品设计开发费用、广告宣传费用和其他市场拓展费用等。一般来说，再定位的目标市场改变越大，所需费用越高。其次，要充分核算品牌重新定位后可能产生的收益。收益大小由某一目标市场的旅游者人数、旅游者平均购买率、在同一细分市场上竞争者的数量和实力，以及在该细分市场中为品牌再定位所要花费的成本等因素决定。不是所有原有品牌都需要重新定位，只有出现市场逐步萎缩，或市场拓展不利，需要进行目标市场转移、产品转型，或旅游形象重新设计时，旅游企业才考虑对品牌进行重新定位。

三、生态旅游品牌的塑造与定位策略

（一）生态旅游品牌的塑造

旅游企业塑造生态旅游品牌，不仅要树立品牌意识，还要把这种品牌意识贯穿于企业发展战略规划、产品设计开发、项目建设和营销策划的各个经营环节中。企业既可以塑造统一品牌，也可以根据产品的类型特色、资源优势和文化内涵等塑造多品牌或系列品牌，进而围绕品牌形象进行有效的宣传和促销活动，提高生态旅游品牌的知名度和影响力。例如，"桂林山水甲天下"是桂林的传统主题品牌，近年来又推出"世界自然文化遗产地"八角寨丹霞地貌、"溶洞奇观"银子岩、"世外桃源"漓江游、古东瀑布、龙脊梯田等生态旅游景区和生态游产品项目，并陆续推出壮、侗、瑶族等少数民族奇特风情游和少数民族生活习俗实景等人文生态游项目，使桂林的生态旅游品牌内涵更加丰富和完善。

生态旅游产品不同于普通产品，其品牌塑造的关键在于满足旅游者的生态游的同时，实现环保性承诺，并做好市场的有效沟通和传播。生态旅游品牌的建立不是一朝一夕就能完成的，而是一个长期的、系统的过程。因此，在生态旅游品牌塑造的过程中，应进行阶段性、系列化的营销活动。针对生态旅游品牌塑造的实际情况，应从参与主体、营销目标、营销重点和营销策略方面进行重点考虑（见表6-2）。

表6-2 生态旅游品牌塑造内容

生态旅游品牌塑造					
层次		参与主体	营销目标	营销重点	营销策略
类型	举例				
旅游目的地产品品牌	城市：雅安、肇庆；旅游区：香格里拉旅游区	政府、旅游企业、景区经营者、非政府组织、当地居民、游客	以"安全、友好、高质、特色"为总目标，塑造有鲜明自然、人文资源特色的目的地品牌形象，提高知名度满意率	区域内良好的环境资源、设施维护与创造；旅游活动要素不断创新和优质服务整合；绿色旅游目的地形象的设计和传播推广；支持社区的发展；居民环保知识教育和友好态度培养	目的地高质量新景区产品的开发，培育精品景区产品；旅游地形象设计与宣传促销；设计和实施推广旅游目的地营销系统（DMS）；国家级城镇创建活动；参与最佳魅力城市（镇）评选；持续举办旅游主题节庆或会展
线路产品品牌	茶马古道游；西南少数民族风情游	旅游企业、政府相关部门、居民、游客	塑造线路生态文化主题品牌；塑造企业绿色品牌，培养品牌忠诚度	突出旅游线路主题；绿色企业文化建设；生态旅游专业员工的培养	单项旅游产品（景区）整合营销；旅游企业品牌塑造，导入CIS；经营企业导入ISO14000环境体系ISO9000质量体系认证
景区产品品牌	森林公园、自然保护区、地质公园、风景名胜区、生态主题公园	景区经营主体、社区居民、游客	提供特色生态旅游经历和体验；提高知名度、美誉度、重游率和游客满意度，建设精品景区	维护展示资源、设施和服务质量与特色；景区生态文化内涵挖掘和展示；居民友好态度培养；持续开发新项目，延长产品生命周期；环境解译系统建设；形象策划与宣传；支持社区的发展	实施"绿色环球21"体系认证；导入ISO14000环境体系认证；导入ISO9000质量体系认证；创建国家生态旅游示范区；创建全国文明风景旅游区；申报国家级景区；持续举办旅游节庆、强化促销；景区环境管理

资料来源：周敦源. 生态旅游产品品牌创建策略探讨［J］. 生态经济，2007（5）.

（二）生态旅游品牌的定位策略

生态旅游品牌定位关系到生态旅游品牌形象的树立，关系到旅游营销组合策略的有效实施，是旅游企业开拓和占领生态旅游市场的前提和基础。因此，旅游目的地和旅游企业经营者要强化品牌定位意识，把品牌战略贯穿于市场营销管理活动的始终。

1. 有效地确立和传播品牌价值

对目标市场的顾客心理需求活动的把握是品牌定位的最重要的环节。旅游企业面对的是多种多样的、不断变化着的生态旅游市场需求，企业不可能去满足市场上的所有需求，因此，必须选择并针对某些自身拥有竞争优势的目标市场进行营销，目标市场顾客群是企业品牌定位的重点。在确定目标市场的基础上，旅游企业必须透过旅游者多变的动机与行为，对千差万别的顾客价值观进行提炼，以发现目标市场上相对集中、表现稳定的顾客核心价值观。由此分析企业现有的以及未来的资源优势，并对品牌核心价值进行提炼和定位，从而达到与顾客价值的协调统一，即做到"定位不在产品本身，而在消费者心底"的品牌定位。需要注意的问题是，品牌核心价值的确立必须做到有效地向目标市场传播，通过系统的方式向受众展示，从而使目标顾客群逐渐认识、理解和接受该品牌；同时，品牌核心价值的确立要与竞争者有所区别，必要时可以取而代之。

2. 凝练品牌的个性特征

从生态旅游市场分析，只有个性鲜明、特色突出的生态旅游品牌形象，才能够引起目标市场旅游者的注意和兴趣。生态旅游品牌形象定位要避免定位过低或过高的问题，这就需要从区域自然旅游资源与人文生态旅游资源的特色和产品价值出发，准确定位。品牌个性的发掘要符合目标市场旅游者的偏好和期望，做到以自身独特的品牌个性吸引游客。例如，同样是世界双遗产著名品牌，泰山"文化"个性更为显著，黄山以"峰险、松奇、石怪、云海、飞瀑"个性见长，峨眉山—乐山大佛以"雄、秀、神、青"个性著名，武夷山则表现出"碧水丹峰"的生态个性特征。

3. 突出产品的生态特色

生态旅游品牌的成功塑造离不开特色鲜明的产品支撑，生态旅游产品特色本质上反映的是一种资源比较优势，产品是否有特色，取决于旅游企业对当地自然生态资源与人文生态资源的认识和把握。产品特色既可以在调研区域旅游资源的特征中去发现，也可以从不同生态景观类型、生物多样性和气候的时空维度变化中去发掘，适时推出系列化和差异化产品，来满足旅游者不断变化的需求。例如，浙江千岛湖是全国最大的国家级森林公园，森林覆盖率达89.5%。为突出森林生态旅游特色而专门建立的千岛湖森林氧吧景点，由300余种森林植被、形态各异的喀斯特地貌石灰岩、色泽鲜艳的砂质彩岩、秀美曲折的溪涧、跌宕多姿的瀑布、色彩斑斓的水潭等，共同组成了地形复杂多样、景致变化万千的森林生态旅游区。景区内分为亲水休闲区、茶室休闲区、森林负离子呼吸区、森林游憩区、森林野营区和森林科普区五大功能区，设有林中漫步、森林浴、森林吸氧、溯溪、攀岩、野营、森林标本采集、环境教育展馆、科普长廊、垂钓中心、水上运动中心等森林生态旅游特色项目,并开发了山涧千叠飞瀑、山泉足浴健身、勇敢者探险、溯溪而上急流回旋、登山远眺观景和喊山洗肺等休闲运动项目,很好地体现了千岛湖森林生态旅游的主题和特色。

4. 深挖生态文化的内涵

生态文化作为生态旅游产品的精髓,也是生态旅游品牌的灵魂和核心。当前,在生态旅游产品开发中,品牌文化内涵的缺失,是影响游客文化认知和生态体验的一个重要原因。对于文化内涵的挖掘,要在"原汁原味"体现文化内涵的基础上,多在表现形式上创新,这可以通过生态旅游产品项目的内容和形式创新来体现。另外,在挖掘文化内涵的过程中,地方政府和旅游企业应重视文化真实性的展示,采取保护性挖掘,特别是文化生态脆弱区更是如此,要杜绝民族文化开发中的公式化和庸俗化现象。例如,在首届中国旅游品牌高峰论坛上,被树为深挖旅游产品文化内涵、创建旅游品牌典型的"五岳独秀"南岳衡山,深挖自身"寿文化"人文生态资源,精心塑造"中华寿岳"的品牌形象,自 2000 年开始,先后成功举办了九届国际寿文化节,创下了世界上最大寿字和寿字最多的"万寿大鼎"等 11 项吉尼斯世界纪录;同时,围绕"运动、长寿、健康、祈福"主题,精心策划了"寿岳送福"、"天下南岳主寿"、"寿山福地南岳游"等一系列营销活动,开辟了运动健身、祈寿朝圣、文化寻根和生态农家游四大特色旅游线路,吸引了众多中外游客"祈福到南岳,求寿上衡山",成功塑造了"天下独寿"的品牌形象和市场地位。

第四节 生态旅游产品生命周期策略

一、生态旅游产品生命周期

(一) 生态旅游产品生命周期的概念

产品生命周期理论是现代市场营销学中的一个重要理论,是由美国哈佛大学教授雷蒙德·弗农于 1966 年在其《产品周期中的国际投资与国际贸易》一文中首次提出的。生态旅游产品生命周期是指某种生态旅游产品从投入市场,经过成长期、成熟期,到最后被市场淘汰的整个市场过程。生态旅游产品与其他产品一样,其生命周期过程也分为投入期(或导入期、介绍期、引入期)、成长期、成熟期和衰退期四个阶段,这一过程一般用"S"形曲线来表示,即生态旅游产品生命周期曲线,如图 6-4 所示,图中三条曲线分别反映了处于生命周期不同阶段的产品销售额、利润和成本的变化情况。

(二) 生态旅游产品生命周期的变化

无论是一条生态旅游线路、一个生态旅游活动项目,还是一个生态旅游景区

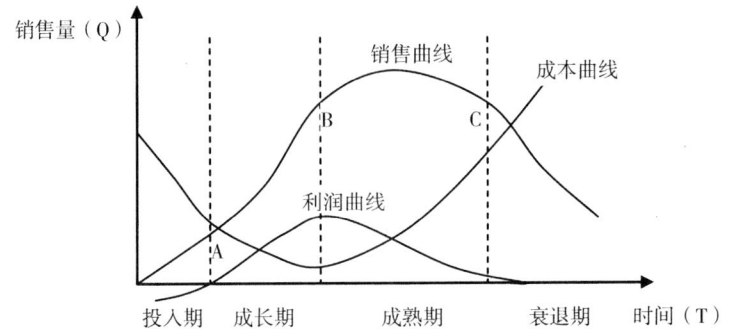

图 6-4 生态旅游产品生命周期曲线

(点），都会经历由兴至衰的过程，经历或长或短的生命周期变化。这里所说的生命周期不是指生态旅游这一旅游活动形式会衰退，而是指某项具体的生态旅游产品的市场变化过程。某种生态旅游活动衰退后，经过换代产品的设计开发可以重新进入市场，经历新一轮的市场周期变化，因此，产品生命周期四个阶段的变化是对生态旅游产品生命周期的一般性描述。理想的生态旅游产品生命周期变化，是经历较短的投入期和成长期，快速进入成熟期并维持尽可能长的时间，并且衰退期的到来越晚越好。但是，随着生态旅游市场竞争的加剧，生态旅游产品更新换代速度加快，一些生态旅游产品的市场表现各不相同，其产品生命周期曲线也呈现出不同的变化特点，如图 6-5 所示。

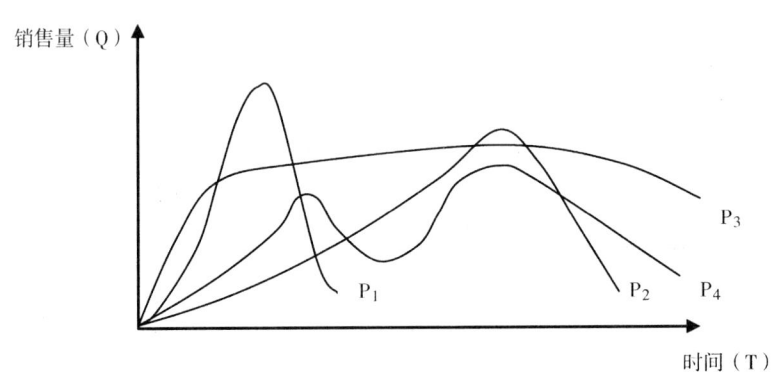

图 6-5 生态旅游产品生命周期的不同类型

在图 6-5 中，P_1 线所呈现的生态旅游产品的生命周期很短，属于生态旅游市场上的时尚型产品，短期达到最大销量后，迅速退出市场。如"告别三峡游"等短期出现的产品，以及一些节庆产品等。

P_2 线所呈现的生态旅游产品的成熟期很短，但市场前期投入很大，开拓市场时间也很长，属于超前消费的一类生态旅游产品，这类产品显然存在着一定的市场风险。如一些微缩景观、海洋馆等人文景观的开发就属于这种类型，出境游也具有这样的市场特点。

P_3 线所呈现的生态旅游产品的投入期和成长期较短,产品的成熟期则很长,并且没有市场衰退的迹象。这是一种比较理想的产品生命周期类型,大部分知名景区景点、历史宗教文化名胜等属于这种类型。

P_4 线所呈现的是一种波浪式的市场周期类型,市场较有规律地周期性变化,出现若干次小的销售高峰期。这一类型的旅游产品有些属于周期性消费产品,有些则是在旅游促销活动刺激下形成的,如会议旅游、商务旅游及周末度假产品等。

近年来,生态旅游市场需求旺盛,发展很快,许多生态旅游产品还处于成长期,市场生命周期应该很长。但是,由于许多生态旅游产品所依托的生态环境客观上存在着脆弱性问题,易遭受破坏,甚至一些自然旅游资源和人文生态旅游资源出现衰竭的现象,所以很有可能导致一些产品的生命周期因环境质量下降而快速进入衰退期,最终退出市场。因此,旅游企业要对生态旅游产品生命周期进行跟踪监控,在保护资源和生态环境的前提下,采取产品改革、市场改变、营销组合改进和产品升级换代等策略,尽量缩短生态旅游产品的投入期,延长成熟期,延缓衰退期的到来,从而有效地延长产品生命周期过程,并为替代新产品的设计开发和投入市场做好充分的准备。

(三) 生态旅游产品生命周期的战略转移

产品生命周期不同阶段呈现各不相同的特点,因而各有相应的规律。企业应恰到好处地掌握四个阶段的转折时期。在图6-4中,销售曲线上的A、B、C三点分别为产品生命周期各阶段的转折点,其中,成熟期至衰退期的转折点C是企业的战略转移点,对于企业的市场经营至关重要。

如果老产品在市场中处于衰退期,新的换代产品又不能及时问世,从而使企业错过C点继续下滑,则其他企业会乘虚而入,抢夺市场,造成旅游企业新产品的机会损失。同样,老新产品替代较早,老产品市场销售没有滑至C点,新产品已问世,则会对老产品产生排挤,不能充分发挥其经济效益。产品生命周期的战略转移应如图6-6所示。为了巩固市场占有,企业产品开发必须做到不断推陈出新。

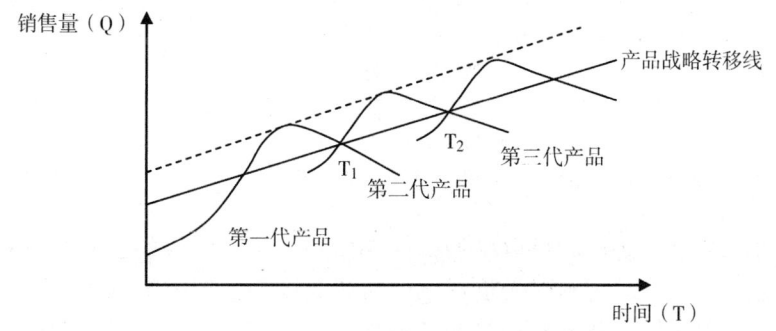

图6-6 生态旅游产品生命周期的战略转移

图6-6中的T_1、T_2即为企业战略转移点。战略转移点实为企业的盈亏临界点。旅游企业在产品市场营销中,必须具备一定的战略眼光,在新产品进入成长期后,就要

研制开发第二代新产品或第三代新产品，对于旅游企业而言，应同时拥有 2~3 代新产品，才能使企业在市场竞争中处于主动地位。

二、生态旅游产品生命周期各阶段营销策略

生态旅游产品生命周期是旅游企业制定营销策略组合的重要依据。研究旅游产品生命周期，有助于旅游企业根据产品生命周期各阶段的特点，制定具有针对性和时效性的营销策略及其组合，提高生态旅游产品营销效率。生态旅游产品生命周期各阶段营销策略如表 6-3 所示。

表 6-3 生态旅游产品生命周期各阶段营销策略

生命周期阶段	经营环境	营销策略组合	营销目标
投入期	旅游者少，产品知名度低，成本高，利润少或亏损，旅游收入增长缓慢且不稳定，竞争者少	刺激基本需求、介绍产品、建立分销网络、撇脂或渗透定价	提高产品知名度、尽快进入和占领市场
成长期	旅游人数增加，知名度逐渐提高，游客量稳步上升，利润增加，出现竞争者	扩大产品利益、树立并宣传品牌形象、选择分销渠道并增加渠道宽度、适当调价	强化产品和服务质量、迅速扩大销售能力
成熟期	旅游人数稳定，接待量达到顶峰，增长趋缓，利润达最高，竞争者最多	改进产品、提高服务水平、强调市场细分、实行灵活的价格策略、保持市场份额、有效管理分销渠道	维护市场占有率、延长产品生命周期
衰退期	旅游人数下降，利润低或亏损，旅游收入锐减，替代产品出现，竞争者减少	调整产品组合、集中促销、维护旅游区声誉、保留忠诚中间商并剔除无效渠道、削价或大幅降价	集中于有利的市场和渠道、有计划地淘汰滞销产品、放弃无利项目或线路

（一）投入期营销策略

投入期是指生态旅游产品投放市场的初期阶段，这一阶段的主要特点是市场增长缓慢且不稳定。由于产品刚刚进入市场，产品知名度低，还未被旅游者了解，因此产品在市场上主要是试销，产品的销售增长缓慢。加之产品投放市场前期研发和促销费用高，使得企业这一阶段的投资额很大，单位产品成本高，产品利润率极低，甚至处于亏损状态。投入期的另一个特点是市场上竞争者还很少，只要策略得当，企业产品就能够迅速进入和占领市场。

旅游企业在投入期的主要任务是运用各种促销手段，加强广告宣传，扩大产品知

名度，让旅游者尽快熟悉和接受新产品，缩短产品的投入期。从价格和促销策略组合的角度，旅游企业在产品投入期有四种营销策略可供选择，如图6-7所示。

图6-7 投入期营销策略

1. 快速撇脂策略

这里的"撇脂"主要用来比喻高价格策略。快速撇脂策略即"双高策略"，就是旅游企业以高价格高促销策略组合，将旅游产品投入市场。采取这一策略的主要目的，一是能树立生态旅游产品的高质量形象；二是可以加大促销力度，迅速扩大市场范围，使产品快速进入成长期；三是能够使企业在短期内获取较高的利润，以弥补较高的研发投资成本和促销费用。这种策略适用于以下类型的产品市场：①目标市场旅游者的消费观念和消费水平比较高，求新动机强且对高价格不敏感；②所开发投入市场的生态旅游产品在质量和性能等方面具有独特之处，与同类产品相比具有明显优势；③市场需求潜力大，但目前市场知名度低，需要大力宣传和促销的产品。例如许多生态主题公园在推向市场时，采取的就是这种高价格高促销策略。

2. 缓慢撇脂策略

缓慢撇脂策略即以较高的价格树立产品市场形象，提高知名度，而以较低的促销力度将新产品推向市场。高价格的目的是获取更多的利润，而低促销力度是降低新产品的销售推广费用，因此，这种策略组合能给企业带来最大可能的利润率。采取这一策略的前提条件是：①具有较高的品质、档次和服务质量，服务设施齐全；②目标市场潜力和规模有限；③目标市场旅游者已基本了解这类产品，适当的高价格能被旅游者认可和接受；④产品具有明显的差异性，或者具有较高的垄断性，使得竞争对手较少，竞争威胁不大。例如时逢三峡大坝合龙时推出的"告别三峡游"，以及多数世界遗产地景区产品采取的就是这种策略。

3. 快速渗透策略

旅游企业瞄准某一目标市场，以较低的价格配合较高的促销力度，全力推出新产品，以达到在最短的时间内占领目标市场，迅速提高市场占有率的目的。采取这一策略的前提条件是：①产品市场容量大，且随着生产规模的扩大和市场的进一步开拓，产品的单位成本能迅速降低；②目标市场旅游者对该产品不了解，旅游者大多对价格敏感而对产品质量不过分挑剔；③存在潜在的竞争威胁。例如多数城市近郊推出短线一日游产品时，采取的就是这种策略。

4. 缓慢渗透策略

缓慢渗透策略也称"双低策略"。即以较低的价格和较低的促销力度推出新产品。旅游企业采取这种策略的目的一方面在于以较低的价格促使目标市场旅游者接受新产品，另一方面，以较低的促销费用使企业获得更多的利润。采取这一策略的前提条件是：①市场容量大，产品适用面广，有较大的开拓余地；②目标市场旅游者了解该产品，大多对产品价格敏感，产品需求价格弹性高，促销作用不明显；③竞争对手较多，潜在市场竞争激烈。例如许多地方推出的"乡村游"和"民俗游"产品多采取这种策略。

（二）成长期营销策略

成长期生态旅游产品已为目标市场上大多数旅游者所了解和接受，随着产品销售量的迅速增长，广告等促销费用明显下降，利润迅速上升，这时市场上开始出现竞争者的同类产品和仿制品。这一阶段旅游产品项目基本定型并形成一定的特色，因此，旅游企业营销策略的要点是保证产品质量，积极塑造产品品牌形象，提高产品知名度；同时，要开拓新的细分市场和新的销售渠道，进一步挖掘潜在市场潜力。旅游企业在产品成长期有以下营销策略可供选择：

（1）改进产品质量。在提高生态旅游产品规模生产能力的同时，要在增加产品功能和新特性上下工夫，改进和提高生态旅游产品的质量，规范优质服务标准，做好员工培训和督查指导。进一步完善企业基础设施的配套建设，增强企业的接待能力，提高旅游景区、景点的可进入性和协调配合性，以吸引更多的潜在市场的旅游者，继续保持市场销售的良好局面。

（2）加强市场促销。加强广告、人员推销、网络营销、营业推广等多种促销策略的组合运用，促销的内容从介绍产品为主转向树立产品品牌形象为主，促销的重点也要放在争取潜在旅游者和促使旅游者增强对旅游产品和旅游品牌的信任感和忠诚度上。同时，在这一阶段还可以适当采取灵活的价格策略进行市场促销。

（3）开拓新市场。在巩固原有市场销售渠道的基础上，开拓新的销售渠道，并加强对分销渠道的管理。特别是选择适宜的中间商并大力扶持，做好中间商的评估和激励工作，搞好渠道成员间的协作。开发产品新用途，刺激现有顾客，增加重游率，进一步扩大市场范围；或重新为产品定位，争取新的潜在客源市场，提高市场占有率。

（三）成熟期营销策略

生态旅游产品进入成熟期之后，产品的销售量虽然还会有一定增长，但市场增长速度已放缓，甚至出现停滞或负增长的情况。在成熟期内，市场需求量渐趋饱和，市场竞争加剧，旅游企业的利润率也达到最高点，并在后期出现明显的下降趋势。因此，旅游企业在这一阶段的营销重点应放在维持市场份额上，具体做法是改进产品质量，提高服务水平，并开始设计和开发能够满足旅游者需求的新产品，开拓新市场。同时，要运用多种定价策略，实行更加灵活的价格技巧，加大产品促销力度，以保持原有市场份额和吸引新的细分市场。具体可采用产品改进、市场改进、市场营销组合改进、开发生态旅游新产品等策略来尽量延长产品成熟期,保持产品的优势地位。

1. 产品改进

生态旅游产品改进主要是从产品整体概念出发,对其形式产品或延伸产品的不同方面,诸如产品功能、特性、形式等内容进行改进:一是维护生态旅游景观质量,要不断对以生态旅游资源和环境为支撑的旅游吸引物进行维护更新,尽量提供高品质的生态旅游经历和体验;二是丰富和完善生态旅游活动项目,根据旅游者的反馈意见增设新的产品功能和具体活动形式,调整和完善生态旅游资源和旅游设施的配置;三是提高旅游服务质量,对生态旅游从业人员进行专业培训,提高他们的环保意识、综合素质和业务技术水平,以提高服务质量,增加旅游者的满意度,从而提升整体旅游产品的质量;四是开发新产品,根据目标市场不断变化的市场需求,创新生态旅游产品形式和内容,做好新旧产品的市场衔接,实现产品的升级换代。

2. 市场改进

生态旅游产品的市场改进是指进一步挖掘市场潜力,增加销售量的行为。具体方法有:一是刺激重复购买,即通过提高产品质量、增加产品形式、调整产品价格、加大营业推广等方法,进一步挖掘现有市场潜力,维持市场销售水平;二是促使市场多元化,即通过市场细分,为产品发现和开拓新的目标市场,使市场范围进一步得以扩展,以争取更多的旅游者购买。例如深圳华侨城的"民俗文化村"、"世界之窗"和"锦绣中华",其最初的市场定位是面向港澳同胞的,进入20世纪90年代后,华侨城把目标市场由已经趋于饱和的港澳市场转向了内地市场,以扩大市场范围,延长产品的市场生命周期。

3. 市场营销组合改进

市场营销组合改进是指旅游企业通过改进原有的旅游市场营销组合中的价格、渠道、促销等因素及其组合方式来延长成熟期的策略,如在价格策略上采用灵活的定价方法,实行多种价格优惠策略,运用多种定价技巧和变价方法等手段来吸引旅游者购买,维持市场销售水平。其他营销策略组合还包括加强广告等促销宣传、增加密集性分销渠道等内容,以刺激市场销售量的增长。当然,旅游企业在产品成熟期的渠道建设和促销力度不宜投入过大,以免因市场萎缩导致企业利润的减少。

4. 开发生态旅游新产品

生态旅游产品进入成熟期并维持一段时间后,即意味着未来市场销售量和利润率将出现下滑趋势,甚至有的生态旅游产品因市场需求变化,只经过很短的成熟期便直接进入衰退期。因此,旅游企业应未雨绸缪,及时着手设计开发新的生态旅游产品,做好产品的更新换代,实现新产品与旧产品的良好衔接,以把握市场竞争的主动性。

(四) 衰退期营销策略

处于衰退期的旅游产品销售量明显下降,利润迅速减少,甚至出现亏损。在这一阶段,生态旅游产品一般进入更新换代阶段,新产品开始进入市场,逐渐替代老产品。市场竞争突出表现为价格竞争,竞争者减少,一些企业的经营陷入困境,因此,企业要积极开发新产品,有步骤地撤退老产品;或对一些老产品进行调整改造,促使新老产品市场顺利衔接，以最大程度地稳定市场，获取利润。可以说，能否果断地调整营销策略组合，直接关系到企业未来的生存和发展。衰退期通常有以下营销策略可供选择：

1. 继续策略

继续策略即旅游企业继续沿用以前的策略，使用相同的销售渠道定价和促销方式，直到产品完全被市场淘汰为止。

2. 集中策略

集中策略即旅游企业把原投入的优势资源和经营实力集中在一些最有利的细分市场和销售渠道上，缩小经营范围。这样有利于延长产品的市场生命周期，同时又能继续为企业带来利润。

3. 收缩策略

收缩策略即旅游企业大幅度降低促销费用，以增加目前的利润。这种策略可能会加速产品在市场上的衰退，但与此同时，因产品在成熟期已奠定一定的市场基础，即使大幅度减少促销活动，价格水平仍可以维持一段时间，在原有细分市场上继续获取一定的利润。

4. 放弃策略

如果生态旅游产品市场销售量迅速下降，甚至连变动成本也无法补偿，那么旅游企业应当机立断，立即采取放弃策略，并将经营资源转向其他新产品。如果旅游产品在市场上还有一定的利润，但前景已不容乐观，那么旅游企业就不应仓促放弃，而要剔除无利润的渠道，缩小经营范围，降低营销费用，在一定时期内继续维持原有市场经营状况，并有步骤地逐步撤退，放弃经营。

5. 调整策略

由于生态旅游产品所依托的资源和生态环境具有脆弱性的特点，一旦开发利用不当，就有可能因环境质量下降、生态旅游资源损毁或完全消失，而使生态旅游产品很快进入衰退期。因此，旅游企业必须加强可持续管理，采取产品调整策略，在生态旅游目的地环境承载范围之内，根据资源环境特点和生态系统的变化规律，定期调整生态旅游线路和具体旅游项目，给一定区域内生态旅游资源与环境以"休养生息"的机会，使旅游开发和旅游者的旅游活动所造成的负面影响降到最低程度，从而做到资源环境的良性循环利用，有效地延长生态旅游产品的生命周期。

第五节　生态旅游新产品开发策略

随着国内外生态旅游市场竞争的日益激烈，以及旅游者对生态旅游产品的层次和品质要求越来越高，生态旅游产品由兴而衰的市场生命周期日益缩短。旅游企业要想生存和发展，就必须不断地开发新产品以满足生态旅游市场日趋个性化和多样化的需求。因此，如何设计开发生态旅游新产品，就成为旅游企业经营管理中的重要决策之一。

一、生态旅游新产品的概念和开发趋势

（一）生态旅游新产品的概念

所谓旅游新产品是指旅游企业向旅游市场提供的较原有产品有较大差别的旅游产品。旅游市场营销学中的新产品概念是从旅游企业市场营销和经营管理角度来界定的，凡是对整体旅游产品进行了全部或部分创新和改进，能很好地满足潜在消费需求的产品，都属于新产品的范围。生态旅游新产品是指旅游企业初次设计生产的，或者原来生产过，但又做了改进，在内容、结构、服务方式、性能上更为科学、合理，与原有生态旅游产品存在显著差异的产品。

生态旅游新产品大致可以分为四种类型：

1. 全新产品

全新产品指用新原理、新技术和新资源设计开发的市场上从未出现过的产品，如开发一条全新的生态旅游线路、开辟一个生态旅游景区、开展一项有特色的专项生态旅游项目等。全新生态旅游产品的设计开发一般周期长，需要巨大的投入，同时也存在着一定的市场风险。

2. 换代型新产品

换代型新产品指旅游企业在原有产品的基础上，充分利用其资源条件和基础设施，采用新的设计理念和设计方法，扩点成线，扩线成面，开发新的满足市场需求的产品。总体来看，旅游产品的升级换代会经历从传统的观光型向现代主题型和休闲型产品发展的过程。如我国在最初新疆观光型旅游产品的基础上，把旅游城市西安、兰州、张掖、敦煌、哈密、乌鲁木齐、喀什等城市连接起来，推出了大型专线旅游产品——"丝绸之路"游，这是一种经过组合的主题型产品，对于常规的观光游产品来说就是一种换代型产品。

3. 改进型新产品

改进型新产品指旅游企业对原有产品进行局部改进，提高服务质量，增减旅游线路上的部分旅游活动项目内容，由此设计并开发出来的旅游新产品。例如，随着黄山、张家界、九华山等知名景区门票相继涨价，为了减缓门票提价所产生的压力，一些旅行社纷纷开发并推出知名景区附近价格适中的新线路产品。如在与黄山相邻的周边地区，新推出"徽文化之旅"，将徽州文化的标志性建筑"棠樾牌坊群"、道教文化圣地齐云山、徽商之源"鱼梁古埠"，以及明清古村落等景点相串联，对于传统的以知名景区为核心的线路产品而言，这就属于改进型新产品。

4. 仿制型新产品

仿制型新产品指旅游企业对旅游市场上已经存在的畅销产品进行模仿，或在仿制过程中进行局部改进和创新而开发出的产品。仿制型新产品在旅游市场上较为多见，如仿照锦绣中华、民俗文化村而推出的北京世界公园，以及很多地方开发的海洋馆、极地世界等。

(二) 生态旅游新产品的开发趋势

不断开发新产品对旅游企业的生存、发展、提高市场竞争力具有十分重要的作用。今后，生态旅游新产品的总体发展趋势是越来越重视区域资源整合，注重品牌效益和突出产品的综合性特点，逐步从生态观光型产品向生态休闲、生态文化、生态科考、生态探险、生态保健等系列产品方向发展，具体表现在：①产品多样化，形成一定的产品体系；②主题产品明确，地方文化特色更加突出，生态旅游目的地整体形象鲜明；③生态旅游新产品不断涌现，科技含量增加，产品生命周期缩短；④生态旅游产品大型化和集中化；⑤注重产品的环保性、教育性、参与性和体验性；⑥更加注重保护生态环境。

二、生态旅游新产品设计开发原则

生态旅游产品的开发以生态旅游资源为依托，以生态系统原理为指导，以生态保护、生态学习和生态教育为内涵，强调旅游活动的体验性和环保性。在设计开发生态旅游产品的过程中，要做好环境影响评价和科学的生态旅游规划，加强生态旅游环境管理和营销管理，以实现生态旅游资源与环境的可持续利用，保证生态旅游资源的多样性和生态系统的完整性不遭受破坏，做到经济、社会、资源与环境效益的协调统一。生态旅游产品设计与开发中应遵循的具体原则是：

1. 突出生态旅游产品的特色

特色是生态旅游产品产生吸引力的关键因素，也是生态旅游新产品形成市场竞争力的先决条件。旅游企业在生态旅游产品的设计开发过程中，既要注意挖掘和开发特定区域内可感知的自然生态资源特色和唯一性，又要发现能够凸显地方特色和民族历史文化的人文生态资源特色，从而设计开发出个性化、差异化的特色生态旅游产品，树立起与竞争者不同的产品形象，只有这样，才能扩大客源市场范围，提高市场占有率。具体来说，生态旅游产品的特色应体现出"人无我有"、"人有我优"或"人优我新"，形成独特的旅游吸引力。生态旅游产品的特色还体现在其生态化设计上，即从保护环境、减少污染、充分利用资源的角度出发，在尊重生态规律的前提下，突出和保持资源环境的原有风貌，增加民族文化底蕴深厚的人文生态旅游项目设计，展现其自然特色和人文特色。

2. 增加参与性和体验性

参与性强的生态旅游产品，不仅能带给旅游者以多感官的刺激，而且能使旅游者获得较深的印象和生动的体验，使旅游者在欣赏自然风光、人文风光的同时，能亲身体验到回归自然的愉悦。这可以改变旅游者在常规旅游中的角色和心理被动性，因此，旅游企业应当"因时因地因景制宜"，充分利用区域生态环境特点、丰富的野生动植物资源和适宜的小气候特点，把森林浴、登山、漂流、水上活动、康体娱乐、野餐、露营、步行、骑车等不同游览方式组合起来，多开发能反映自然野趣，体验性和参与性内容较突出的产品项目。

3. 注重生态教育

生态旅游是一种在感受自然的过程中接受教育的特殊旅游活动。生态旅游产品的设计开发应注重生态教育，集经济、生物、地理、气象、建筑、美学等诸多领域的知识于产品中，开发具有环保性和生态教育功能的生态旅游产品。在生态旅游的全过程中倡导生态教育，使旅游者在欣赏、感受和体验自然生态之美的过程中，接受环境和自然知识教育，提高保护自然的意识和责任感。例如浙江千岛湖国家森林公园投资70万元，建成了千岛湖环境教育展览馆（生态文化教育基地），通过图文展板、模型、雕塑、多媒体、录像等形式宣传"森林·环境·人"生态主题。展馆建成后，每年开放300天以上，每年参加活动人数在5万人次以上，同时，公园还推出森林（自然）博物馆、标本馆、游客中心、科普长廊、解说步道等系列化生态教育产品和设施，强化了产品的生态教育功能。

4. 以市场为导向

生态旅游产品的核心在于价值交换，它的价值要通过市场来实现。生态旅游产品是否满足旅游者需求，满足程度如何，最终将受到市场的检验，这也决定着生态旅游产品开发的成功与否。因此，生态旅游产品的设计开发必须时刻关注旅游市场的变化趋势，在充分进行市场调研和预测的基础上，结合目标市场的需求特点，开发出不同层次、不同规模、适销对路的生态旅游产品。

同时，生态旅游新产品的开发必须以一定的市场潜量为保证，只有在确保有足够的市场规模的前提下才能开发生态旅游新产品。另外，旅游企业还要把握好产品开发和推向市场的时机，保证新产品有一个较为理想的生命周期来为企业赢得市场效益。

5. 自然要素与人文要素紧密结合

首先，生态旅游产品在设计开发中要体现出原始性和自然性，这要在对当地自然生态旅游资源调查并确定生态旅游区域最大环境承载力的基础上，因地制宜地设计和开发具有地方特色的生态旅游产品。其次，在展现生态旅游产品自然特色的同时，为了体现其趣味性和愉悦性，在生态旅游新产品设计开发中要加强组合型设计，具体说就是在产品设计开发中加强自然要素与人文要素的有机结合，在产品项目策划中增加民族风情旅游内容，还可考虑结合当地节事活动增加体验性和参与性活动项目，使旅游者在生态旅游体验中获得更多的感受和体验，增加文化学习的机会。最后，对于叠加了人类活动和文化内涵的生态旅游系列产品，要尽量体现其自然与文化的原始底蕴，避免雷同化，也不宜过分修饰，以突出生态旅游产品的"原汁原味"特色。

6. 突出保护性主题

鉴于生态旅游产品对资源和环境的依赖性，以及其所应具有的"保护性"特点，在设计与开发生态旅游产品的过程中，要注意协调开发与保护的关系，不能单纯地片面强调开发而不顾及对环境和资源的保护。虽然说在某种意义上产品开发本身就可能带来破坏，但可以通过科学的规划和保护性开发利用，将旅游活动带来的负面影响控制到最低限度。在生态旅游产品的具体开发中，应尽量做到"因陋就简"，如生态旅游区道路的修建应就地取材，并结合自然地貌以简单步憩道为主；生态旅游区内应尽量使用太阳能、风能等绿色能源。另外，生态旅游产品的开发应充分考虑与当地社区的文化特色相融合,改善生态旅游地社区居民的生活,与当地的社会经济持续发展目标保持协调一致,促进地方经济发展。

三、生态旅游新产品开发的程序

开发旅游新产品是一项复杂的系统工程,涉及旅游吸引物、住宿、餐饮、交通、娱乐、购物等多方面,还要承担相当大的市场风险。因此,有必要建立开发旅游新产品的科学管理程序。一般来说,在市场调研的基础上,开发生态旅游新产品需要经过构思、构思筛选、产品概念形成与测试、拟订营销计划、商业分析、产品开发、市场试销、正式上市八个阶段,如图6-8所示。

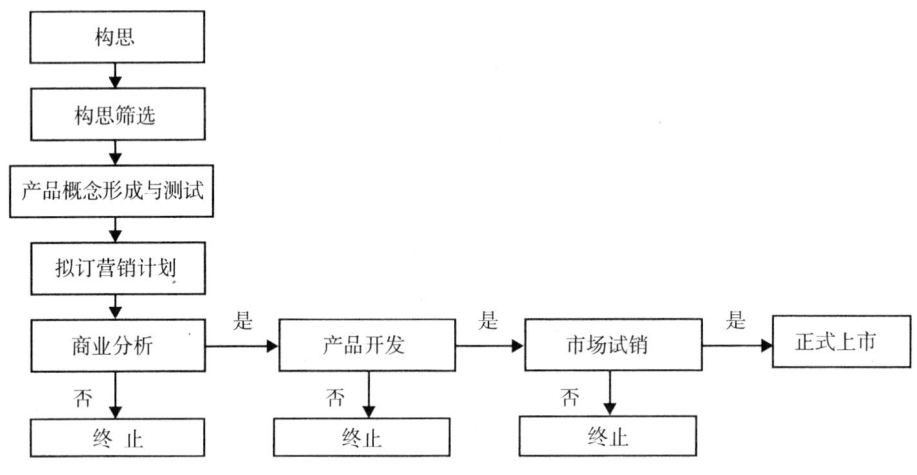

图6-8 生态旅游新产品开发程序

1. 构思

构思即新产品的创意阶段,即为满足某种生态旅游市场需求而提出和收集有关新产品设计与开发的设想、创意和对生态旅游新产品的基本构想,这是新产品设计开发的起点。旅游企业新产品构思要符合市场需求、企业目标和资源条件的实际情况,新产品构思的来源主要有企业内部人员(经营管理人员、营销人员及员工等)、旅游者、竞争者、中间商、旅游专家、市场调研人员等。

2. 构思筛选

收集到新产品构思后,旅游企业必须对这些构思方案进行评估研究,决定取舍,从中选择最佳的新产品构思方案。在评估筛选中,常用的方法是制定新产品构思评估表,通过定量的评估方法进行筛选,得高分者可选用,得低分者则淘汰。其评估结果的准确程度,主要取决于评估因素及其权重的科学确定。在构思筛选的过程中,要尽量避免两种错误发生:一是"误舍",即把本来很好的构思误认为是不可行的而舍弃掉;二是"误用",即采用错误的构思,造成企业资源的浪费和成本费用的增加。对新产品构思进行筛选时,要从企业目标和战略、营销能力、研究与开发能力、财务实力、生产能力、员工素质等方面来考虑企业成功的可能性大小。

3. 产品概念形成与测试

筛选出来的产品构思还需要进一步用文字或图像等进行描述，进而形成具体的产品概念，包括概念形成和概念测试两个阶段。首先，在产品概念形成阶段，要将产品设想变成产品概念，其中产品设想是指经旅游企业研究后拟推向市场的一些可能的产品构思，而产品概念则是指传达给旅游者的有明确特征的产品描述。其次，在产品概念测试阶段，要选择目标市场旅游者，测试他们对具体产品概念的反应和评价，包括旅游者对这种产品的理解程度、信赖程度、需求程度等，以进一步修正和完善产品概念。在此阶段还应测试公众对该项产品概念的反应，如果反应良好，则旅游新产品开发可进行下一阶段。

4. 拟订营销计划

生态旅游新产品的营销计划应包括以下具体内容：①描述目标市场的规模、结构、潜力，旅游新产品在目标市场上的定位，产品预计生命周期及各阶段的销售额、市场占有率和利润目标等；②产品生命周期及各阶段的价格，分销渠道策略，宣传促销策略及其预算计划；③企业长期（一般3~5年）的计划销售额和目标利润，以及不同时期的市场营销组合计划等。

5. 商业分析

商业分析是指对生态旅游新产品的潜在盈利水平进行可行性分析，合理地估计新产品的收益和风险的阶段。在这一阶段，旅游企业要预测该新产品的潜在销售量、预期利润率、开发和投入产品的资金风险和机会成本；预测环境变化及竞争形势可能对产品未来收入、成本和利润的影响；确定目标市场，预测市场规模；分析旅游者购买行为等。

6. 产品开发

在经过商业分析后，如果不可行，则应果断予以放弃，以避免浪费企业资源，增加成本损失；如可行，即进入新产品的设计开发阶段。这一阶段旅游企业的任务是把概念性生态旅游新产品开发为现实产品，进行新产品的实际设计开发和试验性运行。生态旅游新产品的开发与一般产品不同，一般产品是由研究部门根据产品设计方案塑造产品实体，然后制造出样品请消费者试用，而生态旅游新产品的开发则是由旅游企业根据新产品设计方案，按所规定的旅游内容，安排线路和具体活动项目，邀请旅游专家、相关经销商以及游客进行试验性旅游，收集反馈意见和建议，并修改和完善新产品。在这一阶段旅游企业对实物产品和服务产品的开发要求有所不同，实物产品的设计开发既要考虑目标市场需求特征，又要考虑在产品差异性上进行创新设计；而服务产品的设计开发则更多地考虑服务技能所能达到的标准、水平，以及旅游者对服务质量的关注重点等。

7. 市场试销

旅游企业设计开发出的新产品一般要经过市场试销这一环节。通过试销，旅游企业能大致了解目标市场旅游者对产品质量、活动内容及价格等方面的意见，发现产品设计开发中存在的缺陷和不足，以便于对生态旅游新产品加以改进和提高。试销成功，生态旅游新产品即可正式投放市场。一般情况下，试销结果以旅游者的试用率和重复购买率来衡量，大致有四种可能的情况：①试用率和重复购买率都高，企业即可停止试销，正式将新产品投放市场；②试用率高、重复购买率低，表明旅游者对该产品尚不满意，应研究改进，加以完善；③试用率低、重复购买率高，说明产品受欢迎，但旅游者对新产品不够了解，应加大促销宣传力度；④试用率和重复购买率都低，则说明新产品无市场前景，应尽早放弃。

8. 正式上市

旅游企业在新产品试销成功后将其正式推入市场，产品即进入其生命周期的投入期。新产品刚投放市场时，一般销售量较小，各种开拓市场的费用较高，往往会发生暂时性的亏损，这都属于正常情况。旅游企业此时的任务是调整产品组合，投入大量的广告宣传费用并派出推销人员加强市场开拓工作。同时，在新产品投放市场后要密切跟踪销售情况，掌握市场动态，适时调整营销策略组合，以期获得最佳的市场效果。

第七章 生态旅游产品定价策略

导言：价格策略是生态旅游市场营销中最活跃的因素。由于生态旅游产品价格的灵活性大，因此产品价格制定是否合理及其策略运用是否恰当，都会直接影响到生态旅游营销组合的科学性和合理性，进而影响到生态旅游产品营销的成败。根据市场需求和竞争状况，生态旅游产品的价格经常需要进行调整，只有灵活地运用各种定价策略和技巧，旅游营销才能取得成功。

本章主要内容：生态旅游产品的定价目标与定价步骤；生态旅游产品的定价方法；生态旅游产品的定价策略以及价格调整等。

第一节 生态旅游产品定价目标与定价步骤

生态旅游产品的价格策略是否合理，直接影响着生态旅游产品的销售及旅游企业的正常经营与发展。生态旅游产品价格的制定，既受到旅游企业定价目标的制约，也受到内外部诸多因素的影响。

一、生态旅游产品价格的形式和特点

按照劳动价值理论，商品价值量的大小取决于生产过程中所消耗的社会必要劳动量。在理论上，生态旅游产品与其他普通产品一样，也凝结了人们的一般劳动，因而在市场上可以通过交换实现其价值，这个价值是由凝结在其中的社会必要劳动时间决定的。

在具体分析过程中我们不难发现，这只是生态旅游产品价值判断的一般情况，适用于经过开发建设的生态旅游产品，特别是一些具备独特主题的大型生态旅游景区（景点），进行大范围和深入的开发并进行商业运营，以及更多的由生态旅游产品衍生出来的相关交通和服务设施性旅游产品，如道路、商店、宾馆和饭店等。但是，生态旅游市场上也存在将自然资源和自然环境作为自然吸引物直接销售给旅游者的情况，此时，自然生态旅游产品的价值主要取决于资源环境本身的价值，主要通过考察其所拥有的自然属性和生态价值来进行界定，如其体验价值、美学价值、独特性或稀缺性等。显然，这些自然属性的价值，人类并未投入劳动，或只是投入极少的劳动，其价值很难用传统的劳动价值论来衡量，而必须通过现代环境经济学中有关资源环境有偿

使用的理论来做出解释。

在生态旅游市场营销中，生态旅游产品也是通过货币交换来实现自身价值的。简而言之，生态旅游产品的价格就是旅游者为满足自身游览、观光、度假等生态旅游活动需要，而支付的用于购买生态旅游产品与服务的费用，所支付的费用就是生态旅游产品的价格。

（一）生态旅游产品价格形式

生态旅游产品的价格是有形产品和无形服务的货币衡量。其表现形式是多样的，如景区景点的门票、旅行社的团费、酒店客房的租金、各种交通工具的票价、购买旅游商品的费用等，也可以是多个生态旅游产品的组合价格。

1. 一般价格形式

旅游者对旅游产品的消费不同于其他产品的消费，因为旅游者为满足自身的旅游需求，在一次完整的旅游活动中，往往要消费不同企业提供的诸多不同产品与服务。因此，旅游者购买的生态旅游产品可按其需求特点不同，分为整体旅游产品和单个旅游产品，生态旅游产品价格形式也表现为两种形式，即旅游包价和旅游单价。

（1）旅游包价，也称为整体旅游产品价格，就是在生态旅游活动中，一些旅游者通过旅游产品零售商购买的能满足其全部旅游活动需求的生态旅游产品的价格。它由生态旅游产品的单价之和加上旅游批发商和零售商自身的经营成本和利润所构成。

（2）旅游单价，也称为单项旅游产品价格，就是在生态旅游活动中，一些旅游者对所需要的生态旅游产品采取零星购买或者多次分别购买的方式，每次购买的只是旅游活动诸多环节中的某一项或某几项产品形式，这种价格就是旅游单价，如旅游者单独购买景区门票、景区内具体产品项目和自费娱乐项目等。

2. 特殊价格形式

（1）旅游差价。旅游差价是指同种旅游产品由于时间、地点或其他原因引起的有一定差额的不同价格。一般情况下，旅游差价主要有地区差价、季节差价、质量差价、机会差价和批零差价五种。由于不同生态旅游目的地和生态旅游景区在不同的时间、空间、设施和环境等条件下，所提供的生态旅游产品在数量、质量和旅游吸引力等方面具有明显的差异性；同时，不同时空条件下的旅游者需求也存在着明显的区别，反映这种市场供求关系的生态旅游产品价格必然存在差别。旅游企业有效运用旅游差价的前提是：要善于发现愿意并且能够支付旅游差价的旅游者群体，然后通过合理的定价策略，制定出能反映市场价值的不同生态旅游产品价格，以更好地满足旅游者的不同需求。例如，2012年4月，实行一票制的井冈山景区门票由130元/人次调整为160元/人次，同时实行淡旺季票价浮动，旺季上浮最高价为190元，淡季下浮不限。曾一度免费的山东台儿庄古城也于2012年4月起正式涨价，门票由每张100元涨至160元，一次性涨价幅度达60%。

（2）旅游优惠价。旅游优惠价是指在生态旅游产品的基本价格的基础上，给予生态旅游产品购买者一定比例的折扣价格或者其他优惠条件。一般情况下，旅游优惠价主要有对象优惠价、常客优惠价、支付优惠价、数量优惠价和同业优惠价五种。旅游企业实行旅游优惠价的目的在于吸引目标市场旅游者，争取客源市场，与旅游者建立长期的良好关系，从而有利于旅游企业的经营状况保持相对的稳定。如九寨沟景区虽然实行门票一票制，但对不同游客按照规定有一定的优惠价，对学生、军人、老年人、残疾人、教师等实行门票优惠价。又如，江西武功山、平遥古城、泉州清源山、贵州黄果树等景区凭教师资格证可常年实行半价优惠。

在各类景区、景点的旅游营销实践中，通常都会对旅行社实行一定的优惠价。如山西天脊山风景区的一般门票价格为60元，但实行多种购买数量票价优惠，如组团到景区的旅行社可享受门票六折优惠，即36元/人；旅行社当日一次给景区送100人以上的大巴团队，门票享受30元/人；当日一次组织自驾车队（30辆以上）人员不少于120人的旅行团队，可享受25元/人的当日有效门票。

（二）生态旅游产品价格特点

生态旅游产品的独特性决定了生态旅游产品价格具有自身不同的特点，主要表现在以下五个方面：

1. 垄断性

生态旅游产品价格的垄断性源自生态旅游产品的异质化，而其前提条件是生态旅游资源的异质化和自然与人文环境的原始性、完整性。作为生态旅游产品基础的生态旅游资源在一定时空范围内具有独特性或唯一性，使得生态旅游吸引物大多具有一定的稀缺性和较强的市场吸引力，且不易被竞争者模仿和复制。也就是说，生态旅游资源本身的原始性形成了产品的主要价值，在市场上出现了越是原始的生态旅游资源其价值越高的现象，导致生态旅游产品价格具有一定的垄断性。这一点正是生态旅游产品价值不同于一般产品价值的原因所在。当然，垄断性产品必须具有一定的特色和优势，一些探险类、漂流类生态旅游产品之所以能定出高价，就是因为这些产品大多独一无二，在国内甚至在国际市场上特色突出。

2. 综合性

生态旅游产品价格的综合性是由生态旅游产品本身所具有的综合性决定的。生态旅游产品的综合性主要表现在四个方面：①在产品构成上，生态旅游产品融自然、人文旅游资源和生态环境于一体，是为多种目标而开发的综合性产品；②在产品形式上，生态旅游产品能很好地与当地的资源、人文环境及其他旅游产品形式结合起来，形成各具特色的组合型生态旅游产品；③在产品消费方式上，生态旅游产品多与吃、住、行、购、娱等相结合，形成综合性产品，以满足旅游者多方面的旅游需求；④在产品功能上，一定地域范围内的生态旅游产品开发需要在综合考虑最大环境承载力的前提下进行，同时又必然涉及当地社区的发展利益，谋求的是开发与营销的综合效益。因此，产品的综合性必然会使得价格也带有综合性的特点。例如，同一旅行线路产品，由于旅游消费者的需求不同，乘坐的交通工具、参观景点、食宿标准等有各种差异，因而形成了不同的价格。

3. 环保性

生态旅游产品虽然是一种高品质的旅游产品，也不限制大众旅游者的参与，但其作为以保护性为前提而开发的高品质的专项旅游产品，参与者多为具有较高的文化素养并有一定环保意识的特定消费人群；特别是生态旅游产品赖以发展的自然资源与环境具有易耗性和不可再生性的特点，使得生态旅游产品的设计开发不仅要注重满足资源和景观特征维护的需要，而且也要拿出一定比例的利润用于生态环境保护投入，并为当地社区发展做出实际的贡献，这就决定了生态旅游产品的价格要反映环境成本，要包含与保护环境及改善环境有关的成本支出，使得生态旅游产品价格高于其他产品。这一点对于依托自然资源和生态环境而发展的生态旅游地和景区（景点）来说尤为重要。

4. 季节性

由于节假日和气候变化的季节性，导致生态旅游产品具有明显的季节性特点，反映在生态旅游市场上，在淡季，旅游者人数减少，购买力下降，生态旅游产品供过于求；而在旺季，旅游者人数增加，生态旅游产品供不应求。明显的淡旺季市场变化必然会引起生态旅游产品价格的季节性波动，因此，旅游企业在生态旅游产品开发中，要根据市场的具体变化开发季节性与全年性产品的组合形式，以及节假日与平日产品的组合形式，并通过季节性价格策略变化，在一定程度上调节市场需求不均衡的问题。

5. 动态性

受生态旅游市场需求和市场竞争状况的影响，生态旅游产品价格经常表现出动态变化的特点；与此同时，旅游企业也需要根据自身经营状况和市场营销的实际效果，不断对包括价格在内的市场营销组合策略进行调整和改进；特别是随着生态旅游产品生命周期各阶段的变化，旅游企业要适时对产品价格做出适当调整，以达到占领市场、取得市场竞争优势的目的。

二、生态旅游产品定价的目标

生态旅游产品定价的目标是指旅游企业对其生产和经营的生态旅游产品预先设定期望达到的目标和标准。生态旅游产品的定价目标是旅游企业营销目标的基础，定价目标的设定有助于旅游企业的定价策略更有针对性和方向性，是旅游企业选择定价方法和制定价格策略的依据。具体来说，生态旅游产品的定价目标有以下五种：

1. 生存导向目标

生存导向目标就是旅游企业以能够在保本基础上维持自身正常经营为前提而制定价格。在这个较低目标下，旅游企业一般追求较低的利润率，因此会制定比较低的产品价格，以吸引那些对价格比较敏感的旅游者。通常情况下，旅游企业在生产能力过剩、外部经济环境不景气，或市场竞争较为激烈的情况下会采取这一目标。

2. 利润导向目标

利润导向目标是所有企业追求的主要目标，也是生态旅游产品定价的重要目标之一，在营销实践中利润目标主要有以下两种形式：

（1）以利润最大化为目标。利润最大化是指旅游企业在一定时期内可获得的最高利润率。需要注意的是，利润最大化更多的是靠合理的价格所推动的需求量和销售规模的增长实现的,而不仅仅是靠高价来获得的,具体分为短期利润最大化和长期利润最大化两种情况。短期利润最大化目标即旅游企业通过制定较高价格,在较短时期内使企业利润最大化。这种定价目标适用于生态旅游产品处于绝对有利地位的某一特定阶段,以及生命周期较短、价格需求弹性较大的产品,同时要求旅游企业具备较强的实力与应变能力。但是,短期利润最大化只是企业的一种短期行为,其所采取的高价格不能维持太久,否则会因为急功近利造成市场的不良反应,失去开拓更大市场的机会,从而影响企业的长期发展。当然,即使旅游企业在某一时期实施较高的价格策略,但随着目标市场旅游者的抵触、竞争对手的加入和替代品的出现,也会使生态旅游产品的高价最终降至正常水平。长期利润最大化目标即旅游企业着眼于高市场占有率基础上的长期总利润的实现,在此目标下确定生态旅游产品的价格。在这种情况下,旅游企业一般在补偿正常社会平均成本的基础上,加上适度利润或社会平均利润作为产品销售价格,以减少风险和获取合理利润。此外,为了获取长期稳定的经济效益,旅游企业还可能制定低于平均水平的价格,以扩大产品的市场占有率和市场地位。在生态旅游产品定价目标的选择过程中,旅游企业应着眼于长期的、合理的利润最大化,不宜以短期利润目标进行产品定价。

(2) 以适度的投资收益为目标。旅游企业通过制定价格目标,在一定的时期内使旅游产品的价格有利于企业的投资者获取预期的投资报酬率。采用这种定价目标的旅游企业,一般是先规定理想的投资报酬率,然后依此计算出各单位产品的应得利润,再加上产品成本,就此确定出产品的应售价格。采用这种定价目标的企业一般具有比较强的实力,同时产品在市场上比较畅销,这样才能实现预期的投资收益。

3. 市场导向目标

市场导向目标是指制定生态旅游产品价格时以巩固和提高市场占有率为主要目标。采用这种定价目标的旅游企业的一般做法是,在单位生态旅游产品价格上,给予旅游者更大的优惠,以争取与吸引更多的旅游者,即旅游企业在市场导向目标下所制定的产品价格,往往低于利润极大化目标下的产品价格。这可能会在短期内增加企业的成本,但从企业长远发展讲,若达到某一特定市场的最大市场占有率,则可能意味着成本的最小化。在旅游企业通过规模效益有效地降低产品成本的前提下,可以为旅游企业提供长期的目标利润。

4. 竞争导向目标

竞争导向目标就是以应付和防止竞争对手进攻作为制定价格的目标。在激烈的市场竞争中,价格策略是最直接和最有效的竞争手段之一,因此竞争导向目标也是旅游企业经常采用的定价目标。但是运用价格手段竞争,往往会导致企业之间的恶性竞争,最终结局是一损俱损。因此,旅游企业要在客观分析自身实力和竞争地位的前提下,合理确定竞争对手和相应的竞争导向定价。

5. 环境保护导向目标

该目标导向的着眼点是强调旅游企业的环境保护职责,而将利润目标列于相对次要位置,即企业强调自身的社会环境责任,谋求长期利润的稳定增长,追求的是可持续发展的目标。特别是以自然资源或生态环境开发为主的旅游企业,其产品定价目标不应以盈利为主，而是要强调在资源环境良性循环利用与持续发展基础上合理盈利。事实上，对于与生态旅游产品开发密切相关的自然资源环境，如果开发利用保护得当，其价值不仅不会消失，反而会越来越大；相反，如果对其过度开发利用，则会大大降低其原有的生态价值，失去原有的旅游吸引力，反而不利于旅游企业的长远发展。因此，在生态旅游产品定价中，旅游企业应采取环境保护导向定价目标，特别是对环境保护意义重大的一些生态旅游景区和产品项目，要根据环境最大承载力来限定游客规模，并确定生态旅游产品的价格。

三、影响生态旅游产品定价的主要因素

旅游企业定价目标的确定和具体定价策略的选择，一般会受到多种因素的影响和制约。制定科学合理的价格策略，不但要求旅游企业对成本进行核算、分析、控制和预测，而且要求企业根据市场结构、品牌价值、资源供给、市场需求、消费者心理、竞争状况等因素作出综合判断和选择。总体而言，影响生态旅游产品定价的因素可以分为内部因素和外部因素两大类。

(一) 影响生态旅游产品定价的内部因素

1. 旅游企业营销目标

产品价格策略是实施企业营销战略的一种手段，因此产品定价目标应服从企业营销战略的目标要求。生态旅游产品的价格制定与旅游企业营销目标的实现密切相关，合理的价格策略，不仅有助于旅游企业降低产品成本，提高产品与服务的档次和质量，不断提高经济效益，而且有助于旅游企业主动地适应旅游者需求，适应市场竞争状况，从而顺利地实现企业的营销目标。

一般来讲，旅游企业的营销目标是在分析和预测未来环境机会和威胁，并具体分析自身营销现状的基础上确定的，主要包括财务目标和营销目标两大类。其中企业财务目标由利润率、销售额、市场占有率、投资收益率等指标组成；营销目标由销售额、市场占有率、分销网覆盖面、价格水平等指标组成。在现实的营销活动中，旅游企业要根据不断变化的市场需求和自身实力状况，适时调整自身营销目标和产品价格。

2. 企业营销组合策略

旅游企业在进行产品定价时，应充分考虑市场营销组合状况和营销目标的实际需要。价格策略只是旅游企业借以达到其营销目标的组合因素中的一种，在实际运用过程中要与产品开发、渠道选择和促销沟通等其他营销策略相互配合，形成整体化的组合策略。同样地，其他营销策略组合因素的变化，也会影响到价格策略随之进行必要的调整。

3. 产品成本

产品成本是生态旅游产品在生产和流通过程中所有花费的总和。它是影响旅游价格的最基本、最直接的因素，也是构成生态旅游产品价格的主要部分。旅游企业所定生态旅游产品价格应不低于平均成本费用，但有时为配合一定的竞争战略需要，而在

短期内可能以低于产品成本的售价销售,但从长期看,旅游企业的价格水平必须足以补偿其最低总成本,否则就是亏本经营。

4. 企业产品所处的生命周期阶段

生态旅游产品的生命周期分为投入期、成长期、成熟期和衰退期四个阶段。产品所处的生命周期阶段不同,企业所采取的营销策略组合应有所不同,对各阶段的价格制定也应做出相应的不同决策。在投入期,产品刚进入市场,一般会遇到产品知名度低、成本高、宣传费高的问题,旅游企业在制定产品价格时不仅要考虑自身的经营实力,还要充分考虑产品的特点和市场需求状况。若新产品具有高品质和不易模仿的特点,可选择撇脂定价策略;若新产品的需求弹性较大,则可选择低价渗透策略,以尽快增加市场销售量。在成长期,随着产品销量的快速增加,产品成本下降,利润增加,但市场竞争加剧,因此,旅游企业在此阶段可根据预期利润目标的实现程度,有计划地进行价格调整,以适应市场竞争的实际情况。在成熟期,市场销售量趋于饱和,同时市场竞争加剧,企业面临的是价格战的威胁,因此,旅游企业在该阶段应采用适当降价的方法达到稳定的市场占有率、延长成熟期的目的。在衰退期,市场销售量萎缩,产品趋于淘汰,此时旅游企业应视产品的具体市场销售状况,选择小幅或大幅降价的方式,逐步转移或退出市场。

(二) 影响生态旅游产品定价的外部因素

1. 市场需求

如果说产品成本决定了产品价格的最低限度,那么,旅游者的需求程度则决定了产品价格的最高限度。因此,旅游企业在为生态旅游产品定价时必须考虑到旅游者的需求特征,以及他们对产品价格的不同理解和接受程度。根据需求定律,旅游产品价格一般与旅游市场需求量成反比例关系,即产品价格越高,市场需求量越少;产品价格越低,市场需求量越多。当然,旅游企业在制定旅游产品价格的过程中,还要充分考虑旅游产品需求弹性的大小。

旅游产品的需求弹性事实上表现出来的就是价格弹性,即旅游产品价格的变化对市场需求量变化的影响程度。一般来说,如果旅游产品的需求弹性小,则价格变动对旅游者需求量影响不大,旅游企业就可以采取适当提价的方式来获得更大的利润;但是如果旅游产品的需求弹性大,则价格变动对旅游者需求量影响较大,在这种情况下,旅游企业就要考虑采取稳定价格或降价的方式来提高销量,实现预期的利润目标。从我国旅游市场的总体特征来说,旅游产品的需求弹性整体上是比较大的,而生态旅游产品的需求弹性则相对较小,一些在国内外知名度很高的景区,需求弹性则更小,这也是近两年不少景区门票价格飞涨的原因之一。

另外,旅游者的价格接受心理也是旅游企业定价时必须考虑的一个问题。有时候市场上存在着价格上升会激发市场需求量和销售量的增加,而价格过低反而无人问津的现象,这是因为一些旅游者认为高价必代表高质,所谓"一分钱一分货"的需求心理;而当旅游产品的价格过低时,可能会引致旅游者因对产品质量产生怀疑而不敢购买。当然,旅游者的这种价格接受心理是有一定限度的,当生态旅游产品定价过高,超出旅游者的支付能力时，旅游者也是会放弃购买的。

2. 市场竞争状况

生态旅游市场的竞争越激烈，对生态旅游产品价格制定的影响就越大。这主要取决于市场竞争的不同状况：在完全竞争的市场中，旅游企业没有定价的主动权，只能被动地接受市场竞争中形成的价格，旅游企业只能依靠提高管理水平与服务质量去扩大市场占有率；在不完全竞争的市场中，由于旅游企业彼此提供的产品存在着一定的差异性，企业在产品定价上具有一定的主动性，一般根据自身产品的特色和优势，通过部分变动价格的方式来寻求较高的利润；在纯粹垄断的市场中，某种旅游产品或服务是独家经营的，由于没有竞争对手，其价格往往是具有垄断性的价格，例如一些著名的名胜风景区就属于垄断性经营，其制定的价格基本上就是垄断价格；在寡头垄断市场中，少数几家大型旅游企业控制着生态旅游产品的生产与经营，其他旅游企业要进入这一市场会遇到种种障碍，这几家企业之间相互影响、相互制约，这时产品的价格多是由几家企业控制和协议制定的，不容易被随意改变。

目前，生态旅游市场竞争越来越激烈，旅游企业在市场营销过程中必须密切关注和深入了解竞争对手的战略目标、市场营销组合情况的变化等信息，并将这些信息作为企业制定产品价格的重要依据。

3. 政府宏观管理

政府对旅游市场产品价格的宏观管理主要通过行政手段和法律手段来进行一定的调节，以限制企业采取不正当手段牟取暴利。政府对生态旅游产品价格制定的干预，一般是通过制定最高限价和最低保护价等方式来对市场价格进行调控。其主要作用是维持市场秩序、规范市场行为、反对不正当竞争，既维护消费者的利益，也维护旅游企业的正常利益和效益。在市场机制比较成熟的国家，最高限价和最低保护价多由行业协会制定，随着我国行政管理体制改革的日益深化，以及旅游业管理制度的逐步完善，对旅游市场中旅游产品的最高限价和最低保护价将由政府直接规定转变为由行业协会来制定。

4. 宏观经济状况

旅游企业是市场经济的一个组成单位，其产品价格的制定会受到经济的景气状况、通货膨胀以及汇率因素的影响。

（1）经济景气状况。经济发展速度、宏观经济景气状况、旅游者的经济预期等，均会影响到生态旅游产品的价格与销量。当经济发展速度较快、宏观经济处于景气状态时，生态旅游产品销售旺盛，价格就有上行的趋势；反之，当经济增长速度趋缓，宏观经济处于萧条状态时，旅游产品销路不畅，价格就有下行的趋势。

（2）通货膨胀。通货膨胀对于生态旅游产品的价格会产生很大的影响。当旅游目的地出现通货膨胀、货币贬值时，物价普遍上涨，单位货币的购买力明显下降，这会给旅游企业带来生产经营成本上升的问题，旅游产品价格随之有上涨的趋势。通货膨胀严重时，会导致一些旅游产品价格大幅度上升，其市场形象在一定程度上可能会受到影响。反之，当通货紧缩、货币升值时，旅游产品的价格又有下调的趋势。

（3）汇率因素。一国的汇率常常受到各种因素影响而发生变动，对生态旅游产品价格会产生一定程度的影响。汇率变动的影响主要通过旅游产品的报价形式反映出来。一般情况下,本币升值、汇率下降,则相当于旅游费用上升,易导致入境旅游人数减少,旅游企业要考虑适当提高外币定价;反之,本币贬值、汇率上升,旅游企业要考虑适当降低外币定价,有利于促进入境游客人数的增加。例如,1998年亚洲金融危机期间,我国前往泰国、印度尼西亚等东南亚国家旅游的游客人数迅猛增加,就是由于我国货币升值、而东南亚货币大幅贬值的结果。

四、旅游产品定价的步骤

旅游企业要做到科学地制定生态旅游产品的价格,就必须遵循规范的程序和步骤,价格决策的程序一般依次包括紧密相关的六个步骤,如图7-1所示。

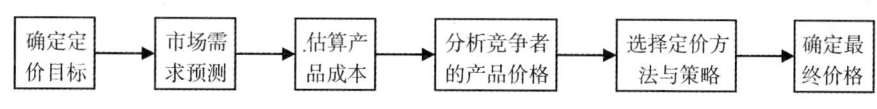

图7-1 生态旅游产品定价步骤

(一) 确定定价目标

定价目标服从于企业发展的总目标和具体营销目标,是指导旅游企业进行价格决策的目的和依据。旅游企业的定价目标越明确,价格策略的制定就越有方向性和目的性。因此,旅游企业要综合考虑影响产品价格的各方面因素,根据产品单位成本的高低、旅游市场购买力、旅游企业自身规模与实力、竞争状况,并结合实施企业发展战略的实际需要,合理确定产品定价目标。如本节前文所述,生态旅游产品的定价目标具体包括生存导向目标、利润导向目标、市场导向目标、竞争导向目标和环境保护导向目标。在生态旅游市场营销实践中,一些企业的定价目标是追求短期利润最大化,一些企业追求的则是长期利润最大化和可持续发展的长远目标。同时,企业在不同发展时期所考虑的定价目标的侧重点也有所不同,如在市场萎缩时以生存目标为主,而在市场稳定或增长时则以利润目标为主。

(二) 市场需求预测

目标市场需求是影响生态旅游产品价格的重要因素,通过估算目标市场的显在需求和潜在需求总量,可以基本确定生态旅游产品的最高价格,即旅游者可接受的最高市场价格。因此,旅游企业必须通过大量市场调研和预测,准确了解目标市场旅游者的实际需求特征,包括旅游者的消费偏好、购买力、需求潜量、对价格的敏感程度等信息,并据此采取有针对性的价格策略。同时,通过了解旅游者对旅游产品价值的理解程度和对价格的可接受程度,可以预测出目标市场旅游者所能接受的最高价格水平,以便旅游企业制定最有利的价格水平。评估目标市场旅游者购买力及其消费倾向的主要方法有问卷调查法、访谈法和专家意见法等。

（三）估算产品成本

产品成本是制定生态旅游产品价格的基本因素，也是估测生态旅游产品价格下限的依据。估算产品成本要掌握生态旅游产品的基本成本结构，计算单位旅游产品的固定成本、变动成本以及最低成本，进行盈亏平衡点分析。在一定生产经营规模内，单位产品的固定成本随产量的增加而减少，而变动成本随产量的增加而增加。因此，企业需要测算在最佳生产规模时的产品平均成本，并从中了解不同生产规模阶段旅游产品的平均成本变动规律，为确定不同阶段的最佳产品价格提供可靠依据。

（四）分析竞争者的产品价格

竞争环境必然制约着生态旅游产品的价格水平，在日益激烈的旅游市场竞争中，竞争者的价格往往是旅游企业制定价格的重要参照系。为此，旅游企业要通过旅游者询问、市场调研等手段，了解市场上同类竞争产品的平均价格水平，并通过收集竞争对手的销售和利润水平等信息，结合本企业的具体市场地位和竞争实力，确定合理的价格水平。在这种情况下，企业制定的最终价格可能高于市场平均价格，也可能等于或低于市场平均价格。此外，旅游企业还必须认真分析同类竞争产品的质量档次和服务水平，由于多数旅游者对产品的性价比十分关注，因此，旅游企业只有设法使本企业产品的性价比优于同类竞争产品，才能赋予产品更强的市场竞争力。

（五）选择定价方法与策略

生态旅游产品价格的制定需要采用科学的方法与合理的策略。旅游企业要遵循旅游产品定价的基本原理，选择最有利于实现企业定价目标的定价方法，具体有成本导向法、需求导向法和竞争导向法三种方法可供选择。不论选择何种定价方法，旅游企业既要兼顾市场需求和产品成本因素，也要考虑市场竞争的实际情况，并根据企业营销战略阶段选择合适的定价方法，以确定本企业产品价格的上限、下限和价格可变动区间。同时，旅游企业还要针对不同旅游者的行为特点和心理需求，巧妙地采用多种价格策略灵活定价，并对生态旅游产品价格进行适当调整。

（六）确定最终价格

要使生态旅游产品的价值顺利得以实现，并使产品价格易于被旅游者接受，旅游企业除了要考虑产品成本、市场需求和行业竞争情况外，在确定最终价格时还要充分考虑外部宏观环境的变化，以及企业自身条件等不能忽视的影响因素。同时，旅游企业的定价策略也要与旅游企业的其他营销策略相协调、相配合。总之，生态旅游产品定价过高的话，会超过旅游者价格预期而丧失市场；而定价过低则不能保证旅游企业的正常利润，甚至会出现亏损的现象。因此，旅游企业要综合考虑影响定价目标实现的多种因素，最终制定出有效的生态旅游产品价格，这是一个将定价的科学性、艺术性和技巧性有机结合起来的过程。

第二节 生态旅游产品定价方法

在生态旅游市场上,产品价格主要由供求关系决定。旅游业是一个需求波动较大的服务性行业,因此价格的波动性较大,同时,旅游企业在产品定价过程中的灵活性也相对较大。

在实际营销过程中,生态旅游产品的定价方法多种多样。旅游企业为了在目标市场上实现预期的销售目标,要从诸多定价方法中挑选出适应本企业经营要求的定价方法。但是无论采取何种定价方法,市场需求、产品成本和竞争状况都是旅游企业定价中必须考虑和分析的重要因素,因此,旅游企业的定价方法就可根据定价时侧重考虑的因素不同,分为成本导向、需求导向和竞争导向三种最基本的定价方法。

一、成本导向定价法

成本导向定价法就是以产品单位成本为基本依据,再加上一定的预期利润来确定产品价格的方法,即传统的"将本求利"的定价方法。成本导向法是旅游企业进行产品定价时最常用、最基本的定价方法。当然,这种定价方法虽然以单位产品成本为主要依据,但在具体定价过程中也会综合考虑其他因素对产品价格的影响。由于生态旅游产品的成本形态不同,以及在成本基础上核算利润的方法不同,成本导向定价法可具体分为成本加成定价法、目标收益定价法和投资回收定价法。

(一) 成本加成定价法

成本加成定价法是指在单位产品成本的基础之上,加上预期的利润额作为产品的销售价格,售价与成本之间的差额就是利润。由于利润的多少总是呈一定的比例,因此习惯上将这种利润占价格的比例称为"成",所以这种方法就称为成本加成定价法。成本加成定价法在生态旅游线路产品(旅行社)中经常采用,因为我国的旅游线路产品有相当一部分是经营团体包价旅游,所以采用的就是成本加成定价法。成本加成定价法的优点是计算简便,特别是在市场环境基本稳定的情况下,可以保证旅游企业获得正常利润;缺点是只考虑了产品本身的成本和预期利润,但却忽视了市场需求和竞争等因素。因此,无论是短期还是长期,都不能使企业获得最佳利润。另外,在市场环境变化和成本变动较大的情况下不宜采用此方法。

采取这种方法制定生态旅游产品价格要注意两个方面的问题:一是要以平均成本为准对产品的成本进行核算;二是要根据产品的市场需求弹性及不同产品特点具体确定适宜的利润比例。成本加成定价法在实际运用中,又可分为总成本加成定价法和变动成本加成定价法。

1. 总成本加成定价法

总成本是旅游企业在一定时期内生产经营旅游产品的全部费用支出，按照不同费用在总成本中的变动情况，又可分为固定成本和变动成本两部分。单位产品成本加上一定比例的利润，就是单位产品的价格。其计算公式表示为：

$$单位产品价格 = \frac{总成本 + 预期总利润}{预期产品产量}$$

$$= \frac{(固定成本 + 单位变动成本 \times 产量) \times (1 + 预期成本利润率)}{预期产品产量}$$

$$= 单位产品成本 + 单位产品预期利润$$

2. 变动成本加成定价法

变动成本加成定价法也称边际贡献定价法。这种方法在定价时只计算变动成本，而不计算固定成本，它是在变动成本的基础上加上预期的边际贡献。所谓边际贡献，又称边际利润，就是指产品的销售收入与相应的变动成本之间的差额，预期的边际贡献即补偿变动成本费用后企业的盈利。由于边际贡献会小于、等于或大于变动成本，旅游企业就会出现盈利、保本或亏损三种情况。这种定价方法一般在旅游企业之间竞争十分激烈时采用较为合适，尤其是在产品必须降价出售的情况下，具有重要的指导意义，因为只要产品的销售价格不低于变动成本，就说明生产是可以维持的；如果产品出售价格低于变动成本，则生产销售的产品越多，企业亏损越大。其计算公式表示为：

$$单位产品价格 = \frac{变动成本 + 预期边际贡献}{预期产品产量}$$

$$= 单位产品变动成本 + 单位成本边际贡献$$

(二) 投资回收定价法

投资回收定价法是指旅游企业为了确保投资按期收回，并获取预期利润，根据投资生产生态旅游产品的成本费用及预期生产的产品或服务的数量，确定一个目标收益率。一般以投资总额为基础计算加成利润（即投资收益率），然后计算出旅游产品的价格。确定能够实现营销目标价格的定价方法。这种定价方法所确定的价格，在投资回收期内不仅包括了单位生态旅游产品或服务应摊的投资额，同时也包括了单位旅游产品新发生或经常性发生的成本费用。其计算公式表示为：

$$单位旅游产品价格 = \frac{总成本 + 投资总额 \times 投资收益率}{产品销售数量}$$

投资收益率是一个综合性概念，既包括向国家缴纳的各种税金，又包括企业自身的盈利，新建企业还包括还本付息，其数值的高低由旅游企业根据自己的实际情况裁定，不低于同期银行的存款利率。投资回收定价法一般用于新建酒店客房的日收费标准定价，或大型娱乐场馆门票的定价等，但是这种方法要求产品销售或服务设施利用率能够得到保证，否则就不能确保每年的投资回收率。这种定价方法的优点是有预期利润目标，属于政策定价，但确定时必须首先假设一个销售量，然后由销售量导出销售价格，但这种方法忽略了销售量本身也是受到价格影响的一个变量。

(三) 目标收益定价法

这是根据旅游企业的总成本和估计的总销售量，确定一个目标收益率，作为制定价格的标准。其计算公式表示为：

$$单位旅游产品价格 = \frac{固定成本总额 + 变动成本总额 + 目标利润}{产品销售数量}$$

目标收益定价法在旅游企业中，尤其是饭店业中广为应用，制定客房产品价格时使用的"千分之一法"和"赫伯特公式法"，事实上就是目标收益定价法的特殊形式和具体应用。

"千分之一法"又称"千分之一规则"或"四分之一经验公式"。具体应用于饭店客房定价的计算中，就是饭店企业建筑所需投资一般占其总投资的60%~70%，因此，饭店的房价与造价之间有着直接的联系，许多人认为饭店要想获取利润，房价就应该占造价的千分之一。按这一经验公式要求，饭店要有一定百分比的举债和产权，并且在计划期内债务数额保持不变。而饭店经营的其他产品，例如餐饮产品，需达到一定百分比的利润，否则应用"千分之一法"就难以制定出合理的房价。另外，"千分之一法"存在着明显的应用局限性，主要在于旅游目的地一般物价上涨较快，而此方法把当前产品的价格与过去的建筑费用联系在一起，显然没有对旅游企业的运行费用和机会收益进行估计，因而往往只能作为简便、粗略的产品定价方法。

"千分之一法"的具体计算公式如下：

$$平均每间客房的售价 = \frac{建造成本总额 \div 客房间数}{1000}$$

如一家饭店，有500间客房，总建筑造价为5000万元，按照"千分之一法"计算，可得：

$$每间客房的售价 = \frac{50000000 \div 500}{1000} = 100（元）$$

二、需求导向定价法

需求导向定价法又称顾客导向定价法、市场导向定价法，是指旅游企业根据市场需求状况和旅游者对价格的不同反应确定产品价格的一种定价方法，一般分为理解价值定价法、需求差别定价法和需求价格弹性定价法。

(一) 理解价值定价法

理解价值定价法是指旅游企业以旅游者对旅游产品价值的理解和认识程度为依据制定价格的一种方法。旅游企业采用这种方法定价时，首先必须正确调研和估测旅游者的"理解价格"；其次要确定好产品的市场定位，努力突出本企业产品的特色，树立鲜明的市场形象，使旅游产品的价格尽量符合旅游者的理解价值。

在这一过程中，旅游企业可以通过综合运用各种营销组合策略，加深旅游者对产品的品质、功能、档次和附加价值的理解和认知；或运用品牌策略来影响与吸引旅游者，使旅游者充分了解该产品的价值和可能获得的更多相对利益。运用理解价值法制定旅游产品的价格，要求旅游企业充分了解旅游者的价值理解和价格接受心理，科学地分析和预测目标市场上旅游者的购买力和可能的销售额，据此估算市场潜量，核算所需的成本和是否能够产生理想的利润，若此价格既能为旅游者所接受，又能为旅游企业带来预期的理想利润，则所确定的价格就是合理的，否则就需要重新对"理解价格"进行调研、评估和确定。

（二）需求差别定价法

需求差别定价法又称为价格区别对待法，是指旅游企业根据不同地区、不同旅游消费群体、不同时间等制定不同的价格，以适应不同的旅游需求。这一定价方法并不是基于成本的变化，而是基于旅游者特征的变化，以及旅游者对产品需求强度和需求弹性的差别来制定价格的。实行需求差别定价法的目的是增加旅游者的满意度，而不是单纯为了增加企业利润。这种定价方法在旅游营销实践中有以下几种：

1. 根据不同的旅游者进行差别定价

即在旅游者细分的基础上进行的差别定价。如对同种产品的定价，既可以根据旅游者购买量的多少采取适当的差别价格，也可以根据旅游者年龄段的不同采取适当的差别价格，如旅游景点的门票定价针对学生、老年人实行特殊优惠价格；航空公司区分国内外乘客、乘坐飞机频数、乘坐飞机时间段等不同旅游者及消费行为制定不同的票价等，采用的就是这种定价方法。

2. 根据旅游产品的不同形式进行差别定价

这种方法并不完全按照产品成本差的比例规定不同形式产品的价差比例。如具有营销创意的新颖产品一般比其他同类产品售价要高，这种定价方法常见于旅游商品的定价。

3. 根据不同地点、地区进行差别定价

旅游企业在不同地点或地区出售相同的旅游产品或服务时，可根据不同销售地点的需求强度差异或需求水平差异制定差别价格。

4. 根据时间的不同进行差别定价

人们在不同的季节、不同节假日，甚至一天内的不同时段，对旅游产品或服务的需求特点具有明显的区别，旅游企业可以根据这种时间需求差别制定不同的价格。如在旅游旺季、双休日、黄金周等时间段的定价高于平常价格，以刺激平常时段的旅游消费需求，在一定程度上起到平衡淡旺季或调节平时与高峰期消费的作用。

一般来讲，实行需求差别定价法要具备一定的条件，如：市场能够根据需求强度的不同进行细分；细分后的市场在一定时期内具有一定的规模，且与其他市场互不干扰；高价市场中不能有低价竞争者；价格差异适度，不会引起旅游者的反感。

（三）需求价格弹性定价法

当旅游产品价格发生变动时，其市场需求量也会随之发生变化，需求价格弹性定价法就是利用需求价格弹性系数的大小来判断产品定价的合理性，以便为旅游企业提高或降低价格提供决策依据的方法。这种方法的判断标准是：若需求价格弹性系数大于1，说明这种产品富有弹性，即需求量变动百分比大于价格变动百分比，那么提价会使销售收入减少，降价则可以大幅度增加销售量或销售额；若需求价格弹性系数等于1或趋近于1，称为单位弹性，即需求量变动百分比与价格变动百分比相同或相近，降价或提价会增加或减少销售量，但对销售额影响不大，只是降价有助于适当提高企业的市场占有率；若需求价格弹性系数小于1，说明这种产品缺乏弹性，即需求量变动百分比小于价格变动百分比，即在提高产品价格的同时，产品销售量可能有所下降，但下降幅度较小，销售收入仍会增加。

生态旅游产品鉴于其产品性质，大多采用理解价值定价法，特别是原生态及人工自然型旅游产品，其产品成本在实践中是较难估测的，这就需要旅游企业根据旅游者对产品形象及价值的理解来确定价格，以旅游者愿意支付的最高价格作为生态旅游产品的价格，从而获取较高的利润。当然，旅游企业还可以采用需求价格弹性定价法来判断定价的合理性，以便为调整价格决策提供依据。

三、竞争导向定价法

竞争导向定价法是以市场上同类产品的市场竞争状态为依据，以竞争对手的价格为基础，综合考虑其他因素来制定产品价格的方法。这种方法是以竞争为中心，同时结合旅游企业自身的实力、发展战略等因素的要求，并以市场上竞争者的类似产品的价格作为本企业产品定价参照系的一种定价方法。竞争导向定价法可细分为率先定价法、追随核心定价法等。

（一）率先定价法

率先定价法是一种主动竞争的定价方法，指在旅游市场竞争中，一些拥有竞争优势、实力雄厚或产品独具特色的旅游企业，率先制定出符合市场需求特征的价格，在同行中取得产品定价的主动权，以便达到在市场竞争中获得优势地位，扩大市场占有率目的的方法。采取这种定价方法的旅游企业，一般在某个地区拥有较高的知名度和较强的规模与实力，或者是本行业的领导者。这种定价方法所确定的产品价格若能符合市场竞争的实际要求，率先定价的企业就能在激烈的市场竞争中获得较大的收益，并居于有利的市场竞争地位。

（二）追随核心定价法

追随核心定价法也称为随行就市定价法，与率先定价法相比，采取追随核心定价法的企业在市场竞争中往往处于比较被动的地位。这种定价方法是指旅游企业根据旅游市场中现行的同类旅游产品的平均价格水平，或以竞争对手的价格为依据制定价格的方法。在竞争激烈的旅游市场上，许多旅游企业的产品都大体类似，此时旅游企业所定的价格与同类产品平均价格相比过高或过低，都可能会影响到产品的销量或利润。而且对于差异性较小的产品而言，其同类竞争产品的平均价格易于被旅游者接受，被认为是"合理价格"。因此,一些旅游企业采取平均价格,制定与竞争对手大致相仿的产品价格,并跟随其价格变化做出相应的调整。这种定价方法不仅有助于旅游企业避免竞争,而且能保证企业获得与竞争对手相对一致的成本利润率,使企业获取稳定的市场份额。

一些生态旅游产品在相似度较高的情况下,其定价可以采用上述竞争导向定价法。如一些生态主题公园产品,由于其资源状况、产品设计类型及服务设施类似,所以可以考虑采用追随核心定价法进行定价。而对于多数生态旅游景区(点)和具体的生态旅游项目产品,由于其资源条件不同,产品之间存在着一定的差异性和独特性;或者是一些具有环保性和教育性的生态旅游产品,一般不宜采用竞争导向定价法来定价,但在定价时需要考虑市场竞争因素。

需要说明的是,随着各种社会和经济环境的变化,影响生态旅游产品定价的因素也在发生变化。因此,在具体定价过程中,只有将上述定价方法有机结合起来,才能制定出合理的生态旅游产品价格,以取得最佳的营销效益。

第三节　生态旅游产品定价策略

生态旅游产品定价,除了采用合理的定价方法外,还必须运用科学的定价策略和技巧,以实现旅游企业的营销目标。生态旅游产品的定价策略就是指旅游企业根据生态旅游市场的供求及竞争情况,结合产品特点,从定价目标出发,灵活地运用各种价格手段与技巧,制定出合适的产品价格。常见的定价策略有以下四种:

一、新产品定价策略

一种新的生态旅游产品推向市场后能否取得好的市场业绩,能否得到旅游者的认可和接受,在很大程度上取决于其作为新产品在进入市场时的表现。此时,旅游企业为了能使自己的新产品顺利进入并占领市场,就要为新产品制定有针对性的价格策略。一般情况下,新产品定价策略有撇脂定价策略、满意定价策略和渗透定价策略三种。

(一) 撇脂定价策略

撇脂定价策略即高价进入市场策略,即在新产品进入市场初期,在竞争者推出相似的产品之前,尽快地收回投资,以期获取较高的利润。这种高价策略之所以被称为"撇脂",是因为撇脂定价正如从鲜奶中撇取奶油一样,都是期望先获取其中精华,因而又被称作撇取定价策略。

撇脂定价策略的优点在于:一是对新颖的旅游产品制定高价策略,可以吸引一部分收入水平较高的时尚型旅游者和猎奇型旅游者,激发这部分旅游者的购买热情;二是有利于旅游企业尽快占领市场,取得高额利润,尽快收回投资;三是这种价格策略的降价空间较大，可以在竞争加剧时采取降价手段，限制竞争者的加入。当然，这种定价策略也有适用条件，旅游企业采取撇脂定价策略的前提是新产品要具有一定的新颖度和特色，实行高价策略也能吸引旅游者的兴趣和购买。这就要求市场上存在高档次或时尚性的消费需求，否则制定高价可能会因为超出旅游者的接受能力而导致新产品无人问津，这种高价策略就是失败的。另外，这种定价策略要求行业竞争者的挑战不会影响到本企业高价策略的实施和利润目标的实现。因此，旅游企业应具有资源独特、产品不易仿制、短期内不易迅速扩大生产能力等特点，因为一旦竞争对手纷纷加入，或者目标市场旅游者兴趣转移，继续实行高价策略将难以保证企业长期利润的稳定增长。

目前真正意义上的生态旅游产品大多资源垄断性强、产品新颖度高且特色明显，竞争者较少，可采取撇脂定价策略，高价进入市场。这样既有助于企业在短期内补偿开发成本，获取利润，也可以树立生态旅游产品优质优价的品牌形象。少数专项生态旅游产品（如探险旅游、漂流旅游等），由于其目标市场较为稳定，旅游者有一定的消费偏好，也可采取撇脂定价策略。另外，一些资源环境条件较为脆弱的生态旅游产品，由于其环境容量有限，环境成本很高，需要在价格制定中考虑加入较高的环境补偿额，因而只能采取撇脂定价策略。

（二）渗透定价策略

渗透定价策略即低价进入策略，是指旅游企业在新产品进入市场的初期，利用旅游者的"求廉"心理，将其价格定在旅游者的预期价格之下，使新产品以质优价廉的形象吸引顾客，迅速打开销路并占领市场的一种定价策略。

渗透定价策略的优点在于：一是低价策略有利于打开市场，能满足旅游者对新产品的"求廉"要求，使他们获得超值价值；二是阻止或减缓其他企业的进入，减少本企业的竞争压力；三是既能提高新产品的销售量，又能提高市场占有率，为企业谋取长期的稳定利润奠定市场基础。因此，许多注重实现长期发展战略的企业在向市场推出新产品时，通过采取渗透定价策略打开并占领市场。但旅游企业采取这种低价策略也存在一定的市场风险：一是实行低价策略，在遇到产品市场销路不畅时，基本没有降价的空间，即便产品十分畅销，也不易把价格提上去，导致企业的投资回收期变长；二是在遇到强劲竞争对手时，易引发恶性价格战，致使企业遭受重大损失；三是旅游企业采用低价策略易造成旅游者低价低质的错误印象，从而影响企业产品的市场形象。

对于分期开发的生态旅游景区（点）或者景区规模不大、资源特色不明显，以及易仿制的产品，可以考虑采用渗透定价策略，以低价占领市场；待产品市场打开后，或企业产品形象树立起来、产品项目种类增加、产品档次提高之后，再适当提高产品价格。

（三）满意定价策略

满意定价策略是介于撇脂定价策略与渗透定价策略之间的一种适中价格策略，是指旅游企业根据旅游者在购买生态旅游产品时的预期价格，制定既对旅游者产生一定的吸引力，又能保证企业获取一定利润的合理价格，即尽量做到使旅游企业和旅游者都满意来制定新产品的价格。

满意定价策略的优点在于：一是适中的定价策略适合大多数旅游者的购买能力和购买心理，能使新产品较快地被市场接受；二是对于旅游企业而言，中等水平的价格可以避免引发企业之间的恶性价格竞争，有利于减轻企业的价格竞争压力，实现一定的企业利润目标。但制定中间价格易导致企业价格无特色，使企业在市场竞争中处于被动地位，属于较为消极的价格策略。

多数生态旅游产品在进入市场一段时间后，随着竞争态势的逐渐明朗，可以逐步降价，采用满意定价法以保证企业获取长期稳定的利润。

二、心理定价策略

价格心理较为敏感的旅游者，多依据多种因素判断、选择和购买生态旅游产品，因此，旅游企业在产品定价中不应只考虑旅游者的理性取向，还必须考虑旅游者可能的价格心理反应，综合运用多种心理定价策略，根据不同类型旅游者的购买心理来进行产品价格的制定，以符合旅游者的心理价格，刺激和引导旅游者的购买行为。心理定价策略具体包括以下定价策略：

（一）尾数定价策略

尾数定价策略也称为非整数定价策略，即利用整数与非整数的尾数差异，或者以尾数的心理、文化象征意义为依据，给旅游产品一个零头数结尾的非整数价格，从而给旅游者造成这是经过精确计算后的最低价格的感觉。如旅游饭店 39.8 元的菜价比 40 元的菜价更具吸引力，虽然两者相差仅 0.2 元，但在感觉上前者较后者更为便宜。这种定价策略一般适用于价值不太高的旅游产品或服务，并且产品在市场上有比较大的弹性，旅游者对该产品的价格变化比较敏感。从心理学上分析，整数容易使人产生递增的效果，而尾数则容易使人产生递减的效果。因此，尾数定价策略给人以精确定价或价格便宜的感觉。另外，企业还可以利用尾数本身含有的文化象征意义来迎合旅游者的独特价格心理。例如在港澳台地区，以及中国大陆地区，乐于接受以 6、8 等偶数为尾数的价格，因为这些地区的人们认为这些数字比较吉利，其中尾数 8 由于与"发"同音而与被认为是吉祥如意、发财致富的象征。

尾数定价策略的适用面较广，但有一定的适用范围。如果用于价值不太高的产品定价中，由于这种价格满足了旅游者追求物美价廉或求吉利的心理，可能使得旅游者很乐于接受，如景区旅游商品的定价等；但是如果用于价值较高的产品定价中，则可能会给人造成不真实或没必要的感觉，也可能招致旅游者"便宜没好货"的质疑。在这种情况下，更适合选择整数定价策略。

（二）整数定价策略

整数定价策略是指旅游企业将产品价格的尾数去掉，取较接近的整数来定价的一种策略。这种定价策略能满足旅游者一定的心理需求，使旅游者产生"高价高质"和"档次高"的印象，有助于旅游企业在市场竞争中占据高端市场，并取得较高的经济效益。五星级酒店对客房价格大多采用整数策略进行定价，例如某海滨城市希尔顿酒店的周末套房价格分别为：海景套房 3000 元、豪华海景套房 3500 元、全海景套房 4500 元。

整数定价策略一般适于需求弹性适中、旅游者对价格高低不敏感的产品定价中。这种定价策略简便易行，但对于一部分精细的旅游者而言，可能会使他们产生产品定价不精确、价格可能存在水分的认知。

（三）声望定价策略

声望定价策略是一种高价策略，主要是针对旅游者"价高质必优"的心理，对在旅游者心目中有信誉的著名品牌产品制定较高的价格。由于旅游者常把产品的价格档次当作产品质量的直观反映，特别是在识别、选择名牌产品时这种认知尤为强烈。因此，声望定价策略事实上就是利用品牌的市场效应，把知名旅游产品的价格定在旅游者可接受的最高价位上。

声望定价策略的优点是能够满足旅游者对声望产品的需求，满足其提高自我价值和社会地位的求名心理和炫耀心理；同时，也有利于旅游企业通过销售高价优质的产品来树立良好的市场形象，进一步提高企业声望，取得超额利润。但是，这种定价方法也有一定的适用条件，即声望定价策略只适合少数高档、名优品牌产品，销售增长较慢，对大众化的旅游产品并不适用；另外，也适用于需求弹性较小的生态旅游产品的价格制定。这种定价策略的缺点是使用不当可能会给旅游者造成"暴利企业"的不良印象。声望定价策略的基础是品牌价值和产品品质，因此，旅游企业如果采取声望定价策略，就必须要保证生产或经营的生态旅游产品具备高品质的特点，而且旅游企业需要高度重视旅游者对产品的需求状况，不断地改进和完善生态旅游产品的质量和服务体系，维护和巩固其对声望品牌及其产品的信任感。

声望定价策略是针对旅游者的"认牌"心理和消费倾向而采取的价格策略，对质量不易鉴别、购买风险大的生态旅游产品和垄断性生态旅游产品（如一些世界自然与文化遗产旅游产品），可以采取这种定价策略。另外，对于一些知名生态旅游景区产品和实力强大的旅行社（如中旅集团、国旅集团），其线路产品就可采取声望定价策略。

（四）招徕定价策略

招徕定价策略又称特价品定价策略，是旅游企业在一定时期内有意将某一项或某几项产品的价格降到正常价位以下，以招徕和吸引旅游者购买的定价策略。招徕定价策略实质上就是发挥旅游促销的导向作用，以特殊价格吸引旅游者，从整体上提高旅游企业的销售收入和利润水平。

在旅游营销实践中，招徕定价策略主要是以低价、减价的定价策略迎合一部分具有求廉动机的旅游者，借以招徕旅游者并增加其他非低价产品与服务的连带性购买。因此，旅游企业采取这种定价策略的真正目的在于，以"特价品"的旺销有效地扩大企业整体产品市场的销售,从而提高旅游企业的经济效益。采取这种定价策略一般是以提高旅游企业的整体市场效益为目标,而不以个别产品的收益为目标,所以在实践中又被称为"牺牲品定价策略"。例如一些酒店将部分餐饮作为"特价品",长期实行低价格策略,以微利或无利的方式吸引旅游者的注意和兴趣,其目的就是借以带动酒店其他餐饮产品的销售,并同时带动酒店客房的销售。在这一过程中,酒店对部分餐饮产品采取招徕定价策略的真正目的在于希望确保客房能获得较高的收益,最终保证整个酒店的总收益。旅游企业在采取招徕定价策略时,一般要与相应的广告宣传和其他促销活动相配合。

(五) 习惯定价策略

习惯定价策略是指旅游企业采取长期被旅游者所接受和认可的习惯价格进行定价的策略。按照习惯价格进行定价,符合旅游者对产品属性和价格水平的长期认知和心理承受能力,有利于旅游产品在市场上保持稳定的销售量和市场占有率。

一般来讲,旅游企业会极力维护这个已经形成"心理定势"的价格水平,即使市场供求关系发生变化或者成本变动,也不轻易改变产品的习惯价格。而在旅游企业推出新产品或新项目时,只要产品的基本功能和用途没有改变,就实行以往的习惯价格;当需要做出改变时,往往也是通过调整产品形式和内容等其他方法来适应固化价格的变化标准。因为一旦这种长期形成的习惯价格被改变,可能导致旅游者产生反感,那么产品的市场销售会或多或少地受到影响——涨价可能影响产品的正常销售量,降价又可能引起旅游者对产品质量的疑虑。而新的习惯价格的形成,是一个需要长期努力的过程。

三、折扣价格策略

折扣价格策略是旅游企业为扩大销售、占领市场,或为了巩固和加强与中间商的合作关系,在保持基本标价的前提下,通过采取折扣和折让等策略,对基本价格做出一定的让利性减价,有效地吸引旅游者,鼓励旅游者改变购买时间、购买数量,增加消费,或及时付款的价格策略。具体价格折扣形式要视不同旅游市场(如区位、对象等)特点、时间等因素而定,分为数量折扣、季节折扣、现金折扣、功能折扣等折扣策略类型。

(一) 数量折扣策略

数量折扣策略是指旅游企业为了鼓励旅游者增加购买数量,或提高旅游产品经销商进一步开拓市场的积极性,根据购买者所购买的数量给予一定折扣的优惠策略,购买数量越多折扣越大。旅游企业实行数量折扣策略,不仅能维系老顾客,而且也能吸引潜在的旅游者购买。在使用数量折扣策略的过程中,许多旅游企业采取的实际做法是将数量折扣用代金券的形式返还给消费者,用于旅游者再次购买时冲抵等量价款。数量折扣策略具体可分为非累计折扣和累计折扣两种形式。

1. 非累计折扣

非累计折扣，即一次性折扣，是一次性购买旅游产品数量或者金额达到相应的折扣标准时，所给予的相应价格折扣。一次性购买数量越多，折扣就越大。采用这种价格策略能刺激旅游者大量购买，有利于降低成本，增加盈利。

2. 累计折扣

累计折扣是在一定时期内，累计购买旅游产品的数量和金额超过规定数额时，旅游企业按购买总数给予一定的价格折扣。一般情况下，随着旅游者购买数量的增多，价格折扣随之增大。这种价格策略的目的在于建立长期固定的交易关系，稳定旅游者与销售渠道。

（二）季节折扣策略

季节折扣策略是指旅游企业在销售淡季时，为鼓励旅游者购买旅游产品与服务而给予的一种折扣优惠策略。受旅游目的地的气候变化和各种节假日等因素的影响，旅游者对旅游产品与服务的需求与购买存在着明显的淡、旺季差异；甚至有些产品与服务的购买与消费在一周或者一天的不同时间段也存在不均衡的现象；与此同时，在旅游淡季存在大量旅游服务设施如客房等的大量闲置问题。因此，为了平衡淡、旺季的供求关系，增加市场销量，提高旅游服务设施的利用率，旅游企业可在淡季或者销售较为清淡的时段实行折价销售，借助价格优惠刺激旅游者的购买欲望。当然，旅游企业采取季节折扣策略时，要保证折价后所增加的销售收入高于所增加的变动成本。

（三）现金折扣策略

现金折扣策略又称付款期限折扣，是旅游企业为鼓励旅游者以现金交易或按期付款而给予的一定的价格折扣优惠策略。旅游企业采取现金折扣策略的目的，主要是为了尽快收回营业款，加速企业的资金周转，减少资金占用的费用和呆账与坏账的经营风险。这种折扣策略的具体做法是如果买方在卖方规定的付款期以前若干天内付款，卖方就给予买方一定的价格折扣。如旅游企业在交易合同中的付款方式中写有"2/15 净30天"，就表示付款期限为30天，买方如在15天内付款，则给予2%的折扣。

（四）功能折扣策略

功能折扣策略也称为同业折扣策略，即旅游企业根据各类中间商在市场营销中所担负的不同职责，给予不同的价格折扣。一般来说，由于旅游批发商销售旅游产品的数量要大于旅游零售商的数量，旅游企业给予旅游批发商的折扣和优惠较大，而给予旅游零售商的折扣和优惠较小，这样可以促进旅游批发商经销产品的积极性和主动性。因此，旅游企业采取功能折扣的目的就是调动各类中间商经营企业产品的积极性，刺激各类旅游中间商充分发挥各自的功能，拓宽销售渠道，扩大产品的销量。

四、差别价格策略

旅游企业在经营中经常会根据旅游者可感知价值的差别，采取各种差别价格策略。

由于旅游者需求的多样化，差价策略在旅游市场营销中应用广泛。旅游企业差价策略的有效运用，可以使生态旅游产品的价格制定更具有针对性，从而提高生态旅游市场的营销效率。

（一）对象差价策略

对象差价指旅游企业针对不同旅游者行为特征的差别和倾向性等因素，对同一旅游产品或服务实行不同的价格。旅游企业采取对象差价策略的主要目的是稳定并逐步扩大客源市场范围，增加销售收入。如很多景区景点针对年龄不同的旅游者，制定不同的门票价格，例如面向学生群体有专门的学生票价优惠，而面向老年人群体则有老年人票价优惠。再如酒店为了稳定客源市场，对常住客人按其住宿次数的多少，给予不同比例的优惠价；对一些团队旅游者，按其人数的多少给予一定比例的价格减让。而旅行社的作法则是对同一条生态旅游线路的报价，区分团队和散客的差异等。

（二）时间差价策略

时间差价指旅游企业对相同的旅游产品或服务，按旅游者需求的时间不同而制定不同的价格。多数旅游企业在经营过程中都会采取季节差价策略，采取这一差价策略的主要目的是鼓励旅游中间商和旅游者增加淡季和平时购买的频率和强度，在一定程度上平衡旅游者对旅游产品及服务设施的淡旺季需求差异，加速企业资金周转，保持企业产品的市场吸引力和竞争力。

（三）地理差价策略

地理差价指旅游企业以有差别的价格策略在不同地区销售同一旅游产品或服务。许多生态旅游产品的价格差别与其地理位置及环境密切相关，因此，在生态旅游产品营销过程中，地理差价策略是旅游企业经常采用的一种价格策略。旅游企业采取这一价格策略的前提是，由于地理位置的差异，市场上客观存在着同一旅游产品和服务的吸引力差异，以及目标市场上相应的需求差异和习惯差异，这种差异反映在产品价格上就是地理差价。旅游企业采取地理差价策略可以调节不同地区间的游客流量，在一定程度上平衡各地区旅游市场的需求强度。

（四）质量差价策略

质量差价即旅游企业根据同类旅游产品与服务在质量上的差别而制定不同的价格。旅游企业采取合理的质量差价策略，使售出的产品与服务的质量档次与旅游者支出的价格水平相一致，即以适当的产品性价比来满足旅游者对产品质量的认知和需求，从而保护旅游者的合法权利；同时，采取质量差价策略可以促进旅游企业努力改进经营管理水平，不断扩大系列旅游产品与服务，提高产品与服务的质量，提高旅游企业的经济效益。这种差价策略在生态旅游线路产品中采用较多，如一条旅游线路有豪华、经济和特价三种价格产品。

第四节　生态旅游产品价格的调整

生态旅游产品的价格调整，主要包括主动价格调整和被动价格调整两种类型。旅游企业提高或降低生态旅游产品的价格，是适应变化的市场环境和市场竞争形势的必要手段，也是生态旅游营销策略组合中的一项重要内容。无论是主动调整产品价格还是被动调整产品价格，旅游企业必须在价格调整之前对影响产品价格变动的诸多因素进行系统的分析，充分估计价格调整后旅游者、中间商和同行竞争对手的反应，权衡利弊，恰当地选择价格调整策略。

一、生态旅游产品价格的调整

（一）主动调整价格

1. 主动降价

旅游企业有时会在特定背景下主动降低自己的产品价格。引起旅游企业主动降价的主要原因有：

（1）供过于求。当旅游产品供过于求，出现产品销路不畅的问题，而企业又难以通过产品改进和加强促销等手段来扩大销售时，鉴于旅游产品具有不可储存性，为了避免旅游资源浪费和设施闲置，旅游企业不得不考虑以降价的方式加强和促进市场销售。但这种降价很有可能会导致企业间的价格战，因此，旅游企业必须对此充分估计并做好应对准备。

（2）激活需求。当旅游产品需求弹性大时，旅游企业可以通过降价激活需求，刺激旅游者的注意，引起购买兴趣，从而达到扩大销售量，提高市场占有率的目的。

（3）竞争形势。在市场竞争加剧，企业市场占有率开始下降时，旅游企业将降价作为争夺市场份额的一种有效手段。同行业内实力强大的竞争者，往往通过降价来扩大销售量，取得成本领先优势，以达到掌控市场的目的。降低产品的价格还可以阻止竞争对手的进入，形成有效的行业壁垒。

（4）清理市场。具备一定实力的企业，可以通过降低旅游产品的价格，使实力较弱或保本经营的竞争对手无利可图，迫使他们退出市场，在达到清理市场的目的之后，再恢复原价。这一降价方式还可以迫使潜在的竞争对手知难而退，这显然有利于主动降价的企业。

（5）环境变化。政治、法律、经济等环境因素的变化，也可能导致企业必须降低价格。政府为了稳定物价总水平，遏制垄断利润或高利润，往往通过出台行业调控政策和财税政策等政策或法令法规，促使企业的价格水平下调。经济环境方面，国家宏观经济形势衰退、本币升值或者外币贬值、通货膨胀等因素都会直接或间接地影响到旅游者的实际购买力，一段时间内社会消费能力、消费水平明显下降，旅游企业只能通过主动降价来稳定和维持产品的市场销售。

2. 主动提价

与以上情况相反，旅游企业在经营的过程中也会主动提高自己的产品价格。尽管产品提价可能会引起旅游者和中间商的不满，但是适当的提价可以有效地增加旅游企业的利润。引起旅游企业主动提价的主要原因有：

（1）成本增加。旅游企业产品成本的增加一般是由于原材料价格上涨，或者企业生产和经营管理费用提高引起的，旅游企业为了弥补成本增加所带来的利润下降的问题，便选择提高产品的售价，以保证企业经营活动的顺利进行。

（2）需求拉动。在旅游市场上需求旺盛，产品供不应求，而旅游企业又难以在短时间内及时扩大生产经营规模的情况下，旅游企业会选择主动提高产品的价格。如为了应对每年"十一"黄金周游客"井喷式"的增长形势，全国主要旅游景区、景点多选择在这一时段提高门票价格，以平衡市场供求的紧张状况，一些著名景区、景点的提价幅度多在20%以上，有些甚至超过50%。

（3）提升形象。旅游企业为了塑造旅游产品的市场形象，利用提价促使旅游者对企业产品产生"价高质优"的心理定势和市场效应，提升市场形象。有时，旅游企业也通过提价，拉大企业各档次产品的价位差，以便带动中间档次产品的销售。

（4）环境变化。影响旅游企业主动提价的环境因素包括政治、法律、经济等因素。如经济环境方面，在国家宏观经济呈现良好上升势头的形势下，旅游者的实际购买力增强，一段时间内社会消费能力和消费水平明显上升，旅游企业就可以通过主动提价来获取较高的利润率。而当出现通货膨胀时，由于物价上涨，货币贬值，旅游企业为保证正常的经营利润，就需要相应地提高产品的价格。另外，在外币升值或本币贬值的情况下，旅游产品的实际价格是降低的，因此，企业在经营过程中只有相应地提高产品的价格，才能保证企业经营利润不会受到大的影响。

（二）旅游企业对价格变动的反应

旅游企业进行被动价格调整主要是应对同行竞争对手的价格调整。在同行业竞争对手率先进行价格调整后，作为竞争者的旅游企业就要审时度势，对竞争对手的价格变动做出及时、正确的反应。为此，旅游企业需要对市场价格变动进行全面的分析，并针对市场价格变动做出反应。

1. 对价格变动的分析

（1）竞争对手调价的目的与原因。旅游企业要透过调价现象发现竞争对手，特别是主要竞争对手的真正调价目的。一般来讲，竞争对手主要为达到以下目的而调价：争夺市场份额、树立品牌形象、增加产品利润、提高现金流量和缓解资金紧张等。

旅游企业还必须弄清竞争对手主动调整价格的主要原因，竞争对手主动调价的原因通常包括：成本发生变化、资源闲置或短缺、经济形势发生变化、市场供求状况发生变化、销售困难或旺销、企业特定的营销目标发生变化等。

（2）竞争对手调价对各方的影响。竞争对手调整了产品的价格之后，对旅游者、旅游中间商、本企业、同行其他企业,以及社会有关方面等均会产生相应的影响。市场上同类产品以及连带消费产品的价格也会出现连锁反应,旅游企业要对此进行具体分析。

(3)各方对竞争对手调价的反应。为有效地应对竞争对手的调价,旅游企业还应该全面考虑各方对调价的可能反应:旅游者的反应、旅游中间商的反应、同行其他企业的反应、社会有关方面的反应等。

(4)本企业调价后各方可能的反应。在以上分析的基础上,旅游企业还需要判断和预测本企业进行价格调整后,其他各方可能的市场反应,主要包括:目标市场旅游者的反应、旅游中间商的反应、率先调价企业的反应、同行其他企业的反应和社会有关方面的反应等。只有经过缜密的分析和预测,旅游企业才能做到"知己知彼",在激烈的市场竞争中稳操胜券。

2. 竞争者对价格变动的反应

旅游企业分析和预测价格变动引起的市场竞争形势变化,主要目的是为了权衡利弊,采取应对竞争对手价格调整的有效对策。

(1)同向跟随。当竞争对手率先调价后,旅游企业可以选择同方向跟随的对策,即跟随竞争对手降价而降价,跟随其提价而提价。同向跟随又分为几种具体形式:其一,同步跟随,提价或降价的幅度与竞争对手的调价幅度保持一致,或直接将价格定在竞争对手的价格水平上;其二,不同步跟随,也跟随调整价格,但调价幅度与竞争对手保持一定的距离。

(2)逆向调整。当竞争对手发动价格调整之后,旅游企业对自身的价格也进行相应的调整,只是调整方向与竞争对手正好相反,即竞争对手降价,本企业提价;竞争对手提价,本企业降价。这种逆向调整对策,其目的是拉开差距,映衬与众不同的产品形象和企业形象,是相对比较困难的,因为至少在一段时期内,企业的价格会逆市场大势而行,这无疑会对企业经营造成一定的风险。因此,只有当旅游市场处于趋势性转变之际,旅游企业才会优先选择这一调价对策。

(3)维持原价。旅游企业对竞争者调价采取观望的态度,在价格上暂时不做调整。旅游企业经过市场分析和预测后发现,上调价格会导致销售量下降,市场份额可能会减少,因此,企业总利润不会因价格上涨而增加;或发现当价格被调低时,销售量增加并不明显,企业总利润也不会显著增加。在这种情况下,一些企业会选择维持原价的对策。

(4)实施非价格竞争策略。当竞争对手进行价格调整时,旅游企业并非一定要通过价格手段进行应对,而是可以采取各种非价格手段进行有力的竞争。例如提高旅游产品与服务质量,增加产品的特色和功能,塑造名优品牌形象,拓宽销售渠道,加大促销力度,建立营销网络等。

需要注意的是,无论旅游企业选择何种应对之策,都要把握恰当的价格调整幅度,以便为旅游者所接受;同时,也要选择合适的价格调整时机,并针对各方可能的反应制定有效的应对预案。

二、旅游企业应对价格变动的策略

在生态旅游营销实践中,旅游企业经常面临竞争对手变动价格的挑战。如何对竞争对手的价格变动作出及时、正确的反应，是旅游企业经营决策中一项需要随时关注和重视的内容。面对竞争对手的调价，旅游企业在作出反应前必须认真分析并回答以下问题：竞争对手的调价是暂时的还是长期的？能否持久？竞争对手调价将对本企业的市场占有率、销售量、利润、声誉等产生何种影响？竞争对手调价对本企业的影响程度如何？同行业其他企业是否会作出反应？企业是否应做出反应？应作出何种反应？除此之外，旅游企业还必须分析产品的需求价格弹性、单位成本价格等内容，在此基础上，旅游企业可选择的应对策略有：

1. 维持价格不变

旅游企业经过分析后认为，如果降价会降低利润水平，而维持价格不变，尽管对市场占有率有一定的影响，但企业可以靠产品特色和品牌形象等抵御竞争对手的价格进攻，因此，企业选择暂时"按兵不动"，待市场形势发生变化或市场竞争出现某种逆转时，企业再做回击行动。

当然，在维持价格不变的同时，旅游企业还可以采取一些非价格竞争手段来反击竞争对手，如积极改进产品质量、提高服务水平、加强促销沟通等。许多企业的营销实践证明，采取这种策略比不断降价和微利经营更容易使企业获得稳定的利润。

2. 降价

旅游企业采取降价策略可以使产品销售量和市场占有率明显增加。但是，为了降价后仍能保持一定的利润水平，旅游企业必须保证在产品降价的同时，要有一定的生产规模效益，并有效地降低管理成本费用；同时，企业仍应尽力保持产品质量和服务水平。

降价可以有很多种方式，大致可分为直接降价和间接降价两种类型。直接降价就是旅游企业采取直降原售价的方式，间接降价也称为变相降价，如旅游企业可采取本章第三节中提到的各种旅游价格折扣和旅游差别定价等，也可以通过一卡通优惠、赠送优惠券、有奖销售等方式间接降低旅游产品价格。

3. 提价

旅游企业在权衡利弊的基础上，也可以选择提价策略。提价也可以有很多种方式，大致可分为直接提价和间接提价两种类型。直接提价就是旅游企业采取直接提高产品原售价的方式，间接提价即变相提价。由于直接提价在营销实践中经常会遇到市场阻力，造成一些不良影响，因此，旅游企业应更多地选择间接提价策略，并注意采用一些价格技巧，变明涨为暗涨。如在保持总价格和总费用不涨的前提下，可采取适当减少活动项目或服务次数的方式变相提价，但需要注意的是，企业在提价的同时应采取各种途径向旅游者说明提价的原因，以获得旅游者的理解和认可，并关注旅游者对提价的反应程度和敏感性。

另外，企业在采取提价策略的同时，还必须考虑产品所处的具体生命周期阶段，要与产品、渠道和促销策略相配合，适时推出新品牌以维护企业的市场形象，并致力于提高产品质量和服务水平，以便与竞争对手争夺市场。

第八章 生态旅游分销渠道策略

导言：随着市场分工的不断深化，旅游分销渠道在旅游市场营销活动中的作用越来越突出。旅游分销渠道一般由多种类型的中间商组成，各个中间商在旅游产品与服务的转移过程中发挥着各自不同的作用。选择好的旅游中间商对于建立高效畅通、经济合理的旅游分销渠道网络系统至关重要。旅游企业要结合生态旅游营销目标要求，进行分销渠道选择，并对分销渠道进行持续、有效的管理。

本章学习内容：生态旅游分销渠道概述；旅游中间商；生态旅游分销渠道选择策略；生态旅游分销渠道管理；生态旅游分销渠道的发展趋势。

第一节 生态旅游分销渠道概述

设计恰当、管理到位的分销渠道犹如旅游企业的生命线，可以快速、高效地把生态旅游产品与服务转移到旅游者手中，以实现企业的营销目标。因此，分销渠道在旅游企业经营中是一种重要的外部资源，旅游企业必须对之进行长期、有效的管理。由于产品体系、目标市场等存在差异，旅游企业所采取的分销渠道策略不尽相同，分销渠道也表现出不同的类型。

一、旅游分销渠道的概念与职能

（一）旅游分销渠道的概念

旅游分销渠道是指旅游产品从旅游企业向旅游者转移的过程中，包括所有取得旅游产品使用权，或协助旅游产品使用权转移的组织和个人在内的有组织、多层次的销售系统，也就是旅游产品使用权在转移过程中所经过的各个环节连接起来而形成的通路。这里的各个环节具体包括产品转移过程中经过的所有中间组织机构、所有活动和所经过的各种途径。

这一概念包括以下三层含义：

（1）分销渠道是旅游产品所有权转移的通道。旅游产品在从生产者到旅游者流通的过程中，所有权至少要转移一次，而在现代市场经济中往往要通过各种中介组织，会出现产品所有权的多次转移。

(2) 渠道各成员之间相互联系、相互制约，在共同促进旅游产品及其所有权转移的过程中各自承担着不同的分销职能。

(3) 旅游分销渠道可长可短，可宽可窄，并无固定模式。究竟采用哪种模式，企业应根据旅游市场内外营销环境的具体情况而定。

一般情况下，旅游分销渠道经常被称为旅游营销渠道，在严格意义上，二者是有一定区别的。其中，旅游营销渠道是指配合起来生产、分销和消费某一旅游企业的产品和服务的所有企业和个人，包括供应商、旅游企业、经销商、代理商、辅助商以及最终旅游者或用户等；而旅游分销渠道则主要包括：旅游企业、经销商、代理商，以及最终旅游者或用户等，不包括供应商和辅助商，如图8-1所示。因此，旅游营销渠道与旅游分销渠道的区别点主要在于是否包括供应商和辅助商（图8-1中非阴影部分）。

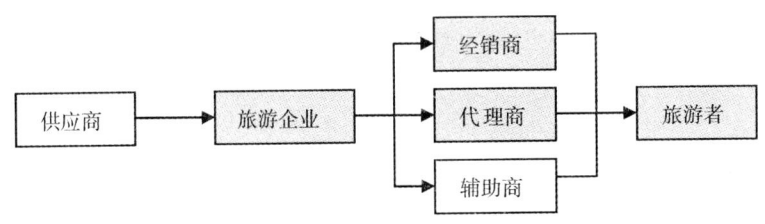

图8-1 旅游分销渠道与旅游营销渠道的区别

（二）旅游分销渠道的职能

旅游分销渠道成员主要执行的职能包括：

(1) 市场调研。包括市场调研与预测、收集并反馈信息等。

(2) 促进销售。宣传促销，提供信息，开展与现实或潜在顾客的说服性沟通，扩大销售。

(3) 联系业务。扩大市场，增加销量。

(4) 编配分类。为符合旅游者需求进行的产品分类、分等、组合、编配等活动，如旅行社经过产品整合后的线路设计、编配等。

(5) 业务协调。就旅游产品的价格、数量、付款方式、活动内容等问题与最有可能的旅游企业和旅游者协商，达成协议，接受或协调解决旅游者投诉等。

(6) 实体分配。从事商品的运输、储备，实现商品实体转移。

(7) 资金融通。筹集和调动渠道正常运行的资金，与旅游企业相互提供资金援助，如预付货款、赊购赊销。

(8) 风险承担。共同承担开展营销活动的有关风险，如供求变化、竞争加剧等。

二、生态旅游分销渠道的类型

分销渠道的类型，包括对分销渠道长短和宽窄的特征描述，都与"分销渠道级数"

这一概念有关。分销渠道级数也就是分销渠道的层次，是指产品在从生产者转移到消费者的过程中，任何对产品拥有所有权或具有销售权的组织（或机构），都被认为是一个渠道级（层）。由于渠道级数的差异，以及同一个渠道级内中间商数目的不同，旅游企业的分销渠道有多种类型，既可以划分为直接和间接两大类，也可以具体划分为长与短、宽与窄等不同类型。需要说明的是，即便在同一个企业内，也可能存在几种不同的渠道类型，使得同一种生态旅游产品可能通过不同的渠道进行销售。旅游企业多种类型的综合分销渠道能够形成网络式的销售系统。

（一）直接渠道和间接渠道

根据旅游生产企业是否经过旅游中间商进行销售活动，可以把生态旅游市场分销渠道分为直接分销渠道和间接分销渠道。旅游生产企业选择采用直接或间接分销渠道，要视所售旅游产品类型、目标市场范围、消费需求特点、维护分销渠道的投入和费用等情况而定。

1. 直接分销渠道

直接分销渠道又称零级分销渠道，指旅游生产者不经过任何一个旅游中间商，而将其生态旅游产品或服务直接销售给旅游者的分销渠道（见图8-2）。

图8-2 旅游企业的直接分销渠道

直接分销渠道虽然不经过任何中间商，但在实际运用中也有很多不同的具体形式。

（1）旅游生产者直接将产品或服务销售给旅游者（在生产者现场）。即旅游者自行乘坐交通工具，直接到达旅游目的地景区景点购买产品的传统形式，在这一分销模式中，旅游生产者实现了产销合一。

（2）旅游生产者通过自设销售网点将产品或服务销售给旅游者（在销售点现场）。很多旅游生产者在客流量较大的地方，如车站、港口、机场、大型酒店，或城市人流量较为集中的购物广场等地自设门市，直接面向旅游者出售产品。一些城市的"一日游"产品，就是以这种分销模式进行销售的。

（3）旅游者通过计算机预订系统、电话等直销手段直接向旅游生产者预订和购买产品或服务（在客源地或旅游者家中）。目前，越来越多的大型酒店集团、经济型连锁酒店，以及景区景点都采用网上直接预订销售或通过芒果网、艺龙网等电子中间商进行直接销售的分销模式。

一般来讲，直接分销渠道由于能做到与旅游者"零距离"，因此有利于旅游企业贴近市场，与旅游者进行良好的沟通，较易获得旅游者的反馈信息，从而有助于企业调整或改进营销策略组合，也有利于企业节省渠道管理费用，获取更大的利润。其不足之处在于直接分销渠道结构单一，这使得企业经营活动受到一定限制，不利于企业拓展市场，风险较大；另外，自建渠道由于受企业自身经验、人力和资源所限，渠道管理难度较大，过多地依赖电子中间商也会使得企业处于较为被动的地位。

随着现代通信与计算机技术的发展以及旅游市场竞争的加剧，网络营销模式必将成为未来旅游产品分销的主要模式。一些集团化和连锁化经营的企业集团，应致力于建立自己的直接销售系统，逐步提高直接销售渠道比例，增大企业盈利空间。而对于很多缺乏一定的经营规模和管理水平、竞争实力较弱的旅游企业，则宜更多地选择间接销售渠道，即利用各类旅游中间商快速提高产品销量，以扩大市场份额，提高竞争力和经济效益。

2. 间接分销渠道

间接分销渠道指旅游生产者通过一个或多个中间环节或旅游中间商，将生态旅游产品或服务销售给旅游者的分销渠道，这是旅游生产者分销渠道的主要形式。

根据经过中间商环节的多少，间接分销渠道具体分为一级渠道、二级渠道和多级渠道。其中，包含3个或3个以上中间环节或中间商的分销渠道统称为多级分销渠道。如图8-3所示。

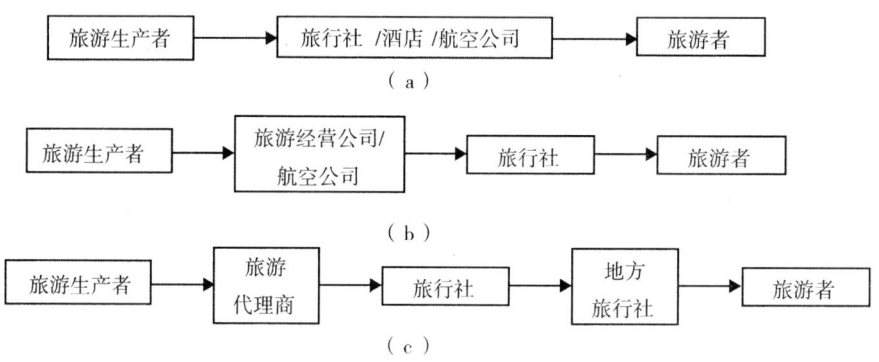

图 8-3 旅游企业的间接分销渠道

（1）一级（层）渠道。即生态旅游产品在转移过程中，只经过一个中间环节或一个中间商。一级渠道所经过的中间商一般是旅游零售商。例如航空公司的机票代理处将机票销售给旅游者，酒店直接安排顾客的"一日游"线路，或者是旅行社将若干单项生态旅游产品组合成自己的线路产品，然后销售给旅游者［见图8-3（a）］。西方国家有很多旅游企业（如航空公司、游船旅游公司、酒店、旅行社等）采用一级渠道模式。我国许多酒店和旅行社也采取这一渠道模式，为旅游者安排线路、代订代购车票机票和饭店客房等。

（2）二级（层）渠道。即生态旅游产品在转移过程中，经过两个中间环节或两个中间商。二级渠道所经过的中间商一般是旅游批发商和旅游零售商，或者是旅游代理商和旅游零售商。如图8-3（b）中，首先由旅游经营公司（或航空公司）以批发价格采购单项旅游产品，并根据不同的目标市场需求将其组合成不同的线路产品，然后旅行社将其销售给旅游者。二级渠道模式在国外旅游市场营销中较为普遍，在我国目前跨区域旅游营销的过程中，也是较为常见的一种分销渠道类型。

（3）多级（层）渠道。即生态旅游产品在转移过程中，经过3个或更多个中间环节或中间商。例如在三级分销渠道中,所经过的中间商主要包括旅游代理商、旅游批发商和旅游零售商。多级分销渠道类型在国际旅游市场营销中应用广泛,其分销过程一般是:首先由国际旅游代理商结合本国需求,将特定区域内几国旅游批发商的旅游线路进行重组,然后再通过本国零售商(国际旅行社)销售给旅游者,国际旅游产品所经过的就是三级分销渠道(见图 8-3 (c))。当然,由于国际旅游市场产品分销较为复杂,需要国内外国际旅游公司或旅行社之间进行通力合作,其所经过的渠道环节可能会多于3个,属于多级渠道类型。

间接分销渠道由于经过了各环节中间商的参与,所以可以通过有序的、网络式的销售系统拓宽市场范围,有助于提升旅游生产企业的销售能力,也便于旅游生产企业传播品牌形象,增强竞争实力,抵御市场风险。但是,多个中间商的参与使得旅游生产企业对市场销售的掌控力相对减弱,而有些实力较弱的企业面对中间商会显得较为被动,企业所获得的市场信息反馈的及时性和准确性也有所下降。同时,随着中间环节的增多,旅游生产企业的产品成本明显增加,从而在一定程度上降低了企业的利润水平。目前,我国生态旅游景区、景点的产品项目大多是经过旅行社组合成旅游线路产品后进行销售的,也就是以间接分销渠道为主来销售的。许多国际入境旅游产品的销售也是通过间接分销渠道来实现的。

(二) 长渠道和短渠道

分销渠道的长度是指生态旅游产品或服务在从旅游生产企业转移到旅游者的过程中,在一条渠道上所经过的中间商级数(层次)或中间环节的多少。如果中间级数(层次)多,就称这条渠道为长渠道;反之,中间级数(层次)少,则称之为短渠道。产品或服务转移所经过的中间商层次越多,分销渠道就长;反之就越短。渠道短,信息传递快,销售及时,分销渠道控制效果好,如前面提到的自建门市、网络营销等直接渠道就是最短的渠道类型。渠道长,一般信息传递慢,产品流转时间较长,分销渠道的控制难度也相应增大,如有多种类型的中间商参与的多级渠道。在国际旅游产品分销中,旅游产品大多是国际旅行社经过海外旅游批发商,再经过海外旅游零售商转移到海外旅游者,而直接经过海外旅游零售商或在境外自设销售网点来招徕海外旅游者的情况并不多见,这就属于较长的渠道。而在国内旅游产品分销中,主要是地接社通过组团社或直接招徕目标市场旅游者两种形式,其分销渠道长度明显短于国际产品的分销渠道。

(三) 宽渠道和窄渠道

分销渠道宽度是指生态旅游产品或服务在从旅游生产企业转移到旅游者的过程中,分销渠道的每个级数(层次)中,使用相同类型中间商数目的多少。如果在同一级(层)中使用同种类型中间商的数目多,称这条渠道为宽渠道;反之,中间商数目少,则称之为窄渠道(见图 8-4)。同一级(层)渠道中并列使用的同类型中间商越多,分销渠道就宽;反之就越窄。一般来讲,大众化的生态旅游产品主要采用宽渠道销售,市场销售面较广,如生态观光型、生态休闲型旅游产品;专业性较强、市场销售面较窄或费用较高的生态旅游产品则多采用窄渠道销售，如极限旅游、探险旅游等。

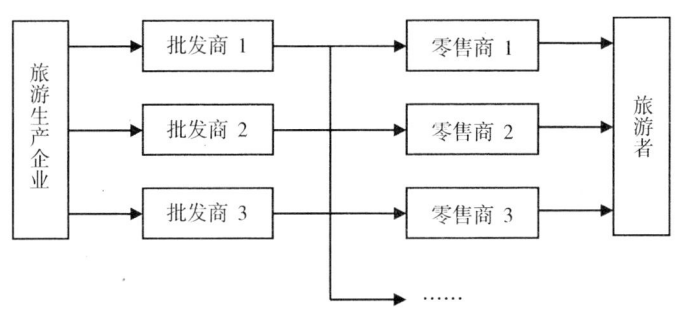

图 8-4　旅游企业分销渠道的宽度

（四）单渠道和多渠道

根据旅游生产企业所采用的分销渠道的数量，可分为单渠道和多渠道。单渠道指旅游生产企业只通过一条分销渠道将产品或服务转移到旅游者手中，如只采用一个零级渠道（全部自行销售）或一个一级渠道（全部转移给批发商或零售商）。多渠道则指旅游生产企业根据不同地区、不同规模旅游者的实际情况，而采用两个或两个以上的分销渠道将产品或服务转移到旅游者手中。如图 8-5 所示，旅游生产企业同时采用了三个渠道进行多渠道销售，一个渠道是采用零级渠道进行直销；一个渠道是采用二级渠道，经由旅游批发商和旅游零售商，将产品或服务销售给旅游者；一个渠道是采用一级渠道，即旅游生产企业直接通过零售商将产品或服务销售给旅游者。

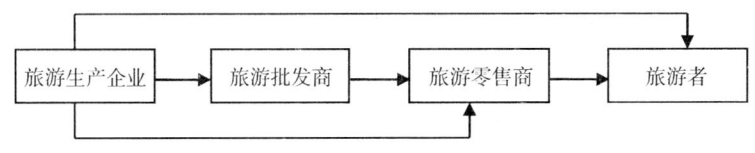

图 8-5　旅游企业的多渠道

第二节　旅游中间商

随着市场分工的不断深化，旅游中间商在旅游市场营销活动中的作用越来越突出。旅游中间商是指处于旅游生产者与旅游者之间，参与旅游产品流通业务，促使旅游产品或服务交易行为发生，并具有法人资格的组织或个人。

一、旅游中间商的类型

根据旅游中间商在旅游产品分销中所发挥的作用不同，可以将旅游中间商大致分为三类，即旅游经销商、旅游代理商和旅游辅助商，如图8-6所示。

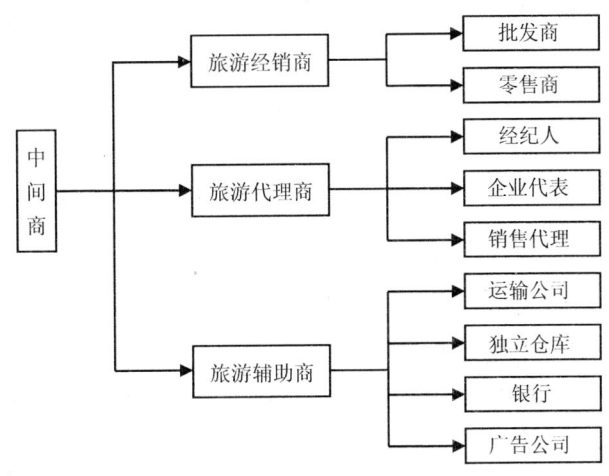

图8-6　旅游中间商的分类

（一）旅游经销商

旅游经销商是指在旅游产品的转移过程中，拥有产品所有权和独立经营权，定购、组合并出售旅游产品的中间商。旅游经销商就是从旅游产品购进和销出的差价中获取利润的中间商，由于拥有产品的所有权，因此，这类中间商与旅游生产企业共同承担旅游市场的风险，其经营业绩的好坏直接关系到旅游生产企业营销效益的高低。旅游经销商大体上分为旅游批发商和旅游零售商两类。

1. 旅游批发商

旅游批发商是指从事批发业务的旅游经销商，即以批量购进和销售旅游产品为主要业务的旅游中间商。旅游批发商主要面向零售商进行销售，一般不直接与旅游者个人接触，但实际上几乎所有的旅游线路都是由旅游批发商首先设计经营的。

在旅游市场营销实践中，旅游批发商一般多从事团体包价旅游的组织和分销活动，通过与交通运输部门（航空公司、铁路及旅游车船公司等）、饭店、旅游景区景点和其他包价旅游所涉及的部门签订协议，签订批量定购合同；然后对所购旅游运输产品、酒店产品、景区景点游览线路产品等各单项旅游产品进行设计、编配，形成旅游内容、旅游时间和旅游目的地的多种不同组合形式，并结合不同的特色服务内容，形成各种不同的整体性包价旅游产品（大包价或小包价），使之尽量满足目标市场旅游者的不同需求和消费水平；再通过旅游零售商在旅游市场上销售，推向广大旅游者。其利润来源主要是运输公司支付的代理佣金、订票差价、订房差价和旅游景区景点的门票差价等。旅游批发商一般经营范围较广，交易量大，交易频次比零售商低。除了向旅游零售商提供产品之外，旅游批发商还积极向代销自己产品的零售商提供产品宣传册和有关信息资料，协助旅游零售商分销和促销旅游产品。

旅游批发商是连接旅游生产企业与旅游零售商的桥梁和纽带，在旅游产品与服务的市场流通过程中起着不可或缺的重要作用。旅游批发商通常是一些经营实力雄厚的大型旅游公司或旅行社，这些企业一般拥有较强的人、财、物实力和批量采购优势，采用集团化经营，并拥有自己的零售网络系统。

根据经营范围和经营特色不同，旅游批发商既可以分为区域大批发商和地区、城市内小批发商，也可以分为普通批发商和专业批发商，还可以分为国内产品批发商和国际产品批发商。比如，一些大型旅游批发商不仅在国内设立分公司，在国外也设立分公司或建立合资企业，从事国内外各主要旅游目的地的包价旅游业务，或某些特定地区旅游产品的批发转售业务；而一些小型旅游批发商则主要经营特定目标市场或特色旅游产品的批发和销售，如专项体育活动、登山旅游、探险旅游等。为了保证一定的经营效益，许多旅游批发商也兼做零售商，即在一定的经营领域内实行批零兼营。在国际旅游营销实践中，主要是按地区、国别、洲别线路来划分旅游批发商，如澳新线批发商、中东非洲线批发商、西亚批发商、南美线批发商、美国线批发商等。这类批发商多以其中的一种或几种产品为主，其经营范围也经常扩展到国内外其他旅游产品的批零业务上。

2. 旅游零售商

旅游零售商是向旅游生产者或旅游批发商定购旅游产品，并直接面向旅游者的从事旅游产品零售业务的旅游中间商。旅游零售商是旅游产品分销过程中的最后一道中间环节，其基本职能是向旅游者提供其所经营的旅游产品和服务，并向潜在目标市场旅游者提供、传播旅游信息，提供旅游咨询服务，影响旅游者的购买决策，方便旅游者购买。在实现产品销售的过程中，旅游零售商也担负着向旅游生产者和旅游批发商反馈市场信息的任务，以便促使他们对旅游产品及其营销策略及时作出相应的调整。

旅游零售商处于产品流通的终点，产品售出即进入最终消费领域，旅游零售商的利润来源主要是买卖旅游产品的差价。如果旅游零售商只是代理销售旅游产品，并没有涉及产品的所有权，那么该零售商事实上扮演的是旅游代理商的角色，其收入来源主要是被代理企业所支付的佣金，目前这种情况在旅游市场营销中屡见不鲜。

旅游零售商与旅游批发商相比有以下特点：其销售对象是最终旅游消费者，主要是个人消费，也包括组织消费（如企业、机关、团体、学校等）；企业规模普遍较小，经营旅游产品类型多样；每次交易量小，交易活动较分散但交易频率高；交易随机性大，在旅游产品销售中伴随着信息咨询、合同签订等相关服务，因此，旅游零售商也担负着向旅游者传播沟通产品信息的重要职责。为此，旅游零售商要熟悉所经销产品的内容、服务、档次、价格，以及更为详细的行程安排，要了解和掌握旅游者的购买动机、需求特征、消费水平和消费方式等情况，以帮助旅游者做出正确的购买决策。

（二）旅游代理商

旅游代理商是指那些只接受旅游生产者或其他供应者的委托，在某一特定区域代理销售其产品的旅游中间商。旅游代理商有两个主要特点：①不取得产品的所有权，只是协助旅游产品使用权的转移；②旅游代理商为委托人和旅游者提供服务，其收入主要来自被代理企业所支付的佣金。

旅游代理商的主要职能是在一定的区域范围内代理旅游生产者或旅游批发商的产品或服务，向旅游经销商或旅游者销售旅游产品，并提供有关信息。在代理销售过程中，旅游代理商主要通过与买卖双方进行谈判，促进旅游产品交易活动的发生。由于旅游代理商不拥有旅游产品的所有权，旅游生产者利用代理商的风险转移程度比利用经销商要低得多。

一般来讲，在旅游产品比较容易销售的情况下，旅游生产者选择利用旅游批发商、零售商等中间商的情况多些；而在新产品上市初期销售不顺利或销路不畅的情况下，旅游生产者选择利用旅游代理商的机会则多些。特别是当旅游生产者需要开拓某一地区市场而自身销售能力又难以做到时，就可以借助于旅游代理商的营销资源优势拓展市场，寻求市场机会。因此，对于旅游生产者而言，充分利用并发挥旅游代理商的作用，是对经销商渠道的一种很好的补充。此外，有些旅游代理商也为旅游者安排旅游项目和线路，小规模地组织和销售自己的包价旅游产品。

（三）专业旅游中介

专业旅游中介包括旅游与会议促销机构、旅游经纪人、奖励旅游公司、旅游信息中心等组织和个人。专业旅游中介在旅游市场中正在发挥越来越重要的作用，主要从事旅游宣传和向旅游者提供信息服务、预订服务及旅游线路的推荐服务等。这类中介机构通常不收取佣金，而是通过提供服务，收取一定的业务费用作为收入来源。就服务内容而言，旅行社的一些经营内容也属于旅游中介的服务范畴，如一些大旅行社所开展的出境游签证办理业务等。

专业旅游中介今后的发展趋势是：①旅游中介分工越来越细，不仅旅行社分工更加细致，更加专业化，而且不同的专业化旅游中介公司越来越多，如票务预订专业化公司、旅游咨询专业化服务公司等；②旅游中介组织的附加服务越来越突出，如票务预订服务、租车接送服务、出境签证服务等；③旅游中介组织服务的效率性越来越突出，随着旅游市场的迅猛发展和假日经济的不断升温，目前，旅游者越来越重视旅游服务的时间性，如提前预订机票、车票、景点门票和饭店客房等，这就对旅游中介企业的服务效率提出了更高的要求，一旦不能如期提供顾客所需的服务，不仅不能满足旅游者的需求，而且也会直接影响到旅游中介服务组织的经济效益和长远发展。

（四）网络预订系统

21世纪是互联网时代，旅游分销渠道的发展已经进入了网络分销时代。作为一种新型分销渠道模式，网络预订系统在旅游产品分销中发挥着越来越重要的作用。这种预订系统可以做到把国内外各自为战的酒店、旅行社、票点、景区景点等通过电信网络和互联网络紧密地结合在一起，利用专业化预订系统适时、高效地运行，向旅游者提供全方位、个性化的旅游服务。

涉及全球旅游产品分销的网络预订系统主要有全球分销系统（GDS）、中央预订系统（CRS）、酒店前台管理系统（PMS）和互联网分销系统（IDS）等。全球分销系统（Global Distribution System，GDS）是一个在全球每年交易额超过 50 亿美元的交易平台。简单地说，GDS 系统通过为供应商提供一个平台，由旅游产品供应商通过后台设定产品销售，使全球范围内的旅游代理商或散客（通过旅游网站）直接利用此平台进行交易。中央预订系统（Central Reservation System，CRS）主要用于大型酒店向全球展示酒店产品，实现酒店资源的优化管理和分销渠道的系统化管理。酒店前台电脑管理系统（Property Management System，PMS）主要提供网上预订、电话预订中心、分店实时预订房态、预订结果实时同步、统一的客户管理及预订跟踪等酒店系统化管理。互联网分销系统（Internet Distribution System，IDS）指除 GDS 之外的基于佣金和订房费用的互联网分销系统。

由于网络预订系统模式和相关技术在酒店管理系统中的应用较为成熟，下面对网络预订系统做一简单介绍。目前，网络预定系统已经成为多数酒店日常业务管理的核心组成部分，一个功能全面、灵活高效、操作简便的预订系统，能够帮助任何规模的酒店大幅度提高入住率；同时，通过对预订客户的数据进行分析，还能够帮助酒店的营销部门更准确地制定营销计划。

在具体操作中，酒店需要选择和采用相关的预定系统和技术手段。①采用"双向连接"模式。指通过技术手段"双向连接"加盟酒店的前台管理系统和中央预订系统。酒店库存的动态变化信息可即时反馈到中央预订系统中，而在中央预订系统中的预订亦即时写入酒店的前台管理系统，整个过程完全自动化。这一模式不仅能节省加盟酒店预订成本，提高房态和房价信息双向传递的即时性和准确率，而且能最大程度地促进销售，但需要酒店前台管理系统供应商协助做接口。②采用"网络连接"模式。指酒店通过互联网，直接管理其在中央预订系统里的全部信息，酒店库存的实施动态数据随时通过互联网反馈到中央预订系统中，在中央预订系统中的动态预订信息也会通过电子邮件或传真方式自动传递到加盟酒店指定的投递点，酒店需通过人工方式将这些预订输入酒店的前台管理系统中。这样，在网络便利的条件下，酒店随时可以进入中央预订系统，并通过中央预订系统和全球分销渠道连接，促进销售，但需要人工操作来管理酒店房态和房价的变化，以适应外部客源的即时预订。③采用"单向连接"模式。指酒店通过技术手段，将加盟酒店的前台管理系统和中央预订系统"单向连接"。即在中央预订系统中的所有预订信息可即时写入酒店的前台管理系统中，但酒店库存的动态变化信息不能即时反馈到中央预订系统中，需要酒店以人工方式到网络界面上即时调整。酒店采用这种半自动化模式，一方面是为了提高房态和房价信息传递的即时性和准确率，另一方面加入人工控制则是出于成本节约的考虑。

总之，在综合运用最新的 IT 技术、Web Service、数据交换总线等多种先进技术的前提下，网络预订系统日益成熟，为酒店的系统管理带来了全面的解决方案，使酒店的整个管理流程从中央预定、集团会员管理，到内部的人事管理和决策支持系统，整合为一个开放、有序、高效的科学化管理系统，使酒店营销管理步入一个新的发展时期。同时，完善的预订系统也有助于酒店进行常客管理、贵宾管理、积分奖励计划、客户档案分析、客户档案整理、潜在客户分析、客户信用分析等，从而有针对性地为客人提供优质、个性化的服务，培养品牌忠诚，挖掘潜在客户，提高酒店企业营销效率。

二、旅游中间商的作用

旅游分销渠道往往由多种类型的中间商组成，各个中间商在旅游产品与服务的转移过程中具有不同的功能，发挥着各自不同的作用。旅游中间商经营业绩的好坏，不仅直接关系到企业自身经济效益的高低，而且也关系到旅游生产企业产品销售的顺利与否和营销计划的实施效果，甚至对整个旅游市场产品流通顺畅与否也起到重要的影响作用。

（一）保证旅游生产活动的顺利进行，提高经营效率

旅游中间商是旅游产品分销中的必要环节。旅游中间商作为专业化的经营实体，在帮助旅游生产企业进行旅游产品与服务转售的过程中，以自身丰富的销售经验、稳定的客户关系和充足的市场信息资源，能够快速、有效地分销产品与服务，减少旅游产品与服务的交易次数，提高销售效率，从而保证了旅游再生产活动的顺利进行。在旅游产品大量生产和大量销售的市场上，众多中间商参与市场交易不仅可以大大提高企业经营效率，而且能够加速流通资金周转，节约相应的市场交易费用，提高旅游企业的经济效益。

（二）形成市场规模效应，树立市场形象

健全的分销渠道体系能形成市场规模效应，从而在目标市场旅游者心目中树立旅游企业的整体市场形象，迅速提高企业的知名度和美誉度。如果仅凭旅游生产企业自身的能力和经验开拓市场，不仅企业无法集中力量进行旅游产品的设计开发、改造提升和规模扩大，而且仅依靠企业自身有限的力量也往往难以在市场上取得良好的销售效果。遇到分销渠道不合理或流通不顺的问题，即使生产出优质的旅游产品，也往往因为滞销或销售不畅而难以实现其应有的市场价值。因此，旅游生产企业必须通过合理选择中间商，与各中间商保持长期的紧密合作关系，充分发挥中间商的功能和作用，共同拓展市场范围，促进旅游企业不断扩大生产和销售规模，形成合力，以实现共同的营销目标。

（三）提供多种产品组合，满足不同旅游需求

任何一个旅游生产企业或供应者一般只生产或提供单项旅游产品，无法提供能满足旅游者吃、住、行、游、购、娱各种需求的全部旅游产品。而旅游中间商则长期与交通运输部门（航空公司、铁路及旅游车船公司等）、饭店、旅游景区景点和其他各类旅游企业进行业务联系，购买这些旅游企业的单项旅游产品，并通过对单项旅游产品进行分类、加工、组合和优化，形成价格、时间、地点、特色等各不相同的系列化的

整体旅游产品,从而满足目标市场旅游者多样化、个性化的旅游需求。一般来讲,旅行社作为旅游分销渠道的重要成员,以批发商、零售商或代理商的角色履行或执行这种功能和作用。

(四) 联系供需双方,促进相互沟通

旅游中间商除了承担市场开拓和产品销售的职能外,还履行旅游市场调研、宣传促销、信息沟通和为旅游者服务等重要职能,是旅游生产企业与旅游者之间的纽带。由于在旅游市场营销中存在着买卖双方信息不对称的现象,因此必须借助旅游中间商来促进双方的信息交流,加强相互沟通,扩大销售。一方面,通过旅游中间商可以不断地将旅游企业产品与服务的直接和有用信息传递给旅游者,增进旅游者的了解和兴趣,从而对潜在旅游者的购买决策产生实际而有效的影响。另一方面,通过旅游中间商,特别是旅游零售商,能及时地了解到旅游市场的反馈信息,从而促使旅游生产企业和供应者快速地对市场需求变化和竞争形势做出反应,及时调整产品组合,不断推出适销对路的创新和改进产品,在满足市场需求的基础上不断提高企业利润水平。

三、选择旅游中间商的原则

选择旅游中间商应遵循经济性原则、适应性原则和可控性原则。

(一) 经济性原则

经济性原则是旅游企业设计分销渠道方案和选择中间商的基本原则。一般来说,旅游企业增加渠道环节和中间商数量有利于扩大销售量和销售额,但销售成本支出也会随之相应增加。因此,旅游企业应预测和比较在选择或不选择旅游中间商(企业自行销售)的情况下,企业销售收入增长与成本支出之间的关系,只有在销售收入增长大于成本支出时,也就是实现企业营销效益最大化的前提下,才考虑选择旅游中间商进行销售。同时,旅游企业还需要在综合评价旅游中间商选择方案的可行性和合理性的基础上,权衡选择一类或几类旅游中间商。

(二) 适应性原则

旅游生产企业选择和确定旅游中间商进行产品分销活动,旅游中间商的经营能力和对市场的适应能力将直接影响旅游生产企业的经营效益。因此,旅游生产企业在选择旅游中间商时要充分考虑适应性原则。一是地区的适应性,即旅游企业选择中间商要充分考虑不同地区旅游者的消费水平、购买习惯、人口分布等特点。二是时间的适应性,即旅游企业选择中间商要考虑产品生命周期的阶段性特点,以及旅游消费的季节性因素,合理确定中间商的类型和数量。三是市场的适应性,即旅游企业要考虑中间商对目标市场变化、社会经济发展的适应程度和应变能力,同时也要考虑中间商的资本实力、管理水平和人员素质等多方面条件的匹配问题。

（三）可控性原则

旅游生产企业选择合适的中间商时必须要考虑的重要原则是对所选择的中间商要能够进行有效的控制。旅游生产企业把握好对中间商的可控制程度，做好稳定中间商的工作，才能保证中间商在同等条件下优先销售本企业的产品，有效地提高市场销售量。一般来讲，旅游企业自建的分销机构控制力最强，代理商次之，旅游经销商买断经营的可控性较差。旅游企业对中间商和整个渠道的可控性，不单是对中间商利益关系的控制，而应该从双方企业的长期合作和长远发展的角度出发，更多地通过确立双方共同发展的一致目标、相互认同感和长期互助合作关系，并结合有效的管理激励手段而实现有效的控制。一般情况下，旅游企业在同一地区不宜选择过多的中间商，以免造成对中间商的控制力降低和中间商之间出现恶性竞争的局面；也不宜只选择一家中间商进行独家分销，以免出现市场风险较大或难以控制中间商的被动局面。因此，旅游企业应根据目标地区市场的具体情况，按照有效控制的原则合理地选择几个中间商开拓市场，促进销售。

总之，旅游企业在选择旅游中间商的具体操作中，应该综合考虑多方面因素，在充分评估和了解旅游中间商的基础上，根据本企业产品特点和目标市场需求状况，选择分销效率高的旅游中间商开拓市场。同时，对所选择的中间商还要在目标市场、经营规模、营销实力、偿付能力、市场信誉、公共关系和合作意愿等方面进行评估，定期调整中间商，以建立高效运作的分销渠道体系，实现企业的营销目标。

第三节　生态旅游分销渠道选择策略

一、生态旅游分销渠道选择的影响因素

在进行生态旅游产品分销渠道选择和设计时，会受到许多因素的影响和制约，旅游企业要在综合考虑这些影响因素的前提下，对可供选择的营销渠道进行评估和选择。这些影响因素包括生态旅游产品因素、目标市场因素、旅游企业自身因素、国家宏观环境因素、旅游中间商和竞争者因素。

（一）旅游产品因素

生态旅游产品的性质、类型和档次等级等都会影响分销渠道方案的选择和设计。对于特色突出的生态旅游景区景点产品、高档或专项旅游线路产品，如探险旅游、科考旅游等，由于其价格昂贵且目标市场规模较小，主要采用直接分销渠道或短而窄的间接分销渠道；而对于大众化、低档次的生态旅游产品，以及跨国旅游线路产品，由于其目标市场范围广，宜采用长而宽的分销渠道，以扩大市场范围，争取更多的客源；

季节性、时效性强的生态旅游产品一般采用短而宽的分销渠道,以做到快速销售。

(二) 旅游市场因素

旅游市场因素对分销渠道选择的影响主要体现在旅游市场规模与市场容量、旅游市场空间距离和旅游客源集中度几个方面。

1. 市场规模与市场容量

对于市场规模和市场容量大且分布广泛的生态旅游产品,或购买分散、购买量小而购买频率较高的大众化产品,宜采用长而宽的分销渠道,主要借助中间商的力量来拓展市场客源和扩大销售面;相反,旅游市场规模和容量较小,或购买较为集中、购买量大而购买频率较低的专项产品,则宜采用直接分销渠道或较短、较窄的间接渠道,以减少不必要的中间环节和分销费用。

2. 旅游市场空间距离

生态旅游市场营销的一项重要工作是开拓异地客源市场和国际市场。由于一些客源市场空间距离较远,尤其是国际客源市场,动辄几千公里甚至上万公里,前往客源地自设网点费用高且市场阻力大,因此,对于距离较远的目标市场,一般应采用长渠道,多利用当地的中间商开展分销工作,以降低直接销售费用;对于距离较近的目标市场,则宜用较短的分销渠道。

3. 旅游客源市场集中度

旅游客源市场的集中度也影响到旅游分销渠道的选择。旅游客源市场的集中度涉及旅游市场区域的密度及其分布状况,如果旅游市场集中度高,则旅游客源市场分布密集,宜采用较短、较窄的分销渠道,直接选择该市场区域内的零售商扩展市场;如果市场集中度低,说明旅游客源市场分布较为分散,则宜采用长而宽的分销渠道,应合理利用该市场区域内的旅游批发商、旅游代理商和旅游零售商广泛布点,共同开拓市场,提高分销效率。

(三) 旅游企业自身因素

旅游企业在进行分销渠道选择和设计时,要充分考虑到自身的市场形象、规模实力与营销能力、产品组合等因素。

1. 市场形象

一般来讲,旅游生产企业的知名度越高,市场形象越鲜明独特,就越有条件自主选择各种分销渠道,或选择直接分销渠道,建立自己的分销网络体系,稳定现有市场,积极开拓潜在市场;反之,一些知名度较低且缺乏独特市场形象的中小企业,则必须借助各类渠道中间商的力量开展分销工作。

2. 规模实力与营销能力

大型旅游企业的生产和市场销售规模一般比较大,资金雄厚,市场状况相对复杂,其分销渠道的设计应灵活、多样,可选择综合渠道模式,既选择和建立长而宽的分销渠道扩大市场销售,又自建一定的直接销售渠道,直接管理主要客源市场,以掌握市场分销管理的主动权。而小型旅游企业的市场保本销售量不大,市场状况相对简单一些，为了节约销售成本和提高分销效率，应选择较短的分销渠道，必要的情况下也可以选择直接分销渠道进行销售。

旅游企业分销渠道的选择和设计也涉及企业自身的营销能力。一般营销能力强，或者有丰富销售经验的企业可以选择直接分销渠道，主要依靠自身力量开展分销活动；也可以选择少用中间商，使分销渠道尽可能地短；反之，若旅游企业的营销能力不足，或缺乏市场销售经验，则应主要依靠批发商和零售商来开展产品分销活动。

3. 产品组合特点

旅游产品组合有一定的长度和宽度、产品线多、产品品种项目复杂多样的旅游企业，能较好地适应零售商和旅游者多样化的需求，宜选择直接分销渠道或较短的分销渠道进行销售。而产品组合简单、产品品种项目单一的旅游企业，则宜借助批发商的力量开展分销工作，提高市场销量。

(四) 国家宏观环境因素

国家政策法规、经济发展状况、自然区位条件等诸多宏观环境因素的变化也会经常性地影响旅游企业的分销渠道策略选择和设计。

1. 政策法规

客源国和目的地国的政策法规，特别是关于旅游市场的政策法规对旅游企业分销渠道的选择具有制约作用。例如，在我国《旅行社管理条例》中，曾明确规定允许外资旅行社在国内经营入境旅游和国内旅游业务，但是不允许其设立分支机构。因此，外资旅游批发商当时是无法在我国建立直接分销渠道的，其受到的限制是很明显的。但自2007年起，我国取消了对外资旅行社在国内设立分支机构的限制，并对外资旅行社的注册资本实行国民待遇。同时，国家也取消了对内资旅行社设立分支机构的限制，并鼓励有条件、有实力的国内旅游企业实施"走出去"发展战略，到中国公民出境旅游的主要目的地国家和地区，投资、收购、建设、管理宾馆饭店和景区景点等旅游设施。在新的、较为宽松的政策刺激下，出入境旅游产品分销渠道的选择和设计将趋向更短、更宽、更直接，这不仅有利于增加国内外旅游产品的分销效率，也有助于进一步加大我国旅游市场的开放度，加快国内旅游市场与国际市场接轨的步伐。今后，有关旅游市场政策法规的限制还将进一步放宽。

2. 经济发展状况

生态旅游市场的规模和市场效益与国内外总体经济走势和地区经济发展状况密不可分。一般来说，地区经济越发展，客源市场规模就越大。同时，经济发展形势的波动也较易引起客源市场发生相应的变化。在经济繁荣和经济景气的情况下，旅游客源市场需求旺盛，旅游企业可以适当增加分销渠道，扩展客源市场，增加销量；而在经济不景气或经济危机时，旅游客源市场需求不足，旅游企业为节约成本，应适当减少渠道环节，收缩分销规模。

3. 自然区位条件

自然区位条件会影响当地市场的可进入性，一般来说，如果生态旅游产品所在区域自然区位好、可进入性强，可采用短渠道进行销售；反之，自然区位偏僻、可进入性差，则旅游企业宜采用较长的分销渠道，主要利用当地的中间商进行销售。

(五) 旅游中间商和竞争者因素

旅游中间商的经营素质和业务领域也是旅游企业在权衡选择分销渠道时必须要考虑的重要因素。在分销专业性强的生态旅游产品时，旅游企业必须选择有相关领域产品经营背景、业务能力较强的中间商；而对于大众化的生态旅游产品，则宜选择覆盖面广、销售系统发达的批发商和零售商进行销售。

旅游企业在选择生态旅游产品分销渠道时，还应深入分析市场竞争状况及主要竞争对手的分销体系状况，根据市场竞争的实际情况，要么选择与竞争者相同或相似的分销渠道，以争夺市场地位和市场占有率；要么避免与竞争者使用相同的渠道，避开正面冲突，出奇制胜，占领不同的目标市场。

二、生态旅游分销渠道策略

在具体分析上述影响旅游分销渠道选择因素的基础上，旅游企业要结合生态旅游营销的目标要求，进行分销渠道选择决策，主要包括直接分销渠道或间接分销渠道决策、分销渠道的长度和宽度决策。

(一) 旅游分销渠道的长度策略

分销渠道长度选择分为两个层次，一是决定采用直接分销渠道还是间接分销渠道进行销售，二是选择间接分销渠道中间环节或层次的数量。一般来说，在实际的营销活动中，旅游企业大多同时采用两种分销渠道进行销售。对于近距离或小规模目标市场，企业凭借自身分销能力就可以完成销售任务，则企业宜采用直接分销渠道。而对于多数生态旅游产品的目标市场而言，由于客源地与旅游目的地空间距离较远，市场比较分散，单凭企业自身的营销力量很难在这些市场上自建足够的直销渠道，因此，只有借助各种类型中间商的力量，才能保证旅游企业产品在这些市场上顺利销售，并进一步将产品营销活动扩展到更广阔的市场范围。

旅游企业在选择直接或间接分销渠道时，除了要考虑市场规模和市场空间距离外，还要考虑采用不同分销渠道的成本效应（见图8-7）。由于旅游企业选择采用旅游中间商的间接分销成本一般比企业自己直接分销的成本低，因此一些旅游企业选择在开始进入市场、缺乏市场开拓经验时，首先选择利用间接渠道进行销售，在市场销售量达到一定水平（临界点M）后，企业逐渐增加直接分销渠道，设立自己的分销机构进行直销，以节省分销成本支出，并争取市场销售的主动权。也有一些企业采取分步实施的策略，即在开始进入市场时首先采用直接渠道销售，此种策略虽然渠道建设成本投入高，但便于企业对分销渠道的管理；随着市场规模的不断扩大，当企业无法做到在全部市场都采取直销渠道时，可以相应地增加间接渠道进行销售，以提高生态旅游产品的分销效率。无论以哪种策略为主，在生态旅游市场营销实践中，多数企业还是采用两种分销渠道并存的策略。

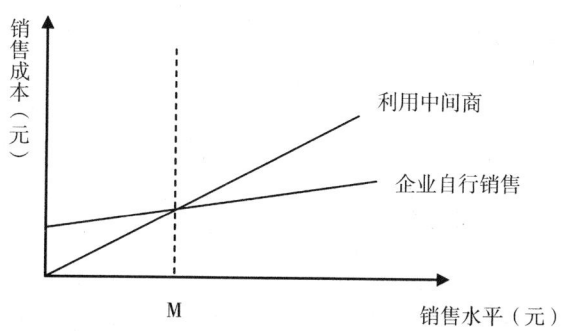

图8-7 旅游企业分销渠道选择的成本效应

旅游企业在决定采用间接分销渠道时，还需要做出关于渠道长度的决策。通常渠道越长，旅游企业对分销渠道的可控性越差，对旅游市场变化的适应性也就越差。因此，在条件允许的情况下，生态旅游产品要尽量选择较短的渠道策略。一般情况下，企业采取短渠道策略能有效地减少中间环节，节省产品流转成本，降低产品价格；同时，能加快生态旅游产品的流转速度，方便销售与购买；另外，采取短渠道策略还能加强企业与旅游者之间的信息沟通，有助于企业直接了解旅游者的需求和意见，减少或避免由于中间环节过多导致的市场信息反馈不及时现象，有利于旅游企业有效地控制整个分销渠道系统的运行效率。

（二）旅游分销渠道的宽度策略

生态旅游分销渠道的宽度策略是指旅游企业在不同层级的分销渠道中利用同类旅游中间商数目的多少。旅游企业在分销渠道每个环节中设置中间商的数目多少，涉及所选择中间商的市场覆盖范围和覆盖能力等问题，一般有密集型分销、选择型分销和独家分销三种策略。

1. 密集型分销

密集型分销也称为广泛分销，指旅游企业在分销渠道中选取尽可能多的中间商，以扩大生态旅游产品分销范围的分销策略。这是分销渠道中渠道最宽的一种策略。密集型分销的优点在于：市场覆盖面广，灵活性强，旅游者购买旅游产品较为方便，而且一般不会受到某一个旅游中间商经营失利的严重影响，因此，密集型分销比较适合大众化的旅游产品，在主要目标市场采取密集型分销，效果往往很明显。我国经营大众生态旅游线路产品和旅游项目的旅游企业大多采取这种策略，在地区市场上选择尽可能多的旅行社开展销售工作。但是，旅游企业也要充分考虑采取这种策略的不足之处，如渠道的可控性较差、市场信息反馈不及时等。因此，采用此种策略时要充分考虑对众多旅游中间商的激励与约束。

2. 选择型分销

选择型分销指旅游企业只选择那些素质高、分销能力强的中间商销售其产品，或针对某一特定区域或潜在的目标市场，选择有能力开拓该区域市场的几个中间商开展销售的分销策略。这种策略介于独家分销和密集型分销策略之间，一般适用于价格档次较高或数量有限的旅游产品，因为它要求中间商有较强的市场销售能力，并具备相应的专业知识，能给旅游者提供有针对性的服务。选择型分销有利于旅游企业树立鲜明的品牌形象，保持旅游产品的知名度，提高美誉度。如在国际旅游市场营销中，许多海外旅游公司常通过中旅、国旅等几个有实力、经验丰富的大型国际旅行社在我国进行产品销售，这就属于选择性分销策略。目前我国提供给国际市场的包价生态旅游线路产品采取的也是这种渠道策略。

3. 独家分销

独家分销指旅游企业在一定时间、一定市场区域内只选择一家中间商销售本企业产品，并授予该中间商独家经销权的分销策略。这是分销渠道中渠道最窄的一种策略。独家分销的优点在于：这种分销策略对渠道的可控性较之密集型分销策略要好，不仅有助于调动中间商的积极性，便于双方在价格、促销、信用和服务等方面合作；也有利于稳定客源市场，树立高端生态旅游产品的形象和声誉。其缺点是灵活性较小，只选择一家中间商市场风险较大，一旦旅游中间商不能胜任独家分销的重任，就会直接影响企业在该市场的整个销售计划的落实；另外，独家分销市场覆盖面狭窄，不利于更多生态旅游者购买。因此这种策略一般适用于目标市场规模较小的某些专业性强的生态旅游产品或高端旅游产品（如探险、游船、修学旅游等）。由于旅游企业选择独家分销策略的成功与否与所选择的旅游中间商有着密切的关系，因此，实施独家分销策略的关键是慎重挑选中间商。

第四节　生态旅游分销渠道管理

旅游企业能否顺畅地销售产品与服务，并最终实现营销目标和企业的经济效益，在很大程度上取决于企业对分销渠道持续、有效的管理。分销渠道管理活动的主要内容包括选择优秀的旅游中间商，做好渠道成员的合作与激励工作，充分调动中间商的销售积极性，定期进行渠道成员的评估和渠道的调整，减少各渠道成员间的冲突等。事实上，本章第三节分销渠道选择策略的内容也属于旅游分销渠道管理的范畴。

一、旅游中间商的选择

选择好的旅游中间商对于建立高效畅通、经济合理的旅游分销渠道网络系统是至关重要的。旅游企业选择中间商的考虑因素和基本要求如表8-1所示。

表8-1列出了旅游企业选择中间商的基本要求，但并不是所选中间商一定要符合全部要求和条件，这需要旅游企业在挑选中有所侧重，以中间商的经营实力和管理能力为主要考虑因素，进行慎重选择。其中，中间商的经营实力，包括其分销网络、合作关系、市场拓展能力和中间商内部管理能力等，是旅游企业需要重点考察的内容。

表 8-1　选择旅游中间商的基本要求

考虑因素	基本要求
中间商的经营历史、地理位置及规模	选择具有一定经销经验、具有一定规模和区位优势、接近目标市场的中间商
中间商的协作精神、发展潜力及声誉	选择具有合作意愿、知名度高的中间商
中间商的资本实力和偿付能力	选择资本实力强、资信状况好的中间商
中间商的目标市场、经营产品种类、范围及销售能力	选择与企业目标市场一致、市场覆盖面广、渠道稳定、销售能力强的中间商
中间商的人员素质、管理能力和管理效率	选择人员业务素质强、有服务能力和服务水平、管理水平高的中间商
中间商的公关能力	选择与公众、政府以及顾客关系良好的中间商

1. 分销网络

中间商的分销网络直接决定了旅游企业产品销售的市场覆盖范围和销售效率。旅游企业考察中间商的分销网络情况包括以下几个方面：①所拥有的零售商的数量；②零售商的分布情况；③零售商的经营规模。总体上，分销网络应拥有一定数量的零售商，且零售商应具有一定的经营规模，地理位置尽可能接近目标市场，市场声誉好。

2. 合作关系

与中间商的合作关系决定着旅游企业分销渠道系统的稳定性和产品销售业绩的好坏。在与中间商的合作关系方面，旅游企业需要考察以下几个问题：①中间商与本企业的发展目标是否一致；②是否具有长期合作意愿；③中间商与其他各方的合作关系如何。旅游企业应根据自身产品的特点，选择经营范围接近、发展目标相符、与合作各方关系融洽、主动进行信息沟通、资信状况良好的中间商作为合作伙伴。

3. 市场拓展能力

旅游企业选择中间商进行产品分销的主要目的是开拓市场、尽快提升市场占有率和产品销售量，所以考察中间商的市场拓展能力对旅游企业而言非常重要。旅游企业考察中间商的市场拓展能力主要包括以下几个方面：①中间商与新老客户的关系；②促销活动的参与、配合与实施效果；③市场信息反馈能力。旅游企业据此来判断中间商的市场拓展能力。

4. 中间商内部管理能力

中间商内部管理能力的高低直接关系着其市场拓展的运作效率。关于中间商的实际管理能力，旅游企业需要考察以下几个方面：①管理规章制度是否健全；②对人、财、物的管理能力、管理水平和管理经验；③网络管理能力。当然，对中间商管理能力的考察不仅要看其综合管理能力的表象，更要考察其执行力和实际管理效果。

二、旅游中间商的合作与激励

在选择了合适的中间商后，旅游企业还要加强与中间商的合作关系，通过必要的支持与激励，与中间商建立真诚紧密的关系，提高其销售积极性，更好地满足旅游者的需求，并实现旅游企业的利润目标。

（一）与旅游中间商的合作

旅游批发商、代理商和零售商等渠道成员都具有独立的法人资格，在经营中具有各自的发展目标和一定的自主性，这就决定了旅游生产企业与这些渠道成员所构成的分销渠道体系是一个较为松散且动态变化的体系，各成员之间必然存在一定的合作与竞争关系。因此，旅游生产企业要做到：第一，增强与中间商的合作意识，形成与中间商良好的合作关系，彼此结成利益共同体，为了共同的目标而相互协作，互相创造市场机会，这也能有力地促进各渠道成员的共同发展；第二，维护与中间商的关系，不仅让利于中间商，而且要尊重中间商的权利，尽量避免冲突，如有分歧，应本着共同协商的原则达成共识；第三，加强与中间商的沟通与合作，不仅要向中间商提供更多、更好的生态旅游新产品与服务，而且要在实际销售中获得中间商的全力支持，并通过中间商获取更多、更有价值的市场信息，在实现企业经营目标的同时，达到"双赢"和"多赢"的目的。

（二）对旅游中间商的激励

旅游中间商是相对独立的企业，一般都拥有自己的销售体系。在大多数情况下，中间商认为自己首先是作为其顾客的买卖代理商，其次才是供应商的销售代理商，其主要兴趣在于销售顾客喜欢的产品。因此，多数中间商往往不只经销一家企业的产品，他们力图将所有相关产品重新组合并销售，其销售的努力方向在于取得该产品组合的订单，而很少留意单个企业产品的销售情况。为了使中间商能尽可能地为本企业服务，旅游生产企业需要不断了解渠道成员的需求，并根据中间商的分销能力、资信状况和实际销售业绩等，及时给予中间商各种必要的激励。

激励中间商应以适度激励为基本原则，尽量避免过分激励和激励不足，前者可能产生销售量提高而利润反而下降的情况，后者则会影响到中间商的销售积极性。一般来说，激励方法可以分为两种，即正向激励和负向激励。放宽信用条件、提高销售佣金、采取必要的奖励措施等为正向激励；惩罚中间商、减少产品供应，甚至终止合作关系等为负向激励。需要注意的是，使用负向激励可能会导致中间商产生抵触情绪，也可能会对其他渠道成员产生消极的影响，因此要慎用负向激励。对旅游中间商的正向激励措施主要包括以下五个方面：

1. 产品支持

旅游企业根据互惠互利的原则，向中间商提供价格适中、适销对路的旅游产品，是保证中间商销售成功的基本条件。旅游生产企业应经常征询中间商的意见和建议，不断对产品进行改进和提升，尽可能地向中间商提供符合市场需求、质量好、利润大的生态旅游产品，以提高中间商的销售积极性，这也能在客观上激励中间商保持与旅游生产企业长期全面的合作关系。

2. 利润激励

经销或代理某种旅游产品所能获取的利润水平是中间商最关注的问题。旅游企业在产品定价时应坚持"风险共担、利益均沾"的原则，充分考虑中间商的利益，给中间商预留一定的价格和利润空间。同时，要针对其财力、信用及销售业绩的实际情况给予相应折扣，以保证中间商能获取理想的利润。另外，旅游企业还可考虑奖励超额销售、优惠大批量购买、及时传递获利信息等措施。

3. 分销活动支持

分销活动支持即帮助旅游中间商增强分销能力。比如，加大力度支持中间商开展广告宣传等各种促销活动；帮助培训中间商的有关销售人员，提供人员、技术等方面的支持；根据中间商的销售业绩给予不同形式的奖励，以激发中间商销售本企业产品的热情；企业也可以定期或不定期邀请中间商座谈，共同研究市场动向，制定扩大销售的目标和措施。

4. 资金支持

即旅游生产企业积极扶持中间商，为中间商提供必要的资金支持，缓解中间商经营中的资金紧张问题，以提高他们大批量购买、销售本企业产品的积极性。旅游企业所提供的资金支持主要有售后付款、分期付款、直接销售补偿等几种形式。

5. 信息支持

旅游企业有必要定期或不定期地与中间商进行信息沟通，及时向中间商提供旅游目的地国家或地区旅游产品的各种信息和宣传促销资料，使他们能随时掌握旅游产品供给动态和市场方面的信息，帮助其制定相应的营销策略，从而有效地促进产品销售工作。

另外，旅游企业还可以给予重要中间商一些特殊的优惠政策。重要中间商一般指在分销渠道中具有重要作用和地位的大经销商，他们的分销积极性对旅游企业来讲至关重要。对于这类中间商应采取必要的政策倾斜：其一，互相投资、控股，即企业和中间商通过相互投资，结成紧密的利益共同体，促使双方形成全方位的合作关系；其二，给予这类中间商独家经销权或独家代理权，即在某一时期、某一地区只选择最重要的一家中间商来分销产品，以便于充分调动其积极性；其三，建立分销委员会，吸收重要中间商参加分销委员会，共同协商和制定产品分销的政策，统一目标，协调行动。

三、旅游中间商的评估

为了达到市场销售目标，旅游企业必须定期对中间商的销售业绩进行科学评估，这是分销渠道管理的一项重要内容。为确保中间商及时有效地完成任务，旅游生产企业应随时监督中间商的行为，检查其履行职责的情况，按一定的标准对每个旅游中间商的销售业绩进行实际的评估,并将结果反馈给中间商。

对中间商评估的作用主要有三点:一是对各中间商预期销售指标的完成情况进行考察,以控制企业分销计划的执行过程;二是发现分销渠道中存在的问题,查明原因并及时采取相应的对策;三是通过渠道评价,寻找理想的旅游中间商,并与之建立长期的合作关系。对旅游中间商进行评估主要从以下四个方面入手:

1. 旅游中间商的分销能力

这是一个重要的评估标准。分销能力包括分销量的大小、销售额的多少、成长性和盈利速度以及偿付能力等。对分销能力的评估相对比较容易,因为这些指标大都是定量的而不是定性的,但在实施过程中需要旅游生产企业和旅游中间商紧密合作,做到信息共享。

2. 旅游中间商的信誉度

这是评估旅游中间商不可忽视的重要内容。因为旅游中间商信誉度的高低不仅关系到旅游生产企业与中间商合作的效率和诚信,而且对销售效果有直接的影响。对中间商信誉度的评估指标主要包括付款的及时性、顾客满意率、销售配合情况等。

3. 旅游中间商的合作热情

有的中间商虽有实力,但并不积极分销和宣传企业的相关产品,这类渠道成员的分销效果往往有可能不如实力稍弱、但积极配合的渠道成员的销售效果。因此,旅游企业应选择合作态度积极的旅游中间商。评价中间商合作积极性的指标主要是与企业的有效沟通性、与其他中间商的关系、市场信息反馈的及时性、销售产品的积极性、提供的销售建议等。

4. 旅游中间商的销售量占本企业销售量的比重

这一标准可以用来衡量旅游中间商在本企业产品销售中的重要程度,这一比值越大,则意味着其重要程度越大;反之,其重要程度就越小。

通过以上评估活动,旅游企业可以及时发现问题,了解旅游中间商的实际销售和经营运作情况,为进一步改进和调整旅游分销渠道策略提供依据。

四、旅游分销渠道的调整

旅游市场总是处于不断变化之中,要保持分销渠道的高效性,旅游企业就必须根据每个中间商的具体表现、企业自身分销目标及市场的具体变化情况,不断对原有的分销渠道进行调整。根据具体情况不同,有以下三种调整的方式。

1. 增减分销渠道成员

即旅游企业在其原有分销渠道中增加或减少一个或几个旅游中间商。旅游企业减少中间商的原因很多,从中间商角度讲,如果其在分销过程中出现积极主动性不够、参与热情低、经营管理不善、合作意识差,或信誉欠佳等问题,旅游生产企业在必要时就要与其中断合作关系,终止其经销权。增加中间商的情形一般出现在旅游企业为了实现更高的销售目标,需要进一步开拓市场,加大销售力度时;或市场竞争加剧,为了与竞争对手抢夺市场时,旅游企业会筛选出既符合企业产品经销条件,又有合作意愿的中间商加入到分销渠道系统中来，作为企业在该地区的经销商或代理商。无论是增加还是减少中间商，旅游企业都要经过一定的市场调研，并与渠道成员洽谈协商，以免引起现有中间商的不满，以及由于减少成员而可能导致的其他中间商销售积极性下降的问题。此外，在对中间商进行调整前，旅游企业还应采取整体系统模拟的方法，对增减中间商所带来的企业销售额和利润的变化情况进行定性分析和定量预测，以便做出正确的选择。

企业增加渠道成员时要注意两个问题：一是要保证渠道调整的诱因来源于市场形势的变化或市场竞争的需要，以及渠道成员之间发生的利益冲突，而适当的渠道调整不会影响原有渠道成员与企业的长期合作关系；二是也要鼓励新加入的中间商努力发展，尽可能地扩大企业的市场范围，并提高销售额。当企业需要减少渠道成员时，也要注意两个方面的问题：一是要尽可能维持与原来渠道成员之间的良好关系，保证基本分销系统的稳定性；二是要与渠道成员进行充分的沟通，使其了解企业目前的市场分销格局和发展方向，明确和协调各层级渠道成员的责、权、利关系，减少渠道冲突，为将来扩大分销渠道系统创造条件。

2. 增减某一分销渠道

即旅游企业根据对现有分销渠道的成本效益和产品销售状况的综合分析，增减某一条或几条分销渠道。增减分销渠道的策略一般是在增减中间商效果不明显的情况下，对分销渠道进行较大幅度的调整和改变。旅游企业减少其某一分销渠道一般是由于该渠道销售业绩不理想、投资收益率偏低，或该渠道成本过高等原因，这时旅游企业就要考虑在全部目标市场或某个区域市场上撤销这种渠道类型，而另外增设一种其他的渠道类型。旅游企业增加新的分销渠道类型多是因为新产品投入市场需要迅速打开销路和提高市场占有率，而利用原有渠道无法满足市场拓展的需要，这时旅游企业就需要增加新的分销渠道，以实现企业分销目标。在电子商务日益发展的形势下，网络分销渠道已被越来越多的旅游企业增加到分销渠道系统中，网络直销方式也在企业产品分销中发挥着越来越重要的作用。

3. 改变整个分销渠道系统

指旅游生产企业对其整个分销渠道系统进行大的调整和改变，如直接渠道改为间接渠道，单渠道改为多渠道等。当旅游市场营销环境发生重大变化、旅游企业本身的战略目标和目标市场进行重大调整，或整个分销渠道系统冲突不断，出现混乱局面时，旅游企业往往需要调整整个分销渠道。这种改变渠道的决策属于企业经营发展战略问题，通常由企业最高管理层制定，它不仅会改变旅游企业的现有分销渠道格局，还将改变分销渠道结构和与渠道成员的合作关系。旅游企业对渠道系统进行整体改变时要采取慎重的态度，在渠道最优化设计理念下，进行必要的市场调研和可行性论证，以尽量减少对产品销售的不利影响。

五、旅游分销渠道的冲突管理

旅游企业的分销渠道系统是由多个独立的旅游中间商和机构组成的，而旅游中间商之间经常会因为争夺市场而发生各种冲突。冲突一旦发生，就有可能对旅游企业整个分销渠道系统的顺畅运行和产品销售产生不利的影响。分销渠道冲突一般分为水平渠道冲突、垂直渠道冲突和多渠道冲突三种类型。水平渠道冲突也称为横向渠道冲突，指分销渠道中同一层级渠道成员间的冲突，如零售商与零售商之间的冲突；垂直渠道冲突也称为纵向渠道冲突，指分销渠道中不同层级渠道成员间的冲突，这种渠道冲突较之水平渠道冲突更为常见，如批发商与零售商、代理商与零售商之间的冲突等；多渠道冲突也称为交叉渠道冲突，指分销渠道中不同形式的渠道成员之间的冲突，如旅游企业同时采用直销渠道和间接渠道时、企业直销人员与零售商之间面向相同的销售对象时的冲突等。多数渠道冲突是可以避免的，这就需要旅游企业加强对分销渠道的有效管理，避免各种渠道冲突的发生。

为避免渠道冲突的发生或尽可能减小冲突带来的损害，旅游企业应分析渠道成员之间产生冲突的具体原因，采取各种有效的措施，积极协调各渠道成员间的关系，发挥分销渠道的整体效应。

1. 共同目标法

旅游企业要让所有中间商意识到分销渠道系统是一个不可分割的整体，而每个渠道成员都是这个整体中不可或缺的一员，所有渠道成员应树立一个共同的目标——实现渠道利益的最大化。这一目标的实现有赖于渠道各成员的长期共同努力，只有做到各中间商之间合作关系的最优化，才能实现渠道整体利益和各成员利益的最大化。因此，旅游企业及其各渠道成员要树立正确的关系营销理念，为实现共同的目标多协商、多沟通，共同解决矛盾冲突。

2. 明确责权利法

渠道成员间不明确的职责权利以及不合理的利益分配是引起分销渠道冲突的主要原因。渠道成员间良好的合作关系归根结底要靠利益来维系，若某中间商得到的利益与其所拥有的权力或承担的责任不相符，就会产生不满，引发与各方的冲突。因此，旅游企业必须明确不同渠道成员所负责的市场范围，限定各个成员的责任和权利，制定合理的利益分配方案，力求做到互惠互利、利益共享、风险共担，并以合同的形式确定下来，约束和协调所有渠道成员的行为。

3. 信息沟通法

市场信息的沟通不畅经常导致渠道成员间对市场理解的差异，从而引起不必要的渠道冲突。因此，渠道成员间应相互主动联系，加强信息沟通。旅游企业也可以建立专门的信息沟通机制和信息交流平台，及时向渠道成员传达准确的市场信息，做到信息共享；同时，还可以通过举办各种座谈会等形式，加强与各级渠道成员之间定期或不定期的相互联系和沟通，协调各渠道成员的不同观点和建议。

4. 互相渗透法

加强人员交流、进行人员互换、交叉任职、共同开展促销活动等是较常见的措施。如进行人员互换，特别是企业与中间商、中间商之间的中层管理人员互换，有利于各方之间加强了解和增进对彼此的信任，有助于渠道成员互相认同，并形成共同的价值观和行为准则，有效地减少渠道冲突。

第五节　生态旅游分销渠道的发展趋势

随着现代社会、经济和技术等营销环境的不断变化，旅游分销渠道的结构模式也在发生着相应的变化。旅游企业要时刻关注这些变化及其发展趋势，并对分销渠道体系进行动态调整和变革。

一、旅游分销渠道逐步"短宽化"

分销渠道逐步"短宽化"指分销渠道逐步"短化"和"宽化"。分销渠道"短化"即在旅游企业旅游分销渠道系统中，直接分销渠道明显增加，即便在间接分销渠道中，中间商的层级也明显减少，使得分销渠道的长度越来越短；分销渠道"宽化"即在旅游企业旅游分销渠道系统中，同一层级内中间商的数目（包括代销点）越来越多，使得分销渠道的终端宽度越来越宽，这主要是指分销渠道中零售商数目的增加。

目前，随着计算机和网络信息技术的不断发展，旅游电子商务迅速崛起，全球预订系统、饭店中央预订系统和专业旅游网站等，成为越来越重要的旅游分销渠道形式，这就使得旅游分销渠道"短宽化"的发展趋势日益明显，对传统的旅游分销渠道模式形成了新的冲击。在旅游渠道层级减少的同时，旅游零售商的地位将逐步得到加强，渠道成员间的合作也变得越来越重要，旅游网络分销渠道成为发展的必然趋势。因此，旅游企业只有适时调整分销渠道策略，使整个分销渠道系统向"短化"、"宽化"的方向发展，才能适应不断变化的旅游市场环境，提高产品分销能力。

（一）旅游分销渠道的"短化"

一般来讲，分销渠道越长，中间环节就越多，不仅产品会面临层层加价，价格越来越高，而且旅游生产企业和其他产品供应者的市场拓展能力也会受到中间商的制约，市场掌控能力逐步被削弱。随着旅游市场竞争的日益加剧，旅游企业越来越关注市场需求，希望直接面对旅游者，掌握市场信息，开展更直接、更有效的产品分销活动。通过实现分销渠道的"短化"，尽量地减少中间环节，不仅可以有效地缩短分销渠道的长度，促使旅游企业更主动、更全面地控制和开发旅游市场，加强市场开拓力度；而且有利于旅游企业降低市场运行成本，降低产品零售价格，更好地方便和满足旅游者的需求；而企业部分采用网络直销等渠道策略还能获得直销带来的成本节约和提高分销效率的好处。另外，在旅游分销渠道的变革中，各类传统中间商也同样面临着网络环境和专业旅游网站的巨大冲击，其分销渠道策略的选择也应适应市场变化的新要求，减少中间环节，提高分销效率。

在缩短分销渠道长度的同时，生态旅游区应充分利用旅游网站这一平台，做到对旅游产品进行有效的直接分销。目前多数生态旅游区都已经拥有了自己的网站，设置了专门的生态旅游板块和相关内容,对国际入境游客和国内各类游客,以及旅行社采用网上直接预订和电话、邮件预约制度进行销售。建立这种直销渠道的优越性很多,不仅可以通过预约制有效地控制生态旅游区的游客容量,而且网站上提供的旅游区的一些基本信息和生态旅游吸引物,以及专门介绍有关社区风俗习惯和文化生态旅游特色的内容,有助于旅游者在前往旅游区之前,对旅游区生态旅游特色和吸引力有一个初步的了解和认识,促使生态旅游者做出购买选择,并提高生态旅游的体验效果。另外,在旅游网站的建设过程中,旅游区还可以选择与国内外的一些相关旅游网站建立链接,扩大其生态旅游产品的知名度,提高在国内外市场上的旅游宣传和推广效应。当然,旅游企业开展网络营销绝不仅限于建立网站增加直接销售渠道,或作为一种广告媒体宣传工具,而是要将其视为一种改变经营发展方式的平台和具体途径,通过这一平台实现为旅游者提供更多顾客价值和利益的更高经营目标。

(二) 旅游分销渠道的"宽化"

旅游企业将分销渠道进一步"宽化",可以扩展市场范围,适应旅游市场需求,提高市场占有率。分销渠道越窄,其市场开拓努力就会越受限制,旅游生产企业对少数中间商的依赖性就会越强,不仅易受制于中间商,而且会在竞争中失去主动权。旅游客源市场具有广泛性和分散性的特点,决定了旅游企业产品分销活动范围进一步扩展、跨区域乃至跨国分销成为常态,逐渐"宽化"的旅游分销渠道系统成为旅游企业开拓市场的一种必然趋势。这种分销渠道方式的改变,可以使旅游企业更直接地面对终端零售商和最终旅游者分销产品,针对目标消费群体开展更有效的分销活动,从而更好地服务和满足旅游者的需求;同时,"宽化"的分销渠道策略有助于旅游企业及时掌握市场信息,主动、全面地进行产品分销活动,取得市场竞争的优势地位,提高市场占有率。

目前,我国生态旅游景区(点)产品的分销多采用间接分销渠道,即通过旅游代理商、旅行社和其他中间商来完成。而在分销国际入境旅游产品时,不仅以间接渠道为主,且多选择少数国外旅游网站、旅游批发商和旅游零售商进行分销活动,因此分销渠道普遍较长、较窄。今后,生态旅游产品分销渠道的选择和策略运用也应顺应"短宽化"发展趋势,努力把渠道变得短些、宽些,即缩短渠道长度,加大渠道的宽度。特别是在进行国际入境旅游产品分销时,有条件的旅游企业可以考虑直接在国外选择重点城市建立直销网点,与有实力的国外各类中间商和著名旅游网站合作,另外,要设法直接与国外旅游零售商合作,以有效地拓宽国际旅游市场分销渠道的宽度。

随着生态旅游全球化的快速发展,一些非政府旅游组织正在扮演着多重角色。大部分生态旅游组织建立的初衷都是为了进行生态旅游研究、游客教育、为生物多样性保护或文化维护筹款以及制定各种生态旅游标准。近些年来,这些国际旅游组织不仅加入到了我国生态旅游活动的组织与宣传中,还积极鼓励生态旅游区将开展生态旅游的收益部分用于生态保护和生态旅游区及周围社区的建设中。同时,这些旅游组织在客源组织方面,特别是在国际入境生态旅游市场客源组织方面,正在发挥着独特的作用。由于这些旅游组织往往针对的是比较专业的生态旅游高端市场,因此它们能够利用其影响力接触和影响生态旅游目标人群,帮助生态旅游区扩大国际客源市场。例如,在蜀南竹海、九寨沟、王朗等生态旅游区每年的国际入境游客中,相当一部分就是来自世界自然基金会组织的介绍,这说明非政府旅游组织在生态旅游区产品分销中的重要作用是不容忽视的。

二、旅游分销渠道系统的整合

传统的旅游分销渠道系统是一个成员关系较松弛的组织体系,生产商、批发商、零售商合作较少,且常常为了自身利益而互不相让,导致了分销渠道系统经营不稳定和整体效益不高的局面。在现代分销渠道中,渠道成员间合作进一步加强,从渠道整体效益最大化角度出发,共同致力于整个渠道的建设和管理,使渠道组织结构逐渐由单一化向系统化、联合化的方向发展和整合。因此,新的旅游产品分销渠道系统正在逐渐形成,主要是垂直分销渠道由交易型向伙伴型关系转变,以及水平分销渠道由单独生存向共生性转变,以有效地提高分销渠道的效率。

(一) 分销渠道系统的纵向联合

分销渠道系统的纵向联合指以一定的方式将分销渠道中的所有成员(包括旅游生产者、批发商和零售商等)联合成为一个统一体,统一目标、协调行动,并实施高度专门化的分销管理和集中统一的网络系统管理,以实现渠道的整体利益最大化。这种渠道系统的纵向联合有利于增强有实力的旅游企业对渠道的控制,消除渠道成员为追求各自利益而引起的冲突,以实现双赢乃至多赢,共同提高渠道运行效率。旅游分销渠道系统的纵向联合主要有以下三种形式:

1. 公司式联合

指由一家旅游企业拥有并控制分销渠道各个环节的所有成员,统一管理生产经营、批发零售等业务,实现一体化经营。这种公司式的垂直分销系统一般适用于资金雄厚、实力较强的大型旅游企业。另外,一些具备旅游产品分销实力的旅游中间商,应积极组建专门经营生态旅游产品的旅游企业集团和专业化旅行社,这也是生态旅游市场发展的必然趋势。

2. 管理式联合

指由渠道中一家规模大、实力强的旅游企业对分销渠道的其他环节进行协调管理,在分销活动中由该企业统一安排渠道成员间的协调行动等。

3. 契约式联合

指渠道成员通过契约的形式,规定其各自的责、权、利关系,通过合作实现单独经营所无法达到的经营效益。在这种形式的联合中,所有渠道成员各司其职,共享利益,出现问题时由负责相应环节的成员承担,因而分销效率较高且各方合作关系较为稳定。

(二) 分销渠道系统的横向联合

分销渠道的横向联合指两个或两个以上的旅游企业联合起来,共同建设和管理分销渠道。由于渠道各成员资金和能力有限而难以独立开发市场，或为了分散市场经营风险，故而选择分销合作，整合优势资源，互补互惠，通过合作带来巨大的协同效应，有效地扩大目标市场的范围。这种渠道联合方式又可分为临时型联合和固定型联合两种类型。临时型联合指两个或两个以上的旅游企业为了开发某一市场而临时联合策划并实施相同的分销策略；固定型联合指两个或两个以上的旅游企业成立合作销售公司，为合作各方提供分销服务。

（三）集团化联合

旅游企业集团化联合就是多个旅游企业联合起来，以旅游企业集团的形式，形成具有生产、销售、信息、服务等多种功能的经济联合体。这种集团化联合一般具有较大的规模，多以旅游企业为核心，将分销渠道成员纳入集团内，所形成的旅游集团往往跨行业、跨区域、跨部门经营，实施多元化发展战略，分销网络覆盖范围广，销售能力强大，具有很强的市场竞争力，属于高层次的分销渠道联合形式。

三、旅游网络分销渠道

（一）旅游网络分销渠道的发展

旅游网络分销渠道是指通过互联网实现旅游产品从旅游生产者转移到旅游者的分销过程。国际互联网的发展，使得信息传播实现了高信息量、高速度、强时效性、成本节约、互动性以及信息全球覆盖等特点，它将生态旅游产品的虚拟化展示、信息查询、旅游咨询、在线预订、客户服务以及代理人服务等多种服务融为一体，这不仅极大地拓展了旅游者的信息收集范围和购买渠道，也给传统的旅游分销渠道带来了极大的冲击。同时，以互联网为主要分销平台的旅游电子分销渠道（如携程网、e龙网、芒果网等），以多样化的商务模式和交易平台进一步丰富了旅游网络分销系统的结构。目前，随着旅游电子商务的迅速发展，全球预订系统、大型酒店中央预订系统和专业旅游网站等在旅游产品分销体系中的地位越来越重要。从另一方面讲，尽管旅游网络分销渠道的作用正在得到加强，但各类传统旅游分销渠道（无论是传统的还是基于互联网的）由于其市场分销活动的侧重点不同，加之各具优势和不足，因而在旅游产品分销渠道系统中承担着不同的任务，发挥着各自不同的作用。

因此，旅游企业要适应不断变化的生态旅游市场的发展需求，充分利用互联网所提供的便利优势，积极主动地调整分销策略，精心设计网络分销规划和计划，增强和提高分销能力和客户关系管理能力。特别是一些具有传统旅游分销优势的中间商（旅行社或旅游代理商），如果能积极利用网络优势，重组业务流程，发挥自身核心业务优势，增强旅游产品分类、组合、编配、推广等综合分销功能，形成规模化经营，降低产品的成本，增强旅游分销功能的便利性和高附加值性，选择细分市场提供更多的、难以替代的个性化服务，并努力提高整体服务质量，那么，其地位和功能不但不会减弱，而且还会因此得到一定的强化，从而在现代旅游分销渠道系统中发挥独特的优势

(二) 旅游网络分销渠道的功能

旅游网络分销渠道是旅游企业分销渠道在互联网上的延伸，一个具备网上交易功能的企业网站本身就是一个网上交易场所。相对于传统旅游分销渠道，旅游网络分销渠道的功能主要体现在以下三个方面：

1. 节约分销成本，提高分销效率

旅游网络分销渠道具备一些传统中间商所没有的功能，它可以实现信息流、商流和物流的高效率流动，大大减少了分销渠道中的诸多中间环节，降低分销成本，提高分销效率，从而为旅游产品生产者和供应者提供了更高效率的分销方式和工具。因此，网络分销渠道成为旅游企业分销渠道调整和发展的重要方向。

旅游企业通过开展一系列网络分销活动，可以有效地提高旅游者对旅游产品和服务的认知度，使旅游者能够根据自身的具体情况收集信息并选择合适的旅游产品，实现产品的在线预订与购买。一个功能完善的旅游网站可以完成旅游订单的预订与传输、处理与确认、网上支付等电子商务功能，为旅游者带来方便，节省时间。

2. 与旅游者进行直接、有效的沟通

互联网突破了时间和空间的限制，直接把旅游企业和旅游者联系在一起。旅游企业可以通过建立网站、论坛、社区、电子邮件、交换链接等形式与旅游者建立快捷、有效的跨时空的直接沟通；还可以做到全天候、无地域限制的提供咨询服务，及时了解旅游者的需求特点，以便适时调整旅游产品的分销策略，这是传统分销渠道所不具备的功能。同时，网络分销使得企业能够面向国内外市场直接进行分销，极大地扩展了旅游企业的市场范围。

3. 有助于促成交易实现

互联网所具有的实时性和交换性的特点，使得大量旅游产品信息的传播和沟通方式从传统的单向式转变为双向式。旅游企业不仅可以通过网络提供和展示充足、丰富、时效性很强的旅游信息，增加更多的现实和潜在的旅游者对旅游目的地和旅游企业的了解；而且可以提供在线答疑、接受预订等个性化服务，并通过建立网上支付系统和完善的服务系统，完善分销功能。同时，旅游企业也可以随时进行在线问卷调查，充分了解企业的品牌形象、旅游者满意度等信息，并根据相应的反馈信息，改进完善产品与服务的内容和质量，积极促成旅游者的决策和购买。

(三) 旅游网络分销渠道的类型

总体上，与传统的分销渠道相比，旅游网络分销渠道的结构要简单得多。旅游网络分销渠道的基本类型有两种，即网络直接分销渠道和网络间接分销渠道（见图 8-8）。

旅游网络直接分销渠道与传统的直接分销渠道一样也是零级分销渠道，在这方面二者没有明显的区别。网络直销渠道的建立，使得旅游生产者和旅游者实现了直接联系和沟通。这时传统中间商的职能发生了相应的改变，其中一部分中间商由过去的经

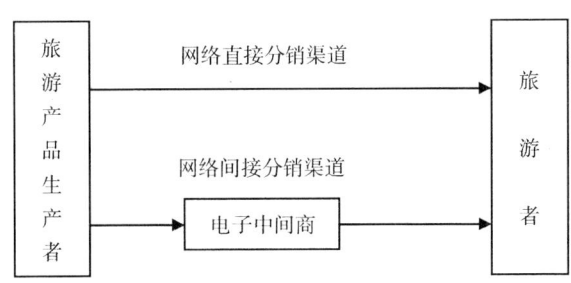

图 8-8 网络分销渠道的类型

销商转变成为直销渠道中提供有关服务的辅助商,如提供旅游产品运输配送服务的专业配送公司,为旅游者提供游览、休闲、度假、入住、票务、结算等服务的各类中间商等。

  旅游网络间接分销渠道是通过融入互联网技术的中间商机构实现网络间接分销。基于互联网的新型旅游网络间接分销渠道与传统旅游间接分销渠道有较大的区别,与传统旅游间接分销渠道可能有多个中间环节不同,旅游网络间接分销渠道只需要有一个中间环节,即只有一级分销渠道(一个信息中间商或电子中间商)来沟通买卖双方的信息,改变了传统分销系统中存在多个批发商和零售商的格局。由于融合了互联网技术,网络间接分销渠道大大提高了电子中间商的交易效率、专业化程度和规模效益。相比较而言,旅游网络间接分销渠道的分销效率甚至比某些企业通过网络进行直销更为有效。

第九章 生态旅游促销策略

导言： 在生态旅游市场营销过程中，灵活多样的促销策略能够促使旅游者及时购买，并能加强旅游地和旅游企业与目标市场的紧密联系。因此，促销策略是必不可少的，且能有效促进产品销售的一种重要策略。生态旅游产品促销组合指的是旅游人员推销、广告、营业推广、营销公关四种传统促销方式，及旅游网络促销宣传、旅游节庆活动等现代促销方式的有机组合和综合运用。

本章学习内容： 生态旅游促销组合策略；旅游广告；旅游营业推广；旅游公共关系；旅游人员推销等。

第一节 生态旅游促销组合策略

一、旅游促销的概念和作用

（一）旅游促销的概念及方式

1. 旅游促销的概念

旅游促销是促进旅游产品与服务销售的主要形式和手段。旅游促销即旅游销售促进，是指旅游营销者（旅游企业、旅游地等）将旅游产品与服务的相关信息，通过各种宣传、吸引和说服的方式，传递给目标旅游者及其可能的影响群体，从而达到扩大销售的目的。

正如米尔顿·科特勒所言："（在国外）促销就是叫旅游者现在就掏钱买票去中国，是引起旅游者立即行动的手段，要不然他们的愿望可能就会被其他东西所冲淡。"因此，旅游促销的实质，就是实现旅游营销者与现实旅游者和潜在旅游者之间的信息沟通。在旅游市场竞争日益激烈的背景下，旅游促销已成为旅游地和旅游企业开拓市场、提高旅游营销效益的重要手段。

2. 旅游促销方式

旅游促销方式是指旅游人员推销、旅游广告、旅游营业推广和旅游营销公关四种传统促销方式，以及旅游网络促销宣传、旅游节庆活动等现代促销方式（见图9-1）。旅游营销者在进行具体旅游促销活动时，通常会将各种传统促销方式和新型促销方式加以综合运用，并形成整体化、系列化的促销策略。

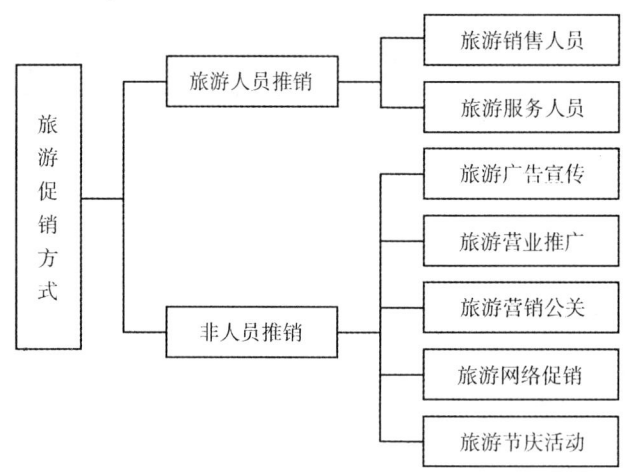

图 9-1 旅游促销方式

（二）旅游促销的作用

一般来讲，旅游促销的功能和作用主要表现在以下四个方面：

1. 提供旅游信息，加强供需联系

即旅游营销者采取各种促销方式，适时提供关于旅游产品或服务的特色及价格等方面的相关信息，以促使旅游者及时购买，从而沟通旅游营销者与旅游者的关系，进一步加强供需双方的密切联系。

2. 刺激旅游需求，引导旅游消费

旅游营销者通过各种有效的促销活动，不仅能强化旅游者对相关旅游产品与服务的认知，唤起旅游者的消费需求，而且能劝说和提示旅游者购买旅游产品与服务，从而在一定程度上创造旅游需求，达到扩大市场销售的目的。

3. 突出产品特点，增强竞争实力

旅游营销者通过各种促销活动，可以突出宣传本地或本企业的产品特色，及其与同类竞争性产品的差异信息，促使旅游者深入了解所促销旅游产品的优势和所带来的特殊利益，并做出购买决策，以达到提高旅游产品市场竞争力的目的。

4. 树立旅游形象，强化市场地位

通过各种促销活动，在扩大旅游产品市场销售的同时，可以帮助旅游地或旅游企业树立起在旅游者和社会公众心目中良好的形象，为扩大市场创造有利的条件。

二、生态旅游促销组合策略

(一) 生态旅游促销组合概述

1. 生态旅游促销组合

生态旅游促销组合策略就是旅游地和旅游企业为了满足市场营销战略目标的需要,综合运用各种可能的促销策略和手段,组合成一个系统化的整体策略,以使旅游地和旅游企业获取最佳的营销效益。与一般旅游促销组合相似,生态旅游产品促销组合总体上也是旅游人员推销、旅游广告、旅游营业推广、旅游营销公关四种传统促销方式,以及旅游网络促销宣传、旅游节庆活动等现代促销方式的有机组合和综合运用(见表9-1)。

表9-1 常用的生态旅游促销方式

旅游广告	旅游营业推广	旅游营销公关	旅游人员推销	旅游网络促销
印刷广告	比赛、抽奖、奖券	媒体报道	人员推销	电子信箱
广播广告	奖金与礼品	赛事赞助	销售展示	网络广告
电影、电视广告	样品、赠券	推介会	销售会议	
宣传手册	折扣	慈善捐助	样品试用	
企业名录	以旧换新	出版物、公司期刊	展览会	
广告牌	搭配商品	社区关系	电话直销	
POP广告	演示	标识宣传		
招牌	低息贷款	节事、庆典活动		
视听材料	招待会	会议会展		

虽然上述每一种促销方式都具有类似的作用,但这些促销方式各有不同的特点,其促销效果也存在着明显差异,各种促销方式的优缺点如表9-2所示。在生态旅游市场营销实践中,确定这些促销方式的组合形式是一个十分复杂的问题,旅游营销者为不断提高旅游促销沟通效益,必须努力协调各种促销方式的多层次组合方式,以求达到最佳的组合效益。

表9-2 各种生态旅游促销方式的主要特点

媒体类别	优点	缺点
旅游广告	传播面广;公开展示性和重复性;信息传递灵活、生动、立体化;有利于树立市场形象	广告费用高;单向信息传递难以沟通;目标受众不确定;广告效果有时难以测定
旅游营业推广	强刺激性;手段多样化;吸引力大;短期市场销售效果明显	效果难以持续;容易被竞争对手模仿;不易形成长期品牌偏好

续表

媒体类别	优 点	缺 点
旅游人员推销	与旅游者面对面直接沟通;促销目标明确、针对性强;可获得有价值的市场信息	成本费用高;接触面窄;受销售人员个人素质影响大
旅游营销公关	宣传广泛;以新闻的形式可引起社会公众的信任感和注意;公关宣传费用较低;有利于树立旅游形象,提高企业知名度	针对性较差;组织难度大;企业难以进行有效的控制;经常需要与其他促销方式协调运用
旅游网络促销	双向的信息传播;广泛性;适时互动性;快速高效;多媒体形式多样;成本较低	信息内容繁杂,有时缺乏针对性

2. 生态旅游促销组合的特点

生态旅游产品促销组合的特点主要包括以下三个方面:

(1) 生态旅游促销组合是一个系统化的有机整体组合。

(2) 生态旅游促销组合是一个多层次的动态组合。

(3) 生态旅游促销组合的不同促销方式相辅相成,具有协同作用。

此外,在我国近年来的生态旅游促销组合中,也出现了一些新的特点,如注重省级区域整体品牌的塑造、更多地与地区民俗文化活动相结合,以及与多种地区性节庆活动密切结合进行促销等。

(二) 生态旅游促销组合策略

1. 旅游促销组合的基本策略

一般情况下,旅游营销者可以选择两种基本的促销组合策略,即推式促销组合策略和拉式促销组合策略,如图9-2所示。

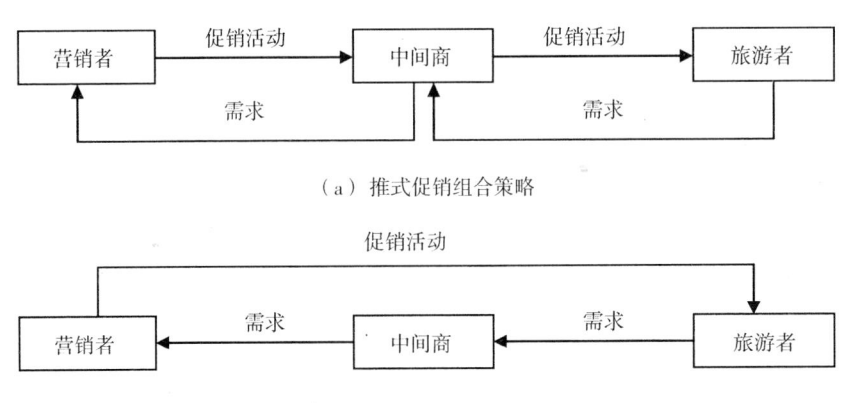

图9-2 推式促销和拉式促销组合策略

推式策略［见图9-2（a）］与拉式策略［见图9-2（b）］在促销方式的具体组合上是有差别的。推式策略着眼于通过多级分销渠道逐步将生态旅游产品推向目标市场，在具体促销方式组合上，主要以旅游企业人员销售为主，并辅之以旅游营业推广和营销公关活动等促销方式。拉式策略则立足于直接激发目标市场上旅游者对生态旅游产品的兴趣，通过强化旅游者的购买动机和促进其购买决策过程来扩大市场消费需求，加强市场销售，因此，为了提高促销效率，在具体促销方式组合上，主要以旅游广告宣传为主，并辅之以旅游营业推广和营销公关活动等促销方式。

生态旅游产品与一般旅游产品在促销目标、目标市场规模、产品类型特征及其生命周期阶段、市场竞争状况等方面存在着差异，因此，旅游企业在具体选择和运用生态旅游促销组合策略的过程中，要充分考虑上述因素的影响，综合分析加以确定。由于生态旅游产品及其市场情况复杂，多数情况下，应该将两种促销组合策略结合起来，但要注意区分推式和拉式策略下各种具体促销方式的主次关系及其组合形式，以尽量减少生态旅游促销的成本费用，提高促销成本效应。

2. 生态旅游促销组合策略

生态旅游产品营销者为了有效地与旅游者沟通信息，可以通过发布广告的形式大范围传播有关旅游产品的信息，通过各种销售促进（营业推广）活动传递短期内刺激购买的适时信息，也可通过旅游公共关系活动扩大生态旅游产品在社会公众心目中的市场形象和知名度，还可通过营销人员面对面地说服目标旅游者等一系列旅游促销活动和方式，有效地实现与潜在旅游者的信息沟通，并影响旅游者的购买决策过程，促使其了解、信赖并购买自己的旅游产品与服务。例如，要提高森林生态旅游产品的客源市场，森林生态旅游景区就必须综合采取推式和拉式促销组合策略，进行各种生态旅游市场促销活动，如选择网络等多种媒体进行广告宣传；积极参与全国或区域性的旅游促销推介会，通过展览会和节庆活动宣传促销；与各大旅行社及宾馆联营，进行让利促销；聘用营销人员开展促销活动；编印森林生态旅游手册、森林公园简介、导游图等宣传刊物；制作森林生态旅游标示牌、宣传板、VCD等；制作森林生态旅游纪念品，如风光明信片、T恤衫、昆虫标本、植物标本等。

（三）影响生态旅游促销组合的主要因素

为了达到既经济又有效的促销目的，生态旅游促销组合策略的运用要考虑生态旅游产品的特性、生态旅游的市场状况、生态旅游产品的生命周期阶段、生态旅游促销预算等多方面因素的影响，采取相应的组合内容和组合方式。这些影响因素具体包括：

1. 生态旅游产品的特性

生态旅游产品的特性不同，其所面对的目标群体不同，所采取的促销组合策略也应有所不同。如旅行社推出的徒步探险游、登山游等生态旅游产品主要是针对经验丰富、专业性较强的高端生态旅游目标市场促销，在其促销策略组合中，人员销售的作用较为突出，广告、销售促进等促销方式居于次要地位；而针对乡村生态游等产品进行促销时，既可以选择广告作为主要促销方式，也可以采取销售促进、公关宣传等促销方式扩大市场。

2. 生态旅游市场状况

旅游企业进行促销组合时还必须考虑生态旅游市场的特点和具体类型。如果旅游企业面对的是大众化生态旅游市场，由于潜在旅游者众多，且购买数量少而分散，因此其促销组合应在广告、营业推广和公共关系方面投入较多，而人员推销则居于次要地位；反之，如果旅游企业面对的目标市场潜在旅游者少，分布集中且购买较为专业，其促销组合就应以人员推销为主，在这方面进行较多的投入。

3. 生态旅游产品生命周期

在生态旅游产品生命周期的不同阶段，旅游促销组合的任务和侧重点有所不同，其促销组合方式的选择及促销投入也明显不同。一般而言，生态旅游产品的市场生命周期分为引入期、成长期、成熟期和衰退期四个阶段。在引入期，提高生态旅游产品的知名度是促销的重点，因此，广告与人员直接推销的组合运用能促进旅游者认识、了解新上市产品；在成长期，旅游促销的主要目标是宣传和突出生态旅游产品的特色，塑造品牌形象，增强旅游者对产品的信任，因此，旅游企业为了打开市场，取得较高的市场占有率，就必须加强多种营业推广活动；在成熟期，旅游企业为了维持已有的市场份额，争取潜在市场，力求延长产品项目或线路的市场生命周期，就必须增加促销费用，加强营业推广活动，辅之以广告、公共关系等促销方式；而在衰退期，其促销的重点是尽量集中于有利的细分目标市场，促进游客购买，因此，可采取营业推广等方式吸引特定的游客群，但这一阶段总的趋势是企业的促销费用减少，促销活动的规模开始逐渐缩减，直至停止。

4. 生态旅游促销预算

确定促销组合实质上就是旅游地和旅游企业如何在各种促销方式之间合理分配促销预算的问题。所采取的促销组合不同，其所花费的促销费用及其成本效应也明显不同，各种促销方式的成本效应如图9-3所示。可以说旅游促销组合选择在很大程度上受到促销预算的制约，旅游企业在分配其促销预算的过程中，要力求做到各种促销方式协同配合以求取得最佳的促销组合效益。

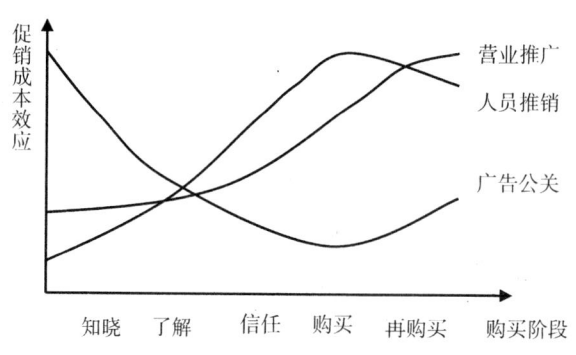

图9-3　各种促销方式的成本效应

第二节 旅游广告

一、旅游广告概述

(一) 旅游广告的特点

美国市场营销协会对广告的定义是:"广告是由明确的发起者以公开支付费用的方式,以非人员的任何形式,对产品、劳务或某项行动的意见和想法等的介绍。"旅游广告则是旅游目的地或旅游企业以付费的方式,利用各种现代媒体传播相关产品或企业的信息,以刺激旅游者产生需求,扩大销售量的一种促销方式。

与其他促销方式相比,旅游广告具有以下特点:

1. 传播面广、效率高

旅游广告是一种传播性较强的促销沟通方式,其信息覆盖面广,可进行高强度的信息刺激,信息传播效率高,有助于旅游企业及其产品在短期内迅速扩大市场影响力。

2. 形式灵活,表现力和吸引力较强

由于旅游广告可以充分利用声音、色彩、视频等技术手段提高信息刺激效果,因此,与其他促销方式相比,旅游广告具有更强的表现力和吸引力,进行形象化和艺术化的市场信息传播。

3. 效果难以衡量,有一定的滞后性

旅游广告不具备时效性的特点,广告的社会效果和经济效果往往不易衡量;同时,广告受众广泛,难以集中于目标旅游者,也难以形成即时购买,其效果要在一个较长的时间段内才能体现出来。

(二) 旅游广告媒体的形式

旅游广告的媒体主要有电视、报纸、杂志、广播和互联网等形式,在具体运用中各有其不同的特点,各种媒体的优缺点如表9-3所示。

表9-3 主要旅游广告媒体的优点和缺点

媒体类别	优 点	缺 点
电视	①多媒体传播,技术多样 ②传播范围广泛 ③及时、灵活、富有感染力	①成本高 ②印象逝去快 ③缺乏针对性

续表

媒体类别	优 点	缺 点
报纸	①本地市场覆盖率高 ②时效性强、灵活性强 ③针对性强	①内容繁杂，阅读仓促 ②缺少形象的表达手段
杂志	①对象明确、选择性强 ②阅读和保存时间长 ③印刷效果良好	①缺乏灵活性 ②时效性差
广播	①传播速度快、及时 ②选择性较强、成本低 ③传播方式灵活	①不能持久保存 ②传播范围有限 ③形式单一，不及电视有吸引力
互联网	①费用低廉 ②全球性传播，空间极广 ③多媒体动感、信息量大 ④互动性、迅捷性	①覆盖率低 ②效果评估较难 ③广告位有限

二、旅游广告决策过程

旅游广告决策过程由五个部分构成，即旅游广告目标决策、旅游广告预算决策、旅游广告信息决策、旅游广告媒体决策和旅游广告效果测定，如图9-4所示。

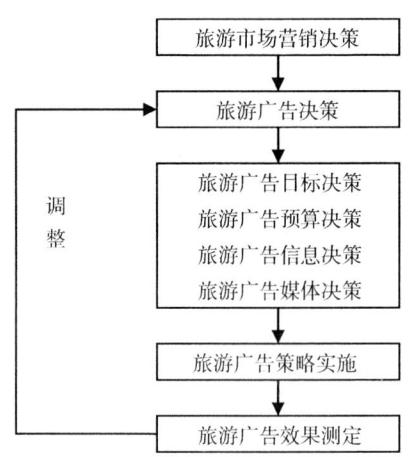

图9-4 旅游广告决策过程

（一）旅游广告目标决策

旅游广告目标是指旅游地和旅游企业在一定时期内，对一定旅游市场范围内旅游者所要完成的沟通任务和销售目标。在进行旅游广告目标决策时，要依据旅游市场营销战略、目标市场和其他营销策略组合的具体情况，根据广告的沟通对象和销售目标的不同加以确定。具体的旅游广告目标主要有：①提高短期销量；②提高企业和产品的知名度；③提高长期市场占有率；④建立市场需求偏好；⑤告知、提示、提醒、吸引旅游者注意。

（二）旅游广告预算决策

旅游广告预算决策是指旅游地和旅游企业在一定时期内，为了实现广告目标而计划投入的预算。旅游广告预算一般规定了广告计划期内从事旅游广告活动所需的经费总额、使用范围和使用方法等，是企业广告活动得以顺利进行的保证。广告预算费用主要包括广告市场调研费用、广告设计制作费用、广告媒体租金，以及广告代理费用等其他相关费用。

确定旅游广告预算的主要方法有：

1. 量力而行法

即旅游地和旅游企业根据目前的财务状况来确定广告预算的方法。在这种方法中，旅游广告费用支出没有与销售收入挂钩，在旅游企业资金紧张的情况下，可以根据这种方法确定所能负担的广告费用的具体支出。它主要适用于小型旅游企业和大企业临时性的广告开支，其缺点在于未考虑企业销售目标，往往难以制定长期的广告计划。

2. 销售百分比法

即旅游地和旅游企业以一定的销售额（实际或预计）或销售单价的一定百分比来计算和确定广告费用开支的方法。这种方法便于旅游地和旅游企业根据单位广告费用、产品实际售价和销售利润之间的关系，来通盘考虑总的营销效益，其缺点是广告费用支出比例的确定存在一定的随意性，同时，对于广告预算在不同地区和产品间的实际分配问题考虑较少。

3. 销售单位法

即旅游地和旅游企业以每条旅游线路或每个旅游项目来分摊广告费。这种方法计算简便，在实际运用中可以根据实际需要加以调整。

4. 竞争对等法

即旅游地和旅游企业比照竞争对手的广告费用开支来确定自己相应的广告预算的方法。运用这种方法进行广告预算时，要考虑企业间的竞争实力、旅游产品数量与质量等方面的差别，避免盲目的恶性竞争。

5. 目标任务法

即旅游目的地和旅游企业在充分考虑广告目标及其应完成广告工作任务的基础上，估算所需费用，并由各项费用的总和得出总的广告预算的方法。

（三）旅游广告信息决策

旅游广告信息决策就是设计所要传播给现实旅游者和潜在旅游者的广告信息内容，它是整个旅游广告决策过程中的关键步骤，也是最具创造性的工作。旅游广告信息在内容选择上，要做到既有独创性，又有吸引力；在形式上要做到表达简洁、生动、形象、易识易记，以吸引目标受众的注意。旅游广告信息决策一般有告知型、劝导型、提醒型等不同的方式，具体旅游广告信息内容的选择一般视旅游产品生命周期的不同阶段而定，如图9-5所示。

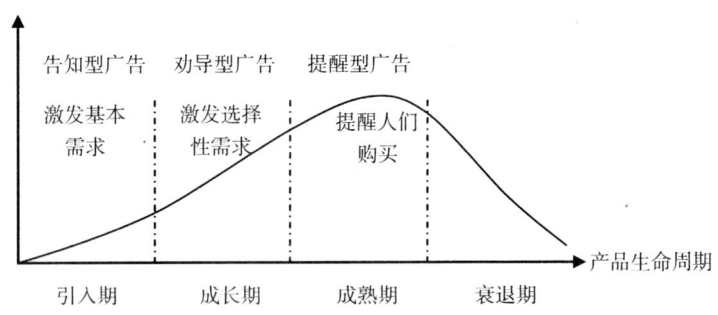

图9-5 产品生命周期与旅游广告信息选择

1. 告知型广告

告知型广告信息内容传播的重点在于介绍旅游新产品及其特色、通告旅游产品的价格变化、宣传旅游地或旅游企业对旅游者采取的优惠措施等。告知型广告在引入期开拓市场的过程中，能够起到激发潜在消费者的需求，树立新产品市场形象和提高旅游企业知名度的作用。

2. 劝导型广告

劝导型广告信息内容传播的重点在于培养旅游者对某种品牌旅游产品的偏好。在旅游产品进入成长期后，可以经常选择这种广告类型，由于此时竞争者不断增加，广告就要力求突出旅游产品与旅游企业的特色，使其明显地区别于其他同类产品。另一方面，也可以用劝导型广告来改变旅游者对旅游地和旅游企业及其产品的不良印象。

3. 提醒型广告

提醒型广告信息内容传播的重点在于继续维持旅游目的地或旅游企业及其旅游产品在旅游者心目中的良好形象和市场地位。提醒型广告在旅游产品进入成熟期后得到广泛运用，其作用在于使旅游者确信自己选择的正确性，并促使老顾客产生重复购买的动机。

（四）旅游广告媒体决策

如上所述，旅游广告媒体主要有电视、报纸、杂志、广播和互联网等形式，各种广告媒体的特点和适用性具有明显的差异。由于不同旅游产品对旅游广告媒体的接触面、频率和效果的要求不同，因此，在进行旅游广告媒体决策时，需要综合考虑广告预算、目标受众的视听习惯、旅游产品特点、广告信息特点和广告媒体成本等因素，以正确选择具体的广告媒体类型。

(五) 旅游广告效果测定

旅游广告效果测定旨在评价旅游广告是否发挥了作用，或是否收到了预期的效果，广告效果测定所获得的真实数据不仅有助于旅游目的地和旅游企业判断广告决策的正确与否，而且能够为旅游广告主修订和完善广告决策管理过程提供科学的依据。在旅游市场营销实践中，通常从旅游市场沟通效果和销售效果两个方面来对旅游广告效果进行测定。其中，广告销售效果的测定要比市场沟通效果的测定困难一些，这是因为旅游者购买行为的发生还受到其他多种因素的影响，如产品的特性、价格以及感受性等，要将广告的作用与其他因素的作用完全分离开来，对广告效果进行单独测定，一般是较难操作的。

第三节 旅游营业推广

一、旅游营业推广的概念与特点

(一) 旅游营业推广的概念

旅游营业推广即狭义的销售促进，是指旅游地或旅游企业在某一特定时期与空间范围内，开展的一些刺激和鼓励旅游中间商和旅游者尽快购买或大量购买旅游产品或服务的一系列活动和措施。具体来讲，旅游营业推广就是临时性或短期性的，带有馈赠或奖励性质的促销方法，目的是在短时间内或节假日期间集中销售或促进购买某一特定类型的旅游产品。旅游产品营业推广的对象不仅包括旅游者，还包括旅游中间商和旅游产品销售人员。

(二) 旅游营业推广的特点

1. 非常规性

旅游营业推广一般是为了达到一定时期的营销目标而开展的专门促销活动，以短时间内刺激旅游者购买为主要任务，它不像广告、人员推销等连续、常规的促销活动，通常是对于旅游广告和人员推销的一种补充促销方式，是以非常规和无周期的形式出现的。

2. 灵活多样性

旅游营业推广的具体形式灵活多样，能从不同角度吸引具有不同需求和动机的旅游市场参与者。例如针对旅游者的营业推广活动有各种价格折扣、赠送纪念品、买赠活动等，针对旅游中间商的营业推广活动有批量折扣、销售奖励等，针对推销人员的营业推广活动有推销竞赛、销售分红等。旅游地和旅游企业可以根据产品和市场的特点，对上述多种推广方式加以灵活选择和组合运用，以提高旅游促销的效率和效益。例如，2009年3~5月，北京丰台区世界花卉大观园在红梅花、迎春花和山桃花的盛花期进行旅游营业推广活动，不仅对游客赠送南瓜、丝瓜、海棠、凤仙等上百种植物的种子10万粒，还在活动期间，对70岁及以上的老人实行免票活动，对60~69周岁的老人实行半价优惠，同时，还对生日当天游园的游客实行免票等优惠推广活动，有效地扩大了世界花卉大观园的影响力和知名度。

3. 强刺激性

各种旅游营业推广活动一般是针对目标市场上旅游者的需求、产品与市场特点等诸多因素而"量身定做"的，因此能够迅速唤起目标市场上旅游者的广泛注意，快速获得旅游者的认可和接受，促使其购买决策行为的发生。这就决定了旅游营业推广具有较强的吸引力和刺激性，能够在较短时间内提高旅游产品的销售量。

4. 即期高效性

旅游营业推广的短期效益明显，特别是在旅游产品进入成熟期时，各种必要的营业推广活动可以有效地维持产品的市场生命周期和已有的市场份额，以抵御同类旅游产品竞争者的进攻。

二、旅游营业推广形式与主要类型

(一) 旅游营业推广的基本形式

在每一项营业推广目标下，都有多种促销手段和方式可供选用。旅游营业推广的基本形式主要有：

1. 免费营业推广

即旅游地和旅游企业对旅游者进行免费赠送活动，例如在2011年5月19日中国旅游日当天，江苏省对游客免收门票的旅游景点达416家，免收门票的旅游景点占全省景点总数的七成，其中有315家景点全年免收门票，免收门票的旅游景点数量为全国第一。由于免费营业推广方式的刺激和吸引强度大，旅游者十分乐于接受这种营业推广方式。

2. 优惠营业推广

即旅游地和旅游企业以低于正常水平的价格，使旅游者或经销商可以购买到特定的旅游产品或服务。优惠营业推广多以价格折扣的形式出现，如折价券、折扣优惠等，其中某些价格优惠政策甚至已经成为行业惯例。由于这种价格折让的促销方式能够使旅游者或经销商获得实惠，因此在实际运用中得到广泛欢迎。如全国几乎所有旅游景区景点都对军人、残疾人、老年人、学生等特殊人群实行门票优惠政策。

3. 竞赛营业推广

即旅游地和旅游企业在事先控制好促销预算的前提下，通过举办竞赛、抽奖等推广活动，提供给旅游者、旅游中间商、旅游推销人员等赢得奖金和奖励的机会。竞赛营业推广活动的举办目的就在于吸引旅游者、中间商或推销人员的参与兴趣，最终扩大产品销售量。

4. 包价旅游

作为一种特殊的旅游推广促销方式，包价旅游指的是各类旅游营业工具的集合使用。包价旅游形式多样，常见的有线路组合包价旅游、目的地组合包价旅游、特别主题组合包价旅游等。如旅行社组织的包价旅游通常是指一家旅行社将10人以上的旅游者组成旅游团，采取一次性预付旅费的方式，全权办理各种相关旅游服务。就旅游者而言，参加包价旅游可以获得较优惠的价格，能够享受较全面的旅游安排和导游服务，省心且有安全感；但是，接受包价旅游方式也就意味着旅游者不得不放弃自己的个性化体验需求，而遵从和适应旅游团的总体安排。

5. 节庆事件营业推广

即旅游地和旅游企业利用节庆活动或某一有轰动效应的事件进行旅游营业推广活动的方式。当然，旅游地和旅游企业也可以策划和组织更多具有创新性的活动，来扩大知名度和影响力，吸引媒体的报道和旅游者的参与，达到提升旅游品牌形象的目的。例如，位于云南省东部曲靖市的罗平县，为打造生态旅游特色品牌，已连续成功举办了14届"中国·云南·罗平油菜花国际文化旅游节"，2012年节会的主题是"东方花园·魅力罗平"。为了扩大节庆活动的影响力，罗平国际油菜花文化旅游节组委会选择在广州等地召开新闻发布会，并在节会期间举办大型文艺演出、大型国际摄影展、农历"二月二"民族对歌会、农历"三月三"布依族泼水狂欢节等内容丰富、形式多样的系列活动，走出了一条"节会带动、以节促旅"的发展模式，成功打造出"九龙瀑布群"、"多依河景区"和"鲁布革三峡景区"等生态旅游产品，已发展成为滇东南重要的旅游品牌。

（二）旅游营业推广的主要类型

旅游营业推广的目标要服从于营销沟通目标，主要有三种类型：一类是针对旅游者的营业推广，另一类是针对旅游中间商的营业推广，再一类是针对旅游推销人员的营业推广。

1. 对旅游者的营业推广

对旅游者营业推广的目的在于吸引潜在旅游者尝试购买旅游产品和了解旅游企业，以及鼓励旅游者重复购买旅游产品。对旅游者的营业推广的一般有以下形式：①销售让利；②赠送样品；③购买奖酬；④组合销售；⑤试用、品尝；⑥有奖销售；⑦赠送礼品；⑧折价销售；⑨以旧换新；⑩廉价包装；⑪抽奖；⑫包退包换；⑬义卖；⑭搭售。

2. 对旅游中间商的营业推广

对旅游中间商营业推广的目的在于吸引旅游中间商与旅游生产企业合作或巩固旅游中间商与旅游企业的合作，以利于扩大和增加生态旅游产品与旅游者之间的渠道，具体包括：①折扣和让利；②推销奖励；③经销补贴；④随购赠物；⑤提供宣传品和产品陈列设计；⑥支付陈列津贴；⑦搭售；⑧推广资助；⑨联营专柜；⑩发放刊物；⑪邮寄宣传品；⑫举办展览会；⑬举办博览会；⑭举办行业集会。

3. 对旅游推销人员的营业推广

对旅游推销人员营业推广的目的在于调动推销人员的促销积极性，鼓励推销人员开拓新的市场，寻找更多的潜在顾客，提高销售量。对旅游推销人员的营业推广形式有：①销售竞赛；②优胜重奖；③高额补助；④超额提成；⑤红利；⑥利润分成；⑦精神激励。

三、旅游营业推广方案策划

旅游营业推广虽然具有即期性和非常规性等特点，但也需要在一定的推广目标下进行科学、合理的策划，以最大限度地提高旅游营业推广的时效性，保证起到较好的宣传促销作用。一般来讲，旅游营业推广方案策划具体包括制定旅游营业推广方案、选择旅游营业推广工具、方案实施与评估等步骤。

（一）制定旅游营业推广方案

旅游营业推广方案具体包括以下四个方面的内容：

1. 营业推广活动的规模和激励程度

一般来讲，营业推广的规模越大，激励程度越高，收到的促销效果就越好，但相应的营业推广费用也就越高。因此，旅游地和旅游企业需要进行必要的成本收益分析，以确定能获得最大成本效益的营业推广规模及激励的程度。

2. 营业推广的范围和对象

只有选择合理的推广范围和推广对象，才能使旅游营业推广活动达到事半功倍的效果。因此，面向旅游者的旅游营业推广活动一般都以目标市场作为主要的推广范围，并选择目标市场上现实或潜在的旅游者作为主要推广对象。

3. 营业推广的时机

开展旅游营业推广活动的时机选择非常重要，例如一些航空公司在客流淡季推出不同程度的机票折扣优惠，一些旅游餐饮企业在工作日期间推出各种套餐优惠等，都能起到较好的促销效果。

4. 营业推广的预算

旅游地和旅游企业可以通过两种方法来进行营业推广预算，一种是先确定营业推广方式，再估算其推广总费用；另一种是先估算一定时期广告与营业推广的总促销预算，再以其中一定比例（或习惯比例）作为这一时期营业推广的预算，在旅游营销实践中，后者往往更为常见。

（二）选择旅游营业推广工具

如上所述，总体上，旅游营业推广工具的选择要视旅游者、旅游中间商和旅游推销人员等推广对象的不同而定。如面向旅游者的营业推广工具主要有提供免费产品、免费入住体验、赠券赠品、折价让利、组合销售、抽奖和游戏等；面向旅游中间商的营业推广工具主要有销售返点、折扣、让利、销售奖励、推广津贴、经销培训、提供宣传品、举办旅游交易会，以及邀请、接待国外旅游批发商和国内各大旅行社进行线路实际考察等；面向旅游推销人员的营业推广工具主要有销售竞赛、业绩奖励、超额提成、红利、组织国内外旅游等。

（三）方案的实施与评估

为了有效地实施旅游营业推广方案，旅游地和旅游企业需要在营业推广实施前就进行周密的策划与组织，在营业推广实施中，也要密切注意和监测目标市场的反应，随时进行必要的推广方案调整，以做到对推广方案实施过程和效果的有效控制，并预先做好解决可能的突发性事件的预案与准备。

旅游营业推广活动完成后，还需要通过对其效果的评估来检验推广促销活动是否达到预期目标，以及促销花费是否合理。这就需要旅游地和旅游企业通过销售业绩对比分析法、旅游者行为调查法和实验研究法等方法，详细收集有关实施营业推广活动前后一段时期的数据和信息，如有多少旅游者对推广活动有所反应，有多少人接受了这种推广，以及不同的营业推广工具对旅游者决策购买的影响等，并据此分析这一时期营业推广活动的成效及其产生的问题，以作为今后是否开展此类推广活动，以及怎样更有效地开展此类营业推广活动的决策依据。

第四节　旅游公共关系

一、旅游公共关系的概念与作用

（一）旅游公共关系的概念

旅游公共关系是指旅游地和旅游企业为了获得旅游者和社会公众的信任和好感，以信息沟通为主要手段，树立和改善旅游形象，维护和发展与旅游者和社会公众之间的良好关系，营造有利的经营环境所进行的一系列宣传活动和措施。

在生态旅游实践中，有效的旅游公共关系能够塑造生态旅游产品富有魅力的公众形象，提高生态旅游产品的知名度和美誉度，增强市场竞争力。在生态旅游市场营销实践中，旅游目的地和旅游企业可以通过公共关系取得与各类相关公众的双向和多向沟通。例如每年定期举办各种生态教育课堂、讲座和主题学术研讨活动，策划生态旅游节庆活动，组织策划媒体事件、社会公益活动、环保宣传活动、生态调研活动，参加各种国内外生态合作项目和会议，举办新闻发布会、生态旅游推介会等多种活动，以及定期或不定期邀请国内外较有影响的新闻媒体记者进行宣传报道等多种形式，营造生态旅游产品营销的有利环境，提高旅游地和生态旅游景区的知名度，并广泛地传播生态文明观，促使旅游者认识、了解和积极参与各种生态旅游活动。

(二) 旅游公共关系的作用

1. 具有间接促销的作用

旅游地和旅游企业开展旅游公共关系活动一般是从长远发展的角度，以维护、提升和改善整体旅游形象为主要目的，而不是单纯追求短期销售效果的提高，因此旅游公共关系在旅游促销组合中起间接作用。当然，随着旅游形象的确立和改善，旅游地和旅游企业与社会公众之间的良性关系逐渐形成，市场影响力扩大，那么，旅游市场的开拓和销售效果的提升就会水到渠成。

2. 有利于建立起良好的旅游品牌形象

任何一个旅游地和旅游企业如果没有良好的形象，即使其设施和产品再好，其旅游业的发展也会受到很大制约和影响。通过开展旅游公共关系活动，可以拓宽旅游目的地和旅游企业与社会公众之间的交流沟通渠道，提高旅游目的地和旅游企业的旅游知名度和美誉度，塑造出市场欢迎的旅游品牌形象，以获得最佳的经济效益、社会效益和生态综合效益。

3. 营造良好的旅游经营环境

旅游地和旅游企业开展旅游公共关系活动能够起到协调旅游经营中各种复杂关系的作用，能及时、妥善地处理和解决旅游经营发展中存在的各种问题，营造出有利于旅游业发展的良好经营环境和氛围，以保证旅游业的健康、持续发展。

4. 有助于旅游信息的有效沟通

通过开展旅游公共关系活动，旅游地和旅游企业可以与旅游中间商、旅游供应商、金融机构、广告媒体乃至竞争者等各类企业和组织建立起广泛的沟通和合作关系，培养与旅游者、周围社区、新闻媒体、政府公众、地方公众和内部公众等各类公众相互了解和信任的关系，协调好相互间的关系，并了解和掌握切实可靠的市场信息，以形成对旅游地及旅游企业有利的经营环境，保证旅游市场营销活动的顺利开展。

二、旅游公共关系的类型

1. 宣传型公共关系

宣传型公共关系即旅游地或旅游企业运用各种传播媒体，如网络、报纸、杂志、广播、电视等向社会公众展示自己的发展成就与公益形象，以形成有利于本地或本企业发展的社会形象和舆论环境的公共关系类型。这类公共关系传播的时效性强、传播面广、可信度高，因此，旅游地或旅游企业应重视开展这类公共关系活动，充分利用现代多元化的媒体途径进行宣传报道，扩大影响力。

2. 交际型公共关系

交际型公共关系即旅游地或旅游企业指派专门的公关人员，通过组织和参与一定的社会交往活动，与相关的企业、组织或公众建立起广泛的联系，以沟通信息和塑造旅游形象的一种公共关系活动方式。这类公共关系可以通过直接的个人交际交往形式，也可以通过团体交际交往形式，联络感情，协调关系，化解矛盾，从而建立起包括顾客在内的各类公众对旅游地和旅游企业的了解和信赖。旅游业涉及吃、住、行、游、购、娱的方方面面，各类企业相互影响，有较强的经营相关性，因此，加强本地或本企业的公共交际能力，保持与相关企业、组织和公众的良好关系是非常重要的。

3. 服务型公共关系

服务型公共关系是指旅游企业为社会公众提供热情、周到、便利的优质服务，赢得公众的满意和好感，从而树立和传播旅游形象的公共关系活动。这类公共关系要求旅游地和旅游企业要树立起现代市场营销观念和服务意识，以满足顾客需求为经营宗旨，以服务求生存，以质量求发展。

4. 社会型公共关系

社会型公共关系是指通过与有关社会团体建立联系，参加发展社会计划项目，举办各种社会性、文化性或公益性的活动来树立旅游企业声誉的公共关系活动。这类公共关系一般以赞助的形式最为常见，如对当地社区、学校、慈善机构等进行赞助等。旅游地和旅游企业还可以举办和参与有关的大型文化或体育活动，以传播旅游形象，宣传和扩大本地或本企业的知名度和影响力。

5. 征询型公共关系

征询型公共关系是指通过收集信息、舆论调查、民意测验、设立公众监督电话等方式，为旅游地和旅游企业的发展决策提供客观依据，以不断完善旅游形象的公共关系活动。这类公共关系活动有助于搜集旅游者的评价，注重旅游者满意度的调查和反馈，深入剖析影响顾客满意程度的因素，并有针对性地加以改进和提高。

除了上述五种类型外，根据组织与环境的不同适应态势关系，旅游公共关系还可以分为防御型、矫正型、建设型、维系型和进攻型等旅游公共关系类型。旅游地和旅游企业要有选择地运用好各类公共关系手段，使之协调配合起来，建立起与各种内部、外部公众良好的关系，促进社会公众对本地或本企业的认识、理解与支持，达到树立良好形象、促进产品销售的目的。

三、旅游公共关系决策

旅游公共关系决策由一系列相关内容组成，主要包括确定旅游公共关系目标、界定目标群体、公共关系信息与手段的选择、公共关系活动的评价等几个方面。

（一）确定旅游公共关系目标

旅游公共关系目标要服从于旅游市场营销的目标要求，具体有：

1. 提高旅游地和旅游企业及其产品的知名度

通过媒体新闻报道等各种公共关系活动，加强社会公众对旅游地和旅游企业及其产品的认知、了解和兴趣，提高旅游品牌知名度。特别是在生态旅游促销过程中，旅游地和旅游企业应该以生态旅游为主题，经常性地策划和组织形式多样的保护自然环境和文化遗产的活动，并通过各种公共关系工具展示给公众，倡导和带动更多的人参与到这样的保护行动中。这不仅有利于扩大本地或本企业生态旅游品牌的知名度，同时也是树立当地和本企业的环保形象、扩大其社会影响力的利器。

2. 增进旅游地和旅游企业的信誉

通过各种公共关系活动传播相关信息，与包括社区公众和旅游者在内的各类公众进行广泛的沟通，并及时反馈信息，以便改进旅游产品质量和服务水平，增进旅游地和旅游企业的信誉。

3. 激励销售队伍和渠道中间商

良好的旅游公共关系的确立，有助于旅游地和旅游企业提高旅游销售队伍和渠道各成员的工作热情和积极性。

4. 降低促销成本费用

旅游地和旅游企业开展公共关系活动，比在各种媒体上投放广告、进行营业推广和人员直接销售等促销方式更能节省成本和费用。

（二）界定目标群体

旅游公共关系活动所沟通的对象主要是目标群体，能否有效地影响目标群体并与之建立良性关系，是衡量旅游公共关系成功与否的关键。因此，公关活动组织必须识别他们希望影响到的目标群体，对这一群体进行深入研究，选择其乐于接受和感兴趣的有效公关工具，并确定能引发该目标群体关注的相关公关主题。生态旅游公共关系的主题应紧紧围绕节约资源、保护环境、传承文化和社区可持续发展等主题来进行。

（三）旅游公共关系信息与手段的选择

旅游地和旅游企业可以选择多种公关手段进行旅游公关活动，如媒体报道、赛事赞助、推介会、慈善捐助、节事庆典活动和会议会展等，以有效地传播旅游公共宣传信息，扩大本地或本企业的知名度和影响力。在生态旅游市场营销过程中，举办各种生态教育讲座，组织环保宣传活动和生态调研活动，参与社区建设，利用标牌标识宣传环保知识等，也是常用的旅游公关手段。

（四）旅游公关活动的控制与评价

旅游公共关系活动的开展要慎之又慎，旅游地和旅游企业应安排专门的部门和高素质的人员，有计划、有组织地开展公关活动。同时，要对旅游公关活动的过程进行总体控制和适时调整，做到旅游公关活动与旅游经营管理决策、市场营销战略保持一致，旅游公关活动与其他旅游促销手段相互配合、协同行动。另外，旅游地和旅游企业要制定一整套危机应对计划和危机应对方案。在旅游公关活动实施过程中还要注重对公关效果的评价，可以采用调研方法，通过收集媒体曝光率、目标市场的知晓度和口碑、销售增长率等指标和信息进行公关效果评价。

第五节　旅游人员推销

一、旅游人员推销的概念和特点

(一) 旅游人员推销的概念

根据美国市场营销协会定义委员会的解释，所谓人员推销是指企业通过派出推销人员与一个或一个以上可能成为购买者的人交谈，做口头陈述，以推销产品，促进和扩大销售。

旅游人员推销是指通过旅游地和旅游企业的销售人员与顾客直接沟通来达成销售目的的促销方式，包括销售人员直接联系和走访旅游中间商、机关团体、企事业单位及零散游客；到目标客源市场进行旅游地形象和整体旅游产品与服务的宣传促销；举办区域风土人情讲座、旅游推介会和博览会直接销售旅游产品等形式。简言之，旅游人员推销就是旅游地和旅游企业的相关销售人员通过与旅游者进行接触和洽谈，向旅游者宣传、介绍旅游地、旅游景区及其旅游产品，从而有效地促进旅游产品销售的活动。与其他旅游促销方式相比，旅游人员推销具有直接销售的作用。

(二) 旅游人员推销的特点

1. 具有较强的针对性

在各种旅游促销方式中，只有旅游人员推销可以做到针对不同的顾客，在不同的时间和地点，采取不同的方法和技巧来开展促销活动或直接进行销售。因此，这种方式具有较强的针对性，能够强化购买动机，及时促成交易。

2. 能实现与客户的双向沟通

旅游销售人员在访问销售过程中，可以与客户进行面对面的直接接触和交流，易做到双向沟通，实现互动性，了解客户的真实需求和消费心理，分析客户决策行为的发展变化，消除疑虑，有效地满足客户需求；同时，促使市场信息直接、迅速反馈，提高销售效率。

3. 便于建立良好的人际关系

可以说旅游人员推销代表着旅游地和旅游企业的形象，具有公共关系的作用。旅游销售人员通过真诚的态度和沟通技巧，能够帮助顾客解决实际问题，从而与旅游者和各类旅游中间商建立起相互信任、彼此理解、长期合作的良好人际关系。

4. 具有一定的灵活性

旅游人员推销与客户保持着最直接的联系，可以了解顾客所关心的重点问题，根据顾客的需求差异和购买动机，以及顾客的不同反应，及时调整自己的推销策略与方法，并注意解答顾客的疑问，使其产生信任感，以达到说服和帮助顾客做出购买决策的目的。

5. 要求具备较高的综合素质

销售人员的素质直接影响着客户对旅游地和旅游企业产品的印象。敏锐的判断力和较强的自信心是旅游销售人员必备的素质，此外，销售人员还要具备良好的人际沟通能力和团结协作精神，在遇到困难和挫折时，还要有自我激励精神和自我调节的良好心理素质。如果销售人员不具备较高的综合素质，顾客就很难对其产生信任感，那么，销售工作也是很难开展的。

6. 有一定限度

受时间、精力等所限，旅游人员推销的活动区域和覆盖范围是有限的。如果销售区域较大，少数销售人员无法完成大面积直接访问任务，而人员推销所需费用又较大，企业大量派出一线销售人员成本太高，因此，旅游人员推销方式的运用有一定限度，需要与广告、营业推广等其他促销方式配合进行。

二、旅游人员推销的方式

（一）营业推销

从广义上讲，旅游地和旅游企业为旅游者提供旅游产品与服务的过程就是销售自身产品与服务的过程，其所有从业人员都属于销售人员，包括管理人员、接待员、营业员、服务员、导游等。他们在旅游经营管理的各个环节上发挥着不同的作用，依靠较强的服务能力和接待技巧提供完善的旅游产品与服务，满足不同层次、不同类型旅游者的需求。在这个意义上，他们担负着与专职销售人员相同的职能。

（二）派员推销

派员推销是指旅游地和旅游企业派专职销售人员携带旅游产品与服务的相关宣传材料、说明书及相关资料，走访客户开展促销宣传，并进行直接销售的方式。这种方式属于较为传统的促销方式，大多在客户不熟悉或不了解相关产品与服务的情况下，由销售人员主动上门介绍和宣传旅游产品与服务的功能与特点，也就是直接进行推销工作。这种促销方式的特点是对销售人员的素质和能力有较高的要求，即旅游销售人员不仅要具备坚持不懈的毅力和良好的沟通能力，而且要掌握一定的谈话技巧。近年来，我国许多省、市为开拓国内外客源市场，积极派出促销团队和相关人员赴主要客源地提供相关信息，一些旅游地还派出旅游部门主要官员，进行专项宣传促销活动，都属于派员推销形式。

（三）会议推销

会议推销即旅游地和旅游企业利用各种会议介绍和宣传本地或本企业的旅游产品与服务的一种促销方式，如各种类型的旅游订货会、交易会、推介会、洽谈会和博览会等。会议推销在旅游人员推销中较为常见,这种方式的特点是客户集中、接触面广、成本低、交易量大、促销效率高。例如,2012年中国旅游产业博览会就吸引了来自全国31个省、自治区、直辖市,12个省会城市和计划单列市及全国20所旅游院校的代表参加,并有国家智慧旅游服务中心等500余家旅游企业和行业协会参加了展会。博览会期间,参观者突破20万人次,参加业务洽谈人数近4万人次;签订交易和意向交易金额达30多亿元,促销效果十分显著。

除了以上三种基本的旅游人员推销方式外,还有小组讨论推销、电话推销、邮寄推销等多种旅游人员推销方式。

三、旅游人员推销的过程

旅游人员推销的过程一般包括推销前准备、推销过程和后续工作三个阶段,具体包括以下七个方面的内容。

(一)寻找顾客

在具体推销工作开始之前,旅游销售人员就要利用各种市场调查工具,通过邮寄问卷、电话访问、网络调查等方法,了解和分析潜在市场上的顾客需求状况、消费倾向和支付能力等信息,并从中筛选出重点目标市场以及有意向的重点客户,明确推销对象和具体工作目标,做到知己知彼,从而有针对性地开展销售工作,提高销售工作效率。寻找顾客应区分旅游者和旅游中间商,其中,旅游者又分为散客和团体客户。对于旅游者,应注重掌握顾客的消费需求、消费能力、年龄、性别、职业、家庭、决策人和具体购买行为等实际情况;而对于旅游中间商,应重点了解其经营范围、经营实力、市场形象、规模、资信、内部组织机构及管理决策者等相关情况,以便制定周密的推销计划,并有重点地对目标顾客开展推销工作。

(二)接近前准备

旅游销售人员在实际接触顾客之前,需要进行必要的准备工作,要做到对本地、本企业旅游产品的情况十分熟悉,如线路产品的组合特色,以及相关的价格、服务细节等内容;明确本地、本企业旅游产品相对于竞争者同类产品的优势与劣势;准备好相关销售资料,如有关景区景点及设施的图片及说明书等。另外,旅游销售人员还要选择接近的方式,拟定推销时间和线路安排,预先估计销售中可能出现的各种问题,并做好相应的准备工作。为了提高工作效率,销售人员在实际接触顾客前要与目标顾客进行接洽,利用网络、电话、信函等方式就面谈访问的事由、时间、地点等内容进行事先约定。

(三)接近目标顾客

经过上述准备过程后,旅游销售人员就开始与目标顾客进行直接接触了。事实上,真正用于接触目标顾客的时间往往是短暂的,长的不过几十分钟,短的可能只有几分钟而已。在这极短的时间里,旅游销售人员的任务是增进双方的沟通交流,并创造良好的销售气氛,尽量让顾客了解本地、本企业的产品与服务特色。这就要求销售人员要根据掌握的顾客资料和面谈时的实际情况,灵活运用各种沟通交流技巧,引起目标顾客对所销售旅游产品与服务的注意和兴趣,促使顾客做出购买决策。接下来就进入了实际销售阶段,即推销面谈。

(四) 推销面谈

推销面谈是旅游人员推销过程中的关键环节,这一阶段工作效率的高低不仅关系到销售工作的成败与否,而且也会对建立和发展双方的合作关系产生长远影响。在推销面谈阶段,旅游销售人员要灵活运用各种面谈方法和技巧,说服顾客购买旅游产品与服务。在这一过程中,销售人员要向目标顾客传递旅游地和旅游企业的产品与服务信息,展示旅游产品的特色及带给顾客的利益;同时,旅游销售人员要进行必要的讲解与示范,详细解答顾客提问,消除顾客疑虑,强化购买动机,使顾客了解并喜欢其所销售的产品与服务,进而做出购买决策。

(五) 处理异议

面谈过程中,目标顾客可能会提出自己的主张和各种购买异议,如价格异议、产品异议、服务内容异议、合同异议等,这些异议都是目标顾客的必然反应,它贯穿于整个销售过程中。旅游销售人员应重视目标顾客的不同心理需求和实际感受,针对顾客异议的实际情况,耐心、细致地加以处理和解决,只有这样才能最终说服目标顾客,促成交易。

(六) 成交

推销面谈和处理异议顺利的话,就进入成交阶段,这是旅游人员推销工作销售目标的落实阶段。旅游销售人员要把握成交时机,密切注意目标顾客的态度和购买意愿,激发目标顾客积极的购买动机,消除其购买选择中的疑虑和观望心理,帮助其做出最后的购买决策,并完成交易手续。同时,对推销面谈中顾客可能出现的否定态度,要正确认识顾客的购买心理,从建立和培养长期顾客关系的角度出发,发现销售过程中的问题,查找原因并采取灵活的应对策略,为日后积极争取目标顾客态度的转变做好必要的工作。

(七) 后续工作

达成旅游交易后,旅游人员推销的过程还并未结束,其后续工作也是必不可少的一个环节。在这一阶段,旅游销售人员要着手履行合同的各项具体工作,并做好跟踪服务和售后服务工作,及时、妥善地处理旅游服务中可能出现的各种问题,保证顾客对旅游产品与服务形成满意的态度。同时,从旅游地和旅游企业的长远发展角度来看,旅游销售人员应与顾客保持和建立长期的良好关系,促使他们重复购买或进行正面宣传,为旅游地和旅游企业带来更多的新顾客。

四、旅游销售人员应具备的素质

旅游销售人员在销售活动中,经常要面对复杂多变的市场环境,与各种类型的目标顾客实际接触,这就对旅游销售人员的综合素质提出了更高的要求。一般来讲,旅游销售人员在销售活动中应具备的素质包括以下几个方面:

(一) 责任感与自信心

旅游销售人员代表的是企业的形象,是连接企业与目标顾客、企业与经销商的纽带。销售人员的任务,不仅仅是与目标顾客和经销商实际接触并销售产品与服务,同时他们还担负着不断拓展市场、帮助旅游地和旅游企业树立市场形象的重任。因此,作为一名旅游销售人员,必须富有使命感,勇于承担责任,勇于挑战自我,对待客户要诚实信用、客观公正,不弄虚作假,从点滴小事做起,只有这样,才能成为一个得到认可和尊重的优秀销售人才。

旅游销售人员在客户面前只有信心十足,才能让客户相信和接受其所销售的产品与服务。销售人员的自信心一方面来自对自身工作的责任感和对实现自我价值的追求,另一方面也源自对所销售产品的了解。可以说销售成功的关键是销售人员要找到产品与服务所能提供的、独特的、可以满足客户特定需求的利益和价值,这就要求每个销售员都必须具备一定的专业素质,熟练掌握所销售产品的相关知识。

(二) 勤勉与沟通能力

销售人员经常早出晚归,整天奔波于城市之间或客户之间,或在客户认为任何方便的时间与客户洽谈,没有固定的工作时间,有时工作时间外也需要加班加点;同时,销售人员工作繁重,对所负责区域的所有与销售相关的工作都需要亲力亲为,如市场调研、市场规划、促销策划、客户开发、客户管理、投诉处理等基础性工作。因此,销售人员应具备勤勉、扎实的工作态度,制定明确的目标鞭策自己,不怕失败,不气馁,不放弃,以积极的心态和饱满的激情,用一种必胜的信念来面对客户和旅游者。

一般而言,成功的交易建立在良好的客情关系基础之上。作为旅游销售人员,必须具备良好的沟通技巧和沟通能力,这是做好销售工作的前提和基础。优秀的销售人员总会想方设法接近客户,尽量与客户达成共识,从而促成交易。锻炼和提高良好的沟通力要从四个方面入手:首先,要深入理解和把握客户的态度、兴趣、需求和行为特点,了解其显在的和潜在的感受与想法;其次,要迅速地对目标顾客的实际需求和诉求做出积极的反应,并采取相应的沟通技巧,采取引证法、案例法、推理法等,找到客户的兴趣点和利益点来进行说服工作;再次,在与客户保持沟通的过程中,要跟踪了解客户的满意度和感受,注重与客户建立起友好的、互惠互利的合作关系;最后,旅游销售人员还要具有敏锐的市场洞察力,及时收集市场信息,通过各种途径获取竞争者的有用信息,并迅速反馈信息,以利于企业抓住转瞬即逝的市场机会。

(三) 自我调节, 自我激励

市场开拓是一项艰苦的工作, 许多潜在市场的开发都是靠销售人员艰难推进的, 有时客户对陌生的销售人员也易产生抵触情绪, 因此, 旅游销售人员在开展工作的过程中碰壁或遇到挫折的情况是常见的。由于旅游销售人员通常都担负着一定的销售任务, 因此, 旅游销售人员的工作压力是可想而知的。这就要求旅游销售人员在面对挫折和困难时, 要不断地用成功的销售案例和励志人物激励自己, 多学习优秀的销售人员取得成功的销售心得和技巧方法, 了解其成功背后所需要付出的艰辛努力, 以此自我激励、自我驱动、自我调节, 科学地释放压力, 以积极、乐观的心态和坚韧不拔的毅力, 出色地完成任务。

(四) 善于学习, 善于总结

根据心理学的基本原理, 一个人的素质是内在的, 是通过能力反映出来的, 而一个人的能力是可以培养和提高的。旅游销售人员要想取得成功, 就必须善于学习, 在日常工作中, 要从点滴做起, 加强业务培训和学习, 注重培养和提高自己的销售能力, 包括客户谈判能力、思考和沟通能力等, 也要学习如何处理来自客户的异议与投诉等。同时, 旅游销售人员还应在销售实践中不断摸索, 要善于总结自己和他人的工作经验, 从失败中反省错误, 这有利于销售人员全面了解自身特点, 发现存在的缺点与不足, 从而做到不断地提高自身综合素质和工作能力, 找到改进工作的方法和思路。

第十章 生态旅游市场营销管理

导言：保证旅游企业顺利实现市场营销战略目标的关键环节是制定与实施市场营销计划，生态旅游市场营销活动要围绕着营销计划来进行。营销计划的制定和实施需要依靠一定的企业组织来完成，也需要企业定期对其执行过程进行评价和控制。本章主要从旅游市场营销管理角度，对旅游市场营销组织、旅游市场营销计划和旅游市场营销控制等管理过程和管理内容进行探讨。

本章学习内容：生态旅游市场营销管理过程；生态旅游营销组织；生态旅游市场营销计划；生态旅游市场营销控制等内容。

第一节 生态旅游市场营销管理过程

生态旅游市场营销管理是指旅游企业为了实现一定的生态旅游营销目标，对生态旅游经营活动所进行的计划、组织、实施与控制的管理过程。也就是旅游企业识别、发掘、分析和选择市场机会，制定并实施市场营销战略和策略，以实现旅游企业生态旅游市场营销任务和目标的过程。

生态旅游市场营销管理过程主要由五个步骤组成，即分析生态旅游市场机会、选择目标市场、制定市场营销战略、制定市场营销计划、实施和控制营销计划，如图10-1所示。

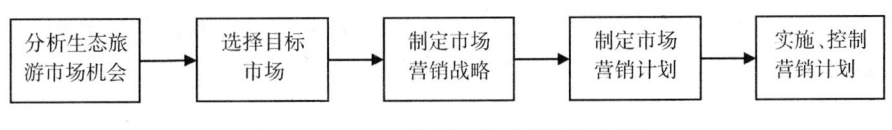

图10-1 生态旅游市场营销管理过程

一、分析生态旅游市场机会

分析生态旅游市场机会是生态旅游市场营销管理的前提和基础。在生态旅游市场营销中，市场机会是相对的，关键在于旅游目的地和旅游企业是否能在市场调研的基础上，及时发现恰当的市场机会，并加以充分利用，发挥市场优势，比现实和潜在的竞争者抢得市场先机,在日益加剧的生态旅游市场竞争中占据有利地位。

(一) 分析旅游市场需求变化趋势

从生态旅游市场营销的角度看,生态旅游者未被满足的需求就是市场机会。生态旅游市场中新的需求不断出现,这为旅游企业寻求和发掘新的市场机会提供了可能性。通过分析和把握生态旅游市场需求变化的趋势,旅游企业要适时开发能满足新的旅游需求的产品,使自己的产品不仅能在旅游者心目中占据一个明确的、与众不同的、有吸引力的地位,而且能扬长避短,把握市场先机。如近年来,西方发达国家的许多生态旅游者已不满足于多年来形成传统的海滨旅游、高山滑雪、乡村度假等生态旅游活动,开始将生态旅游兴趣转向森林徒步、登山健身、观鸟等生态体验游,对领略奇异民族文化的需求也越来越明显,前往非洲、亚洲、拉丁美洲等地区的生态旅游者呈快速上升趋势,这直接反映出了生态旅游市场的发展趋势。因此,旅游企业要把握生态旅游市场上的这种需求变化,发现新的生态旅游市场机会,规划未来营销战略的方向和重点。

(二) 进行经常性的市场调研

由于旅游企业内外环境因素的作用逐渐明显,旅游市场的竞争性日益突出,旅游企业应密切关注宏观环境各因素的变化趋势,重视市场调研活动,对宏观环境、市场需求、市场竞争状况、现实和潜在的生态旅游者及其购买行为等进行适时、动态的信息收集和市场调研活动。除此之外,旅游企业要运用科学、高效的调研方法,加强对产品、价格、分销和促销策略及其组合进行调研,提供有用的市场信息,为生态旅游市场营销战略和策略的制定提供科学依据。

(三) 建立完善的市场信息系统

旅游企业在市场调研的基础上,要建立起市场营销信息系统。如果企业没有一个完善的市场信息系统,不经常进行各种市场调研活动,而单凭经验臆断,或假设性的分析预测,很难发现适合于企业发展的市场机会。完善的市场营销信息系统为旅游企业分析市场机会提供了大量的信息数据,企业决策人员利用这些信息和数据,能从中寻找和识别各种生态旅游的市场机会。

二、选择目标市场与制定市场营销战略

旅游市场营销战略是指为了实现市场营销目标而对一定时期旅游市场营销活动的总体安排和规划。随着国内外市场环境的变化和市场竞争的加剧,生态旅游市场营销战略日益成为企业营销体系的核心和支柱。旅游企业在分析市场机会的基础上,通过市场细分,选择适合本企业且在以后相当长的时期内最为有利的一个或几个细分市场作为营销重点,由此制定出能够取得营销成功的市场定位战略和策略。

（一）细分市场

旅游企业制定市场营销战略的第一个步骤是进行市场细分。生态旅游市场细分就是把生态旅游产品购买者按照一定的标准（人口统计因素、地理因素、心理因素、行为因素等）划分为若干不同需求特征的旅游者群的过程。旅游企业只有在做好充分市场调研的基础上，准确地细分市场，才能选择和确定旅游目标市场，这也是制定生态旅游市场定位战略的必要前提。

（二）选择目标市场

生态旅游目标市场就是旅游企业选择要进入的细分市场。旅游企业要根据自己的实际经营能力（销售能力、管理能力、资金实力、人力资源情况等）确定最有利的、机会最大的一个或几个细分市场，作为自己的目标市场。在具体目标市场的选择过程中，旅游企业一般采取定性与定量相结合的方法，对细分市场的规模效益、开发价值和增长潜力等进行测量和评估。在选定的目标市场上，旅游企业一般可以采用无差异性、差异性和集中性三种市场营销策略。

（三）市场定位

在市场细分和目标市场选择的基础上，生态旅游市场营销战略的第三个步骤是进行市场定位。即在选定了目标市场后，旅游企业为了树立旅游企业的市场形象，建立有别于竞争对手的市场优势，要在每个细分市场上实施定位战略，以便正确、有效地制定和实施生态旅游营销组合策略，进入和占领这些目标市场。

三、制定、实施与控制市场营销计划

制定、实施与控制生态旅游市场营销计划，是旅游企业实现市场营销战略目标的重要保证。在生态旅游营销计划的制定与实施过程中，要随着市场环境的变化对营销计划本身进行不断的改进与调整，从而使营销计划更符合市场实际状况。旅游企业的市场营销活动都应该围绕着营销计划来进行，而营销计划的实施需要依靠旅游企业定期以不同方式对其执行过程进行评价和控制。

（一）制定市场营销计划

为了保证营销战略得以顺利贯彻执行，旅游企业营销部门要制定详细的市场营销计划。生态旅游市场营销计划主要包括产品与市场管理计划、产品发展计划、市场开拓计划、产品销售计划、产品定价计划、销售渠道管理计划、促销计划、投资利润目标计划等。一份正规的市场营销计划书应包括以下内容：内容摘要、目前营销现状分析、营销机会与风险及结论、计划期营销目标、计划期营销战略、营销战略的实施计划、营销费用预算和利润目标计划、营销计划分阶段实施与控制措施等。

（二）实施市场营销计划

实施过程是旅游市场营销计划得以顺利实现的关键环节。生态旅游市场营销计划的实施主要包括销售进度管理、市场营销活动中的公共关系、销售风险管理、销售成本管理、销售价格管理、销售利润管理、销售信息管理、销售人员管理、产品促销管理、新产品开发管理等方面的具体内容。另外，为了保证实施效果，旅游企业要建立适当的组织结构和信息、控制与奖惩体制，以推进营销计划的顺利贯彻落实。应该注意的是，计划只是旅游企业的诸多职能之一，旅游企业营销计划的实施离不开其他职能部门的配合与协调。

（三）控制市场营销计划

市场营销计划控制主要是对市场营销计划中的销售效益、销售进度和销售绩效等进行评价与控制，涉及销售收入、销售成本和销售利润等控制指标。此外，旅游企业也对销售政策、市场调查、广告促销、销售人员工作、新产品测试等营销活动进行必要的绩效评价和控制。需要强调的是，旅游企业在确定控制对象、控制内容、控制范围时，应注意控制幅度和控制时间跨度问题，尽量做到控制成本最小化。

第二节 生态旅游营销组织

生态旅游营销活动是通过一定的营销组织机构来进行的。有效地制定和实施生态旅游市场营销战略与计划，必须以完善的旅游营销组织为基础。从总体上说，生态旅游营销组织就是为了实现生态旅游营销目标，而从整体上对企业的全部市场营销活动进行控制、平衡和协调管理的系统性组织结构及相关人员的集合。生态旅游营销组织的建立必须符合科学合理、精简高效的原则，并且要与旅游企业自身的经营特点和市场状况相适应。

一、生态旅游营销组织设置的原则

为了更好地完成生态旅游营销的战略目标，在设置营销组织时必须遵循一定的原则，主要包括以下几个方面：

（一）明确任务目标

生态旅游营销组织与旅游企业的其他组织形式一样，必须要有自己特定的任务和目标。旅游企业在设置营销组织时，首先必须坚持以旅游企业的核心业务为中心，按业务活动的内容来设置岗位，并配备相关人员；其次，要逐级落实岗位职责和目标，落实和协调各项工作任务；再次，为了更好地完成工作任务，还要注重调动员工的积极性和主动性,提高员工的工作积极性。除此之外,为了有效地提高工作效率,旅游企业要制定完善的绩效考核制度,对组织任务和目标的落实情况进行科学、合理的评价。

(二) 确定合理的管理幅度

管理幅度通常是指一名管理者能够有效进行直接管理的下属人数。一般说来,确定管理幅度的大小应考虑营销组织中管理者与其下属双方的工作能力和工作需要,以及组织沟通情况、组织环境和组织自身的变化要求等。生态旅游营销组织的管理幅度应灵活确定,一般以3~6人为宜。如果工作需要,同时营销组织管理者能力较强,管理幅度是可以适当增加的,但不宜超过十人。

(三) 加强专业分工

提高生态旅游营销组织管理效率,离不开组织内部的专业分工和协作。加强生态旅游营销组织分工的专业化,主要是指生态旅游营销业务活动专业化,即将同种性质的业务活动尽可能地集中起来,由职能部门管理人员进行统一部署和管理,以便于充分发挥管理人员和营销人员的专业经验和技能,提高相关营销部门的管理水平和工作效率。

(四) 责权利相统一

生态旅游营销组织的设置必须坚持责权利相统一的原则。在生态旅游营销组织结构的运行过程中,责任、权力和利益三者之间是不可分割的,其中责任是核心,权力是保证,利益是动力。为了做到三者的统一、协调和平衡,旅游企业首先要以制度形式规定岗位职责,明确每位员工应负的责任,并尽可能以量化指标进行考核和评价;其次,要适当分权,扩大组织管理者和相关营销人员的权限,促使其通过正确行使权利来实现营销目标;最后,应依据"按劳分配"的原则,在营销绩效考核的基础上,建立起合理的激励机制,对营销人员进行必要的物质奖励和精神激励。

二、旅游市场营销组织结构的演变

现代旅游企业市场营销组织结构是随着其经营观念的长期演变、发展,以及企业自身的成长而逐步形成的,经历了由简单到复杂、由混乱到有序、由单一的推销部门发展为健全高效的现代营销组织体系的演变过程,大致可分为五个阶段。

(一) 简单的销售部门结构

当旅游企业在经营过程中主要以生产和产品观念为导向时,其组织设置多采用的是简单的销售部门结构形式,即企业的目标、规划和产品及其定价等主要由生产和财务部门决定,销售部门的职能仅限于推销旅游产品。而对如何制定市场发展战略、开发潜在市场等问题,销售部门几乎没有决策权,甚至在有的企业中,销售部门没有独立出来,而从属于企业的供销职能部门。另外,与销售相关的市场调研、广告宣传等活动,也多由销售经理全权直接管理。因此,在这样的组织结构中,销售与营销职能往往是混同的,其组织结构形式如图10-2所示。

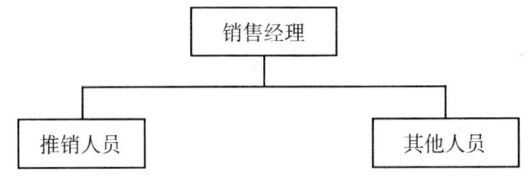

图10-2 简单的销售部门结构

(二) 兼有其他营销功能的销售部门

随着市场营销观念的发展,以及旅游市场的竞争日趋激烈,旅游企业除了设置销售职能部门,依靠推销人员完成销售任务外,还需要进行经常性的市场调研、广告宣传,以及各种促销活动。因此,为了实现营销目标,旅游企业开始专门设置市场营销主管和营销人员,专门负责规划和管理这类工作,使得旅游企业的一些营销功能得到加强,其营销组织结构如图10-3所示。

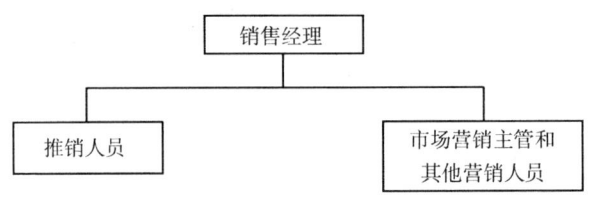

图10-3 兼有其他营销功能的销售部门结构

(三) 独立的营销部门

随着旅游企业规模和经营范围的进一步扩大,企业营销调研、新产品开发、广告促销等市场营销职能的作用越来越重要,市场营销部门独立存在的必要性日益体现出来,销售和市场营销成为相互独立的、平行并列的两大职能部门,其组织结构形式如图10-4所示。

(四) 现代市场营销部门

销售部门与市场营销部门并列存在时,其工作目标和着眼点经常是不同的。销售部门常倾向于短期销售任务和利润目标,营销部门则关心长期市场发展目标,因而销售部门与营销部门存在很大的分歧,易在工作中产生矛盾和冲突。从旅游企业经营管理的角度讲,这两个部门实质上都是企业市场营销工作的有机组成部分,因此,随着市场营销观念的进一步发展,旅游企业开始采取销售和营销两部门合二为一的做法,

第十章 生态旅游市场营销管理

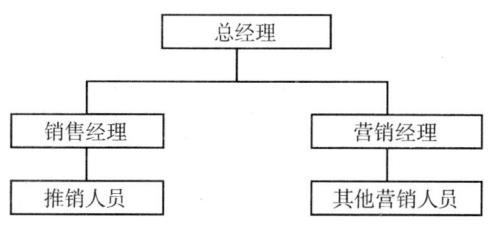

图 10-4 独立的营销部门结构

销售成为市场营销管理过程的一部分并入市场营销部门，形成了现代市场营销组织形式的雏形，如图 10-5 所示。

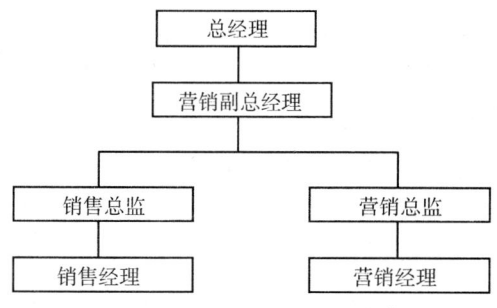

图 10-5 现代市场营销部门结构

（五）现代市场营销组织

事实上，不能因为旅游企业设置了营销部门和营销经理，就称其为现代市场营销组织。在生态旅游市场营销中，旅游企业只有以社会营销观念和绿色营销观念为指导思想，在经营理念上进一步强调企业的社会责任并使之全员化，同时其营销组织能够做到职能完善、分工明确，才能称其为现代市场营销组织。

三、现代旅游市场营销组织形式

为保证旅游营销战略的实施和有效控制，一个必备条件就是要设置与之相适应的现代旅游市场营销组织，并不断对其结构形式进行优化和调整。依据以消费者为中心的营销理念，现代旅游企业的市场营销组织形式的设置和调整，主要考虑旅游营销活动的职能要求、地区覆盖、旅游产品与市场特征等因素。从总体上看，现代旅游营销组织的形式多种多样，常见的有职能型营销组织、地区型营销组织、产品管理型营销组织、市场管理型营销组织和矩阵型营销组织等类型。

（一）职能型旅游营销组织

职能型组织是一种基本的营销组织形式，即旅游企业按照所涉及的各种市场营销职能分工情况,如渠道建设、销售管理、广告与促销、市场调研、市场策划、顾客服务等,分类设置相应的职能部门和管理人员,在市场营销副总裁(或副总经理)的统一领导下,协调各职能部门的营销活动。这种组织形式简单易行,且便于管理,但随着旅游企业产品类型的增多和市场的扩大,这种组织形式会暴露出一些弊端,如当各职能部门都强调自身的重要性时,会出现相互竞争的现象,使得企业营销副总裁或副总经理经常面临着调解部门纠纷的难题;有时也会出现因市场营销计划制定不周,导致某项产品或某个市场无专人负责的管理漏洞。其组织形式如图 10 – 6 所示。

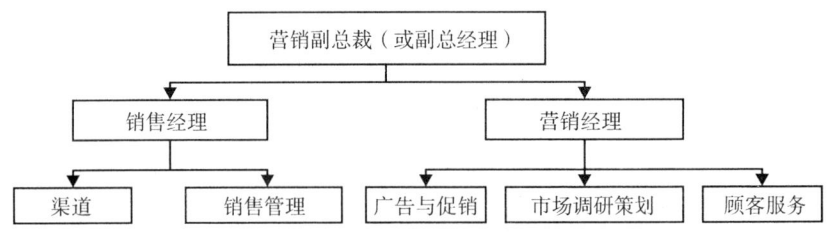

图 10 – 6 职能型旅游营销组织

(二) 地区型旅游营销组织

当企业销售范围较大,需要有针对性地开拓和管理区域市场时,旅游企业就在职能型营销组织形式的基础上,按照地理区域设置营销组织形式并安排管理人员,形成较为严密的地区型营销组织系统,如图 10 – 7 所示。地区型营销组织的设置一般从较大区域到较小区域,依次布局全国销售经理、区域销售经理、地区销售经理、地方销售经理和相关销售人员,其管理幅度也逐渐增大,各区域经理根据本区旅游市场的实际情况,制定年度营销计划,并负责具体实施。当旅游市场销售范围不断扩展到新的区域,甚至国外市场时,这种营销组织形式的优越性就更加明显。

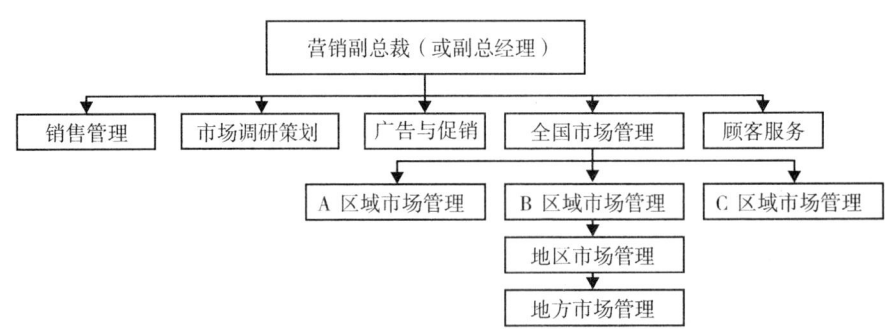

图 10 – 7 地区型旅游营销组织

(三) 产品管理型旅游营销组织

经营多种产品或多个品牌的旅游企业往往采用产品管理型营销组织,即企业按产品或品牌建立市场营销组织，由一名营销副总裁或副总经理统一领导，协调各部门的职能活动，其中由产品主管经理负责管理若干个产品大类经理，产品大类经理下设若干个具体产品经理，其营销组织结构如图10-8所示。在这种组织形式中，产品经理的主要任务是制定和实施产品发展战略与营销计划，采取有效的管理措施，鼓励和刺激销售人员与经销商积极提高销售量，监督市场销售计划的执行，并根据执行效果适时进行必要的调整和改进，以适应不断变化的旅游市场的需求。

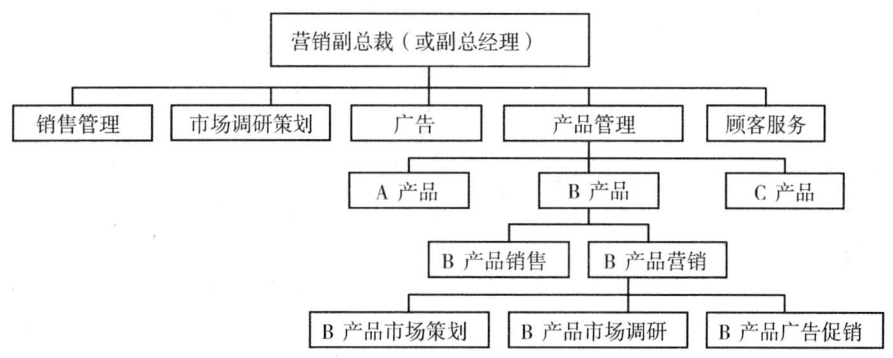

图10-8 产品管理型旅游营销组织

采取产品管理型营销组织具有较多的优点：①由于有专人负责各产品市场营销计划，产品经理能够对市场变化做出快速反应，制定和实施有针对性的产品营销组合策略；②产品经理能及时了解各产品在营销过程中可能出现的问题，并及时做出反应，有利于促进产品的销售；③由于产品经理在管理过程中要涉及营销管理的各个方面，因此，这种营销组织形式有利于锻炼和培养优秀的市场营销管理人员。

但是，产品管理型营销组织也存在一定的缺陷，主要表现为：①由于过多强调产品销售的个人负责制，使得产品经理缺乏全局观，加之由于人员经常调整和任期较短等因素，往往会影响其所负责的旅游产品的长期优势的建立；②由于产品销售人员不断增加，导致了企业营销费用支出明显增长，直接增加了产品销售成本；③采取产品管理型营销组织有时会造成销售与制造、促销等部门的冲突和摩擦，不易协调。

（四）市场管理型旅游营销组织

在组织结构形式上，市场管理型旅游营销组织与产品管理型旅游营销组织类似，不同的是市场管理型旅游营销组织主要是以目标市场上旅游者的类别来设置市场营销组织形式的，即由市场营销主管经理统一协调和组织企业内部与营销相关的各职能部门的经营活动，在主管经理的统一领导下设立若干个具体的市场经理，每一个市场经理负责制定所辖市场的长期市场开拓计划和年度销售计划，其组织结构如图10-9所示。

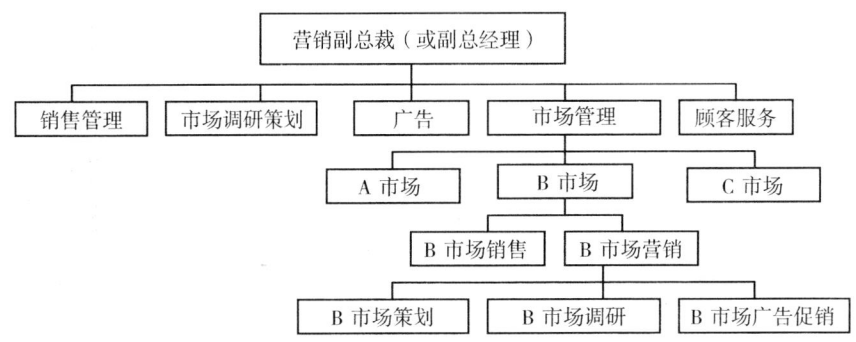

图 10 - 9 市场管理型旅游营销组织

这种组织形式的主要优点是旅游企业能关注到目标市场上不同旅游者的需求特征，可以保证"以顾客为中心"，围绕目标顾客的需求开展整体化的营销活动，克服了旅游产品或地区市场彼此分离的弊端；同时，各细分市场经理负责所辖市场的各项利润计划，职责明确，有利于加强重点市场的销售工作。其缺点是存在着权责不清和多头领导的矛盾；同时，各类生态旅游者分散分布，管理难度较大，所需成本也较高。

（五）产品—市场矩阵型旅游营销组织

除了上述四种旅游营销组织外，对于既面向不同市场，又生产多种不同旅游产品的大型旅游企业，还可以采取较为复杂的产品—市场矩阵型营销组织形式，即采取产品经理与市场经理相互交叉的矩阵型组织形式。以某酒店为例，其产品—市场矩阵型营销组织形式如图 10 - 10 所示。其中产品经理负责产品的销售和计划，为产品寻找更广泛的销售对象，市场经理则负责开发现有和潜在的市场。这种组织形式执行难度较大，企业一般只对那些相当重要的产品和市场才同时设置产品经理和市场经理。这种组织结构的优点是能够集中各职能部门的专业人才优势，集中开发市场，有利于提高营销效率；其不足之处主要是管理费用较高，同时，由于各部门间权力和责任界限相互交叉，在具体营销活动过程中增加了管理控制与协调的难度，若产品经理和市场经理协调不力，很容易产生内部矛盾和冲突。

图 10 - 10 产品—市场管理型旅游营销组织（以某酒店为例）

除了上述五种旅游市场营销组织形式外，随着市场规模的不断扩大，少数经营多种产品的大型旅游企业将各大产品部门升级为独立的事业部，各事业部下再设立相关的营销职能部门和管理人员，这种组织结构称为事业部型营销组织形式。

四、旅游企业营销组织设置中应考虑的因素

与一般企业类似，旅游企业在选择、设置其营销组织结构时，要重点考虑下列因素：

（一）旅游企业的经营目标

旅游企业的经营目标不同，其市场营销组织机构的设置就可能不同。如果旅游企业的经营目标是突出产品经营特色或强调专业化方向，一般会选择产品管理型营销组织形式；如果旅游企业的经营目标在于不断扩大市场销售范围，并稳固地占有市场，则多选择地区型营销组织形式或市场管理型营销组织形式；如果旅游企业规模较大，经营目标是进一步扩大企业经营范围，或选择集团化发展，同时，负责营销工作的营销经理具有现代营销观念和经营管理经验，则可以选择综合性的产品—市场矩阵型营销组织形式。

（二）旅游企业的规模

一般来说，市场营销组织的层级设置与旅游企业的经营规模状况是相适应的。旅游企业规模越大，其人力、物力和财力就越强，市场营销投入越高，管理幅度也相应增大。在这种情况下，旅游企业的营销组织层级较多，需要较多的营销人员，设置的专职部门也比较齐全，管理就会复杂一些。反之，旅游企业规模较小，需要的营销专职人员则较少，市场营销组织层级也会相对简单一些。如一家小型旅游企业，可能有一个或几个专职负责营销工作的管理人员就够了，而对于大型旅游企业而言，则需要几十人，甚至成百上千的市场营销管理人员和一线销售人员，以不断扩大市场销售业绩。

（三）旅游产品的特点

旅游产品的特点主要指生态旅游产品的差异性、种类、品质、服务质量等情况。如果旅游企业经营的生态旅游产品类型单一，那么企业只需针对该类型产品的目标市场设置相应的组织机构，这时旅游企业一般会采取由营销总经理负责的职能型或地区型营销组织形式，其营销组织的设置相对简单一些。如果旅游企业经营的生态旅游产品种类较多，且各类产品间差异性较大，则旅游企业一般会采取由产品经理负责的产品管理型营销组织形式。如果旅游企业经营的生态旅游产品种类不仅多，而且市场范围较广或市场情况较为复杂，旅游企业就会考虑设置市场管理型营销组织形式，对各大类生态旅游产品的市场销售进行有效管理；或采取产品—市场矩阵型营销组织形式，以加强各类生态旅游产品的市场开拓工作。但无论经营单一的还是多种类型的生态旅

游产品,旅游企业都要根据生态旅游产品目标市场的具体特点,设置相应的旅游营销组织形式,以有效地提高市场营销效率。

(四) 旅游市场的状况

旅游企业进行组织机构设置时,还要充分考虑生态旅游市场的规模和需求状况等因素。如果旅游企业面对的市场范围广阔,旅游者的社会文化背景差异较大,可采用以地区型或市场型为主的营销组织形式。而对于规模不大的生态旅游目标市场,旅游企业可选择简单一些的职能型或产品管理型组织形式,以便于加强区域生态旅游市场的营销控制和管理,稳固地占有目标市场。如果旅游企业实施的是市场多元化发展战略,则应考虑选择设置地区型营销组织、市场管理型营销组织,或者是地区型和市场管理型混合型营销组织,以确保旅游企业对现有市场的有效控制,并不断开拓新的潜在市场。

第三节 生态旅游市场营销计划

管理的首要职能是计划。在企业营销战略确定后,就要制定相应的营销计划以确保营销战略的贯彻落实。在现代生态旅游市场营销活动过程中,营销计划的重要作用日益显现。制定切实可行的营销计划,不仅能使旅游企业进一步明确自身经营方向,而且有助于落实企业的生态旅游发展总体战略目标,顺利实现市场营销目标。由于各类旅游企业经营特点不一,不同旅游企业制定营销计划时,并没有统一的模式。生态旅游营销计划的制定一般涉及的是一些带有共性的内容,如分析和预测市场需求与供给状况、确立营销目标、编制营销预算、制定营销策略组合、营销计划的实施与控制等。制定营销计划通常以计划书的形式提交给主管经理。

一、制定生态旅游市场营销计划的基本程序

制定生态旅游市场营销计划的基本程序与一般旅游市场营销计划的基本程序类似,具体包括规定企业任务、环境分析、设置目标、制定市场营销战略、确定适当的市场营销组合策略、确定行动方案、编制营销预算,以及评价与控制等步骤,如图10-11所示。

(一) 规定企业任务

制定生态旅游市场营销计划的第一步是规定企业的任务,包括企业经营的宗旨、愿景目标、服务的范围、企业战略和远景规划等。企业任务决定了企业的发展方向,明确了企业经营的目的和要解决的问题。

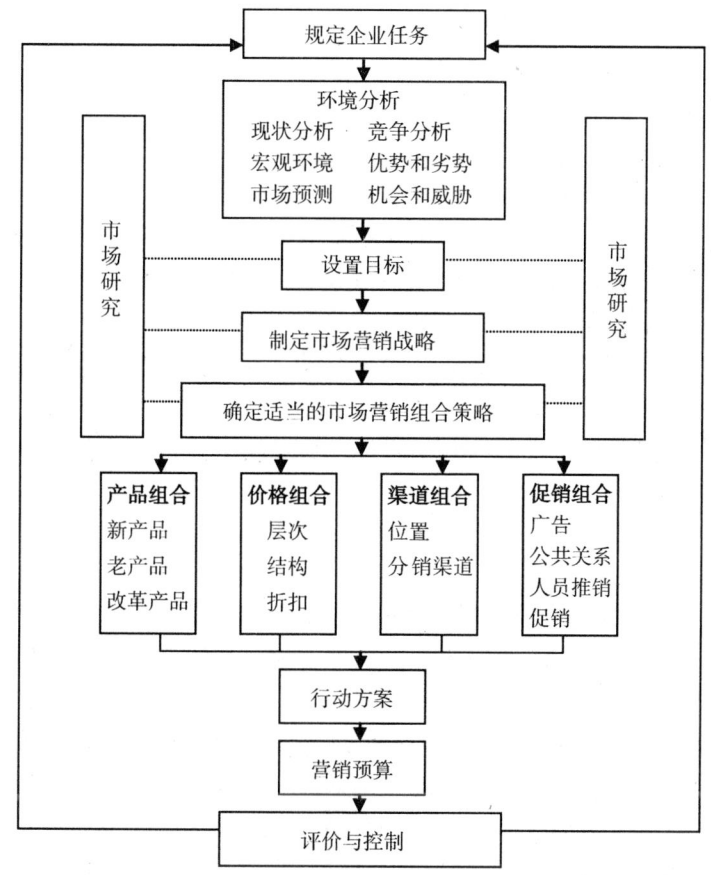

图 10-11 制定生态旅游市场营销计划的基本程序

(二) 环境分析

环境分析在制定营销计划的过程中是一个贯穿全过程的重要环节，环境分析的目的是为生态旅游市场营销战略和策略的制定提供依据，包括以下几个方面内容：①现状分析。即对旅游企业经营现状进行分析，具体包括产品与服务情况、目标市场与市场占有率、经营成本与利润率，以及供应商和分销商等内容。②竞争分析。即分析能对企业经营构成直接威胁的现实和潜在的主要竞争者，以及竞争者的战略和策略、相互竞争关系和发展态势等。③宏观环境分析。影响企业经营的外部宏观环境主要由政治法律因素、经济因素、人口统计因素、社会文化因素、技术因素和自然生态因素组成，这些因素的变化可能为企业带来新的市场机会或威胁，因此，旅游企业应密切关注这些不可控制因素的变化，并适时采取有针对性的营销战略和策略。④SWOT 分析。包括两大方面，一方面是优势和劣势分析，即分析旅游企业的市场竞争力、经营实力、市场形象与地位等方面的综合实力；另一方面是机会和威胁分析，即在宏观和微观环境分析的基础上，把握对企业市场营销活动产生直接或间接影响的市场机会和威胁。⑤市场调研与预测。即采用先进的调研方法，系统、客观地收集和分析市场信息资料，并做出科学的市场预测，为营销战略和策略的制定提供科学依据。

（三）设置目标

旅游企业的市场营销目标是指在本计划期内企业战略发展目标的要求下，在分析企业市场营销现状，并对市场潜力和趋势进行预测的基础上，制定的所要达到的目标，是生态旅游营销计划的核心部分，对企业制定营销策略组合具有指导作用。生态旅游市场营销目标应形成目标体系，具体包括财务目标和营销目标两类。其中，财务目标的制定既要体现稳定的长期投资收益率，也要保证企业在本年度内获取合理的利润，主要由利润率、销售额、投资收益率等指标组成；营销目标主要可以通过销售量、销售收入、市场占有率、营销渠道覆盖范围、旅游产品市场认知度等指标体现出来。旅游企业的财务目标必须转化为市场营销目标，通过一定的营销目标来实现企业的财务目标。

（四）制定市场营销战略

现代企业市场营销战略的核心是目标市场营销，即STP营销，具体包括市场细分、目标市场选择和市场定位三个相互关联的战略步骤。市场细分即选择地理环境、人口统计、心理因素和行为因素等不同细分变量，将整体市场划分为若干不同的顾客群。目标市场选择就是旅游企业选择最佳的一个或几个细分市场作为目标市场的过程，为了正确选择最佳的目标市场，旅游企业必须认真评估每个细分市场的规模潜力、吸引力和可能的竞争优势，并确定在目标市场上的具体营销策略。市场定位即旅游企业针对细分市场确定的相应的市场发展定位战略，其目的是为了采取正确、有效的市场营销组合策略，以便于树立企业良好的市场地位和形象，确立竞争优势，取得最大的经营效益。

（五）确定适当的市场营销组合策略

确定适当的市场营销组合策略，就是旅游企业在上述市场营销战略的基础上，根据实现营销目标的要求，制定的包括产品、价格、渠道、促销等营销策略在内的整体组合策略，其中也包括不同层次营销策略的组合。如生态旅游产品组合策略是旅游企业针对目标市场制定营销计划时所考虑的与产品有关的可控制因素，具体包括产品满足生态旅游者利益的程度、功能与特色、产品品牌信誉、旅游售后服务等。生态旅游价格策略应公平合理，既符合目标市场的消费能力和承受能力，也包含一定的环境保护管理费用。旅游企业针对旅游目标市场制定价格策略时应考虑的因素包括：生态旅游产品的生产成本、产品营销与管理费用、产品定价导向、折扣调价、付款期限、信贷条件等。生态旅游渠道策略就是通过建立和管理高效的分销系统，将适销产品从生产者手中转移到目标市场生态旅游者手中所经过的途径和环节，包括旅游批发商、旅游零售商、旅游辅助商等中间商和网络销售渠道。生态旅游促销策略是在广告、营业推广、人员推销、公共关系等促销策略组合的基础上，形成推式或拉式促销组合策略，达到与目标市场生态旅游者进行有效的沟通，并扩大销售的目的。生态旅游促销中要注意对推销等传统促销策略与网络推销等现代促销手段的有机配合和综合运用。

(六) 制定行动方案

旅游市场营销战略计划内容确定后,还必须制定详细的行动方案,即为实现计划而制定的实施计划和具体措施。行动方案中要明确规定计划实施中的关键性要求和任务,并将这些要求和任务具体落实到岗位和个人,相应地做出时间的规定。

(七) 编制营销预算

营销预算一般指为了实现营销目标,确保必要的营销活动顺利开展而需要企业拨付的经费。在制定市场营销计划的过程中,编制营销预算是一项必不可少的工作。旅游企业进行营销预算要综合考虑企业开拓新市场、实现营销计划的实际需要、企业以往的做法和竞争者的做法等多方面的因素,做出合理的营销预算安排,一般惯例是按旅游产品预计销售额的一定比例来进行核算。

(八) 评价与控制

由于生态旅游市场营销计划是针对未来市场环境所拟定的,因此,计划在实施中难免会出现这样或那样的问题,这就需要对营销计划的实施情况进行评价和控制。评价工作要随计划过程和进展情况进行,具体包括对计划期内各阶段计划执行情况的评价和计划期结束后的总体评价两部分。评价工作的最终依据是既定的营销目标,因此,营销目标制定的越详细、具体,评价工作就越能做到精确和有效。评价的目的是为了对计划实施有效的控制,通过控制及时发现问题,并在分析问题产生原因的基础上,采取相应的修正措施,以保证计划能够顺利执行下去。

二、生态旅游市场营销计划的实施

贯彻实施生态旅游营销计划和营销战略一般要经过以下五个步骤:

(一) 制定详细的行动方案

在旅游企业营销战略和市场营销计划的实施过程中,要制定详细的行动方案,实际上就是营销计划的具体执行方案。该执行方案中除了要明确营销战略计划实施的关键性要求和任务外,还要将具体执行责任落实到个人或作业单位,并明确规定计划执行的具体时间要求。

(二) 设置营销组织结构

生态旅游市场营销组织是贯彻实施企业营销战略和旅游营销计划的主要力量。旅游企业的战略和营销计划不同,相应的营销组织结构也不同,因此,生态旅游营销组织结构的设置应与企业营销战略和旅游营销计划保持协调性和一致性,与旅游企业自身特点和市场开拓要求相一致,以确保营销计划的顺利实施和市场营销预期目标的实现。

(三) 设计科学合理的薪酬制度

为了保证旅游营销计划的顺利实施，旅游企业必须设计科学合理的薪酬制度，一方面，要使营销工作绩效与效益挂钩，以利于调动企业员工的工作积极性；另一方面，也要注意不能使员工仅仅关注短期营销目标，还要促使其致力于企业长远发展目标的实现，并在这一过程中努力实现员工自身的价值。

(四) 建设旅游企业文化

建设旅游企业文化是旅游企业实现战略发展和市场营销计划的重要战略手段，对确立企业经营哲学和理念、塑造企业文化、引导员工的工作积极性和工作态度等具有重要的作用。旅游企业要加强企业文化的培育和建设，在员工中倡导并逐步形成共同的价值标准和基本信念，以确保在优秀的企业文化和严谨的管理氛围中，使生态旅游营销战略和营销计划的实施落到实处。

(五) 开发旅游人力资源

生态旅游营销战略和营销计划的实施离不开企业员工的共同努力，只有充分调动员工的积极性，努力开发人力资源，做到人尽其才，才能保证预期营销目标和营销计划的实现。生态旅游专业人才的培养和储备涉及人才招聘、培训、安排、考评、选拔、规划等一系列人力资源管理过程。

上述几个方面必须协调一致，相互配合，才能有效地保证旅游企业营销战略和营销计划的顺利实施。

第四节 生态旅游市场营销控制

旅游企业在实施营销战略和计划的过程中，往往会遇到实际执行状况与计划发生偏离的问题。因此，旅游企业必须对营销活动进行有效控制，使其与制定的营销战略目标相一致，并通过对不符合的营销计划及时进行评价和信息反馈，对营销计划进行必要的改进和调整，这是保证旅游企业营销战略和策略顺利实施的关键环节。

一、生态旅游市场营销控制的过程

生态旅游市场营销控制是旅游市场营销管理的重要组成部分。一般来讲，生态旅游市场营销控制是指旅游企业为了保证达到既定的营销目标，针对营销计划实施情况进行监督、评估和控制的活动。具体地，生态旅游市场营销控制就是检查旅游企业营销活动的实际进展情况，考查实际执行情况与原计划的偏差程度，分析发生这种偏差的原因,并对实际营销策略做出调整,以保证生态旅游营销目标的实现。

生态旅游市场营销控制过程实际上是一个目标管理体系,一般包括确定控制目标、评价执行情况、诊断执行结果和采取改进措施四个阶段,如图10-12所示。

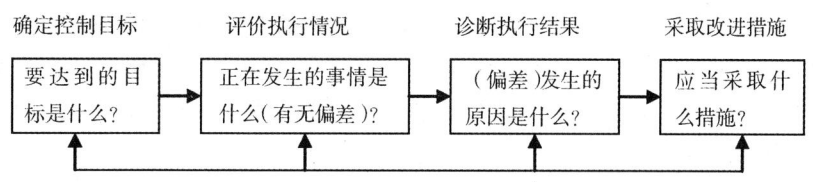

图10-12 生态旅游市场营销控制的过程

(一) 确定控制目标

确定营销控制目标,就是明确通过营销控制所要达到的目标是什么,这是将控制与计划结合起来的主要环节。控制目标应与营销计划目标相一致,但不同于营销计划目标的是,控制目标是对营销目标的分解,如营销目标是年度市场销售额,那么控制目标就可以是每季度或每月销售额。如果在营销计划中已经设立了量化的营销目标,也可以直接作为营销控制目标。

(二) 评价执行情况

为了做到有效地控制生态旅游市场营销计划的实施,就要适时量化评价各个营销控制目标的执行情况,这就需要建立营销控制标准。营销控制标准就是以某种评价标准来反映控制对象预期或可接受的活动范围。在多数情况下,生态旅游营销目标本身就决定了其控制标准,如预期达到的销售收入、利润额、市场占有率和销售增长率等。但对于另外一些控制内容,如销售人员的工作效率、广告宣传效果等,就要事先设定其评价标准,并尽可能确定一个浮动范围,加以量化评价。如可设定"每个推销人员全年应增加15个以上新客户"作为评价营销人员完成任务情况的评价标准。设定评价标准应客观、公正,并充分考虑到因产品、地区市场、竞争情况等不同所造成的评价标准的差异。

(三) 诊断执行结果

第三阶段就是将各个控制目标的执行结果与预期控制标准进行比较。若经比较发现执行结果与控制标准相一致,则营销控制过程就可以告一段落了;否则,就要转入营销控制的下一步,即对执行结果与控制标准不相符的情况,要深究其产生偏差的原因。导致执行结果产生偏差的原因可能有两种:一是来自企业外部环境,如政治经济因素变化、市场竞争状况变化等的原因;二是来自企业内部因素,如管理绩效差、执行力不够等的原因。

(四) 采取改进措施

当实际执行结果与控制标准产生偏差时，旅游企业就要采取适当的改进措施，这是营销控制的关键环节。针对上述可能产生偏差的两种原因，相应的改进措施也有两类。如果偏差是外部环境因素造成的，而外部环境因素是企业不可控制的因素，因此，企业只能充分把握并预测其客观趋势，并根据实际情况对计划目标进行调整；如果偏差是企业内部因素造成的，这属于执行过程中的问题，企业可以针对导致偏差的不同原因，采取相应的措施加以改进和提高。

二、生态旅游市场营销控制的类型

按照控制内容不同，生态旅游市场营销控制可分为四类，即年度计划控制、获利能力控制、效率控制和战略控制，如表10-1所示。这四种营销控制类型基本上构成了企业营销控制的整体，其中，前三种属于战术控制。

表10-1 生态旅游营销控制的分类

控制类型	责任人	控制目标	主要方法
年度计划控制	最高主管、部门经理	检查规定的计划目标是否实现	销售额分析、市场占有率分析、销售费用率分析、顾客态度跟踪
获利能力控制	营销控制主管人员	检查旅游业的盈利亏损状况	各产品、地区、细分市场、销售渠道、销售数量等方面盈利水平分析
效率控制	部门经理、营销控制主管人员	检查分项费用开支的效率与效益	人员、广告、销售促进和分销的准备情况分析
战略控制	最高主管、营销审计人员	检查旅游企业是否在最大限度地利用市场机会	营销效果评价、营销审计

资料来源：冯丽云. 现代市场营销学. 北京：经济管理出版社，1999.

(一) 年度计划控制

年度计划控制是指旅游企业在本年度内采取控制措施，检查实际绩效与所制定的计划之间是否存在偏差，并采取必要的改进措施，以确保生态旅游营销计划顺利实施的控制手段。年度计划控制的目的是确保实现年度计划中所确定的销售目标、利润目标和其他目标。

在实施年度计划控制时，首先，由旅游企业高层管理者将年度计划按目标要求分解为季度和月份的销售和利润等目标；其次，将这些目标进一步分解到企业内部各职能部门，并落实到相关责任人和每个员工，并确定绩效评价标准；最后，由管理者定期对计划实施绩效进行检查评价，找出偏差原因，并采取相应的改进措施。其中，评价年度计划目标实现程度的方法主要有销售分析、市场占有率分析、财务分析和生态旅游者态度分析等。

1. 销售分析

销售分析指旅游企业将实际销售额与计划销售额进行对比分析，评价在销售目标执行中造成差距的原因。通过全面分析评价，旅游企业要找出销售额下降的主要原因，并及时调整市场营销组合策略。

2. 市场占有率分析

市场占有率是反映旅游企业市场竞争力和市场地位的一项重要指标，市场占有率越高，说明旅游企业市场竞争力越强；反之，则说明旅游企业在市场竞争中处于劣势地位。通过具体分析本企业的绝对市场占有率和相对市场占有率的动态变化，有助于企业了解与其他竞争对手的关系，并根据影响市场占有率变动的关键因素，对营销计划进行调整和优化控制。绝对市场占有率和相对市场占有率的计算公式表示为：

$$绝对市场占有率 = \frac{本企业某产品的销售额}{该产品市场销售总额} \times 100\%$$

$$绝对市场占有率 = \frac{本企业旅游产品的市场占有率}{该产品市场最大竞争对手的市场占有率} \times 100\%$$

3. 财务分析

通过分析各种财务指标和财务状况，可以了解和跟踪企业的市场营销绩效，为确保年度营销计划各项指标的实现提供基础数据。主要财务指标有销售利润率（利润总额与销售收入的比率）、销售费用率（市场营销费用与销售额的比率）资本金比率（利润总额与资本金总额的比率）等。其中企业市场营销费用主要包括销售人员费用、广告费用、促销费用、市场调研费用、营销行政管理费用等。

4. 生态旅游者态度分析

生态旅游者对本旅游企业及产品的态度倾向，决定了其旅游决策和购买行为的倾向性。为及时调查了解生态旅游者的态度变化情况，及早发现市场销售的可能变化趋势，旅游企业可建立专门机构，实行生态旅游者态度跟踪制度。同时，旅游企业还可以通过设置和健全投诉机制、服务机制和建议机制来提高生态旅游者满意度。另外，也可以设立典型游客调查小组，通过定期游客调查对生态旅游者态度的变化进行动态跟踪分析。

（二）获利能力控制

在年度计划控制的基础上，旅游企业还需要对各种产品在不同地区、细分市场、分销渠道、产品和服务的获利能力进行控制，其控制结果将直接影响到旅游企业的营销策略组合和市场营销效率。

获利能力控制要通过对财务统计数据的一系列处理，把所获利润分摊到诸如产品、地区、分销渠道等营销环节，从而评价每一环节对于企业最终盈利的贡献率大小，从而为企业在产品项目开发、市场选择等方面提供决策基础。在这一过程中，旅游企业还要找出影响企业获利的主要因素，以便采取相应措施排除或减弱这些不利因素的影响，这项工作主要通过编制各种营销损益表来完成。例如，对某旅行社生态旅游线路产品的获利能力分析如表 10-2 所示。

表 10-2　某旅行社生态旅游线路产品获利能力分析

指标＼线路	森林游线路	温泉游线路	登山游线路	乡村游线路
销售收入（万元）	30	25	20	15
营运成本（万元）	11	10	12	14
营销费用（万元）	3.5	5	4.5	2.5
净利润（万元）	9.5	7.5	5.5	2.5
销售利润率（％）	31.7	30	27.5	16.7

从表 10-2 可以看出，在该旅行社生态旅游线路产品中，各线路销售在不同程度上都获得了成功，尤其以森林游线路的获利能力为最强，温泉游线路居第二位，而乡村游线路的销售利润率最低，按照该旅行社线路产品销售利润率不能低于 25% 的规定，显然乡村游线路的销售没有达到营销的目标要求。因此，企业必须对这条线路的营销现状进行调查分析，然后找出问题所在，及时采取措施加以纠正。

（三）效率控制

营销效率控制的目的是为了高效管理企业的销售人员，有效地开展广告和促销活动，以提高销售效率。企业营销效率主要包括销售效率、广告效率和营业推广效率等指标，旅游企业通过控制这几项指标来提高营销效率，保证营销计划及其目标的顺利实现。

1. 销售效率

生态旅游者从最初的接触、了解、询问、做出决定，到最后购买的整个过程，是一个完整的决策过程，旅游企业的销售人员要提高销售效率，帮助生态旅游者做出正确决定，尽可能地降低游客的流失。

2. 广告效率

测定广告效率有多种方法，常用的有媒体成本效率比较、目标市场成本效率测定、对生态旅游者的影响和广告信息保留率、生态旅游者的知晓率和产品与服务态度的变化等，这些信息可以通过各种市场调研方法获得。

3. 营业推广效率

狭义的促销即营业推广。旅游企业可选用的营业推广策略很多，包括各种能刺激生态旅游者产生兴趣和试用产品的方法。为了有效地控制营业推广活动的效率，旅游企业可以适时监控每项营业推广活动所花费成本与销售额的比率，即每单位销售额的营业推广成本，并将这一数值控制在一个合理的范围内。

（四）战略控制

战略控制是指旅游企业对整体营销效果进行审查，其目的是确保企业的营销战略目标、经营政策和战略措施能与市场营销环境的变化相适应。旅游企业通常运用"营销审计"手段，定期对其开拓市场的战略部署、战略进度及其合理化程度进行评价和控制。营销审计就是对旅游企业的营销环境、营销战略目标和具体营销战略实施过程进行独立的、系统的和定期的审查，它有助于旅游企业充分挖掘市场机会，发现营销战略导向及实施中的不足，并提出具体调整建议，以供企业决策管理层参考，从而从整体上提高旅游企业的营销效率。

参考文献

[1] 郭国庆. 市场营销学通论［M］. 北京：中国人民大学出版社，2000.

[2] 雍天荣. 旅游市场营销［M］. 北京：对外经济贸易大学出版社，2008.

[3] 菲利普·科特勒. 市场营销管理（第六版）［M］. 北京：科学技术文献出版社，1991.

[4] 万后芬. 绿色营销［M］. 北京：高等教育出版社，2001.

[5] 张广瑞. 生态旅游理论辨析与案例研究［M］. 北京：社会科学文献出版社，2004.

[6] 马勇，刘名俭. 旅游市场营销管理（第三版）［M］. 大连：东北财经大学出版社，2008.

[7] 吴必虎. 区域旅游规划原理［M］. 北京：中国旅游出版社，2001.

[8] 马勇，李玺. 旅游规划与开发［M］. 北京：高等教育出版社，2002.

[9] 杨正泰. 旅游景点景区开发与管理［M］. 福州：福建人民出版社，2000.

[10] 冯若梅. 旅游业营销［M］. 北京：企业管理出版社，1999.

[11] 赵西萍等. 旅游市场营销学［M］. 北京：高等教育出版社，2002.

[12] 杨桂华，钟林生，明庆忠. 生态旅游［M］. 北京：高等教育出版社，2000.

[13] 马勇，王春雷. 旅游市场营销管理［M］. 广州：广东旅游出版社，2002.

[14] 谢彦君. 基础旅游学［M］. 北京：中国旅游出版社，2001.

[15] 汪华斌，周玲. 生态旅游开发［M］. 北京：科学出版社，2000.

[16] 约翰·斯沃布鲁克. 景点开发与管理［M］. 张文等译. 北京：中国旅游出版社，2001.

[17] 崔凤军. 风景旅游区的保护与管理［M］. 北京：中国旅游出版社，2001.

[18] 刘焰. 中国西部生态旅游产品绿色创新［M］. 北京：经济管理出版社，2004.

[19] 王方华. 市场营销学［M］. 上海：复旦大学出版社，2001.

[20] David Weaver. 生态旅游［M］. 杨桂华，王跃华，肖朝霞，成海译. 天津：南开大学出版社，2004.

[21] 钟林生，赵士洞，向宝惠. 生态旅游规划原理与方法［M］. 北京：化学工业出版社，2003.

[22] 徐惠群. 旅游营销［M］. 北京：中国人民大学出版社，2008.

[23] 刘芳. 旅游市场营销［M］. 成都：西南财经大学出版社，2008.

[24] 冯丽云. 现代市场营销学［M］. 北京：经济管理出版社，1999.

[25] 张建春. 生态旅游研究 [M]. 杭州：杭州出版社，2007.

[26] 王大悟，魏小安. 旅游经济学 [M]. 上海：上海人民出版社，1998.

[27] 林南枝，陶汉军. 旅游经济学 [M]. 天津：南开大学出版社，2000.

[28] 魏小安. 旅游目的地发展实证研究 [M]. 北京：中国旅游出版社，2002.

[29] 国家统计局人口和就业统计司. 中国人口和就业统计年鉴——2011 [M]. 北京：中国统计出版社，2012.

[30] 卢云亭. 生态旅游与可持续发展 [J]. 经济地理，1996，16（1）：106-112.

[31] 李东和. 国际生态旅游市场分析 [J]. 旅游学刊，1999，14（1）：56-61.

[32] 罗明义. 生态旅游可持续发展——亚太地区部长级会议述评 [J]. 旅游学刊，2002，17（3）：75-78.

[33] 韩笑. 生态旅游及其绿色营销策略 [J]. 安徽农业科学，2007，35（31）：10083-10084.

[34] 于笑云，张玉钧. 生态旅游市场营销研究综述 [J]. 四川林勘设计，2008（1）：31-34.

[35] 顾晓艳，孟明浩，俞益武. 生态型旅游目的地客源市场特征研究 [J]. 福建林业科技，2006，33（1）：135-139.

[36] 郭来喜. 中国生态旅游——可持续旅游的基石 [J]. 地理科学进展，1997，16（4）：100-101.

[37] 贺春艳. 从生态旅游的三大效益再论生态旅游活动的形式 [J]. 旅游学刊，2004，19（1）：77-81.

[38] 郭英之. 入境旅游客源市场与营销策略研究——以徐州市的入境旅游为例 [J]. 商业研究，2002（22）：32-34.

[39] 胡建伟. 绿色营销——深度开发神农架旅游的市场战略选择 [J]. 北京第二外国语学院学报，1999，91（4）：50-55.

[40] 吴金林. 生态旅游的绿色营销体系研究 [J]. 林业经济问题，2004，24（5）：300-303.

[41] 张朝枝. 生态旅游的绿色营销特点及策略 [J]. 社会科学家，2000，15（6）：52-56.

[42] 周笑源. 生态旅游市场营销内涵及其产品策略 [J]. 旅游学刊，2004，19（1）：72-76.

[43] 黎洁. 我国生态旅游者特征与激励因素研究——以陕西太白山国家森林公园为例 [J]. 经济地理，2005，25（5）：720-727.

[44] 李燕琴. 国内外生态旅游者行为与态度特征的比较研究——以北京市百花山自然保护区为例 [J]. 旅游学刊，2006，21（11）：75-81.

[45] 甘澜. 旅游市场调查设计之浅探 [J]. 旅游学刊，1991，6（3）：27-32.

[46] 刘战慧. 基于STP方法的韶关市旅游客源市场分析与营销策略创新 [J]. 产业与科技论坛，2007（1）：52-54.

[47] 黄秀娟. 福建省国际旅游市场营销目标选择研究 [J]. 旅游学刊，2005，20

(2): 15-19.

[48] 杨效忠, 章锦河, 陆林. 淮南市旅游市场定位与营销策略分析 [J]. 资源开发与市场, 2000 (6): 370-372.

[49] 豆均林. 我国传统旅游目的地营销的再定位策略——以桂林为例 [J]. 社会科学家, 2004 (4): 119-121.

[50] 刘明明. 生态类旅游产品开发模式 [J]. 合作经济与科技, 2006 (10): 33-34.

[51] 丁明磊. 构建西部生态旅游产品的若干思考 [J]. 广西梧州师范高等专科学校学报, 2005, 21 (2): 31-34.

[52] 刘焰. 湖北省生态旅游产品绿色创新 [J]. 科技创业月刊, 2007 (2): 11-13.

[53] 王瑛, 邱云志. 四川生态旅游市场营销策略研究 [J]. 乐山师范学院学报, 2006 (3): 87-90.

[54] 郭鲁芳. 旅游企业品牌战略探讨 [J]. 旅游科学, 2001 (3): 20-23.

[55] 周年兴, 沙润. 旅游目的地形象的形成过程与生命周期初探 [J]. 地理学与国土研究, 2001, 17 (1): 55-58.

[56] 黄学银. 品牌内涵的发展与品牌创建者的变化 [J]. 商业研究, 2002 (1): 52-55.

[57] 黄震方, 李想. 旅游目的地形象的认知与推广模式 [J]. 旅游学刊, 2002, 17 (3): 65-70.

[58] 彭代武. 旅行社加强品牌经营刻不容缓 [J]. 旅游管理, 2003 (1): 60-64.

[59] 孙静. 黑龙江省森林生态旅游产品营销对策 [J]. 东北林业大学学报, 2005, 33 (1): 75-76.

[60] 于笑云. 王朗国家级自然保护区生态旅游市场营销研究 [D]. 北京林业大学硕士论文, 2009.

[61] 薛群慧. 太湖源生态旅游营销模式案例启示 [J]. 旅游研究, 2010, 2 (1): 30-35.

[62] 陶卓民, 储震. 江苏环太湖地区生态旅游产品的开发设计和发展初探 [J]. 南京师范大学学报 (自然科学版), 2000, 23 (4): 126-129.

[63] 何梅青. 自然保护区生态旅游产品的设计探讨——以三江源自然保护区为例 [J]. 西华大学学报 (哲学社会科学版), 2007, 26 (1): 72-75.

[64] 刘亚萍, 何平. 对生态旅游价格构成涵义的思考 [J]. 旅游科学, 2003 (3): 22-25.

[65] 燕珍. 生态旅游营销中的价格策略研究 [J]. 产业观察, 2004 (6): 107-109.

[66] 刘忠伟, 王仰麟, 陈忠晓. 景观生态学与生态旅游规划管理 [J]. 地理研究, 2001, 20 (2): 206-212.

[67] 刘德谦. 中国生态旅游面临选择 [J]. 旅游学刊, 2003, 18 (2): 63-68.

[68] Pamela A. Wight. North American Ecotourism Market: Motivations, and Destinations [J]. Journal of Travel Research, 1996 (3): 97.

[69] Eagles P. F. J.. The Travel Motivations of Canadian Ecotourists [J]. Journal of Travel Research, 1992 (2): 3-7.

[70] Eagles, P. F. J. & Caseagette, J. W.. Canadian Ecotourists: Who are They? [J]. Tourism Recreation Research, 1998, 20 (1): 22-28.

[71] Elizabeth Boo. Planning for Ecotourism [J]. Parks, 1991 (3): 4-8.

[72] Fennell, D. A.. Ecotourism in Canada [J]. Annals of Tourism Research, 1997, 24 (1): 231-235.

[73] Blamey R. K.. Principles of Ecotourism, in Eneyelopedia of Ecotourism [M]. New York: CABI Publishing, 2001.

[74] Buekley, R. A.. Framework for Ecotourism [J]. Annals of Tourism Research, 1994, 21 (3): 661-669.

[75] Ceballos Lascurain, H.. The Future of Ecotourism [J]. Mexico Journal, 1987, (1): 13-14.

[76] David B. Weaver. Magnitude of Ecotourism in Costa Rica and Kenya [J]. Annals of Tourism Research, 1999 (4): 792-816.

[77] Pearce D. G.. Alternative Tourism: Concepts, Classifications, and Question [J]. Tourism Alternatives: Potentials and Problems in the Development of Tourism [C]. Philadelphia: University of Pennsylvania Press, 1992: 15-30.

[78] David Weaver. Ecotourism [M]. Australia: John Wiley & Sons Australia Ltd.. 2001: 43-51.

[79] Kreg Lindberg, Donald E. Hawkins. Ecotourism: A Guide for Planners and Managers [J]. The Ecotourism Society, 1998 (2): 155-183.

[80] David A. Fennell. Ecotourism: An Introduction [M]. Routledge, London and New York, 1999: 54-61.

[81] McFarlane B. L.. Specialization and Motivations of Birdwatchers [J]. Wildlife Society Bulletin, 1994 (22): 361-370.

[82] Douglas G. Pearce. An Integrative Framework for Urban Tourism Research [J]. Annals of Tourism Research, 2001, 28 (4): 926-946.

[83] Colvin. The Scientist Ecotourism: Bridging the Gap. Ecotourism and Resource Conservation, J. A. Keesler (ed). New York: Association of Wetland Managers, 1991.

[84] 牛亚菲. 可持续旅游、生态旅游及实施方案 [J]. 地理研究, 1999, 18 (2): 179-184.

[85] 沈晔. 卧龙自然保护区生态旅游市场营销规划 [J]. 软科学, 2001, 15 (3): 55-60.

[86] 李慧云. 生态旅游潜在客源市场特征的调查研究——以湖南永州金洞森林旅游开发为例 [J]. 湖南农业大学学报（自然科学版）, 2004 (2): 165-168.

[87] 石金莲, 李俊清, 李绍泉. 北京松山自然保护区生态旅游客源结构调查研究 [J]. 北京林业大学学报（社会科学版）, 2003, 2 (1): 45-48.

[88] 肖朝霞, 杨桂华. 国内生态旅游者的生态意识调查研究——以香格里拉碧塔海生态旅游景区为例 [J]. 旅游学刊, 2004, 19 (1): 67-71.

[89] 刘维君, 李明. 云蒙山国家森林公园生态旅游资源与市场评价研究 [J]. 林业经济, 1998 (6): 55-62.

[90] 李东和, 张结魁. 论生态旅游的兴起及其概念实质 [J]. 地理学与国土研究, 1999, 15 (2): 75-79.

[91] 张延毅, 董观志. 生态旅游及其可持续发展对策 [J]. 经济地理, 1997, 17 (2): 100-112.

[92] 钟林生, 石强, 王宪礼. 论生态旅游者的保护性旅游行为 [J]. 中南林学院学报, 2000 (2): 10-12.

[93] 李明辉, 谢辉. 中外生态旅游者动机与行为的比较研究 [J]. 旅游科学, 2008, 22 (3): 18-23.

[94] 朱龙. 海洋信仰与蓬莱海洋旅游资源的再开发 [J]. 北京第二外国语学院学报, 2002 (6): 97-99.

[95] 吴金林. 浅谈生态旅游的品牌形象定位 [J]. 发展研究, 2006 (1): 61-62.

[96] 米尔顿·科特勒. 向西方营销中国城市. 中国营销传播网, 2003-10-16, http://www.emkt.com.cn/article/125/12585.html.

[97] 周敦源. 生态旅游产品品牌创建策略探讨 [J]. 生态经济, 2007 (5): 255-259.

[98] 崔凤军. 论旅游环境承载力 [J]. 经济地理, 1995, 15 (1): 105-109.

[99] 王虎, 翁钢民. 旅游环境容量超载的经济学分析 [J]. 地理与地理信息科学, 2003, 19 (2): 110-112.

[100] 黄忠良, 莫江明, 魏平, 孔国辉, 欧阳学军. 鼎湖山生物圈保护区生态旅游的研究——问卷调查部分 [J]. 中国生物圈保护区, 1997 (1).

图书在版编目（CIP）数据

生态旅游市场营销/乌兰编著．—北京：经济管理出版社，2012.6
ISBN 978-7-5096-2027-4

Ⅰ.①生… Ⅱ.①乌… Ⅲ.①生态旅游—市场营销—高等学校—教材　Ⅳ.①F590.8

中国版本图书馆 CIP 数据核字（2012）第 144622 号

组稿编辑：	申桂萍
责任编辑：	申桂萍　王格格
责任印制：	黄　铄
责任校对：	超　凡
出版发行：	经济管理出版社
	（北京市海淀区北蜂窝 8 号中雅大厦 A 座 11 层　100038）
网　　址：	www.E-mp.com.cn
电　　话：	（010）51915602
印　　刷：	北京银祥印刷厂
经　　销：	新华书店
开　　本：	787mm×1092mm/16
印　　张：	18.5
字　　数：	416 千字
版　　次：	2013 年 8 月第 1 版　2013 年 8 月第 1 次印刷
书　　号：	ISBN 978-7-5096-2027-4
定　　价：	42.00 元

·版权所有　翻印必究·

凡购本社图书，如有印装错误，由本社读者服务部负责调换。
联系地址：北京阜外月坛北小街 2 号
电话：（010）68022974　邮编：100836